한국
역사학의
전환

한국 역사학의 전환

주체적·내재적 발전의
시선으로 본
한국사 연구의 역사

신주백 지음

Humanist

책을 내면서

이 책은 2016년에 간행한 《한국 역사학의 기원》의 후속편이다. '기원'에서는 전통의 경학이 문학, 사학, 철학으로 분화하는 시점부터 1950년대까지를 정리하였다. 이번에는 한국 현대 역사학의 이해에 핵심이 되는 '주체적·내재적 발전'이란 용어를 가지고 한국전쟁 때부터 1980년대까지 한국사 학계의 변화와 모색을 학술사라는 이름으로 살펴보았다. 좀 더 길게 말하면, 학계에서 흔히 쓰는 '내재적 발전론'이란 말 대신 '관점과 태도로서 주체적이고 내재적인 발전'의 맥락에서 한국사를 연구하고 교육해온 학계의 흐름과 한국사회의 동향을 연계하여 분석하였다.

'기원'에서도 밝혔지만, 한국 근현대 역사학의 역사를 탐구하려고 했던 이유의 하나는 대학에서 역사학을 전공하지 않은 필자가 대학원에 들어와 한국사를 연구하기 시작하며 떠나지 않은 의문을 해소하는 데 있었다. 사람이 족보에 관심을 두고 뿌리 찾기를 하듯이 내 학문의 뿌리와 역사를 찾고 싶었다. 지난번 책이 나무의 뿌리에 해당한다면, 이번 책은 여러 갈래의 나뭇가지를 만지고 느껴보며 줄기를 찾는 데 집중했다. 40여 년의 시간을 한마디로 압축하자면, 1960년대 한국사 학계의 화두는 식민주의 역사학의 비판적 극복이었다. 1970~1980년대에는 한국사 연구의 현재성을 중요시하는 명백한 흐름이 있었으며, 두 움직임을 관통하는 주제어가 주체적이고 내재적인 발전이었다. 아무튼 개인적으로는 명암의 양 측면 모두에서 갑갑함이 좀 해소된 느낌이다.

이 책은 '기원'에 이어 한국연구재단의 2017년도 저술출판지원사업에 재차 선정되어 3년 동안 지원받은 결과물이다. 2011년에 처음 구상할 때만 해도 한 권 이상은 꿈꾸지 않았다. 첫 번째 책을 준비하는 도중에 열린 연세대 국학연구원 HK사업단 주최의 학술회의에서 1960~1970년대 한국 역사학계의 동향을 정리할 기회를 가졌고, 이때 내재적 발전의 맥락에서 접근하는 연구의 필요성을 확인할 수 있었다. 두 번째 책에 대한 의식적인 고민을 이즈음부터 시작하였다.

1960년대 한국사 학계의 특징적인 동향을 한 마디로 압축하자면, 내재적 발전에 입각한 연구의 시작이다. 새로운 분위기는 한국사 학계에서만 조성된 흐름이 아니었다. 북한에서는 1950년대 후반부터 이미 그러한 접근법이 연구에 적용되고 있었고, 한국에서도 이즈음 태동하고 있었다. 일본에서 비판적 조선사학을 지향한 사람들은 1960년대 들어 일본사적인 맥락을 놓치지 않으면서 북한과 한국에서의 연구를 파악하여 본격적으로 연구를 시작하였다. 그래서 1960년대 한국사 연구에 관한 동북아 지역에서의 새로운 흐름을 파악하기 위해서는 지역 차원의 지적 연계망을 확인하지 않으면 안 되었다. 필자는 김용섭, 강덕상 선생님의 도움을 받아 감을 잡을 수 있었다.

두 분 선생님은 영면하셨지만, 저에게 속마음을 드러내며 해주신 귀중한 말씀을 통해 1950~1960년대 한국사 학계의 미묘한 분위기와 일본에서의 조선사 연구자들, 그중에서도 재조일본인 연구자들의 움직임을 파악하는 데 큰 도움을 받았다. 강덕상 선생님은 김광열 교수님의 소개로 도쿄의 자택을 직접 방문하여 만나 뵈었다. 초면인데도 3시간 이상을 열정적으로 말씀해주시고, 맛있는 저녁까지 사주시면서 개인사까지 계속 언급해주셨다. 김용섭 선생님은 박사학위논문을 드릴 때 연세대 연구실에서 처음 인사드린 이후 15년여 만에 연남동 연구실에서 뵈었다. 아직은 겨울의 차가운 느낌이 가시지 않은 때였는데, 예정된 시간이 지났는데도 여러 질문에 대해 차분하면서도 주저 없이 속마음을 말씀해주셨다.

물론 두 분 선생님은 한국사 분야에 워낙 큰 업적을 남기셨기에 여러 대담 기록을 찾을 수 있었다. 지난날의 연구 활동을 직접 회고하여 남기신 글도 있었다. 하지만 필자가 만났을 때 들었던 내용 가운데는 이들 기록에 나오지 않는 내용이 꽤 있었다. 대부분 활자화할 수 없는 내용이거나, 어찌 보면 사소한데 필자가 보기에는 귀중한 힌트가 되는 말씀도 있었다. 필자는 이 책에서 그때 들었던 두 분 선생님의 말씀 상당 부분을 은연중에 반영하려고 노력하였다. 여기에 덧붙이자면, 조선대학에서 정년 하신 강성은 선생님과 교토대학에서 정년 하신 미즈노 나오키 선생님의 족집게 같은 보조 설명도 빼놓을 수 없겠다.

1970년대 한국사 학계의 동향에 관한 연구에는 저의 지도교수인 성대경 선생님, 그리고 지도교수님과 막역한 친구 사이이신 강만길 선생님과의 인연이 도움이 되었다. 석사과정 때부터 사석에서 언뜻언뜻 귀동냥할 기회가 우연히 여러 차례 있었다. 그때 들었던 말씀들 가운데 기억에 남는 언급이 있었다. 자료를 정리할 때 그때의 파편적인 기억들이 도움이 될 줄은 그땐 미처 몰랐다. 1970년대 학술사 분석에는 HK사업단의 동료였던 김영선, 나종석, 박영도, 서은주, 소영현, 이하나, 조경란 선생과의 일상에서의 대화도 큰 도움이 되었다. 전공 분야가 모두 다른 이들과 일상에서 대화를 나누며 조그마한 부분에서라도 미세하게나마 조정하고 고민의 방향을 설정할 수 있었으며 그때마다 분과학문의 경계를 넘는다는 의미를 항상 체감하였다.

1980년대 학술사는 필자의 체험도 있기에 추억을 되새기며 글을 썼다. 물론 추억만으로 글을 완성할 수 없음은 자명하다. 당시 논쟁 속에 있었던 필자도 소장하고 있지 않은 미공개 자료를 대학원 동료인 전명혁 학형이 흔쾌히 제공해주었다. 1980년대 후반 북한 역사학의 영향과 관련해서는 구보학회에서 발표할 기회를 주었고, 당시 출판계 현장에서 활동했던 익명의 두 분으로부터 생생한 이야기를 들어 부분적으로라도 미리 정리할 수 있었다. 또한 일본인 식민주의 역사학자의 역사인식에 대한 오늘날 한국사 학계의 인식을 비판적으로 재해석할 기회를 한양대 HK사업단의 윤해동 교수팀과 협업하며 가질 수 있었다. 이를 통해 1960년대와 1990년대 식민주의 역사인식에 대한 선학들의 문제제기에 대해 어느 정도 거리 두기를 할 수 있었다.

어쩌면 나는 지금까지의 학술사 연구를 조금 고루한 방법과 시각으로 정리해왔는지 모르겠다. 그것을 조금이라도 만회하고자 HK사업단 시절에 맺은 인연인 한국현대냉전학술사팀의 동학들로부터 도움을 받고 있다. 그들의 학문적인 지력과 신선함의 혜택을 가장 많이 받는 사람은 팀 내에서 나이가 제일 많은 필자가 아닐까 한다. 불안정한 삶 속에서도 고투하며 학문의 끈기를 유지하는 동학들의 올곧은 자세는, '이제 좀 쉴까', '이제 좀 천천히 갈까' 자문할 때마다 언제나 제 정신을 바짝 들게 한다. 김성은, 김인수, 송은영, 옥창준 학형의 짬짬이

코멘트는 들을 때마다 속이 후련하다.

　이제 책이 나오려나 보다. 2020년 겨울에서 봄으로 가는 길목에 등장한 코로나19의 팬데믹 초기에 출장이 중지되고 대내외 업무량도 조금 가벼워진 순간이 있었다. 그때 초고를 겨우겨우 쓰고 한국연구재단에 최종 보고서를 제출할 수 있었다. 모두가 힘겨워할 때 집필의 시간을 더 확보할 수 있었으니, 알다가도 모를 게 인생인 것 같다. 그럼에도 막상 책을 내려고 하니 부족한 부분들이 너무 많이 눈에 들어왔다. 간행의 마지막 고비는 여전히 부족했던 원고의 마무리 미장을 담당한 강창훈 선생과 휴머니스트 출판사의 도움으로 넘을 수 있었다. 연세대학교 학술정보원의 전문 사서들과 국학연구원의 지원이 있었기에 독립기념관에 근무하고 있음에도 내용을 보충하는 데 지장이 없었다. 그리고 이 모든 과정을 견딜 수 있게 해주는 인내력과 밀어붙이는 추진력은 언제나 나를 응원해주는 가족에게서부터 출발한다. 모든 분에게 진심으로 감사드린다.

2021년 겨울
대유행을 지나치며, 저자 신주백

차례

1부
'관점과 태도로서 주체적·내재적 발전' 연구의 태동

2부
근대화론과
'주체적·내재적 발전' 연구의 형성

3부
경합하는 학술장과
'주체적·내재적 발전' 연구의 연속 분화

주체적·내재적 발전의 측면에서 본
한국 현대 역사학의 역사

내재적 발전이란 말의 무게

한 사회를 이해하는 방식은 다양하다. 개별 분과학문을 이해하는 데서도 마찬가지이다. 어떤 특정한 이론으로도 분석할 수 있고, 한 가지 또는 여러 가지 방법으로도 접근할 수 있다. 아니면 특정한 측면이나 부분에 주목하며 전체를 이해할 수도 있다. 그런 점에서 보면, 한국 현대 역사학의 역사를 이해하고자 할 때 '내재적 발전'이란 역사 용어를 가지고도 접근 가능하며, 이것이 이 책의 핵심 주제어이다. '내재적'이란 말은 특정한 대상을 이해하는 관점이자 태도를 의미하고, '발전'이란 지향을 내포한다. 또한 내재적 발전이란 특정한 대상에 대해 관찰자가 갖추어야 할 기본 자세를 내포한 말이기도 하다.[1]

사실 필자가 사용하고자 하는 '내재적 발전' 또는 지금까지 한국사 학계가 관성적으로 사용해온 '내재적 발전론'이란 용어를 제쳐놓고 한국에서 현대 역사학이 바뀌어온 과정을 이해하기는 불가능하다. 역사 연구 영역뿐 아니라 역사교육에서도 마찬가지이다. 또 내재적 발전론이란 말은 한국의 문학, 철학 등 인문학 분야와 경제학을 비롯한 사회과학 영역에도 큰 영향을 주었다.

내재적 발전의 시선으로 한국의 역사와 문화를 이해하려는 접근은 그 영향력이 학술의 영역에만 한정되지 않았다. 한반도 거주자의 지나온 시간을 주체적이고 내재적인 발전 과정으로 보려는 움직임은, 한국인의 내면세계를 은연중에 규정하며 우리의 태도에까지 영향을 끼쳐왔던 열등의식 내지는 낭패감을 떨쳐내는 데 지적 자극제이자 심리적 보충제 역할을 하였다. 그래서 1960년대부터 세계화의 흐름에 휩쓸려 들어간 1990년대 이전까지 한국사회를 이해할 때, 이 말만큼 꾸준하면서도 커다란 영향을 미쳐온 역사 용어가 그리 흔하지 않을 것이다. 그런 만큼 '관점과 태도로서 주체적이고 내재적인 발전'의 맥락에서 한국사를 이해하려고 노력했던 역사학계와 그 이외의 여러 학문 분야, 더 나아가 한국사회를 이해하는 데 매우 의미 있는 접근이자 용어라고 볼 수 있겠다.

'내재적 발전론'의 측면에서 접근한 연구들

한국 현대 역사학의 역사를 내재적 발전론의 변천이라는 측면에서 파악한 연구는 김인걸의 1997년 연구가 사실상 처음이었다.[2] 그는 1960

---

1) 한국 역사학계에서 '내재적 발전론'이란 용어를 사용한 연구자들 가운데 이와 관련한 이론과 방법, 범주와 주제어 등을 정리하여 제시한 경우는 없었다. 오히려 김용섭이 쓴 '내면적 발전' 또는 다수의 연구자들이 사용한 '내재적 발전'이란 말이 있었다. 그들은 그 말을 '론'의 차원에서 사용하지 않고, 관점과 방법 그리고 지향이라는 측면에서 사용하였다. 때문에 필자는 '내재적 발전' 또는 관점과 태도까지를 내포한 방법이란 의미까지를 담지하여 '관점과 태도로서 주체적·내재적 발전'이란 용어를 사용하겠다. 그리고 연구사를 정리한 선행 연구를 언급할 때만 정리한 연구자들이 사용했으므로 '론'을 붙이겠다. 이에 따른다면, '자본주의 맹아론'이란 내재적 발전에 입각하여 조선 후기의 사회경제적 변화상을 설명한 이론이다.

년대 들어 한국에서 시작된 내재적 발전에 입각한 연구가 일본인이 주조한 식민주의 역사인식을 극복하고 새로운 한국사상을 수립하기 위한 기초를 마련했다고 평가하고, 한국의 역사학이 이룬 최대의 성과를 여기에서 찾았다. 그런 가운데서도 역사의 발전 법칙을 적용하는 문제와 식민주의 역사학을 극복하기 위한 방법론적 문제를 둘러싸고 역사학계 전체가 같은 방향으로 움직이지 않았다는 점도 지적하였다.

이후 내재적 발전론의 측면에서 한국사학사를 정리한 글은 한동안 뜸하였다. 대신 '국사'와 '내재적 발전'에 입각한 한국사 연구와 역사인식을 비판하는 움직임이 크게 일어났다.[3] 그런 가운데서도 '관점과 태도로서 내재적 발전' 자체의 사학사적 의미를 되새길 필요가 있으며, 그 내부에 여러 경향이 있었을 뿐 아니라 근대주의로 단정할 수 없는 움직임도 있었다는 문제의식을 가지고 접근한 논문이 2010년경부터 나오기 시작하였다.

김정인은 4·19혁명으로 민족주의가 부활하면서 '식민사관'의 타율성론과 정체성론을 극복하기 위해 나타난 민족주의사학의 움직임을 민족문화론과 내재적 발전론으로 구분하고, 후자의 경우를 다시 "한국사의 주체적 발전 과정을 법칙적으로 파악하고 체계화하려는 유물사관적 경향과 발전의 양적 측면을 강조하는 근대화론적 경향"으로 구분하였다.[4] 그는 해방세대가 모여 1967년에 결성한 한국사연구회

---

2) 김인걸, 〈1960~70년대 '내재적 발전론'과 한국사학〉,《김용섭 교수 정년 기념 한국사학논총 1 - 한국사 인식과 역사 이론》(김용섭 교수 정년 기념 한국사학논총 간행위원회 편), 지식산업사, 1997.

3) 임지현·이성시 편,《국사의 신화를 넘어서》, 휴머니스트, 2004; 도면회·윤해동 편,《역사학의 세기 - 20세기 한국과 일본의 역사학》, 휴머니스트, 2009.

4) 김정인, 〈내재적 발전론과 민족주의〉,《역사와 현실》 77, 2010.

자체가 문화사적 경향, 근대화론적 경향, 유물사관적 경향이 합류한 결과이며, 1970년대 들어 내재적 발전론 경향이 둘로 분화했다고 분석하였다. 근대화론적 경향은 국가주의 사학으로서의 입론을 강화한 데 비해, 유물사관적 경향은 1975년 강만길이 민중적 민족주의 사론을 제기한 데로 이어졌다가 1980년대 들어 민중적 민족주의와 "조우"했다는 것이다.[5]

김정인은 1960년대 '식민사관 비판론'과 '내재적 발전론'의 관계를 다룬 글을 최근 발표하였다.[6] 여기에서 그는 내재적 발전이 한국인의 문헌고증사학과 일본인의 식민주의 역사학이 생산한 역사인식을 극복하기 위해 일제강점기의 반식민사학인 민족주의사학과 마르크스주의사학을 매개로 제기되었다고 분석함으로써, 식민사학 비판론의 역사적 계보를 더 구체적으로 살펴보았다.

이영호는 내재적 발전론을 '한국사의 (과학적) 체계화'를 목표로 한 '계열'과 자생적 근대화의 가능성을 전망하는 '자본주의맹아론' '계열'로 나누고 있다.[7] 전자는 한국사의 모든 시기, 영역과 관계가 있는 담론이며, 후자는 조선 후기부터 현대까지 사회경제적 변화를 중시하는 경향으로 "사회주의적 전망"을 "내면화"했다고 보았다.[8] 그러면서 그는 두 계열이 1980년대 들어 진화와 전환을 시도하는데, 비판적 계승

---

5) 강만길은 '민중적 민족주의'라는 용어를 사용하며 사론을 펼친 적이 없다. 상업사를 연구했을 때도 민중을 고려했으나 전면에 내세우지 않았다. 이 용어는 《창작과비평》에 글을 투고하던 연구자들이 민중론을 이론적으로 체계화하고 분단을 발견하는 과정에서 정립된 개념이다. 민중이란 용어 자체를 한국사와 한국사회를 인식하는 데 필요한 단어라며 본격적으로 등장시킨 사람은 한완상이었다. 한완상, 《민중과 지식인》, 정우사, 1978, 275쪽. 이에 대해서는 3부에서 다시 언급하겠다.
6) 김정인, 〈식민사관 비판론의 등장과 내재적 발전론의 형성〉, 《사학연구》 125, 2017.
7) 이영호, 〈'내재적 발전론' 역사인식의 궤적과 전망〉, 《한국사연구》 152, 2011.

을 통해 민중사학으로 진화하는 흐름과 자본주의맹아론의 한계를 인지하고 기존의 인식 틀을 전환하여 극복하려는 흐름으로 분화해갔다고 보았다.

이렇듯 세 사람의 연구를 통해, 1960년대의 형성기를 중심으로 그 이전과 이후 '관점과 태도로서 주체적이고 내재적인 발전'의 맥락에서 한국사를 연구해온 역사를 동태적으로 파악할 수 있었다. 다만 세 사람의 연구는 한국에서의 '내재적 발전론'과 북한의 새로운 역사 지식과의 연관성까지는 주목하지 않았다. '내재적 발전론'이란 말 자체가 일본에서 들어왔는데, 선행 연구는 한국사 학계의 새로운 움직임과 일본의 조선사연구회 등을 중심으로 한 움직임 사이의 연관성도 고려하지 않았다. 그런데 필자가 보기에 내재적 발전에 입각한 새로운 한국사 인식은 일국 차원의 연구 결과가 아니며, 1960~1970년대 동북아시아 지식 연계망을 간과해서는 설명할 수 없는 시대의 산물이었다.

필자는 선행 연구의 분석을 바탕으로 기존에 간과된 측면을 적극 고려하면서 다음과 같은 내용을 해명하겠다.

첫째, '관점과 태도로서 주체적이고 내재적인 발전'의 맥락에서 이루어진 한국사 연구가 담론, 국내외 학술 네트워크, 국내 상황이란 세 요소와 맞물려 진행된 흐름을 크게 네 시기로 나누어 동태적으로 정리하겠다.[9]

---

8) 사회주의화라고 명시할 수 없는 전망도 있었다고 볼 수 있다. 사회구성사적인 접근, 달리 말하면 발전 법칙적인 측면을 고려했더라도 '비자본주의적 발전'을 전망한 경우도 있을 수 있기 때문이다.

9) 이 글에서 네 시기에 대해 특정 연도를 명기하지 않았지만, 대략 1960년 4·19혁명을 전후한 시기, 1970년 전태일의 죽음에서 1972년 유신헌법의 등장까지, 그리고 1980년 광주민주화운동 전후를 경계선으로 의식하였다.

필자는 '관점과 태도로서 주체적이고 내재적인 발전'의 측면에서 한국사를 연구하려 했던 1960년대 움직임을 명확히 유형화하여 분류할 수 있을지 의문이다. 학계 내부에 잠복해 있던 경향적 차이야 있었겠지만, 주장의 차이를 확인할 수 있는 논문, 비평, 토론이 있었는지, 차이에 따른 행동의 차별화가 있었는지 의문이기 때문이다. 경향을 유형화해야 할 만큼 학술적, 정치사회적 의미가 크지 않다면 굳이 그런 수고를 할 필요가 없다고 본다. 1967년 창립된 한국사연구회의 초기 구성과 활동을 확인하면 쉽게 이해할 수 있을 것이다. 오히려 필자는 내재하지만 아직은 성글었던 역사인식들이 1970년대를 경과하며 공론 공간에서 서로 다른 주장과 행동의 차이로 선명하게 드러나며 유형화가 가능할 만큼 연속적으로 분화해갔다고 보는 편이 사실에 더 부합한다고 생각한다. 그러한 분화 가운데 한 흐름이 사회구성사 입장에서 접근한 내재적 발전일 것이다.

사회구성사 입장에서 한국의 역사와 문화를 내재적 발전에 따라 이해하려는 움직임은 1970년대 중반경 역사학의 현재성을 주장하고 민중적 민족주의 담론을 제기하는 흐름으로도 이어졌다. 그리고 1980년대 들어 민중사학으로 계승되거나 결별한 움직임들도 있었다. 필자는 일련의 과정을 파악하는 방법의 하나가 민중론의 변화를 동태적으로 추적하는 데 있다고 본다.

민중은 1970년대 들어 민족의 다수 또는 역사의 주체로 재발견되었고, 1980년을 거치며 '그들은 누구인가'에 대한 풍성한 논의가 이루어지는 가운데 1980년대 후반으로 갈수록 '민주화운동과 어떤 연관이 있는가'를 둘러싸고 여러 편차가 나타났다. 그래서 민중론의 변화는 담론의 학문적 성숙 과정만이 아니라 민중을 강조하는 사람들 사이에서

과학성과 실천성을 강조하는 분위기가 고조되었던 상황을 민주화운동의 동향과도 연계해보아야 더 잘 이해할 수 있다. 달리 말하면 민중론의 변화를 제대로 추적하려면 정치사회적 변화와 의미를 추적해야 한다.

둘째, 내재적 발전에 입각한 한국사 연구의 시작점에 식민주의 역사학을 비판하는 움직임이 선행하거나 동반되었다는 분석에 대해 정밀한 재검토가 필요하다. 흔히 일본인의 식민주의 역사학이 생산한 역사인식에 대한 비판은 1961년 이기백, 1963년 김용섭이 제기했다고들 말해왔다. 두 사람의 분석과 비판은 있었다. 그런데 이것이 사실상 전부였다. 달리 말하면 흐름이라고 말할 만한 움직임은 1960년대 전반기에 없었다. 식민사학, 식민사관이란 용어를 전면에 내세우며 식민주의 역사학을 비판적으로 분석한 글도 없었다. 당시에는 '한국사관'이란 용어가 더 많이 유통되었다. 가령 김용섭이 1963년에 발표한 글의 제목조차 '일제 관학자들의 한국사관'이었다. 일본인 식민주의 역사학자의 한국사관을 비판하는 취지의 글들은 1965년 한일기본조약이 체결된 이후에 본격적으로 나오기 시작하였다.

그렇다면 1965년을 경계로 1960년대 후반에 접어들어 이러한 현상이 나타난 이유는 무엇일까? 더 나아가 1960년대 전반기까지도 식민주의 역사학에 대한 비판을 전면적으로 시도하지 못했는데, 내재적 발전에 관한 연구가 한국사 연구의 새로운 흐름으로 갑자기 부상하고 확산했던 이유가 무엇인가? 이러한 의문이 들 수밖에 없다. 로스토식 근대화론과 라이샤워식 역사인식의 수용, 그리고 이들 담론을 확산하려는 주체들의 능동적 움직임으로 이해하고 분석하면 이 의문을 푸는 데 도움이 될 것이다.

셋째, 그런데 식민주의 역사학을 비판하는 글이 여러 편 나오긴 했지만, 당시 식민사학, 식민사관, 반민족사학이란 용어를 전면에 내세운 글은 거의 없었다. 1966년 《신동아》 8월호의 기획 주제가 '한국사의 논쟁점'이었고, 그해 《사상계》 3월호와 5월호의 특집 주제가 각각 '일본제국주의가 남긴 잔재', '왜곡된 한국사의 새로운 해석'이었다는 데서 이를 확인할 수 있다.

그래서 식민주의 역사학을 비판하고 극복하기 위한 기초를 마련했다고는 하지만, 1960년대의 비판적 분석은 일본인 식민주의 역사학의 역사인식을 '반도성론', '정체성론'처럼 일괄하여 분석했을 뿐 인물, 주제 등 분야별로 나누어 분석하지는 않았다. 더구나 1960년대의 비판적 분석이 무엇을 어떻게 비판했는지에 대해 검토가 이루어졌어야 하지만, 그동안의 선행 연구는 그것을 제대로 짚어내지 못하였다. 식민주의 역사학을 비판한 1960년대 연구들은 사실의 해명과 검증이란 차원, 즉 실증의 측면에 치중한 반면, 방법에 대한 검토가 없었고 식민지라는 정치성을 고려한 분석이 매우 취약하였다. 타율성사관처럼 역사 해석을 제시하며 어떤 사관이란 언급은 많이 했지만, 한국인과 일본인을 불문하고 역사 연구자 개인의 역사관을 분석하지는 않았고, 조선사편수회나 경성제국대학 사학과처럼 사람 이외의 대상을 파악하는 데도 큰 노력을 기울이지 않았다. 결국 1960년대의 식민주의 역사학 비판은 비판자들 스스로가 의도하지 않았겠지만, 역사학의 관점과 태도를 불문에 부치는 한편 실증 경쟁을 정당화해주었다. 그래서 실증 경쟁 자체만을 추구하는 역사학인 문헌고증사학, 실증주의사학이 설 땅을 더 넓혀준 측면이 있었다.

넷째, 1960년대 한국에서 형성된 '관점과 태도로서 주체적 · 내재적 발전' 연구는 북한 역사학계의 선도적인 연구와 일본 조선사 학계의 움직임을 빼놓고 이해할 수 없다. 선행 연구가 이에 관해 언급한 적도 있었지만 시기적으로 1960년대에 한정되어 있고, 지적 네트워크에 대한 구체적인 설명도 매우 취약하였다. 그러다 보니 1967년 12월 한국사회경제사학회가 한국사 시대구분을 주제로 주최한 학술회의를 왜 그 시점에 열었는지, 자본주의 요소나 자본주의 우클라드가 아니라 이전까지 거의 사용하지 않던 자본주의 '맹아'라는 용어가 빈번하게 등장한 이유 등을 설명하기 어렵다. 또한 1970년대 들어 한국에서 '관점과 태도로서 주체적이고 내재적인 발전'에 입각하여 한국사를 연구하는 경향이 분화하는데, 일본의 조선사 학계도 1960년대 후반을 경과하며 분화하였다. 그리고 한일 역사학자들 가운데는 사회구성체적인 입장에서 한국사의 내재적 발전에 주목하며 서로를 의식하고 직접 교류한 사람도 있었다. 이들은 자신의 사회가 직면한 역사 문제에도 관심을 드러냈다는 점에서 한국사를 연구하는 자세도 비슷하였다. 결국 '관점과 태도로서 주체적이고 내재적인 발전'에 입각한 한국사 연구의 역사에 관한 사학사적인 분석은 지금까지 사실상 국가 단위로 이루어져왔기에 앞서 언급한 문제제기에 답을 할 수 없었던 것이다. 따라서 한국에서 내재적 발전의 형성과 분화 그리고 한일 간 영향과 연대를 제대로 이해하려면 동북아시아에서의 지적 연계망에 대한 이해가 필요하다.[10]

이러한 측면에서 본다면, 일본 조선사 학계가 내재적 발전론에 따라 진행한 한국사 연구의 역사를 파악할 필요가 있다. 그것을 정리한 대표적인 논문으로 요시노 마코토(吉野誠, 1987)와 홍종욱(洪宗郁,

---

10) 필자는 '동북아시아'라는 용어를 한반도, 중국, 일본, 타이완을 염두에 두고 사용하겠다. 이 지역을 동아시아라고 부르는 경우도 있지만, 필자는 동아시아란 동북아, 동남아 (ASEAN), 그리고 몽골을 포함한 초원지대를 가리킨다고 보고 있다.

2010)의 글이 있다.[11]

요시노 마코토는 8쪽에 불과한 적은 분량으로 정체론 비판의 논리, 1960~1970년대 조선관의 변화와 이를 통한 일본 근대의 비판, NICs형 고도성장의 역사적 파악에 따를 때 제기되는 내재적 발전론의 곤란함을 압축적이면서 설득력 있게 정리하였다. 그의 날카로운 파악에는 수긍할 점이 많다. 예를 들어 내재적 발전에 입각한 연구가 1950년대가 아니라 1960년대 조선사 학계에서 등장하게 된 이유, 달리 말하면 1950년대에는 그것이 쉽지 않았던 이유에 대한 설명은 일본적 맥락을 이해할 때 경청할 만한 지적임이 분명하다.

하지만 요시노의 논문은 북한에서 생산한 역시 지식을 일본에 소개하고 연구에 활용한 재일조선인 연구자의 움직임을 완전히 간과하고 있다. 1960년대 중반경까지 일본인 조선사 연구자 가운데 한글 논문을 읽고 제대로 소화할 수 있는 사람은 가지무라 히데키(梶村秀樹)를 비롯해 극소수였다. 일본적 맥락을 이해하고자 할 때 재일조선인 연구자를 주목해야 하는 이유는, 그들이 북한의 연구를 소개하는 한편 자신의 학문적 견해를 직접 피력한 경우도 있었기 때문이다. 조선사 연구회 등에서 활동한 상당수의 재일조선인 연구자는 강한 민족적 동기를 품고 학문에 진지한 태도로 임하며 자신의 주장을 제기했을 뿐만 아니라, 사회구성체론에 입각하여 사회주의를 전망하며 내재적 발전을 언급하였다.

요시노의 분석에서 부족한 점을 극복한 글이 홍종욱의 논문이다. 그는 재일조선인 연구자의 활동을 분석하지는 않았지만, 일본적 맥락

---

11) 吉野誠, 〈朝鮮史研究にける內在的發展論〉, 《東海大學紀要-文學部》 47, 1987; 洪宗郁, 〈內在的發展論の臨界-梶村秀樹と安秉珆の歷史學〉, 《朝鮮史研究會論文集》 48, 2010.

을 이해하기 위해서는 이들의 활동을 주목해야 한다고 보았다. 그러면서 가지무라 히데키가 일본적 맥락의 중요한 특징인 일국사적 발전단계론으로 비판을 받았던 북한의 내재적 발전론을 극복하기 위해 '세계사적 보편'이란 측면에 주목한 점을 들었다. 그러면서도 가지무라가 《조선 자본주의의 형성과 전개(朝鮮における資本主義の形成と展開)》(龍溪書舍, 1977)를 간행하는 시점에 이르러, 사회경제사에 치우친 1960년대식 내재적 발전이 아니라 이것을 포섭한 인민투쟁사에 주목하면서 사회주의적이지 않은 민중 민족주의 조류의 전개를 전망하는 관점을 가질 수 있었다고 보았다. 홍종욱은 가지무라가 1970년대 후반 들어 발전단계론을 실질적으로 극복했다고 평가하였다.

내재적 발전론에 관한 가지무라의 인식에 변화를 가져다준 요인의 하나는 가지무라 사학의 중요한 특징에 있다. 가지무라는 조선사 연구와 더불어 실천 활동도 적극 병행한 운동가였다. 그는 재일조선인과 한국의 '역사적 현재'에 대해 항상 주의 깊게 관심을 기울이고 한반도의 미래를 통일과 연관시켜 생각하였다. 그렇기 때문에 1970년대 후반 들어 그의 내재적 발전론에 변화가 있을 수 있었다. 홍종욱의 분석에 따르면, 가지무라는 종속적 경제 성장이라는 한국의 현실을 직시하고 그에 따라 나타나는 사회 현상을 근대화로 인한 모순으로 받아들이면서 1970년대 한국자본주의를 종속 발전이란 관점에서 분석하였다.[12] 가지무라가 '내재적 발전론으로서 종속 발전론'을 말했다는 것이다. 홍종욱과 함께 특집 기획에 참여한 도베 히데아키(戶邊秀明)는 가지무라가 민중 속의 전통이나 비판적 근대를 지향한 움직임을 찾는 과정에서 한국의 '민중적 민족주의'라는 발상을 수용하여 1980년대 들어 발전 단계를 증명하는 도구로서 민중운동사 연구가 아니라

전체사적인 관점을 지향하는 민중사라는 측면에서 조선 근대사 전체를 그리고자 했다고 보았다.[13]

두 사람의 분석을 통해 알 수 있듯이, 가지무라의 내재적 발전에 입각한 한국사 연구는 1970년대 중반을 지나며 한국의 특정한 내재적 발전 연구와 접점이 있었다. 그런데 일본에서 내재적 발전에 입각하여 진행된 조선사 연구에 대한 동향 분석에서는 이 지점을 제대로 포착하지 못하였다. 마찬가지로 한국의 한국사 학계의 분석에서도 일본의 '내재적 발전론'이란 용어와 역사인식이 1980년대 들어 한국의 소장학자들 사이에 널리 유포되었다는 정도만 언급할 뿐, 1970년대 중후반경의 한일 간 접점에 대해 포착하지 못하였다. 또한 한일 간 접점이 있었던 내재적 발전에 입각한 한국사 연구도 서로 다른 맥락이 있었는데도 선행 연구는 여기에 관심을 두지 않았다. 달리 말하면 동북아시아 지역 내에서 내재적 발전을 둘러싸고 형성된 지적 연계망의 다양성에 주목하면서도 특정한 접점과 그것의 의미를 고려할 필요가 있는 것이다.

'관점과 태도로서 주체적·내재적 발전' 연구의 태동·형성·분화의 역사 연구하기

해방 후 한국인이 주체적으로 자기 역사를 기록하고 연구하면서 형성

---

12) 홍종욱, 〈가지무라 히데키의 한국자본주의론 — 내재적 발전론으로서의 종속 발전론〉, 《아세아연구》 55-3, 2012. 이 논문과 다음에 언급할 도베 히데아키(戶邊秀明)의 글은 강원봉 외 5인, 《가지무라 히데키의 내재적 발전론을 다시 읽는다》, 아연출판부, 2014에 수록되어 있다.

13) 도베 히데아키, 〈일본 '전후 역사학'의 전개와 미완의 가지무라(梶村) 사학론〉, 《아세아연구》 55-3, 2012.

된 한국 현대 역사학은 '관점과 태도로서 주체적이고 내재적인 발전'에 입각한 연구의 변천사라고 말해도 지나치지 않다. 일본인이 주조한 식민주의 역사학을 비판적으로 분석하며 그 영향으로부터 벗어나는 과정에서 형성된 한국 현대 역사학은 내재적 발전의 맥락에서 역사를 연구하고 가르치며 대안을 모색하였다. 이와 관련한 연구와 교육 그리고 대안 모색은 여전히 현재 진행형이다. 그래서 이 책은 '관점과 태도로서 주체적이고 내재적인 발전'에 입각하여 한국사를 연구하는 학문 경향의 '형성'이라는 데 초점을 두었으며, 형성을 전후한 태동과 분화의 학술사도 추적하였다. 1950년대부터 1980년대 중후반 경까지를 태동, 형성, 분화로 나누고 각각 1, 2, 3부에서 고찰하였다. 이 과정에서 다음과 같은 점을 염두에 두고 분석하였다.

첫째, 사실 이 책은 필자가 2016년에 간행한 《한국 역사학의 기원》(휴머니스트)의 후속편이다. '기원'에서 필자는 일제강점기부터 1950년대까지 한국 역사학의 역사를 '근현대 역사학의 제도·주체·인식은 어떻게 탄생했는가'에 초점을 맞추어 학술사로 접근하였다.

여기에서 필자는 한국 현대 역사학의 세 가지 특징을 형성시킨 뿌리, 즉 식민주의 역사학의 그늘에서 벗어나지 못한 식민성, 일본적 오리엔탈리즘의 자장 안에 포섭된 증거물인 국사·동양사·서양사라는 3분과체제가 사학과라는 제도 속에 같이 있지만 사실상 독립된 분과 학문처럼 작동해온 분절성, 그리고 한반도 분단체제라는 결정적 현재와 그것을 극복한 미래에 대해서는 입과 귀를 막아버린 분단성을 '기원'의 특징이라 규정하였다. 세 가지 특징의 기원을 극복하려는 움직임은 개인과 단체를 불문하고 눈에 띄는 경우가 많았다. 그러한 움직임은 '관점과 태도로서 주체적이고 내재적인 발전'에 입각하여 한국사를 연구하고 교육하는 움직임 속에서도 포착할 수 있다. 필자는 이 책에서 한국 현대 역사학의 '형성'을 다루면서 식민성, 분절성, 분단성이 어떻게 드러나고 어느 방향에서 역사연구와 역사교육에 작동했으며, 도달 지점은 어디까지였는지에 관심을 두겠다.[14]

둘째, 한국 현대 역사학의 역사에 대해 내재적 발전의 측면에서 접근해온 연구는 한국의 한국사 학계에서만 개별적으로 고립된 채 진행되지 않았다. 한국을 넘어 일본, 중국, 북한, 미국의 지적 동향과 연계되어 있었다. 사람 간 직접 접촉이든 글을 통해서든 아니면 사람과 글을 동시에 대면하든, 시대적 상황에 따라 접촉 방식은 다양하였다. 주체적이고 내재적인 발전의 맥락에서 한국사를 이해하고 교육하는 움직임은 여러 방식과 매개로 교류하는 과정에서 형성되었고, 미분화한 채 잠재되어 있던 차이는 특정한 시점에 이르러 다름을 확인하면서 분화해갔다. 필자는 다층적이고 복합적인 이 과정을 '동북아시아 지역에서의 지적 연계망'이라는 시야에서 접근하여 해명하겠다. '지역으로서 동아시아'가 강조되어가고 있는 작금의 현실에서, '지역으로서 동북아시아' 차원에서 전개된 지적 교류는 냉전체제의 장벽을 넘어 소통했던 동북아시아인의 소중한 역사적 경험이며 우리의 중요한 미래 자산으로 만들 필요가 있다.

셋째, 국경을 넘는 지(知)의 연쇄와 동시성을 가능하게 한 연계망에 대한 분석은 상호 연관과 비교를 전제로 한다. 그것은 주체에 따른 요인이든 정치사회적 환경에 기인한 요인이든 비교 대상의 개별 조건을 고려하는 분석이어야 한다. 그래야 독자적 맥락을 파악할 수 있고,

---

14) 강조할 때 등을 제외하고 이제부터는 '관점과 태도로서 주체적이고 내재적인 발전'이란 용어는 '내재적 발전'으로 줄이겠다.

그에 따른 자신만의 특징을 잡아낼 수 있기 때문이다. 물론 시간의 변화를 고려하는 동태적 파악이어야 하므로, 연관과 비교 역시 시간차를 무시해서는 안 된다. 시간차를 무시하는 접근 방식은 특정한 역사적 경향들의 병존과 경쟁을 동시성의 비동시성이란 시선으로 파악하는 데 방해되기 때문이다. 가령 1960년대 전반기 역사학의 특정한 주장을 말하면서 1970년대 전반기 담론을 가지고 와서 설명하고 정당화하는 방식은 취하지 않겠다는 것이다.

넷째, 내재적 발전의 역사에 대한 동태적 접근을 통해 동시성의 비동시성과 다양성을 해명하려는 작업은, 다른 국가의 한국사 연구와 비교되는 특징을 해명할 수 있을 뿐 아니라 한국 역사학계 내부의 다양한 편차와 의미를 해명하는 데도 유용하다. 이때 가상의 담론 공간으로 학술장을 설정하고 분석하겠다. 필자는 관(官)으로 상징되는 국가와 구별되는 사회 영역에서의 독자적 담론 공간인 공론장이 존재하며, 학문 세계에서의 공론장을 학술장이라 말할 수 있다고 생각한다. 그곳에서 주체들 사이에 다양한 담론이 소통되고 융합과 분열을 반복하는 과정에서 무엇인가를 향해 공유할 수 있는 가치, 즉 공공성이 형성된다고 하겠다. 학술장의 안과 밖에서 자신들만의 공공의 역사인식을 만들고자 경합하는 관계를 '경합하는 공공성'이라 부르겠다. 경합하는 공공성이란 측면에 주목하면, 주체적이고 내재적인 발전 과정에 관한 연구로 밝혀진 여러 한국사 인식이 특정한 시점에서 내포한 맥락과 발신하는 사회적 의미를 이해하는 데도 큰 도움이 될 수 있다.

1부

'관점과 태도로서
주체적·내재적 발전' 연구의 태동

1장 한국의 문헌고증사학, 관학의 지위에 오르다

학문권력으로서 이병도와 진단학회

한국전쟁은 스스로 걸음을 시작한 한국의 역사학계 내부를 크게 바꾸어놓았다. 사회경제사학과 민족주의사학의 영향력이 급속히 줄어들고 문헌고증사학의 입지가 탄탄해지는 결정적 계기였기 때문이다. 학회가 지리멸렬한 현실에서 역사학계의 중추는 대학의 사학과였다. 문헌고증사학자들은 제도권에 자리를 튼튼히 잡아갔다. 그 중심 인물 가운데 한 사람이 이병도였다.

이병도는 해방 직후 진단학회를 복원하고 앞장서려다 조윤제의 친일 혐의 공격으로 학회에서 한발 물러설 수밖에 없었다. 젊은 역사학자들 역시 진단학회에 가입하기보다 역사학회라는 단체를 새로 만들어 독자적으로 움직였다.[1]

그런 이병도에게 새로운 전환점을 마련할 기회들이 생겨나기 시작하였다. 그는 경성제국대학과 그 후신인 서울대학교 사학과의 실질적

---

1) 이상의 구체적 정황은 신주백, 《한국 역사학의 기원》, 휴머니스트, 2016, 274~301쪽 참조.

인 리더였다. 무너질 수 없는 제도적 안전장치를 갖추고 있었던 그에게 1948년 8월 대한민국 정부 수립은 전혀 불리하지 않은 정치 환경이 조성되었음을 의미하였다. 이병도는 정부 수립 한 달 전쯤 《국사대관(國史大觀)》(백영사)을 간행하였다. 이 책은 발행된 지 1년 6개월 정도 만에 '수정 제5판'을 찍을 정도로 인기가 높아 그의 대중적 지명도와 역사학자로서의 위상을 증명해주었다.[2] 진단학회 내에서도 그를 둘러싸고 새로운 환경이 조성되었다. 1948년 8월 위원장인 송석하가 별세하고 그의 서울대학교 동료인 이상백이 위원장에 취임하였다.[3] 이듬해 10월에는 본인이 직접 상임위원회 위원장에 취임하면서 진단학회 운영권을 장악하고 학회 활동의 전면에 나설 수 있게 되었다.

재기의 발판을 확장해가고 있던 그에게 1950년 한국전쟁은 새로운 기회였다. 이병도는 전쟁의 와중인 1950년 10월 국방부 정훈국 전사편찬위원회 위원장에 취임하여 1954년까지 복무하였다. 학내 권력과 학회 권력에 이어 학문권력까지 거머쥘 수 있는 특별한 기회를 한국전쟁으로 포착했던 것이다. 더구나 서울 수복 후인 1951년 11월 '고려시대의 연구-특히 지리도참사상을 중심으로'라는 제목으로 서울대학교에 박사학위논문을 제출하고 이듬해 4월 대한민국 최초로 문학박사학위를 취득함으로써 학문적 권위까지 얻게 되었다.

원래 이 논문은 이병도가 일제강점기 때 도쿄대학에 제출할 박사학위논문으로 준비하던 글이었는데, 일본의 패전으로 한국이 독립한 뒤에 《고려시대의 연구》(을유문화사, 1948)로 출간한 책을 수정 보완한 결

---

2) 한국전쟁이 끝난 1953년 12월에 '수정증보 제10판'이 간행될 정도였다.

3) 이하 이병도와 진단학회의 움직임에 관한 소개는 〈두계 이병도 박사 약력〉, 《진단학보》 29·30합집, 1966; 〈연혁〉, 《진단학회 육십년지》, 진단학회, 1994를 참조하였다.

과물이다.[4] 그는 이 책을 내기 전에도 해방 직후부터 《(역주) 하멜 표류기》(일조각, 1946),《(역주) 삼국사기》1·2(박문출판사, 1947),《(새) 국사 교본》(동지사, 1948),《조선사 대관》(동지사, 1948) 등 일련의 단행본을 간행하고 있었다. 그리고 한국전쟁 때 국방부에서 근무하는 동안 기존에 출판된 책을 다시 다듬어 박사학위논문으로 제출한 것이다.

이러한 일련의 과정을 살펴볼 때 이병도는 매우 성실한 역사학자이며 연구 의욕이 왕성했던 사람임을 짐작할 수 있다. 더 나아가 그의 탁월한 선진성과 선도성도 주목된다. 그러나 동시에 주의할 점이 있다. 뒤에서 살펴볼 스에마쓰 야스카즈(末松保和)의 활동에서도 유사한 경향을 확인할 수 있지만, 필자는 식민자든 피식민자든 식민주의 역사학의 핵심 기관, 예를 들어 조선사편수회와 경성제국대학 사학과와 같은 곳에 근무한 사람이 1945년 이후 새로운 국가 질서가 형성되는 과정에서 한 발짝 앞서 글을 쓰며 성장하는 과정을 당사자의 탁월한 능력과 성실성만으로 평가해서는 안 된다고 생각한다. 달리 말하면 식민자였던 스에마쓰 야스카즈와 달리 이병도가 피식민자였다 할지라도, 역사 연구에서 탁월한 선도성, 선진성으로 포장된 채 그가 식민주의 유산으로 받았던 세례가 1945년 이후에도 계속될 여지가 있다는 점을 망각해서는 그를 합리적으로 평가할 수 없다. 1945년 8월 이후의 시점에서 제국의 유산을 제대로 세례 받지 못한 동료 연구자들과 비교했을 때, 이병도나 스에마쓰는 기울어진 운동장의 유리한 위치에서 경기에 참가한 사람이었던 것이다.

권력과 밀착할 기회가 주어진 데다 박사학위 취득으로 학문적 권위

---

4) 신주백,《한국 역사학의 기원》, 296쪽.

까지 확보한 이병도는, 역사 이데올로그로서의 활동에도 적극적으로 나섰다. 그는 1952년 발행한 〈국사상으로 본 우리의 지도이념(指導理念)〉이란 책자를 통해, 조선 민족의 단일성을 근거로 공동체의 일원으로서 대동단결하는 독자의식이 역사적으로 우리 민족의 지도이념이었다는 이론을 제시하였다. 이 글은 1953년 5월《국사와 지도이념》(삼중당)으로 간행될 때 '제2편 과거의 지도이념'이란 이름으로 다시 수록되었다. 이 책의 제1편은 한국사를 개관한 '국사의 개요'이며, 상세한 내용은《국사대관》을 참조하도록 저자가 범례에서 밝혀두었다.

한국전쟁의 와중에 발행된 이들 출판물은 이병도가 정부의 이데올로그로 확실히 변신했음을 말해주는 증거물이다. 통상 오늘날 한국사 학계가《국사와 지도이념》을 인용할 때는 일조각에서 발행한 1955년판을 인용해왔다.[5] 1955년판은 약간의 편집 구성만 다를 뿐 내용은 1953년판과 일치한다. 때문에 두 판본을 구별하려는 노력 자체는 그다지 의미가 없을 수 있다.

그럼에도 필자는 두 판본의 간행 시기 사이에 이병도의 사회적 위상이 더욱 강화된 측면에 주목하고 싶다. 1953년판은 그가 범례에 밝혀두었듯이 전쟁의 와중에 '청년지도원'의 "교양을 위한 국사 교본으로 편찬한" 책이다. 이후 이병도는 1953년 9월에 서울대학교 박물관장에 취임하였고, 이듬해 3월에 전사(戰史) 편찬의 공로를 인정받아 금성충무무공훈장(金星忠武武功勳章)을 받았으며, 대한민국학술원 회원에도 선출되었다. 4월에는 서울대학교 대학원장에 취임하였다.

학내외에서 학문권력이 커지고 사회적 지위가 더욱 높아지던 와중인 1954년 5월, 이병도는 진단학회를 사단법인으로 개편하고 이사장

---

5) 이 '개판(改版)'은 1955년 5월 10일에 발행되었고, 5일 만인 15일에 재판(再版)을 찍었다.

에 취임하였다.[6] 진단학회의 법인화는 미국의 록펠러 재단으로부터 《한국사》 출판을 위한 1만 달러의 연구보조비를 받으려는 조치였다. 이병도로서는 진단학회를 거점으로 한국사 학계 전체를 향해 공공연한 영향력을 발휘할 수 있게 된 데다 국내외에 한국을 대표하는 역사학자라는 상징성도 획득했다고 볼 수 있겠다. 진단학회가 1955년 10월 연세대학교 동방학연구소와 공동으로 하버드대학교의 에드윈 O. 라이샤워(Edwin O. Reischauer) 교수를 초빙하여 '한국에 관한 연구'를 중심으로 강연회를 개최할 수 있었던 일은 우연한 사건이 아니었다.

당대의 정치권력과 밀착하는 한편 학문권력을 안정되게 구축한 이병도는 자신의 역사이념을 《국사와 지도이념》을 통해 명확히 제시하였다. 그는 우리 민족이 어떠한 경로를 밟아 오늘에 이르렀는지를 연구하는 학문이 국사라고 정의하면서 '국사의 특수성' 가운데 하나로 대륙적이면서 해양적인 지리적 성격을 들고 나서 또 다른 하나에 대해 다음과 같이 언급하였다.

첫째, 우리 과거의 사회생활이 대가족제와 농업자연경제를 주로 하여 오랫동안 거기에 안정 자족하고 현실에 집착 감내하여온 만큼 평화성(유순성)과 아울러 강인성 정체성을 띠우고 있음은 부인치 못할 사실이다. 이러한 여러 성격이 현재 우리 생활에도 여러 모에 나타나고 있지만, 이것이 한편으로 참신한 발달을 저해케 한 하나의 원인이었던 것이다.[7]

---

6) 이병도는 이사장에 이어, 법인 해체 이후 최고 의결 기구인 평의원회가 출범한 1972년부터 1989년까지도 의장으로서 권한을 행사하였다.

7) 이병도, 《국사와 지도이념》, 삼중당, 1953, 2쪽.

이병도는 우리 민족만의 특수성, 곧 양면성을 갖는 개별성을 정체성으로 인정하고 있었던 것이다.

그러면서 이병도는 우리 민족이 유지 발전해온 이유를 "민족의 최고 정신 최고 이념인 공동체적 정신"에서 찾았다. 그가 말하는 공통된 최고 정신과 이념이란 다음과 같다.

> 개인은 전체(씨족-부족-국가-민족)를 의식하고 그 속에서 살고 전체는 개인을 포섭하고 보호하여 성장하는 만큼, 개인과 전체는 떠날 수 없는 불가분리의 관계를 가지고 있으므로, 전체의 이익은 개인의 이익이 되고 전체에 대한 위협은 즉 자기에 대한 위협인 것을 인식하고, 전체의 이익을 위해서는 개인의 그것을 희생하는 등, 전체 개체의 자유롭고 평화스러운 발전 향상을 도모하기 위하여 서로 협동부조(協同扶助)하는 정신이 곧 그것이다. 바꿔 말하면 개인은 국가나 민족을 떠나 존재의 의의가 없고 항상 국가와 민족의 통일 발전 가운데 살고, 그것을 봉사하는 일원인 것을 자각하면서 국가 민족의 영원한 이상에 순(殉)하려 하는 그 정신이다.[8]

이병도가 말하는 협동부조란 국가와 민족을 위한 개인의 봉사이다. 결국 이병도는 역사공동체인 국가와 민족을 위한 봉사라는 이름으로 이루어지는 개인의 희생을 최고의 정신이자 이념으로 간주하였다.

특히 여기에서 주목해야 할 점은 이병도가 '동족상잔의 비극'인 한국전쟁의 와중에 발행한 책자에서부터 협동부조하는 정신을 최고의

---

8) 이병도, 《국사와 지도이념》, 4쪽.

공동체 정신이자 이념으로 내세웠다는 사실이다. 전쟁의 원인이나 상흔에 대한 깊이 있는 성찰과 반성 과정에서 구성원 사이의 공감대를 확보해 가기보다는, 모든 개개인에게 전체를 위한 봉사라는 이름으로 희생을 요구하고 이를 바탕으로 단결하여 민족적 위기를 극복하자는 지도이념을 제시한 것이다. 그는 이를 실현하기 위해 전통적 지도이념이라고 스스로 규정한 '협동타협정신'을 향상하게 시킴과 동시에, "외래의 새로운 형식의 민주주의를 절충 융합"함으로써 "먼저 지도층을 구성하는 중심체의 대동단결을 굳게" 하고, "대중을 정도(正道)로 인도"할 필요가 있다고 제시하였다.[9]

이병도의 말대로라면 문헌고증사학과 친일 잔재의 극복 및 친일파 청산을 주장하는 것 자체가 '협동과 타협'이란 전통 정신에 위배되고 대동단결을 가로막는 행위에 해당한다. 이승만 정권의 지도층 가운데 상당수가 극복과 청산의 대상이었다는 당대의 현실을 감안하면, 그가 한국전쟁 즈음부터 역사를 동원하고 민주주의를 빌려 민족적 과제를 공공연하게 거부하기 시작했음을 짐작할 수 있다. 또한 그가 말하는 민주주의가 무엇인지 위의 문맥만으로는 정확히 알 수 없지만, 국가와 민족을 위한 개인의 희생을 강조한 점으로 보아, 국가주의적인 요소를 '절충'하고 '융합'한 민주주의일 수밖에 없다.

이병도의 왜곡된 역사인식은 국가의 구심체를 공고하게 하지 못했을 때 초래하는 결과에 관한 사례로 언급한 다음과 같은 서술에서도 확인할 수 있다.

---

9) 이병도, 《국사와 지도이념》, 89쪽.

먼 예를 구할 것 없다. 가까운 구한국 말기를 회고해보자. 그 상층부가 얼마나 부패하고, 이에 대한 민중의 분노가 얼마나 컸던가를. 결국 왕실은 왕실대로, 정부는 정부대로, 민중은 민중대로, 유리(流離)하고 이반(離反)하여 나라를 망치고 말지 아니하였던가. 크게 반성하고 남음이 있다.[10]

역사적 전개를 볼 때 사실에 부합한 측면도 있음을 부인할 수 없지만, 열강의 한반도 침략, 특히 일본의 침략 행위를 간과한 서술이다. 이와 비슷한 역사인식은 이병도가 "최근세 일본 세력의 반도 진출 내지 대륙 진출로 말미암아, 반도는 일시 ㄱ의 영토로, 교량으로 화(化)한 일까지도 있었다"고 하여, 일본의 제국주의 행위를 '침략'이 아닌 '진출'로 표현한 데서도 확인된다.[11] 그러면서 나라가 망한 내적인 이유를 말할 때 가장 중요한 집권층의 지도 책임을 비판적으로 부각하지 않은 채 민중의 책임 문제까지 거론하며 모두가 잘못했으니 다 같이 반성하자는 논지를 펼쳤다. 결국 이병도는 한말의 역사에 대해 나름 충심을 갖고 서술했겠지만, 문명화에 좌절한 대한제국의 역사를 드러내고 민족적 열등감을 조장함으로써 자신이 타율성론에 빠져 있음을 무의식중에 보여주었다.

---

10) 이병도, 《국사와 지도이념》, 89쪽.
11) 이병도, 《국사와 지도이념》, 2쪽.

1950년대 정체성론이란 지(知)의 식민성을 보장한 동양적 특수성론

한국사의 정체성을 당연시하는 식민주의 역사인식은 사실 1950년대 한국의 역사학계에서 일반적이었다. 당시 역사 연구자조차 후진국인 한국이 빈곤한 국민 생활에서 벗어나지 못하고 있는 원인으로 "필연적 숙명적 원인이 잠재해" 있는 "과거의 유산"을 예로 들 정도였다.[12] 그래서 빈곤의 역사적 원인인 후진성 또는 정체성을 학문적으로 밝히겠다는 연구물들이 많이 나왔다.[13]

여러 학자들이 그 원인의 해명에 나선 데는 다른 이유도 있었다. 이 역시 위의 언급과 관련이 있는 이유이지만, 당대의 지식인 대다수는 후진성의 원인을 역사적으로 규명하는 작업이 경제개발 계획을 더욱 치밀하게 수립하는 데 도움이 된다고 믿었다.[14] 그들은 후진성을 극복하는 노력을 곧 근대화를 성취하는 노력으로 받아들였다.[15]

---

12) 조동세, 〈이조사회에 있어서 생산력 정체성의 제 요인 분석〉, 《논문집》 2, 청주대학교, 1958. 12, 177쪽.

13) 한국의 역사와 관련한 주요 논문과 서적을 언급하면 아래와 같다. 김용덕, 〈국사의 기본 성격-우리 사회의 정체성을 중심으로〉, 《사상계》 1-7, 1953. 11; 이방환, 〈한국 봉건사회의 정체성 연구-고려시대의 생산구조 분석〉, 《논문집》 2, 전북대학교, 1958. 7; 조동세, 〈이조사회에 있어서 생산력 정체성의 제 요인 분석〉, 앞의 책; 이방환, 〈한국의 고대사회와 봉건제에 대한 소고〉, 《논문집》 3, 전북대학교, 1960; 오영모, 〈이조의 봉건적 토지소유 형태-전제 전세의 추이 과정〉, 《논문집》 3, 전북대학교, 1960; 최호진, 《근대 한국 경제사 연구-이조 말엽에 있어서의 생산력 연구》, 동국문화사, 1956. 9; 최호진, 《근대 한국 경제사 연구》, 동국문화사, 1958. 6. 최호진에 관해서는 홍성찬, 〈최호진의 경제사 연구와 저술의 사회사-1940~1960년대〉, 《동방학지》 154, 2011. 6 참조.

14) 배성룡의 논지가 대표적이다. 자세한 것은 배성룡, 〈자료 동양사회 근대화 과정의 추이와 제 문제점〉, 《아세아 문제 연구》 7-1, 1964 참조. 편집자의 말에 따르면 배성룡이 10년 전에 작성한 글, 즉 1950년대 중반경에 작성했지만 미발표한 논문을 발굴하여 논문이 아니라 '자료'를 소개한다는 취지로 수록했다고 한다.

15) 이동원, 〈한국경제의 후진국적 특질과 국제적 위치〉, 《부산상대학보》 2, 1958. 10.

그렇다면 정체성을 '국사의 기본 성격'으로 믿고 있던 역사 연구자들은 그 원인을 무엇으로 보았을까.[16] 김용덕(金龍德)에 따르면, 우리의 농촌 사회는 중국과 달리 산간에 둘러싸인 작은 평야들을 중심으로 소규모의 자급자족적이고 폐쇄적인 농업 공동체를 형성하고 있어 이들 사이에 물질 교역이 성행할 수 없다. 농경의 핵심인 치수관개사업은 국가의 힘이 있어야 하는 가장 큰 공공영역이었다. 하지만 국가는 동양적인 토지 공유 제도에 기반을 두고 있어 중앙집권의 권력이 취약해지면 공전과 사전의 경계가 모호해지고 권력자들의 토지겸병이 사회문제로 대두하는 과정에서 분열과 부패 현상이 만연해지고 여기에 반발하는 농민 봉란이 속출함으로써 첨예한 위기에 직면하였다.

이러한 위기의 양상은 신라 말기에 있어서 또 고려 이조 말기를 통하여서도 발견할 수 있는 현상이었다. 이른바 '아시아적 악순환'(주4. 비트포겔(K. A. Wittvogel), 《동양적 사회의 이론》, 40쪽-인용자)으로, 이 특색은 중국에서 일층 전형적이지만 한국을 포함한 동양사회를 수천 년을 두고 정체시키고 만 것이다.

구래의 농업 사회의 속성으로서의 보수와 소극, 상업의 미발달로 인하여 서구 사회 발전상 항상 진보적이며 적극적인 활동을 담당하던 시민 계급의 결여 그리고 왕조 말기에 되풀이되는 농업 위기는 모두 정체성(停滯性)의 내부적 요인으로 지적되어야 할 것이다.[17]

---

16) 위에서 제시한 논문들 가운데 김용덕의 논문이 시대를 불문하고 정체성의 원인을 가장 포괄적으로 제시하고 있어 본문에 정리하였다.

17) 김용덕, 〈국사의 기본 성격-우리 사회의 정체성을 중심으로〉, 《사상계》 1-7, 53쪽. 이밖에도 대외관계와 대륙의 정세, 토지사유제와 분권적 봉건제가 결여된 동양사회의 특징, 그리고 사회의 고정성을 들었다.

이처럼 김용덕은 한국적 특수성을 나름대로 제시하며 정체성의 원인을 언급했지만, 그 밑바탕에는 중국사회의 정체성에 대한 풍부한 실증과 관점을 제시한 비트포겔의 '동양적 사회' 이론 등이 있었다. 비트포겔은 헤겔, 마르크스, 베버가 막연하게 정리했던 동양적 특수성론을 방대한 자료를 동원하여 매우 실증적으로 제시했다는 평가를 받는 사람이다. 비트포겔은 일본에서 '수(水)의 이론'이라 부르는 기본 입장을 바탕으로 치수관개와 토지국유제, 가족경제와 가족제도 등을 들어 동양, 곧 중국의 경제와 사회를 분석하였다.[18]

비트포겔의 저서는 모두 일본어로 번역되었다. 특히《동양적 사회의 이론(東洋的社會の理論)》(日本評論社, 1939)은 한국의 연구자들도 마치 성서처럼 읽었다.[19] 정체성의 원인을 규명하려는 한국의 역사 연구자들은 문헌고증사학이든 사회경제사학이든 자신의 학문적 경향을 불문하고 대부분 그의 일역서를 읽고 오늘날 식민사관으로 불리는 역사인식을 더욱 체계화하며 연구를 진행하였다.

여러 이유가 있겠지만, 그중 하나는 1930년대 일본의 강좌파 사이에서 벌어진 아시아적 생산양식 논쟁에 적극적으로 참여한 히라노 요

---

18) 물론 '수(水)의 이론'과 다른 맥락에서 동아시아의 정체성을 말하는 학자들도 있었다. 김준엽의 경우가 그러한 지식인의 한 사람이었다. 그는 '후진성'의 원인, 즉 아시아사회가 서구에 비해 근대화 과정이 뒤처질 수밖에 없었던 이유로 유목국가들의 반복된 정복과 곧이어 등장한 제국주의의 침입을 들었다. 김준엽, 〈아시아사회의 후진성에 관한 일고찰〉,《사상계》 3-9, 1955. 9.

19) ウィットフォゲル 著, 森谷克巳·平野義太郎 譯,《東洋的社會の理論》, 日本評論社, 1939. 이 책은 이미《支那の經濟と社會》(中央公論社, 1933)로 일본 학계에서 큰 주목을 받았던 비트포겔이 1935년부터 3년간 중국에서 필드워크한 내용을 집대성한 결과물이다. 비트포겔은 1981년에 자신의 입장을 총정리한 책을 발행하였는데, 한국에는 1991년에 번역, 출간되었다. 칼 A. 비트포겔, 구종서 역,《동양적 전제주의-총체적 권력의 비교연구》, 법문사, 1991.

시타로(平野義太郞)와 모리타니 가쓰미(森谷克巳)가 이 책의 역자였기 때문일 것이다. 특히 모리타니 가쓰미는 경성제국대학 교수로 재직할 당시 한국사회의 정체성을 앞장서 주장한 사람이었다.[20] 그는 비트포겔의 영향을 받아 《지나사회경제사(支那社會經濟史)》(章華社, 1934), 《아시아적 생산양식론(アジア的生産樣式論)》(育生社, 1937)에서 '동양적 특수성'을 주장하였다. 뒤의 책은 1941년까지 4판이 발행될 정도였는데, '부록2'에서 한국사의 특수성과 정체성을 별도로 언급하였다.

여기에 한 가지 이유를 더 덧붙이자면, 한국사회에 정착된 반공 메커니즘과도 무관하지 않았을 것이다. 1950년대 한국의 역사 연구자들이 한국사회의 정체성 원인을 규명하려 할 때, 마르크스나 헤겔, 일본 강좌파의 아시아적 생산양식 논쟁을 언급하기는 부담스러웠을 것이다. 그들은 이에 따른 위험을 비트포겔의 동양특수담론을 빌려 비켜가려 했을 것이다.[21]

이처럼 한국의 연구자들은 비트포겔과 그의 영향을 받은 일본인 식민주의 학자들에 의해 구체적이고 풍부하게 재구성된 동양특수담론으로 포장된 정체성 담론을 빌려 한국사를 해명하려 했으므로 식민주의 역사학의 테두리를 벗어날 수 없었다. 일본의 대표적인 식민주의 학자인 다카하시 도루(高橋亨)는 《동방학지(東方學誌)》 창간호(1954. 3)의 논문들을 보고, 그동안 일본인 학도가 설치해놓은 레일을 벗어나지 않을까 생각했는데 그것은 자신들의 "기우에 불과했다는 점이 실

---

20) 모리타니의 식민주의 역사인식에 관해서는 노용필, 〈삼곡극기(森谷克己)의 식민주의 사회경제사학 비판〉, 《한국 사학사 학보》 21, 2010 참조.

21) 반공의 메커니즘이 학술 연구에 어떻게 작동하였는지를 확인할 수 있는 대목이지만, 이 글의 내용과 직접 관련이 없으므로 여기까지만 언급하겠다.

증되었다"면서 자신들이 "부식한 레일 위를 달리고 있다"고 보았다. 그러면서 그는 잡지에 논문을 기고한 필자들이 "지금 조선의 학계를 리드하고 있다고 하면, 금후 조선에서 동방 연구도 이 레일에서 나아 갈 것으로 상상되며, 따라서 일본시대의 조선 연구와 금후 한국에서 의 조선 연구와의 사이에 단층은 없을 것이라 생각된다"고 단정하였 다.[22] 그러면서 앞으로 비평과 교류가 자유로워지면 "피차 서로의 학 술적 이해 위에서 연구적 양심이 명하는 바에 따라 융화적"으로 제휴 하여 연구할 수 있을 것으로 전망하였다. 다음 2장에서 확인하겠지만, 다카하시 도루 등 일본인 식민주의 학자들이 결집해 만든 조선학회가 1950년 10월 출범할 당시 제기한 '연구적 양심'에 따라 한일 학자들이 서로 친밀하게 친선을 도모한다는 말의 의미가 무엇인지를 여기에서 새삼 확인할 수 있는 것이다. 그래서 이만열은 이 시기의 한국 역사학 계에 대해 민족을 잃은 채 방황했다고 진단하였다.[23]

미국과의 연계, 더욱 위상이 높아진 학문권력

1950년대 한국 역사학계에 대한 미국 자본의 지원은 크게 두 가지 경 우로 볼 수 있다. 하나는 대학교수를 비롯한 전문가를 미국 대학으로 초빙하여 연수할 기회를 제공하는 접근이고, 또 하나는 한국 국내의 학술 활동을 지원하는 경우이다.

---

22) 이상의 내용은 高橋亨, 〈書評 東方學誌 第1輯〉, 《朝鮮學報》 7, 1955. 3, 191·192쪽을 정 리하였다. 《동방잡지》 제1집에 논문을 수록한 필자는 김상기, 방종현, 이병도, 이상백, 이숭녕, 이홍직이었다. 글의 문맥을 읽으면, 다카하시 도루는 김상기에 대해서는 "미상 (未詳)"이라 하고, 나머지 필자에 대해서는 이미 파악하고 있었다.

23) 이만열, 《한국 근현대 역사학의 흐름》, 푸른역사, 2007, 618쪽.

우선 전문가에게 미국 대학 등지에서 연구할 기회를 제공한 경우는 하버드대학교 옌칭연구소의 활동이 가장 대표적이다. 옌칭연구소는 중화인민공화국이 성립된 이후 중국대륙으로부터 학자를 초빙하기가 어려워지자 1954년부터 한국을 비롯해 타이완, 홍콩, 일본 등지의 학자를 초빙하였다. 2007년경까지 1,000여 명의 동아시아 학자들이 연구비를 지원받았다고 한다. 옌칭연구소는 초빙한 연구원에게 보고서 제출을 의무화하기보다 그들의 연구를 지원하고 상호 교류를 이어주는 '학술 자선 단체'처럼 기능하였다.[24] 한국인으로는 1954년 연세대학교 사학과의 민영규를 비롯해 4명이 옌칭연구소의 초빙을 받은 이래 1990년까지 19명의 역사학자가 방문하였다.[25]

다음으로는 미국 자본이 한국에서의 학술 활동을 지원한 경우이다. 앞서도 언급했지만, 이병도 이사장 중심의 사단법인체로 전환한 진단학회는 1954년 미국 록펠러 재단으로부터 《한국사》 간행에 필요한 1만 달러의 재정을 지원받았다. 진단학회는 그해 12월 이사회를 열고, 상고편은 이병도(단, 선사시대는 김재원), 중세편은 김상기, 근세편은

---

24) 이상은 로널드 슐레스키(Ronald Suleski), 김성규 역,《하버드대학의 동아시아 연구-최근 50년의 발자취》, 현학사, 2008, 280쪽.

25) 초청받은 역사학자들에 대해 당시 소속 대학과 기간만 정리하면 다음과 같다. 이광린(연세대, 1956~1957), 김준엽(고려대, 1958~1959), 노명식(경북대, 1959~1960), 김철준(1960~1961), 길현모(1961~1962), 이공범(성균관대, 1962~1963), 함홍근(이화여대, 1962~1963), 민석홍(서울대, 1963~1964), 송준호(전북대, 1964~1965), 김영하(경북대, 1965~1966), 안계현(동국대, 1965~1966), 길현익(서강대, 1968~1969), 김진경(성균관대, 1968~1969), 김염자(이화여대, 1973~1974), 정두희(서강대, 1981~1982), 박광선(전북대, 1983~1984), 노태돈(서울대, 1986~1987), 권태억(서울대, 1989~1990), 정현백(성균관대, 1990~1991). 한국하버드옌칭학회,《한국하버드옌칭학회 50년》, 한국하버드옌칭학회, 2007. 첨언하자면, 이기백도 와그너의 초청으로 1966년 1년간 이곳에서 연구하였다.

이상백, 최근세편은 최남선이 맡고, 여기에 한 권의 연표까지 포함해 모두 다섯 권을 출간하기로 결정하였다.[26] 여기에서 중세는 고려, 근세는 조선을 가리킨다. 이후 건강이 받쳐주지 못한 최남선 대신에 이선근이 집필자로 들어갔고, 중세편은 김상기 대신 이병도가 집필하였다. 또 근세편이 근세 전기편과 근세 후기편, 최근세편이 최근세편과 현대편으로 더 나누어지면서 모두 일곱 권으로 재구성되었다. 애초 계약한 2년이란 집필 기간을 지킨 필자는 없었지만, 이들은 1959년 상고편을 시작으로 계획 수립 10년 만인 1965년 을유문화사에서《한국사》일곱 권 전체의 출간을 완료하였다.

진단학회는 마침 학회 창립 30주년을 기념하여 성대하게 출판기념회를 열었다. 하지만 이선근의 현대편('동학란~1910년')에 대해서만 한우근의 서평이 있었을 뿐이다.[27] 그래서 학계에서 이 기획 시리즈의 내용에 대해 크게 호응했는지는 의문이다. 오히려 북한 학계가 더 적극적으로 일곱 권 전체에 대해 서평한 점이 눈에 띈다.

북한 학계는 자신들이 가장 내세울 만한 역사학 잡지인《력사과학》을 통해 모두 네 차례로 나누어 매우 비판적인 반응을 보였다. 첫 번째 서평은 이병도와 김재원이 집필한 상고편의 일부만을 대상으로 하였다. 그중 일부를 소개하면 다음과 같다.

《한국사》는 우선 자기 체계의 설정에서 아무런 과학적 주견도, 과학

---

26) 김재원, 〈광복에서 오늘까지〉,《진단학보》57, 1984. 6, 228쪽. 김재원은 회고에서 '근세'
     를 '근대'라 말했지만 왠지 낯설다. 사실 1954년 12월 결정 당시 '편(篇)'의 정식 명칭은
     회고하는 사람에 따라 조금씩 다르다.
27) 이선근이 집필한 현대사편은 한우근이《역사학보》23(1964. 4)에 서평하였다.

적 원칙도, 리론적 기초도 없다.

소위 '유사 이전 시대'로부터 통합 신라 말기까지 이르는 전 기간을 '고대편'(상고편-인용자)으로 묶는 편사 체계는 누가 무슨 목적으로 창안한 체계인지 상기할 필요가 있다. '서술상 비교적 편리한 방법을 취하였다'고 한 '한국사' 편자의 말은 완전한 기만이다. '서술상 비교적 편리한 방법'이 결코 편차 체계의 과학적 기준으로 될 수도 없지마는, 이것은 바로 과거에 일제 어용 학술 단체인 '조선사학회'가 편찬한《조선사 대계》의 체계를 그대로 옮긴 데 불과하다. 여기에 다른 점이 있다면《조선사 대계》가 이 부분을 '상세사(上世史)'로 부른 대신《한국사》는 '고대편'으로 고쳐 부르고 있을 따름이다.[28]

한마디로 일본인 식민주의 역사학을 계승했다는 것이다. 그러면서 북한 학계의 서평자는 진단학회가 조선사학회의 "'학통'을 충실히 계승"하여《조선사 대계》를 '표절'하면서까지《한국사》를 간행했다고 지적하였다.[29] 실제 두 책 모두 각각 다섯 권으로 기획되었고, 상세'사'를 상고'편'으로 이름만 조금 바꾸었을 뿐 기획 구성도 같았으니 타당한 지적이라고 말할 수 있다. 그는 "하긴 이《한국사》의 책임 집필자가 바로 일제 직영 기관이었던 '조선사편수회' 성원의 한 사람이었다는 것을 알고 보면 그리 괴이한 일도 아닐 것이다"라고 이병도를 지목하며 비꼬는 투로 비판하였다.[30]《조선사 대계》의 체계와 유사하다

---

28) 리지린·리상호,〈'한국사'를 평함 - 고대를 중심으로〉,《력사과학》5, 1965. 9, 40쪽.
29) 두 기획서의 구성을 비교해보면,《한국사》는 상고편, 중세편, 근세편, 최근세편, 연표 다섯 권으로 출발했는데, 1927년 조선사학회에서 간행한《조선사 대계》는 상세사(上世史), 중세사, 근세사, 최근세사, 연표 다섯 권이었다.
30) 리지린·리상호,〈'한국사'를 평함 - 고대를 중심으로〉,《력사과학》5, 40쪽.

는 지적은 네 번째 서평에서도 나왔다. 6권째의 시작과 끝 부분의 '장'
이 1860년대와 1910년이란 점에서 《조선사 대계》와 우연히 일치했다
고 보기 어렵다는 것이다. 그러면서 북한 학계는 일곱 권 전체에 대해
"총체적으로 《한국사》 편자들의 입장은 대국주의에 영합하는 철저한
사대주의이며 또한 이와 표리 관계에 있는 외인론이다"라고 평가하며
식민주의 역사인식이 일관되게 관통하고 있다고 지적하였다.[31]

　　그런데 미국의 대학과 자본이 한국인의 학술 연구를 지원하는 활동
은 1957년 라이샤워 교수가 책임을 맡으면서 바뀌었다. 그는 한국, 일
본, 타이완(홍콩 포함)의 관계자들에게 옌칭연구소의 학술 지원 사업을
협찬해줄 수 있는 위원회를 각국에 설치하도록 요구하였다. 이에 따라
한국은 서울에 동아문화연구위원회, 일본은 동양문고 내에 동방학연
구일본위원회, 타이완은 타이완대학 내에 동아학술연구계획위원회를
각각 설치하였다.[32] 미국의 자본과 정부의 의도가 학술이라는 이름으
로 합법적이고 공개적으로 각국에 침투할 수 있는 교두보가 마련된 것
이다. 세 기관은 라이샤워 교수의 제안으로 1960년 10월 30일~11월 2
일에 타이완대학에서 공동으로 국제학술회의를 열기도 하였다.

　　동아문화연구위원회는 1957년 5월 출범 당시 백낙준, 이병도, 유진

---

31) 오길보, 〈'한국사'를 평함(4) – 19세기 후반기~20세기 초엽을 중심으로〉, 《력사과학》 4,
　　1966. 7, 36쪽. 다른 분석논문도 있다. 김석형·김세익, 〈'한국사'를 평함(2) – 3국~고려시
　　기를 중심으로〉, 《력사과학》 1, 1966. 1; 김석형·장국종, 〈'한국사'를 평함(3) – 15~19세기
　　중엽을 중심으로〉, 《력사과학》 2, 1966. 3.

32) 한국에 남아 있는 동아문화연구위원회에 관한 자료는 매우 드물다. 여기에 소개하는 내
　　용은 김재원, 〈광복에서 오늘까지〉, 《진단학보》 57, 230·231쪽을 정리한 것이다. 일본
　　측 위원 가운데 한 사람이 조선사편수회와 경성제국대학 사학과 교수로 재직하면서 식
　　민주의 역사학의 중심추 역할을 하며 이데올로그로 활동했고, 일본 패전 후 귀국하여
　　가쿠슈인대학 교수이자 동양문화연구소 소장으로 역임하고 있던 스에마쓰 야스카즈(末
　　松保和)이다.

오, 이상백, 양주동, 이숭녕, 김재원(실무 총간사)을 위원으로 선출했고, 위원장은 백낙준, 이병도, 유진오, 이상백, 김재원 순으로 이어졌다. 위원회는 진단학회, 역사학회, 국어국문학회의 학술지 발행을 지원하고, 옌칭연구소에 파견할 연구자를 선정하였다. 또한 국내 학술 활동도 지원했는데, 1958년 진단학회와 역사학회가 공동으로 개최한 제1회 전국역사학대회와 2부 2장에서 살펴볼 동양학 심포지엄(1962. 5. 8~12)이 대표적인 사례일 것이다. 1961년 창립된 서울대학교 동아문화연구소와 진단학회가 공동으로 개최한 동양학 심포지엄은 4일차와 5일차에 '한국 근대화 문제(其一)(其二)'라는 주제로 열렸다. 2부 2장에서 언급하겠지만, 동아문화연구위원회가 근대화란 무엇인가에 대해 언급함으로써 한국에 로스토와 라이샤워식 근대화론이 유입되는 통로이자 자극제 역할을 일부 했다고 짐작할 수 있겠다.

이처럼 미국의 자본이나 학계와의 연계를 통해 한국을 대표하는 학술 단체로서 진단학회와 대표 학자로서 이병도는 학문권력의 위상을 국내외에서 더욱 견고하게 다졌다. 문헌고증사학이 사실상 관학과 비슷한 지위를 확보했다고 말해도 지나치지 않는 현실이었다. 달리 말하면 1950년대 후반으로 갈수록 한국사 학계 내에서는 문헌고증사학의 영향력 또는 그 자장을 벗어나 홀로서기를 시도하며 새로운 역사학을 추구하기가 더더욱 어려워졌다.

한편 식민주의 역사학에 반성적이지 않았던 문헌고증사학이 대한민국 역사학계에서 주류의 위치에 등극할 즈음, 이들과 별다른 차별성이 드러나지 않았던 일본인 조선사 학자들도 일본의 조선사 학계에서 주도적 위치를 공고히 하였다. 다음은 이에 대해 살펴보자.

2장 일본, 식민주의 역사학의 재생 속에 비판적 조선사학이 싹트다

조선학회, 식민주의 역사학의 재결집

다음 4장에서 보겠지만, 1950년대 한국사 학계에서 진행된 실학 연구와 조선 후기 사회경제사 연구의 새로운 흐름은 한국사회만의 역사적 맥락이 있었다. 또한 일본과 북한에서 식민주의 역사학에 대해 비판적으로 접근하여 새로운 한국사상을 정립하려는 움직임이 태동한 흐름과도 같은 선상에 있었다. 그럼에도 한국사회만의 맥락처럼 일본과 북한에서의 새로운 움직임은 각자의 맥락이 있었다. 우선 2장에서 일본의 조선사 학계부터 살펴보자.

패전국 일본에서 역사학계 최대의 공통 관심사는 전후 일본의 민주주의 변혁을 역사적으로 파악하는 데 있었다.[33] 그것은 '봉건제의 극복과 근대화'로 집약되었다. 이러한 문제의식에 입각한 연구는 '오쓰카 사학(大塚史學)'과 마르크스주의 역사학 연구자로 분류되는 사람들이 주도하였다.

---

33) 1950년대까지 일본 역사학의 동향에 관해서는 永原慶二, 〈戰後日本史學の展開と諸潮流〉, 《岩波講座 日本歷史-別卷1 戰後日本史學の展開》24, 岩波書店, 1977을 정리하였다.

이들은 세계사의 발전 형태를 사회구성사적인 관점에서 이해하며 역사 발전의 법칙적 인식을 중시하였다. 일본 역사학연구회가 1949년 대회의 통일 주제를 '각 사회 구성에서 기본 모순에 관하여'로 설정한 배경도 이와 관련이 깊었다.[34] 이후 일본 역사학계는 '세계사의 기본 법칙'을 밝히면서 관련 연구와 논쟁을 이론과 실증 방면에서 계속하였다.[35] 그리고 그것은 시대구분 논쟁으로 집약되었다. 10여 년간 일본 역사학계의 연구 방향이 '세계사의 기본 법칙' 인식, 즉 구조적 파악으로 집약된 이유 중 하나는, 그것이 바로 과학으로서의 역사학이며 객관주의적 경향을 내포하고 있다고 간주하였기 때문이다.

일본의 일본시 연구자들이 패전 후에도 뚜렷한 문제의식 속에서 중대한 연구 성과를 산출하고 있었던 움직임과 달리 조선사 학계는 한동안 연구가 없었다.

패전 후 귀국하여 뿔뿔이 흩어져 있었던 조선사 연구자들은 1950년 봄 덴리대학(天理大學)에 조선문학조선어학과가 신설되고 그해 10월 조선학회가 결성되면서 결집하기 시작하였다. 조선학회는 "연구적 양심을 고조시키며 유형무형 과거 및 현재의 조선 문화"를 연구하고

---

34) 이 기획은 단행본으로도 출판되었다(《世界史の基本法則》, 岩波書店, 1949. 12). 필자는 제6쇄를 참조했는데, 원시고대사회(松本新八郎), 봉건사회(高橋幸八郎), 자본주의사회의 일반적 위기(鹽田庄兵衛)를 다룬 세 편의 논문이 수록되어 있다. 강진철은 한국전쟁 때 부산에서 이 책을 읽었다(강진철, 〈학창 시절과 연구생활을 되돌아보며〉, 《한국사 시민강좌》 3, 1988. 9). 이기백도 "남에게 뒤질세라" 이 책을 비롯해 "일본으로부터 쏟아져 들어오는 역사 이론서들"을 "열심히 읽었고" "많은 자극과 깨우침도 받았다"(이기백, 〈학문적 고투의 연속〉, 《연사수록(研史隨錄)》, 일조각, 1994, 244쪽).

35) 예를 들어 전국대회 때마다 봉건국가의 형태(1951), 역사에서 민족의 문제(1952), 세계사에서 아시아(1953), 역사와 민중(1955), 시대구분에 관한 여러 이론 문제(1956), 일본 전후 역사학의 방법적 반성(1958), 봉건제 이론 문제(1961), 세계사와 근대 일본(1961)이란 주제를 설정하고 집단 지성을 발휘하였다.

발표하여 사회에 확산시킴으로써 조선인과의 무리 없는 교류를 통해 "양국의 친밀 친선관계를 체결"하는 데 학회의 목적을 두었다.[36]

조선학회는 덴리대학 관계자 그리고 경성제국대학에 재직했던 교수와 졸업생을 중심으로 운영되었다. 그래서 학회가 '경성제국대학 동창회' 같다고 평가하는 사람도 있었다.[37] 경성제국대학 출신의 학회 회원들은 대학 시절부터 "조선 문화의 연구 발전에 수많은 큰 공적"을 남겼다고 자부하고 있었다. 심지어 조선 침략과 지배를 정당화하고 지속하기 위한 정책 논리를 생산하여 조선인을 고통스럽게 한 행위에 대해 자기반성도 하지 않고 "종래와 같은 약육강식의 잘못된 민족적 관념을 청산하고 서로 깊이 반성"하며 양국 간의 친밀과 친선을 위해 노력하자고 주장하였다.[38]

조선학회가 말하는 한일 간의 친밀과 친선은 일본의 지배가 정당했다는 대전제를 '연구적 양심', 즉 학문하는 학자라는 명분을 밑바탕에 깔고 내세운 언설로, 전형적인 제국주의자의 논리이며 피식민자였던 한국인의 처지와 입장을 고려하지 않은 주장이다. 히로코시 기로(堀越儀郎) 조선학회 회장이 앞서 인용한 조선학회의 목적에 관해 말하기 직전에 언급한 문장을 통해 그 점을 확인해보자.

(한국전쟁을-인용자) 계기로 조선의 유식자 사이에는 점차 일선친선 (日鮮親善)을 제창하는 자가 나왔다. 일선(日鮮) 유무상통(有無相通)하는

---

36) 堀越儀郎, 〈序辭〉, 《朝鮮學會會報》 1, 1952. 4. 21, 1쪽. 당시 히로코시 기로(堀越儀郎)는 조선학회 회장이었다. 자료를 제공해준 미즈노 나오키(水野直樹) 교수에게 감사드린다.

37) 〈A씨 증언 자료(2010. 12. 20)〉. 자료 제공자와의 약속 때문에 출전 근거를 구체적으로 제시할 수 없다.

38) 中山正善, 〈卷頭言〉, 《朝鮮學報》 1, 1951, 3쪽.

일이 조선 부활의 제1의 길이라는 점이 고난의 체험에 의해 양해(諒解)
되었기 때문이다. 종전 당시 혼란했던 일선 간의 감정도 반성하고 있다.
필경 양국이 친밀하고 친선해야 함은 숙명이다. 일시 여하(如何)이 여기
에 지장을 주고 동요를 일으키는 사건이 일어나더라도 다시 즉각 본궤
도로 돌아가도록 해야 한다.[39]

히로코시 기로 회장은 한국전쟁이라는 고난을 통해 확인된 반공 연
대가 '조선 부활의 제1의 길'이라고 강조하였다. 이는 한국인이 일본
에 의지해야만 난관을 극복할 수 있다는 우월한 시선을 가감 없이 드
러낸 인식이다. 그러면서 그는 한일 간의 '혼란스러운 감정'을 떨쳐버
리고 연대하는 행동이 두 나라의 '숙명'임을 자각하는 태도가 전쟁으
로 파괴된 대한민국을 재건할 관건이라 밝혔다. 식민자와 피식민자였
던 관계를 '일선친선'으로 포장하고, 한국인의 민족 감정을 전혀 고려
하지 않은 채 그저 친밀하게 지내는 일이 그에게는 '본궤도'인 것이다.
패전 후 일본으로 돌아간 식민주의 역사학자들이 조선사를 이해하고
대한민국을 바라본 출발점은 바로 이 '묻지 마 친선'이었다. 그래서 조
선학회를 '반동의 거점'이라고 비아냥거리는 사람도 있었다고 한다.[40]
　조선 침략과 지배에 대한 반성적인 성찰이 부족했던 조선학회의 중
심 멤버들은 '연구적 양심'을 내세우며 식민주의 역사학을 학문적으
로 재생산하였다.[41] 《조선학보(朝鮮學報)》 창간호부터 3회 연속으로

39)　堀越儀郎, 〈序辭〉, 《朝鮮學會會報》 1, 1쪽.
40)　김효순, 《역사가에게 묻다》, 서해문집, 2011, 164쪽(이상 미야다 세쓰코 증언).
41)　대표적인 단행본으로는 末松保和, 《任那興亡史》, 吉川弘文館, 1949; 三品彰英, 《朝鮮史
　　槪說》, 弘文堂, 1953; 藤田亮策, 《朝鮮の歷史》, 福村書店, 1953을 들 수 있다.

게재된 시카타 히로시(四方博)의 논문이 대표적인 예로, 그의 논문은 오늘날 연구자들 사이에서 일본인 식민주의 역사학의 부활이자 지속이라 불리고 있다.[42] 시카타 히로시는 여기에서 일본 동양사학의 개척자들이 한국사의 특징들로 말해왔던 반도적 성격, '국시(國是)로서의 사대주의', '이조사회의 정체성', 당쟁, 봉건제의 결여, 산업을 멸시하고 근로를 천시한 유교주의의 폐해를 언급하고, 글의 마지막 '장'인 '8. 개국 직전 조선의 모습'에서 개항 직전 조선사회는 자본주의로 발전할 수 있는 아무런 조건도 갖추고 있지 않았다고 단정하였다.

시카타 히로시가 일본인 식민주의 역사학의 역사인식을 직설적으로 말하고 그것을 입증하는 글쓰기를 시도한 식민주의 역사학자라면, 지금부터 언급할 스에마쓰 야스카즈(末松保和)는 자신의 식민주의 역사인식이 이렇다 하고 단정하지 않고 아카데미즘을 내세우며 접근한 식민주의 역사학자였다. 스에마쓰 야스카즈는 사실 전후 일본 조선사 학계에서 시카타 히로시보다 학문적 권위가 더 높았던 식민주의 역사학자이고 오늘날까지도 한국사 학계에 영향을 미치고 있는 사람이다. 시카타와 마찬가지로 스에마쓰도 일본인 식민주의 역사학이 추구한 역사인식 자체를 비판적으로 성찰하거나 과거 청산에 대해 목소리를 낸 연구자는 아니었다. 더 나아가 식민주의 역사학의 방법론을 비판하거나 식민지라는 정치 현실과 제도를 비판하지도 않았다. 다만 직접적이고 단정적으로 식민주의 역사학의 역사인식을 말하던 시카타와 달리, 스에마쓰는 아카데미즘의 이름 아래 학문권력을 유지하면서 정치한 실증으로 자기만의 역사인식을 명확히 구축하였다. 그러면 그

---

42) 四方博, 〈舊來の朝鮮社會の歷史的性格について(一)·(二)·(三)〉, 《朝鮮學報》 1 · 2 · 3, 1951. 5, 1951. 10, 1952. 5.

가 패전 후 일본에서 학자로서의 명망을 획득하는 계기가 된《임나 흥
망사(任那興亡史)》(1949)를 시작으로 스에마쓰의 재생된 식민주의 역
사학에 대해 지금부터 살펴보자.

전후 버전의 식민주의 역사학을 주조한 스에마쓰 야스카즈

스에마쓰 야스카즈는 41세 때인 1945년 11월 20일 귀국 열차를 타고
경성을 출발하였다. 자신이 가진 책 가운데 조선어 책은 진단학회에,
오래되지 않은 책은 경성제대를 졸업하고 잡지 편집을 하는 사람에게
주었으므로 휴대하고 귀국한 책은 고려사 관련서뿐이었다.[43]
그는 귀국 후 생계 때문에 척무성(拓務省)의 외곽 단체인 일선협회
(日鮮協會)에서 시카타 히로시와 함께 촉탁으로 있으면서 잔무를 정리
하며 1년여를 보냈다. 협회가 해산된 즈음 가쿠슈인대학(學習院大學)
에 차장으로 와 있던 후와 다케오(不破武夫) 교수가 그를 찾았고,[44] 경
성제대 법문학부장을 역임하고 가쿠슈인 원장으로 재직 중이던 아베
요시시게(安倍能成)의 "지우(知遇)를 입어" 1947년 3월 가쿠슈인대학
의 교수로 취직하였다.[45] 학문적 기반은 차치하고 사회적 기반조차 취

---

43) 〈座談會 研究生活の回顧 1 板本太郎 末松保和 兩先生の聞く〉,《學習院史學》 4, 1967,
103쪽.

44) 兒玉幸多, 〈末松さんのことども〉,《晌沫集》 4, 1984, 4쪽. 후와 다케오(不破武夫)가 회의
도중 "스에마쓰 군은 어디에 있는가?"라고 질문한 일을 계기로 그의 소재를 파악하기 시
작했다고 한다. 후와 다케오(1899~1947)는 법학자로서 도쿄제국대학 법학부를 졸업하
고 1929년 경성제국대학의 조교수와 교수로 재직하다가 1939년 규슈제국대학 교수로
전근하여 법문학부장을 역임하였다.

45) 末松保和, 〈自序にかへて〉,《末松保和朝鮮史著作集 1-新羅の政治と社會 上》, 吉川弘文
館, 1995, 15쪽.

약한 조국에서 그가 귀국 후에 삶의 반전을 이룩하는 데 식민지 시절 경성제국대학의 네트워크가 결정적으로 작용한 것이다.

대학교수라는 안정된 생활 기반과 사회적 지위, 더구나 일본사회 모든 분야의 중심지인 도쿄에 있는 대학인 데다 황실과 관계 깊은 직장에 취직한 그 자체가 권력이었다. 그래서 패전 후 귀국한 식민주의 역사학자 가운데 스에마쓰만큼 유리한 조건을 갖춘 조선사 연구자는 드물었다. 식민주의 이데올로그로 활동한 경력은 스에마쓰가 가쿠슈인대학이란 황실 관련 대학에 취직하는 데 도움이 되었으면 되었지 방해가 되지는 않았을 것이다.[46]

스에마쓰는 1949년 2월《임나 흥망사》란 제목의 두 번째 개인 연구서를 간행하였다.[47] 1944년 경성제국대학 사학과의 전공 수업 때 축적한 내용은 이 단행본을 구상하는 데 도움이 되었을 것이다. 다케다 유키오(武田幸男)가 스에마쓰의 말을 인용하며 언급한 내용에 따르면, 강의도 연습도 뒤섞어 진행하는 형태로 한 학기 동안 "임나의 역사를 말하고" 귀국한 후에 "그 말을 종이에 쓴 것"이《임나 흥망사》였다.[48] 스에마쓰는 일본에 귀국한 이후 경성에 거주했던 "20년간"의 연구를 정리하고 새로운 분야로 들어가고 싶었는데, 마침 오야시마시쇼(大八洲史書)의 편간(編刊)을 주재하고 있던 마루야마 지로(丸山二郞)의 추

---

46) 일제강점기 조선에서 스에마쓰의 경력과 역사인식에 관해서는 신주백,〈말송보화(末松保和, 1904~1992)의 학술사와 식민주의 역사학-한국사 학계의 엇박자의 원인을 찾아서〉,《동방학지》183, 2018, '제2장' 참조.

47) 그의 첫 개인 학술서는 국사연구총서(國史研究叢書) 제6편으로 간행된《近世に於ける北方問題の進展》(至文堂, 1928)이었다.

48) 武田幸男,〈解說 末松保和先生のひとと學問〉, 末松保和,《末松保和朝鮮史著作集 1-新羅の政治と社會 上》, 309쪽.

천으로 이 책을 쓰게 되었다고 회고하였다.[49] 이들 회고는 그가 책을 구상하고 간행을 추진하게 된 배경과 직접적인 계기를 시사한다.

《임나 흥망사》에는 식민지 시절과 다른 서술 내용이 있었다.[50] 스에마쓰는 임나의 형성에서 멸망까지를 '고구려·일본의 2국 대립시대'로 정의하지 않았고, 그러니 '남북 항쟁의 형세'라는 용어를 사용하지 않았다. 물론 고구려군과 일본군 사이의 대립을 고구려군의 '침략'에 '항쟁'한 임나의 역사라는 관점에서 분석하였다. 하지만 임나의 흥망사를 '시대'로 규정하지 않았고 분석할 때 남북 대결 구도를 전면에 내세우지도 않았다.

스에미쓰는 임니에 디헤 "지역의 총명(總名)"이자 "광대한 기구 가운데 일부분"이라고 정의하였다. 임나가 성립할 당시 스에마쓰가 말하는 '지역'이란 "한지(韓地)"의 중심인 임나가라(任那加羅)에 기원하고 백제와 신라에 들어가지 않은 모든 한국(韓國)을 포함하는 공간이었다. 그가 말하는 '광대한 기구'란 야마토 조정(大和朝廷)이 "직접 지배"하는 체제와 임나의 외곽에 "부용(附庸)"하는 백제와 신라를 "간접 지배"하는 이중 체제가 "삼자합일(三者合一)"하는 구도를 가리킨다. 지리적 공간과 정치적 기구로 선명하게 구분하고 깔끔하게 정의한 접근은 "일본의 직접 지배지=임나의 지(地)"라 하여 직접 '지배'를 분명하게 명시하는 주장으로 이어졌다.[51]

이는 스에마쓰가 일본이 패전하기 직전까지만 해도 임나를 신대(神

---

49) 末松保和, 〈自序にかへて〉, 《末松保和朝鮮史著作集 1-新羅の政治と社會 上》, 15쪽.

50) 기본적으로 조선총독부 문서과(文書課)에서 발행한 《조선사 길라잡이(朝鮮史のしるべ)》(1936), 그리고 1937년 9월부터 《조선행정(朝鮮行政)》에 연재한 〈조선사(朝鮮史)〉의 내용과 대비한 언급이다. 식민지 시기 스에마쓰의 역사인식은 특별한 전거를 제시하지 않는 한, 이 두 글을 참조하였다.

代)의 일부로 보던 시각에서 귀국 후《임나 흥망사》를 발행하던 시점을 전후하여 임나를 '일본'의 직접 '지배지'로 보는 시각으로 바꾸었음을 뜻한다. 달리 말하면 조선을 조선사의 결말로서 병합하고 중국대륙 정권으로부터 해방시켜야 하는 역사적 근거로서의 임나에서, 일본이 지배한 공간으로서의 임나로 시각을 바꾼 것이다. 이는 1944년 12월《국민문학(國民文學)》좌담회 때의 역사관, 즉 내선일체주의자, 동화주의자, 민족말살론자로서의 논지를 조용히 거두었음을 의미한다. 제국의 해체와 식민지 조선의 독립이란 현실을 인정할 수밖에 없는 결과일 것이다.

그러면서도 스에마쓰는 실증을 내세운 전문 학술서라는 형식을 빌려 한반도 남부 지역에 있었던 정치 집단 사이의 세력 관계에 대해 설정한 구도와 설명을 그대로 유지하였다. 그는 일본이 임나를 '지배'한 역사가 객관적 사실이라는 시각을 내세움으로써 예속성을 분명히 하고 있다. 스에마쓰는 전전(戰前)과 달리 '지배'를 강조함으로써 임나가 신대의 사상 원리의 역사적 근거를 제공해줄 공간이 아니었다고 무의식중에 고백한 것이고, 다른 한편으로는 실증이란 이름으로 자신에게 식민주의 의식이 남아 있음을 무의식중에 공공연하게 드러낸 것이다. 그는 자신의 제국의식을 완전히 떨쳐내지 못하였다.

생활과 학문의 영역에서 타향이나 마찬가지인 도쿄로 귀환한 스에마쓰는《임나 흥망사》를 간행함으로써 3, 4년 만에 학자로서의 제도

---

51) 末松保和,《任那興亡史》, 吉川弘文館, 1977, 69·70쪽, 245~261쪽. 스에마쓰는 이 책에서 조선총독부와 같은 행정관청을 상상할 수 없으며, 임나일본부의 '부'는 문장의 체제상 부가된 것에 불과하다고 보았다(末松保和,《任那興亡史》, 259쪽). 그래서 임나일본부라는 용어가 책에 등장하지 않는다.

적 기반과 학술적 존재감을 빠르게 구축하였다. 그는 여기에서 멈추지 않고 45세 때인 1951년 5월 도쿄대학에서 〈신라사의 새로운 연구 (新羅史の新研究)〉라는 논문으로 문학박사학위를 받았다.[52]

스에마쓰가 귀국 직후 민첩하게 수준 높은 일련의 성과를 발표하는 과정을 스에마쓰 개인의 성실함과 그가 가쿠슈인대학 교수라는 합법적 제도에 안착한 측면에서만 주목해서는 안 된다. 오히려 제국의 유산과 연관이 깊은 학문과 지식 생산의 자원(resources)을 일본이 독점했던 제국주의 시절의 구조적 후과(後果)에도 주목해야 한다. 결국 스에마쓰를 평가할 때는 그가 식민주의 최전선에서 이데올로그로 활약할 당시에 획득한 식민주의 역사학의 유산이라는 시선까지 투영하고, 제국성의 연속이란 측면도 주목할 필요가 있다.[53]

스에마쓰를 이해하는 데 이러한 시선이 필요함은 위에서 언급한 《임나 흥망사》와 박사학위논문을 책으로 출판한 《신라사의 제 문제 (新羅史の諸問題)》(동양문고, 1954)가 공통적으로 지닌 한 가지 특징에서도 확인된다. 스에마쓰는 두 저서의 시작 부분을 각각 '제1장 임나사 연구의 회고(第1章 任那史の研究の回顧)'와 '저자 서문-신라사 연구의 회고(自序にかへて-新羅史研究の回顧)', 즉 회상 형식으로 연구사를 정리하였다. 하지만 두 저서의 회고에는 1945년 이전의 연구 경향을

---

52) 《임나 흥망사》를 출간한 직후 3개월 만에 〈삼대고(三代考)〉라는 논문을 발표하고, 그로부터 1년 만에 학위논문을 통과시키려고 밀어붙인 추진력을 통해 1945년 이전까지의 연구를 또 한 차례 정리하고자 했던 그의 의지를 간접적으로나마 느낄 수 있다. 스에마쓰는 1장에서 언급한 한국의 이병도처럼 매우 부지런한 연구자였음을 여기에서도 확인할 수 있다.

53) 식민주의 역사학의 유산이란 혜택의 측면은 앞서 1장에서 언급한 이병도에 대한 시선에서도 마찬가지이다.

식민지 지배라는 역사적 사실, 또는 제국의 식민주의 이데올로기 제조 기관에 근무한 환경과 연관 지어 분석한 언급이 없다.[54] 다시 말해 식민주의와 단절한 태도가 전혀 보이지 않는다. 그래서 식민지 지배자 시절과 제국 해체 이후 일본 사이의 격차를 연구에 어떻게 반영해야 할지 고뇌한 흔적을 그의 회고에서 발견할 수 없다. 오히려 스에마쓰는 학술 연구를 내세움으로써 식민주의 내지는 제국성을 노골적으로 말하지 않고, 또 낙인찍힘을 당하지 않으면서도 제국주의 시기의 영향을 드러낸 것이다. 그것이 가능했던 이유 가운데 하나가 정치한 실증이란 연구 방법과 꾸준한 성과 발표였다.[55]

스에마쓰는 자신이 박사학위논문 심사를 청구했던 1950년에 조선학회가 결성되자 발기인의 한 사람으로 참가하고, 《조선학보》가 창간되자 제1호에 〈삼봉집편간고(三峯集編刊考)〉를 게재하였다. 학회 창립 두 달 뒤에 학회의 도쿄 지부를 주도적으로 결성하고, 이듬해 1월 가쿠슈인대학에서 도쿄 지부 제1회 예회(例會)를 열어 '이조 법전의 원류에 대하여(李朝の法典の源流について)'라는 주제로 강연하였다. 그는 이때부터 1968년까지 1955년과 1965년 두 해를 제외하고 매년 학회의 발표회에서 논문을 발표하거나 《조선학보》에 글을 게재하였다.

---

54) 1978년에 발표한 〈호태왕비와 나(好太王碑と私)〉에서도 마찬가지 서술 태도를 확인할 수 있다(末松保和, 〈好太王碑と私〉, 末松保和博士古稀記念會 編, 《古代東アジア史論集》 上, 吉川弘文館, 1978).

55) 〈임나사 연구의 회고(任那史の研究の回顧)〉에서 이해할 수 없는 스에마쓰의 태도가 하나 있다. 그는 식민지 시절 일본어로 발표된 이홍직, 백남운의 글은 언급하면서도, 조선어 잡지인 《진단학회》에서 임나일본부가 "왜의 상관(商館)"이라고 말한 이병도의 주장은 전혀 인용하지 않았다(이병도, 〈삼한 문제의 신 고찰(6)-진국급삼한고(辰國及三韓考)〉, 《진단학보》 7, 1937, 113쪽). 스에마쓰는 경성제국대학의 교수로 근무했지만 한국어를 배워야 할 이유가 없었다. 그가 이병도의 논문을 연구사 정리에 포함하지 않은 이유는 한글 논문을 읽을 수 없었기 때문이 아닐까 추측해본다.

스에마쓰는 왕성한 대외 활동으로 일본 지식사회에서 하타다 다카시(旗田巍)와 함께 조선사 연구를 대표하는 사람으로 주목받게 되었다. 그는 일본을 대표하는 출판사 중 하나인 야마카와 출판사(山川出版社)에서 세계 각국의 역사를 기획할 때 한국고대사와 고려사를 집필하였다.[56] 한국사는 제1편 선사시대, 제2편 몽골리아, 제3편 만주, 제4편 조선, '부편(附編) 티베트'로 구성된 12번째 기획서인《세계 각국사 XII-북아시아사(世界各國史 XII-北アジア史)》(1956)에 포함되었다. 이 책은 만주사를 중국사에서 분리하여 한국사와 함께 '북아시아'의 역사에 편제하였다. 또한 스에마쓰는 1957년 세이분도신코샤(誠文堂新光社)에서 기획한 세계시 시리즈《세계사 대계 8-동아시아 II-조선반도의 추이와 일본(世界史大系 8-東アジアII-朝鮮半島の推移と日本)》에서 조선왕조부터 한국 병합까지를 집필하였다.[57]

스에마쓰는 1959년 '국제역사학회 일본국내위원회'가 기획한《일본 역사학의 발전과 현상(일본사, 동양사, 서양사)[日本における歷史學の發達と現象(日本史, 東洋史, 西洋史)]》(東京大學出版會, 1959)에서 한국사 전체의 연구 동향을 소개하였다. 이 책은 제1부 일본사, 제2부 동양사, 제3부 서양사로 나뉘었고, 제2부의 동양사는 제1장 중국, 제2장 조선·만주, 제3장 북아시아(몽골·시베리아), 제4장 중앙아시아·티베트, 제5장 동남아시아, 제6장 인도, 제7장 서아시아, 제8장 고고학으로 구성되어 있다. '제2장 조선·만주'에는 중국사와 분리한 만주사와 한국사 연구 동향이 각각 소개되어 있고 집필자도 따로 있었다.

---

56) 하타다 다카시는 한국사의 조선왕조부터 한국전쟁을 말하는 '동란'과 남북한의 대치까지를 집필하였다.
57) 하타다 다카시가 고려왕조의 역사를 집필하였다.

위의 세 가지 기획 가운데 야마카와 출판사와 국제역사학회 일본국내위원회의 공통점에 우선 주목할 필요가 있다. 만주사를 중국사에서 분리한 채 한국사와 짝을 이루어 배치했기 때문이다. 스에마쓰가 참가한 그룹은 독립한 조선의 역사를 만선사(滿鮮史)에서 분리하여 독립된 역사 단위로 볼 수밖에 없는 현실을 받아들였지만, 조선사를 만선사의 일부인 만주사(滿洲史)와 분리된 완전히 별도의 역사 단위로서 자리매김하는 역사인식이 없었다. 만주사를 중국사의 일부로 포함하려고도 하지 않았다. 굳이 말하자면 1945년 이전 만선사 인식의 지속이 아니라 변용이라 할 수는 있어도 단절이라고까지 말하기는 어렵다. 도쿄대학 문학부 사학과를 중심으로 하는 일본 역사학계 주류의 역사인식이 1959년 봄경까지도 이어지고 있었기 때문이다. 이는 무라야마 마사오(村山正雄)의 다음과 같은 일화에서도 확인할 수 있다.

> 1959년 봄, 나는 도쿄대학 사학회의 의뢰로 전년도의 회고와 전망 집필을 의뢰받았다.
> 이제까지《사학잡지(史學雜誌)》의 이 부분은 막연하게 전전의 범주를 답습하여 '만선사'라 호칭하고 분류하고 있었지만, 나는 당시 연구실의 조수를 하고 있던 이시바시 히데오(石橋秀雄) 씨와 상의하여 그는 만주 부분을 집필하고 나는 조선사를 분담하기로 하였다.[58]

무라야마 마사오의 회고에서 확인할 수 있듯이, 도쿄대학 문학부

---

58) 村山正雄, 〈朝鮮史研究會の回顧と展望〉,《朝鮮史研究會會報》7, 朝鮮史研究會, 1963. 11, 15쪽. 朝鮮史研究會 編,《復刻 朝鮮史研究會會報》1號(創刊號(1959年)~25號(1970年), 綠蔭書房, 2009를 참조하였다.

사학과를 중심으로 하는《사학잡지》그룹은 만선사 인식에서 벗어나 있지 않았지만, 신진 연구자 세대는 조선사를 독립된 역사 단위로 간주하고 있었다. 스에마쓰를 포함해 일본의《사학잡지》그룹은 조선사와 만주사를 짝지어 사고하려는 일본제국만의 지식 체계인 만선사의 흔적을 전후 14년이 지났는데도 여전히 유지하고 있었던 것이다. 그것은 우연이거나 개인 차원의 현상이 아니었다. 제국주의 시절의 제국사 인식 체계를 유지해왔다는 점에서 식민주의 의식을 기반으로 하는 제국의식을 그대로 드러낸 경우라고 말할 수 있겠다.[59]

스에마쓰의 식민주의 역사인식이 1950년대 후반까지도 지속되었음은 구성 방식뿐 아니라 역사 서술에서도 여실히 확인할 수 있다. 《세계 각국사 XII −북아시아사(北アジア史)》에서 스에마쓰는 조선반도의 역사가 토착 선주민에 의해 시작되지 않고 금속문화를 가지고 온 중국인에 의해 시작되었다며, 유사(有史) 시대를 기씨조선국(箕氏朝鮮國) → 위씨조선국(衛氏朝鮮國) → 한사군(漢四郡) → 낙랑군(樂浪郡)에 이르는 시기라 하여 '조선 문화사의 제1장'이라 규정하였다.[60] 그러면서 낙랑군 400년의 역사를 "낙랑군시대"라 명명하여,[61] 1936년에 간행한《조선사 길라잡이(朝鮮史のしるべ)》당시의 역사인식을 그대로 노

---

59) 가령 이나바 이와키치(稻葉岩吉)가 조선사를 집필한《세계역사 대계 11−내선만주사(世界歷史大系 11−內鮮滿洲史)》(平凡社, 1935)가 보기이다. 이 책은 만선 관계사 차원에서 기획된 것이 아니라 조선사, 그리고 중국사에서 독립시킨 역사 단위로서 만주사를 각각 집필하도록 기획되었다.

60) 末松保和,〈朝鮮(古朝鮮~王氏高麗朝)〉, 江上波夫 編,《世界各國史 12−北アジア史》, 山川出版社, 1956, 255쪽.

61) 末松保和,《末松保和朝鮮史著作集 3−高句麗と朝鮮古代史》, 227쪽.《세계 각국사 12−북아시아사(世界各國史 12−北アジア史)》의 부분인데, 필자가 저작집에서 확인했기에 이렇게 각주를 달았다.

출하였다. 그가 보기에, 313년 낙랑군이 고구려에 의해 망하고 대방군도 남부의 여러 한국(韓國)에 의해 망했지만, 한반도의 역사는 바로 삼국시대로 나아가지 못하였다. 남부에서 백제와 신라가 세력을 확장하는 가운데 "임나(伽羅諸國)라는 일단(一團)의 나라 내지는 지역이 있었기 때문이다. 그래서 실정(實情)은 이 임나의 지배는 일본의 수중에 놓이고 백제는 임나를 경유하여 일본과 연결되었다. 그에 대해 신라는 선진국 고구려와 연결, 대세는 고구려와 일본, 남북 2대 세력의 대립 형세가 되었다."[62] 이처럼 "왜국 세력의 일신은 반도의 대세에서 보면 북방의 고구려와 남방의 왜국과 남북 2대 세력의 대립시대를 출현"시켰고,[63] 이후 백제와 신라가 성장하는 가운데 562년 임나가 멸망하면서 "문자대로 3국 대립시대가 도래하였다."[64] 스에마쓰가 낙랑군 시대라는 역사인식과 마찬가지로 '남북대립시대'를 설정한 시기구분 또한 《조선사 길라잡이(朝鮮史のしるべ)》당시의 역사인식을 그대로 부활시킨 것이다.[65]

물론 바뀐 부분도 있기는 했다. '분로쿠(文祿)·게이초(慶長)의 역(役)'이나 '임진(壬辰)·정유(丁酉)의 난(亂)'으로 표현한 식민지 시기의 글들과 달리, 《세계사 대계 8-동아시아 II-조선반도의 추이와 일본》은 임진왜란을 1592년 일본군이 돌연 "침입"하여 일어난 사건으로 규

---

62) 江上波夫 編, 《世界各國史 12-北アジア史》, 261쪽.

63) 江上波夫 編, 《世界各國史 12-北アジア史》, 268쪽.

64) 江上波夫 編, 《世界各國史 12-北アジア史》, 261쪽.

65) 뭐라 딱히 해명할 수 없지만, 1956년의 시점에 경성제국대학 시절의 역사관을 노출하고, 《임나 흥망사》증정재판본(1956. 9)에서 《조선사 길라잡이》가 자신의 책이라고 처음 밝힌 시기가 비슷하다는 점이 눈에 띈다. 주지하듯이 일본의 자민당 독주체제가 구축되는 해가 1955년이어서, 이후 일본 정치구조를 '55년체제'라고 말한다. 우연인지, 어떤 연관성이 있는지는 차후에 규명하겠다.

정하고 일본군을 "침입군"이라 호칭하였다. 또 조선 전기에 축적된 물질과 문화재 대부분이 왜란으로 파괴되거나 소실되고, "정치, 사회, 경제의 무형의 규범이 또한 치명적으로 파괴되었다"면서 "이것을 임진·정유의 왜란이라 한다"고 기술하였다.[66] 임진왜란이 조선사회에 미친 영향을 어떻게 해서든 긍정적으로 표현하려 했던 식민지 시절과 확연히 다른 기술이다. 이는 한국 병합 이후 일본과 조선이 함께 해야 할 사이라는 역사상의 논거를 제시해야 하는 식민지 시절과, 굳이 그럴 필요가 없는 전후라는 객관적 현실의 격차와 깊은 연관이 있다. 여기에는 조선인과 일본인은 다른 민족이라는 관점이 투영될 수밖에 없다. 그래서 이민족의 역사에 개입한 일본이라는 의식이 뚜렷해질수록 임나사에 대한 서술에서도 일본의 지배가 더욱 선명해지고, 야마토 조정의 위상이 더 높게 보이게 된다.

이렇듯 1950년대에만 해도 기존의 역사관에 비판적으로 접근하며 조선사를 새롭게 연구하는 역사인식이 등장하지 않았다. 이는 식민주의 역사학자가 주조한 역사인식이 일본사회에 미친 영향이 컸던 데다 뿌리 깊은 멸시관이 가장 큰 걸림돌로 작용했기 때문이다. 조선학회의 중심 회원들에게서 과거에 대한 반성과 새로운 조선사 인식 및 방법을 기대하기 어려웠던 결정적인 이유도 여기에 있었다. 그것은 다른 계통, 달리 말하면 경성제국대학 출신자들과 학문적 배경이 다른 사람들 사이에서 생성되기를 기대할 수밖에 없었다.

---

66) 末松保和, 〈李朝時代の朝鮮〉, 三上次男 外 編, 《世界史大系 8-東アジアⅡ-朝鮮半島の推移と日本》, 誠文堂新光社, 1957, 351쪽.

조선사연구회, 조선인을 주체로 내세운 여러 성향의 결집

일본에서 조선학회의 식민주의 역사관에 대한 대항마가 곧바로 등장할 수 있는 주체적 조건은 마련되어 있지 않았다. 패전국 일본에서, 그것도 조선학회 중심 회원들과 다른 역사관을 가진 조선사 연구자를 새로이 양성할 수 있는 대학은 1950년대까지도 거의 없었다. 《조선사 (朝鮮史)》(1951)의 저자 하타다 다카시(旗田巍)조차 1950년대 중반경까지 중국사 연구에 몰두하고 있었다. 그가 조선사 강의를 개설해도 학생이 모이지 않아 수업을 못할 정도였다. 대학원도 고려사를 전공하는 하타다 다카시와 아오야마 고료(靑山公亮) 메이지대학 교수가 개설한 강좌 정도가 전부였다. 더구나 공부를 한다고 해도 학계에서 자리를 얻는다는 전망이 없어 조선사를 전공으로 선택하는 것 자체가 젊은 연구자로서는 큰 모험이었다.[67] 그나마 새로운 방향을 모색하고 있던 소수의 사람들끼리 아름아름 모여 그룹별로 공부하는 산발적 흐름이 있었지만, 조선학회에 참가하지 않고서는 서로 교류하는 것조차도 어려웠다.[68]

이처럼 어려운 조건에서 분산성을 극복하고 하나의 공감대를 향해 결집하여 새로운 역사인식을 모색하기 시작한 단체가 1959년 1월 결

---

67) 김효순, 《역사가에게 묻다》, 165쪽(미야다 세쓰코 증언).

68) 朝鮮史研究會·旗田巍 編, 《朝鮮史入門》, 太平出版社, 1966, 31쪽. 이 책은 1976년 '제12쇄 발행'이라고 되어 있고, 필자도 제12쇄본을 참조하였다. 그런데 이유는 정확히 알 수 없지만, 1970년판을 '제1쇄 발행'으로 기재한 책도 있다(1973년 '제5쇄 발행'에서 확인). 필자가 두 책을 비교해보니 내용은 거의 차이가 없었다. 필자가 교토대학에 재직 중이던 미즈노 나오키 교수와 메일로 의견을 교환한 바에 따르면, 1970년에 정오표를 붙인 장정본이 나왔다고 한다(2013년 3월 11일).

성된 조선사연구회이다. 조선사연구회는 네 개 조항의 강령 가운데 하나로 "3. 우리는 종래 조선사 연구의 성과를 비판적으로 계승하고, 새로운 조선사학의 발전을 도모한다"고 표방하였다.[69] 관동지방 연구자들을 중심으로 결성된 조선사연구회가 조선학회와 구별되는 방향으로 새로운 조선사상(朝鮮史像)을 구축하겠다고 밝힌 것이다.[70] 창립 때부터 적극적으로 활동해온 미야다 세쓰코(宮田節子)는 훗날 "황국사관에서 벗어나 조선 연구를 체계화하기 위해 원로에서부터 대학원생까지 모여 결성한" 단체가 조선사연구회라고 회고하였다.[71]

조선사연구회는 크게 보면 세 갈래, 즉《조선사》(岩波書店; 東京, 1951)의 저자 하타다 나가시의 공부모임 사람들, 조총련계기 대다수인 재일조선인 연구자들, 그리고 조선총독부 출신 관료들의 모임인 우방협회(友邦協會) 관계자들과 대학원에서 갓 조선사 공부를 시작한 사람들이 모여 만든 조선근대사사료연구회(朝鮮近代史史料研究會) 사람들을 중심으로 모인 단체였다.

조선사연구회의 결성 과정을 보면, 인물로는 하타다 다카시, 그룹으로는 그의 공부모임 사람들이 중심이었으니, 먼저 도쿄도립대학 교수로 조선인 주체의 역사를 제창한 하타다 다카시를 중심으로 한 모임부터 살펴보자.

---

69) 〈朝鮮史研究會綱領·會則案〉,《朝鮮史研究會會報》7, 1963. 11, 17쪽. 회장은 아오야마 고료(青山公亮) 메이지대학 교수였고, 간사는 무라야마 마사오(村山正雄) 이외에 재일 조선인 배병두(裵秉斗), 박종근(朴宗根), 서태수(徐台洙)였다.

70) 오늘날 조선사연구회는 관동과 관서 지부로 나뉘어 있다. 관서 부회는 1963년 8월 결성된 근대일조관계사연구회(近代日朝關係史研究會)가 발전적으로 해체하고 1965년 4월 29일 발족하였다. 中塚明, 〈關西部會草創のころ〉,《朝鮮史研究會會報》100, 1990. 9, 4·5쪽.

71) 김효순,《역사가에게 묻다》, 165쪽(미야다 세쓰코 증언).

하타다 다카시는 《조선사》를 간행한 이후 여러 사람의 관심과 존경을 받았다. 초창기 조선사연구회에서 열심히 활동했던 배병두(裵秉斗)의 경우, 1952년 이 책을 읽고 "1952년 6월 9일 다 읽음, 감동, 감격, 일본인 학자 중에 양심적 인물, 비로소 나오다"라고 격정적인 느낌을 책에 기록해두었다.[72] 하타다는 1957~1958년경 《고려사》〈식화지〉를 강독하는 대학원 수업의 일환으로 공부모임을 개설하고 있었는데, 참가자들은 하타다 다카시의 《조선사》를 읽고 그에 대한 신뢰와 존경심을 가진 사람들이었다.[73] 그래서 강좌에는 남북을 구분하지 않고 재일조선인 가운데 조선사를 전공하려는 박종근, 박창희, 김종명, 최길성 등이 참여했으며, 아주 초창기 멤버는 아니었던 것 같은데 1960년을 전후하여 공부모임에 참가한 다케다 유키오(武田幸男)[74] 등 일본인도 있었다. 그들 중에는 다른 연구모임에도 참가하여 공부하는 사람이 많았다. 가령 조선사연구회의 초창기 간사로 활동한 서태수(徐台洙)는 자신의 지도교수로 나중에 조선사연구회 초대 회장에 선출된 아오야마 고료(青山公亮)의 고려시대 관제 세미나, 가쿠슈인대학에서 스에마쓰 야스카즈 교수가 운영하던 이조실록독서회, 그리고 하타다 다카시의 자료 강독 세미나에 모두 참여하였다.

하타다 교수의 공부모임에 참가한 사람들은 그의 연구실에서, 그리

---

72) 裵秉斗, 〈旗田先生を憶う〉, 旗田巍先生追悼集刊行會, 《追憶旗田巍先生》, Pワード, 1995, 150쪽.

73) 고길희, 《하타다 다카시》, 지식산업사, 2005, 137쪽. 《조선사》는 그가 학계에서 권위를 갖는 계기가 된 책으로, 출판과 동시에 "획기적인 반도사 개설서"로서 "반도역사의 기본적이고 입문적 이해는 바로 본서로부터 시작할 필요가 있다"는 평가를 받았다. 三上次男, 〈1951年〉, 史學會 編, 《日本歷史學界の回顧と展望 16-朝鮮》, 山川出版社, 1988, 7쪽.

74) 武田幸男, 〈道立大學の高麗史研究會のころ〉, 旗田巍先生追悼集刊行會, 《追憶旗田巍先生》, 58쪽.

고 이자카야 또는 찻집 등에서 다양한 이야기를 주고받았다. 그럴 때마다 하타다 교수가 싱글벙글 웃으면서 누구라도 논의에 자신감을 갖고 참여할 수 있도록 온화하게 모임을 이끌어주었기 때문에, 다른 연구모임의 동향에 대해서도 서로 주저 없이 이야기를 나눌 수 있었다.[75]

조선학회에 대한 기탄없는 대화도 그중 하나였다. 세미나 참가자들은 조선학회의 '학회'가 권위주의적인 이미지를 풍기며, 특정 대학의 지원을 받아 운영되므로 자율성에도 문제가 있다고 지적하였다. 또 연구 분야가 전근대사에 치우쳐 있어 조선의 현재를 말해주는 근현대사에 관한 연구가 없다고 비판하였다. 한반도에 두 개의 국가가 존재하는데 한국의 학자들만 초청하고 북한 학계와의 교류를 병행하지 않을 뿐 아니라, 연구 성과도 소개하지 않는다고 지적하였다. 그러면서 국적과 신념을 불문하고 조선사 연구라는 공통의 목적만으로 결합하여 자립적으로 운영하는 연구자 집단을 만들자는 이야기도 나왔다. 물론 이러한 의견 개진에는 하타다 교수의 의견이 강하게 투영되어 있었다.[76]

이처럼 연구 단체를 상징하는 명망 있는 인물뿐 아니라 조직 결성의 추진자이자 결성 이후 허리와 실무 역할을 담당하는 사람들 상당수가 《고려사》〈식화지〉 공부모임에 결집해 있었다. 이들을 중심축으로 여러 그룹과 개개인들이 모여 조선사연구회가 결성될 수 있었다.[77]

그런데 하타다 교수의 공부모임에 참가한 재일조선인이 많다는 특

---

75) 徐台洙,〈研究會設立の思い出〉, 旗田巍先生追悼集刊行會,《追憶旗田巍先生》, 148쪽; 裵秉斗,〈旗田先生を憶う〉, 旗田巍先生追悼集刊行會,《追憶旗田巍先生》, 151쪽.

76) 村山正雄,〈'朝鮮史硏究會'の創立〉,《朝鮮史硏究會會報》100, 1990, 3쪽. 실제 공부모임에 참가한 사람들은 모두 조선사연구회에 참가하였다. 다만, 에하라 마사아키(江原正昭)는 '江原正明'으로 나와 있다.《朝鮮史硏究會會報》1, 1959. 8, 14쪽.

징도 있었다. 재일조선인이란 이유만으로 일본사회에서 차별받으면서도 조선사를 배울 곳이 딱히 없는 그들로서는 조선인의 역사를 강조하고 민족을 구별하지 않는 하타다 교수를 따르지 않을 이유가 없었을 것이다. 그리고 이들보다 좀 더 나이 든 선배 조선인 연구자들 가운데는 조총련에 관계한 사람들도 많았다. 그래서 조선사연구회 결성에 결정적인 힘을 보탠 두 번째 그룹은 재일조선인 연구자들이었다고 말할 수 있다.

재일조선인 연구자 가운데 하타다의 움직임에 적극적으로 호응한 사람은 박경식(朴慶植)이었다. 그는 조총련 소속의 연구 기관인 재일조선인사회과학자협회(在日朝鮮人社會科學者協會)[78] 소속 활동가이자 연구자로 활약하고 있던 리더였다. 이후 당대의 대표적인 재일조선인 역사 연구자의 한 사람으로 자리를 잡은 강재언(姜在彦)도 있었다. 조총련에 소속된 역사학자들은 두 사람을 중심으로 결집해 있었는데, 강덕상(姜德相)도 그중 한 사람이었다. 그는 조선근대사사료연구회(朝鮮近代史史料研究會)에 참여하였다. 사료연구회에는 그뿐 아니라 1960~1970년대 조선사연구회 움직임과 관련하여 매우 중요한 인물들인 가지무라 히데키, 미야다 세쓰코(宮田節子), 권영욱(權寧旭), 기타무

---

77) 조선사의 모든 분야를 망라한다는 취지를 살리기 위해 하타다가 직접 나서서 학문 경향이 다른 쪽에도 즐겁게 제안한 결과, 하타다 교수가 졸업한 도쿄대학 사학과 6년 선배인 메이지대학의 아오야마 고료 교수, 하타다 교수의 후배인 가쿠슈인대학의 스에마쓰 야스카즈 교수, 호세이대학의 다나카 나오키치(田中直吉) 교수가 학회의 얼굴인 발기인이 되었고, 자수성가한 조선사 연구자 야마베 겐타로(山邊健太郎) 등을 창립 회원으로 영입할 수 있었다. 宮田節子, 〈朝鮮に向かって步みはじめたころ〉, 《朝鮮問題への取り組み.研究をふりかえって》, 8쪽; 村山正雄, 〈'朝鮮史研究會'の創立〉, 《朝鮮史研究會會報》 100, 3쪽.

78) 1955년 12월 11일 결성되었다(《해방신문》, 1955. 12. 20).

라 히데토(北村秀人) 등이 참가했으므로, 당시만 해도 이제 석사과정에 재학 중이거나 졸업한 정도의 사람들이었지만 가볍게 볼 수 없다.[79]

이들은 1958년 5월 우방협회 관계자들과 함께 협회가 소장하고 있던 조선총독부 측 자료를 강독하는 한편, 해당 분야 지배 정책을 직접 입안하거나 집행한 일본인 관료들을 초빙하여 대화하고 녹음하는 모임인 조선근대사사료연구회를 결성하고 1970년 해체할 때까지 500여 회 모였다.[80] 사료연구회의 창립과 비슷한 시기에 가지무라 히데키, 미야다 세쓰코, 강덕상은 다케다 유키오, 김종국(金鍾國)과 함께 마르크스의 《자본론》을 읽는 '자본론연구회'도 결성하였다. 이 연구회의 초창기에는 야마베 센타로(山邊健太郎)가 선생으로 함께 공부하였다.[81] 가지무라 히데키를 비롯한 멤버들은 조선사연구회에서 조선학회를 '적'으로 인식하고 일본인 식민주의 역사학이 주조한 역사인식

79) 이상은 宮田節子, 〈朝鮮關係年表〉, 《朝鮮問題への取り組み,研究をふりかえって》, 2004, 1쪽을 정리하였다. 이 원고는 2004년 6월 12일 '조선·일본 서로 얽힌 역사와 현재를 생각하는 모임(朝鮮−日本 絡まり合った歷史と現在を考える集い)'에서 주최한 제2회 강연 내용의 일부이다.

80) 사료연구회의 운영과 토론 분위기는 김효순, 《역사가에게 묻다》, 96쪽(강덕상 증언), 149쪽, 152쪽, 165쪽(이상 미야다 세쓰코 증언) 참조. 이때 녹음했던 테이프는 현재 가쿠슈인대학 동양문화연구소에 보관되어 있다. 연구소는 이들 테이프를 주제별로 분류하고 '미공개자료 조선총독부 관계자 녹음 기록(味公開資料 朝鮮總督府關係者錄音記錄)'이란 이름으로 2004년부터 매년 간행하고 있다. 2020년의 경우 제19권이 《동양문화연구(東洋文化研究)》 제22호(2020. 3)에 '조선의 체신사업에 대하여(朝鮮の遞信事業について)'라는 주제로 간행되었다.

81) 야마베 겐타로는 젊은 조선사 연구자들의 스승이었다. 그에 관해서는 김효순, 〈장면 1, 조선사 연구의 기인 야마베 겐타로와 김천해의 인연〉, 《역사가에게 묻다》, 114~122쪽 참조. 그의 대표 저서인 《일한병합소사(日韓併合小史)》(岩波書店, 1966)와 《일본 통치하의 조선(日本統治下の朝鮮)》(岩波書店, 1971)은 신서판(新書版)으로 간행되었고, 앞의 책은 보문서원(普文書苑)에서 2005년, 뒤의 책은 어문학사에서 2011년에 각각 한국어로도 번역 출판되었다. 필자도 1988년 석사과정 때 뒤의 책을 일본인 유학생 동료의 도움으로 구입해 읽었던 기억이 있다.

을 비판하는 데 적극적이었다.[82]

조선사연구회는 이처럼 세 개의 흐름이 민족과 이념을 불문하고 결집한 단체였다. 이들은 조선학회와 다른 새로운 조선사 인식을 추구했다. 그렇다고 구성원들이 하나의 역사관을 갖고 있었다고 보기는 어렵다. 그들 사이에 크게 두 가지 흐름이 있었다고 볼 수 있는데, 양자의 간극은 넘을 수 없는 역사인식의 차이였다기보다 연구를 구체화하는 과정에서 공감하고 함께할 여지를 넓힐 수 있는 정도였다. 조선사연구회가 1960~1970년대 분화의 위기를 넘기며 존재할 수 있었던 원동력의 하나이기도 했다고 본다.

그럼 이제부터 조선사연구회 창립 당시 내재해 있었던 역사인식을 둘러싼 두 간극에 대해 간략히 짚어보자.

《고려사》〈식화지〉 공부모임의 중심 하타다 교수는 자신의 학문적 자산이었던《조선사》의 서문에서 "일본 대륙 정책의 발전에 대응하여 성장해온" "국가적 배경"을 갖고 있던 일본인의 조선사 연구는 "비인간적인 학문"으로서 조선인이 부재한 역사학이었다고 비판하였다. 그러면서 "조선의 인간이 걸어온 조선인의 역사를 연구하는 것"이야말로 새로운 조선사 연구의 방향이라고 지적하였다.[83]

하타다는 '외압과 저항'의 측면에서 조선인을 주체로 하는 조선사 연구를 해야 한다고 보았다. 그가 보기에 외적의 침략과 중압은 조선의 역사 발전에서 계산할 수 없을 정도로 커다란 "재해"였다. 이것에 저항하여 해방을 획득할 수는 있겠지만, 여러 계층 간 움직임과 밀접히 연관된 "내부적 해방"과 연결될 때만이 한 걸음 더 나아가는 발전

---

82) 〈A씨 증언 자료(2010. 12. 20)〉.

83) 旗田巍, 〈序〉,《朝鮮史》, 岩波書店, 1951, 4·5쪽.

을 이룩할 수 있다고 보았다.[84]

그런데 하타다의 역사인식 방법은 어찌 보면 조선인의 역사를 매우 주체적으로 묘사하려는 것 같지만, 한편에서는 조선인이 주체적으로 움직이는 1차적 계기를 외부로부터의 압력에서 찾고 있다는 점에서, 달리 말하면 조선사의 내적 측면으로부터 접근하지 않았다는 점에서 타율적 역사관이었다. 또한 책의 '제8장 농촌의 황폐'에서는 "이조의 후기는 어둡고 불안한 사회의 연속이었다"면서 "이 시대에 농민의 반항을 결집하고 그것을 이용하여 왕조를 위협했던 사람은 불평(不平) 관인군(官人群)이었다"고 함으로써 정체성론을 그대로 노출하였다.[85]

타율성론과 정체성론을 내장한 하타다의 역사 연구 방법, 즉 외세의 침략과 여기에 저항하는 조선인의 역사를 구도로 하는 접근법은 최소한 1960년대까지 일본의 조선사 연구자들 사이에 공감대를 형성하고 있었다. 특히나 조선을 침략한 일본을 비판적으로 보려는 이들은 일본제국주의의 침략사와 이에 저항한 조선인의 운동사를 연구하는 데 집중하였다. 그 대표적인 연구자가 야마베 겐타로였다. 그는 일본 자본주의 발달사를 식민지 수탈의 역사와 분리하여 생각할 수 없으므로, 일본의 조선 침략도 일본근대사의 일부로 보아야 한다는 관점과 태도를 견지하였다. 그래서 일본인이 조선의 역사, 특히 근대 조선의 역사를 쓸 때는 일본 침략사를 써야 한다는 입장을 갖고 있었다.[86] 실제 《역사학연구(歷史學研究)》 별책(1953. 6)의 기획 제목이 '조

84) 旗田巍, 〈朝鮮史における外壓と抵抗〉, 《歷史學研究-朝鮮史の諸問題》 別冊, 1953. 6, 1~6쪽.

85) 旗田巍, 《朝鮮史》, 156·159쪽. 비슷한 논지는 앞서 언급한 四方博, 〈舊來の朝鮮社會の歷史的性格について(二)〉, 《朝鮮學報》 2, 1951. 10, 167쪽 참조.

선사의 제 문제'로 잡히고, 하타다가 대표자로서 조선사를 보는 기본 관점과 태도를 '외압과 저항'으로 제시했다면, 야마베는 개항 이후부터 1910년경까지 일본의 침략사, 즉 외압의 측면을 15쪽이나 되는 장문의 글로 기술하였다.[87]

그러나 당시까지는 여러 계층의 움직임과 연관된 내부의 해방에 관한 연구는 거의 없었다. 조선인 주체의 조선사를 표방한 하타다도 원래는 중국사 연구자였고,《조선사》를 간행한 이후에도 조선사 연구를 구체적으로 진행하여 논문을 발표한 적은 없었다. 엄밀히 말해 하타다가 조선사 연구로 명확히 방향을 바꾼 시기는 1958년경이었다. 결국 일본의 조선사 학계에서 민중의 저항사를 사상과 경제 그리고 사회제도의 변화와 연관 지어 규명하고 설명하지 않는 한 정체성론 극복은 쉽지 않은 문제였다.[88] 달리 말하면 하타다와 야마베 등이 일본인의 조선사 연구 전통과 단절하기 시작했지만, 의식했든 하지 않았든 그들의 역사인식과 연구 영역에 타율성론과 정체성론이 당분간 계속 남아 있을 수밖에 없었다.

예를 들어 조선사연구회의 초대 회장 아오야마 고료는 연구회가 창

---

86) 末松保和・周藤吉之・山邊健太郎,〈書評 旗田巍著'朝鮮史'〉,《歷史學研究》156, 1952. 3, 46쪽.

87) 山邊健太郎,〈日本帝國主義の朝鮮侵略と朝鮮人民の反抗鬪爭〉,《歷史學研究-朝鮮史の諸問題》別冊, 1953. 6. 야마베는 이후에도 일본의 침략에 관한 글을 여러 편 썼고, 이것들을 모아《일본의 한국 병합(日本の韓國併合)》(太平出版社, 1966)을 출판하였다.

88) 실제 일본에서 조선 후기 사회경제사에 관해 자료적 근거와 분석을 토대로 식민주의 역사학자들의 역사인식을 비판한 논문은 1962년까지 한 편도 발표되지 않았다(梶村秀樹,〈李朝後半期朝鮮の社會經濟構成に關する-最近の研究をめぐって〉, 24・25쪽). 예외라고 한다면 이재무(李在茂)일 것이다.〈李朝末期における農民の社會的存在形態〉,《社會科學研究》14-1, 1962. 그는 조선 후기 자본주의적 사회생산력의 발전이 준비되지 않았다고 결론 지었다.

립된 지 3년째인 1962년의 시점에서도 일본의 동양사학과 조선사학이 일본 국가의 필요, 국민의 요망, 그리고 유럽 근대 사학의 영향을 받아 발전하는 과정에서 조선사 연구를 통해 "악명 높은 대한 정책의 강행에" 공헌하거나 기여한 사항이 "거의 전혀 없다는 데 가깝다고 말할 수 있다"는 인식을 품고 있었다.[89] 아오야마 회장의 발언은 일본의 대외 침략에 동양사학이 영향을 주지 않았다는 뜻이다. 조선사학이 일본의 조선 지배에 역할을 하지 않았다는 의미이다. 아오야마의 발언 자체만을 놓고 보면, 일본의 식민지 지배를 찬양하지 않았으므로 식민주의 역사학과 다른 역사인식이라고 볼 수도 있지만, 동양사학과 조선사학의 침략 책임과 식민지 책임을 부정했다는 점에서 식민주의 역사학과 완전히 일치하는 역사인식이다. 이런 역사관을 가진 사람이 회장이었다는 사실은 조선사연구회가 출발선상에 있었을 당시 조선학회와의 경계가 모호했음을 말해준다. 스스로 새롭게 재생한 식민주의 역사인식을 장착한 스에마쓰를 외연 확장의 필요에 따라 발기인의 한 사람으로 참여시킨 선택도 같은 맥락에서 이해할 수 있겠다. 마찬가지 상황은 아리이 도모노리(有井智德)가 1959년 9월 조선사연구회 제8회 예회에서 발표한 〈이조 초기의 역에 대하여(李朝初期の役につい て)〉를 1960년 7월에 간행된 조선학회의 《조선학보》에 게재한 사례에서도 확인된다.[90]

이렇듯 창립 당시만 하더라도 조선사연구회는 조선학회와 경계가 불분명한 측면이 있었다. 조선사연구회원 다수가 일본의 전후 역사학

---

89) 靑山公亮, 〈日本に於ける朝鮮史學の今昔(私の朝鮮史硏究)-第一回〉, 《朝鮮史硏究會會報》 4, 1962. 10, 9쪽.

90) 《朝鮮史硏究會會報》 2, 1962. 2, 1쪽.

과 보조를 맞추며 식민주의 역사인식을 탈피하려는 관념은 품고 있었 겠지만, 젊은 연구자들도 기성세대 연구자와 마찬가지로 두 학회 가 운데 하나를 선택하는 태도를 취하지 않았다. 1960년대 들어 조선사 연구회에서 열심히 활동하는 미야다 세쓰코, 다케다 유키오, 가지무 라 히데키, 강덕상, 배병두, 서태수도 1960년 3월 이전에 조선학회의 회원으로 가입해 있었다. 조선사연구회의 선배급에 해당하는 이진희 (李進熙), 이달헌(李達憲), 김종국, 리더급에 속하는 박경식, 야마베 겐 타로도 회원으로 가입하였다.[91]

그러나 이후 조선사연구회의 역사는 조선학회와 분명히 다른 역 사관을 가진 단체임을 보여주는 과정이기도 하였다. 연구회가 새롭 게 변신해갈 수 있었던 배경의 하나는 2부에서 살펴볼 한일국교정상 화라는 엄중한 현안에 학문적으로 대응하는 움직임과 연관이 있었다. 그리고 그 학문적 대응의 밑바탕 가운데 하나가 이들에게 새로운 조 선사 인식을 자극한 조총련계 재일조선인 연구자들의 움직임이었다.

일본의 조선사 연구자들이 어떤 과정을 거쳐 새로운 조선사상을 정 립해야 하는가를 놓고 깊은 고민에 빠져 있을 때, 재일조선인 연구자 들의 리더인 박경식과 강재언은 북한 학계의 새로운 역사상을 소개하 였다. 예를 들어 박경식은 1957년 5월의 《역사학연구(歷史學硏究)》에 1956년 12월에 있었던 북한 학계의 토론회를 상세히 소개하였다.[92] 그는 이전에도 전석담의 〈조선 민족 형성에 관하여〉(1954. 7)라는 논 문과 북한 역사학계의 동향을 같은 잡지에 소개한 적이 있었다.[93] 또

---

91) 《朝鮮學報》 15, 1960, 77쪽; 《朝鮮學報》 16, 1960, 189쪽; 《朝鮮學報》 17, 1960, 212·213 쪽.
92) 〈海外動向 1955~56年における朝鮮歷史學界の動向〉, 《歷史學硏究》 207, 1957. 5.

한 박경식과 강재언은 뒤에서 다시 언급할 《조선의 역사(朝鮮の歷史)》 (1957. 7)라는 책에서 조선 후기의 자본주의 맹아와 관련한 내용을 기술함으로써 이에 관해 일본에서 가장 먼저 언급할 수 있었다. 조선학회의 역사관과 반대되는 역사상을 일본의 조선사 연구자들에게 제시한 것이다.

박경식은 하타다가 책에서 언급한 갑오농민전쟁에 관해 비판적으로 검토한 논문을 발표하였다. 그는 하타다가 갑오농민전쟁을 "몰락 귀족, 불평분자의 반란처럼 취급하여 일본 자본주의의 침략을 은폐하고 애국적인 농민전쟁의 본질"을 훼손했을 뿐만 아니라 "농민 대중의 투쟁 여량을 과소평가"했다고 보았다. 그리고 운동의 전개 과정을 실증적으로 분석하며 갑오농민전쟁이 "민족적, 혁명적인 농민의 투쟁"이었으며, 동학은 "배외주의적 민족 종교"가 아니라 "조선 민족 독자의 종교 체계"로서 민족정신을 약동시킨 종교였다고 보았다.[94]

갑오농민전쟁에 대한 연구는 강재언이 더욱 구체적으로 진행하였다. 그는 두 차례로 나누어 발표한 장문의 글에서 농민군이 반외세 반봉건의 개혁을 요구할 수 있을 만큼 역사적으로 형성된 존재라고 밝히면서 동학사상과 농민전쟁의 "내적 연관성을 파악"하였다. 이를 바탕으로 "동학당의 주도권이 완전히 농민들의 손에 장악됨에 따라 결정적으로 무력 투쟁으로 발전할 수 있었다"고 보았다.[95]

이처럼 박경식과 강재언은 반침략 반봉건에 대한 조선인의 주체적

93) 《歷史學硏究》 184, 1955. 5; 《歷史學硏究》 191, 1956. 1; 《歷史學硏究》 213, 1957. 11.

94) 朴慶植, 〈開國と甲午農民戰爭〉, 《歷史學硏究-朝鮮史の諸問題》 別冊, 1953. 6, 24쪽. 32쪽.

95) 姜在彦, 〈朝鮮における封建體制の解體と農民戰爭(1)·(2)〉, 《歷史學硏究》 173·177, 1954. 7, 1954. 11.

움직임을 강조하였으며, 사상과 운동의 내적 연관성을 해명하고자 노력하였다. 해방 이후에도 정체성론과 타율성론에 빠져 그와 같은 역사인식을 민족성론에까지 결부시켜온 재일조선인의 역사인식[96]을 고려할 때, 두 사람의 관점은 재일조선인이 일상적인 가치관을 바꿀 수 있도록 시사점을 제공하였다. 이는 다음 3장에서 언급할 북한 학계의 움직임보다 빠른 문제제기였다.

그런데 박경식과 강재언은 연구자이면서 조총련의 활동가였다. 조직의 정치 사업에 많은 시간을 할애하느라 개인적이고 전문적인 논문 생산에 자신의 열정과 역량을 꾸준히 집중하기가 어려웠다. 두 사람이 조선의 역사를 통사적으로 기술한《조선의 역사(朝鮮の歷史)》를 1957년 7월에 간행한 이유도 조총련 사상사업의 일환이었다.[97] 이는 일본 국민이 조선을 이해하는 데 기여하고, "조선인 고등학교 학생의 부독본(副讀本) 혹은 청년학교 강습회의 텍스트로도 이용"할 수 있도록 기술했다고 밝힌 데서 알 수 있다.[98]

《조선의 역사》에서 시선을 끄는 대목은 조선 후기의 사회경제적 변화를 명쾌하게 규정하였다는 점이다. 두 사람은 '11. 17, 18세기의 경

---

96) 해방 직후 재일조선인의 역사인식에 대해서는 조경달, 〈해방 전후기 재일조선인의 민족과 생활〉,《근대교류사와 상호인식 III-1945년 전후》, 아연출판부, 2008, 95~97쪽 참조.

97) 현재 한국의 도서관들이 소장하고 있는《조선의 역사(朝鮮の歷史)》는 1960년 또는 1961년에 발행된 3쇄본 또는 4쇄본이다. 일본에 소장된 1쇄본의 내용을 확인할 수 있도록 도와준 히토쓰바시대학원의 이선정 님에게 감사드린다. 이 책은 1961년 7월 '재판(再版)'이자 4쇄를 발행하였다. '재판'을 찍게 된 동기는 김석형의 서평 때문이었다(金錫亨, 〈'朝鮮の歷史'について〉,《朝鮮問題研究》 II-1, 1958. 4). 김석형은 현대사 및 김일성의 항일무장투쟁과 관련한 서술이 부족하거나 제대로 되지 않은 문제를 집중 제기하였다. 《조선문제연구(朝鮮問題研究)》는 조총련의 외곽 단체인 조선문제연구소(朝鮮問題研究所)에서 발행하던 간행물이었다.

98) 朴慶植·姜在彦, 〈あとがき〉,《朝鮮の歷史》, 三一書房, 1957, 341쪽.

제'라는 항목에서 '1. 농업과 수공업 생산의 발달' '3. 상업의 발달과 화폐의 유통'이라는 주제로 조선 후기의 사회경제적 변화를 서술하였다. 이어 '12. 17, 18세기 실학사상의 발전'에서 사회경제적 개혁을 주장한 실학사상에 특별히 주목하였다.[99] 또한 식민주의 역사학과 달리 조선 후기의 사회경제 상태가 피폐하기만 했다거나 민중이 지배층에 의해 질곡에 빠졌다고만 보지 않았다. 더 나아가 '13. 이조 정권의 위기'의 '3. 농촌의 황폐'라는 부분에서 19세기 전반기의 특징이 흉작과 기근에 의한 민중의 피폐라고 규정한 후, 광업과 수공업의 변화를 아래와 같이 기술하고 있다.

> 농업 생산이 파괴 상태에 있는 가운데, 19세기 전반기에 수공업과 상업은 아무런 발전을 이룩하지 못했다. 도자기, 유기, 제지 등의 수공업에서 약간의 고용노동자가 있고, 또 금은광 등에서도 상당한 광산노동자가 보이며, 자본주의적 관계의 맹아는 볼 수 있지만, 매뉴팩처 단계에는 이르지 않았다. 또한 미곡 무역, 해상 운수업 등에서 막대한 상업자본을 갖는 사람도 나왔지만, 일반적으로 국내 상업은 육의전과 같은 특권 상인이 차지하고 있었고, 또 고리대자본의 성격을 많이 띠고 있었다.[100]

19세기 전반기 사회경제적 변화를 '자본주의 관계의 맹아'로 규정한 점은 북한 학계의 연구 성과를 나름대로 반영한 결과일 것이다. 두 사람의 명시적 규정은 1961년 8월에 출판된 《조선 근대 혁명운동사》나 1962년 11월 발행된 《조선통사》(상)보다 훨씬 빠르다. 또한 박경식

---

99) 朴慶植·姜在彦, 《朝鮮の歴史》, 133~135쪽, 137·138쪽, 139~147쪽.

100) 朴慶植·姜在彦, 《朝鮮の歴史》, 153쪽.

과 강재언은 조선 후기 경제발전의 수준을 명확히 하면서 아직 자본주의적 매뉴팩처 단계에 도달하지 못했다고 발전 단계를 구분하였다. 이는 다음 3장에서 확인할 북한의 《조선통사》(상)(1956)에서의 언급과 일치한다.

《조선의 역사》에서 눈길을 끄는 내용은 또 있다. 1876년 이전과 이후를 실학과 연계시켜 설명하며 개화사상을 아래와 같이 자리매김하고 있다.

> 개화사상은 18세기 이래 상품화폐경제와 계급투쟁의 고양에 따라 낡은 봉건체제의 토대가 서서히 붕괴하기 시작, 그에 따라 봉건적 이데올로기의 약화에 대신하여 일어난 실학사상을 받아들인 부르죠아 사상의 맹아이다.[101]

실학이 '부르죠아 사상의 맹아'인 개화사상으로 계승되었다는 것이다. 이는 다음 4장에서 언급할 천관우의 실학관, 즉 실학을 '근대적 정신의 내재적 태반'으로 바라보는 시선과도 상통한다고 말할 수 있다. 물론 1950년대 후반의 시점에서 천관우가 실학을 매개로 근대까지 '발전'하는 한국사를 고민했다고 보기는 어렵다.

이처럼 두 사람의 역사인식은 하타다 교수나 아오야마 교수와 확연히 구별되었다. 박경식과 강재언을 비롯한 재일조선인 역사 연구자들의 역사인식이 하타다 교수의 공부모임 등 여러 연구 모임에, 그리고 더 나아가 조선사연구회원들, 특히 근현대사 연구자들의 연구 관점과

---

101) 朴慶植·姜在彦,《朝鮮の歷史》, 177·178쪽.

문제의식 형성에 큰 영향을 주었으리라고 추측하기 어렵지 않다.

이때 박경식과 강재언을 포함한 재일조선인 역사 연구자들의 동향 가운데 간과하지 말아야 할 움직임이 있었다. 재일조선인 역사 연구자들은 다양한 연구 모임에서 왕성하게 활동하는 한편, 자신들만의 연구 역량을 강화하기 위해 특별히 별도의 모임을 조직하였다. 조선사연구회가 결성된 직후인 1958년 5월 6일 재일조선인사회과학자협회에 소속된 역사 연구자들은 역사부회의 제1차 연구회를 개최하였다.[102] 강덕상은 역사부회 결성 즈음의 분위기에 대해 다음과 같이 회고하였다.

일본은 1952년 샌프란시스코 강화조약의 발효로 독립국의 지위를 회복하자 재일동포를 차별하고 걸핏하면 추방하는 압력을 노골화했다. 박경식 선생은 '재일동포가 일본 땅에서 생존할 수 있는 역사적 권리를 갖고 있다. 그것을 증명하는 것이 우리 역사 공부하는 사람의 의무'라고 말하고, 일제 때 동포들이 당한 강제연행을 같이 연구하자고 제안했다.
......

102) 제1차 연구회에서는 배병두의 보고 아래《조선의 역사(朝鮮の歷史)》의 원시사회에서 삼국시대까지를 검토하였다(《조선민보》, 1958. 5. 3). 5월 23일의 제2회 연구회에서도 김종국과 서태수가 이 책을 '신라 통일 이후부터 고려 건국까지'라는 제목으로 검토하였다(《조선민보》, 1958. 5. 23). 재일조선인사회과학자협회에 관해서는 일본 조선대학을 퇴직한 강성은 교수가 정리한 자료에 근거하였다(강성은, 〈재일조선인사회과학자협회의 연혁에 대하여〉, 2013. 3. 24). 협회는 1959년 6월 28일 자연과학, 건설기술자, 의약학 협회 등 3개 단체와 합동하여 재일조선인과학자협회를 결성하였다(《조선민보》, 1959. 7. 4). 강덕상은 박경식이 그 모임의 좌장, 이진희가 간사와 같은 역할을 했다고 필자에게 회고하였다(〈강덕상 증언자료〉, 2009. 12. 3). 1960년대까지 망라하여 언급하자면, 역사부회에는 서양사 전공자로서 실무자 역할을 했던 오재두와 고려사 전공의 서태수, 근대사 전공의 권영욱, 박종근, 배병두가 참가하였다(〈강덕상 증언자료〉, 2012. 7. 11).

총련의 과학자협의회 역사 부문에서 강재언, 이진희, 박종근 등과 함께 활동했다. 재일 사학자들의 핵심이었는데 …… 이들을 중심으로 한 달에 한 번 열리는 역사 부문 모임에 나도 나갔다. 거기에 나가 좋은 점은 북한에서 나온 역사학 관련 책자, 간행물들을 우선적으로 볼 수 있었다는 것이다. 개인적으로 거기서 우리말을 배우고 민족적 입장도 배웠다는 느낌이 있다.[103]

모임이 열리면 회원들은 북한에서 보내온《력사과학》을 비롯한 학술지와 단행본들을 읽었다. 내용을 검토하는 토론을 했다기보다 문맥을 어떻게 이해하고 파악해야 하는지를 주로 이야기하였다.[104] 학문적 논점을 잡아내기보다 선전의 측면을 더 고려하여 읽었기 때문일 것이다. 역사부회 구성원들은 북한 학계의 연구 성과를 일본에 소개하는 가장 확실한 통로이자 매개자였다. 특히 조선사연구회 창립 즈음에 회원의 절반가량이 재일조선인이었던 현실에서, 역사부회 소속 연구자들이 젊은 일본인 회원들에게 북한의 선진적이고 선도적인 연구 성과를 전달하는 과정은 자연스러운 경로였음을 쉽게 추측할 수 있다. 그렇게 해서 누적된 학술 정보는 조선사연구회가 1960년대 들어 조선학회와 학문적으로 차별화할 수 있는 구체적인 방향을 정하는 데 큰 바탕이 되었을 것이다. 역사부회에 참가한 개인의 입장에서 볼 때는 당시 일본에서 가장 빨리 북한 학계의 성과를 직접 접할 수

---

103) 김효순,《역사가에게 묻다》, 101~103쪽.

104) 김효순,〈재일조선인의 역사 연구는 뿌리 찾기다-강덕상〉,《역사가에게 묻다》, 101·102쪽;〈강덕상 증언자료(2012. 7. 11)〉. 강덕상은 매달 열리는 역사부회 모임에 거의 참석하였다. 북한의 연구 성과를 바로 받아볼 수 있다는 학문적 이유와 함께 북한으로 이주한 사람이 있는 가족관계도 그가 모임에 적극 참여한 이유였다.

있었으니, 신진 연구자인 강덕상조차도 개인으로는 매우 유익한 기회였을 것이다.

그러면 1950년대 후반~1960년대 초반에 북한 학계의 연구 동향과 더불어 그 연구가 일본의 조선사 학계에, 그리고 일본을 통해 남한의 한국사 학계에 어떤 영향을 미쳤는지 지금부터 살펴보자.

3장 북한, 가장 먼저 자본주의 맹아·요소를 발견하다

사회주의 국가 건설을 향한 집단적 과제와 정체성론

1950년대 《력사과학》를 보면, 북한 역사학계는 식민주의 역사학의 역사인식을 체계적으로 정리하며 이를 공개적으로 비판하지 않았던 것 같다. 관련 논문이 없고 학계의 소식을 전하는 코너에서도 전혀 언급하고 있지 않기 때문이다. 오히려 그들의 관심은 한국 역사의 특수성을 해명하는 가운데 역사 발전의 세계사적 보편성을 찾으려는 노력에 초점이 모아져 있었다. 이는 북한 역사학계가 자신들이 해결해야 할 연구 과제를 종합적으로 밝힌 〈조선 력사 과학 전선의 과업에 대하여〉(1955)를 통해 짐작할 수 있다.

북한 역사학계는 "해방 후 10년이 되었음에도 불구하고 아직까지 조선 력사 개론 한 책도 나오지 못하였다"고 지적하면서 연구자들에게 아래와 같은 과업을 제기하였다.

조선에서의 국가의 형성에 대한 문제, 조선 노예사회 유무에 대한 문제, 조선에 있어서의 민족의 형성에 대한 문제, 조선 력사의 시대구분에

관한 문제, 조선 봉건사회에서의 토지소유 형태에 대한 문제, 조선 봉건
사회 내부에서의 자본 제 관계의 발생 발전에 대한 문제, 리조 말엽의
실학파에 대한 문제, 김옥균 일파의 개화 운동의 본질에 대한 문제, 민
족문화유산에 대한 문제, 조선에서의 로동계급 형성과 로동운동에 관한
문제, 조선에서의 로농로동동맹에 관한 문제, 김일성 원수의 빨찌산 투
쟁과 우리 나라 민족해방운동에서의 그의 의의에 대한 문제, 8·15해방
후 우리가 쟁취한 제반 민주 건설의 리론적 총화에 관한 문제, 조선로동
당의 활동과 력사에 관한 문제, 미제의 조선에 대한 침략과 만행에 대한
문제, 조선에서의 인민민주주의혁명의 성격에 대한 문제 등에 대하여
우선적으로 연구하여 이 문제들에 대한 정확한 해답을 반드시 주어야
하겠다.[105]

위의 과제들은 서로 밀접하게 연관되어 있어 따로따로 분리해 언
급하기 어려운 측면이 있다. 하지만 북한 역사학계가 우선 해결하려
한 주제가 무엇이였는지 보기 위해서는 각각의 과제에 주목할 필요
가 있다.

북한 역사학계는 전 시대에 걸쳐 시기구분에 관한 문제를 반복해
서 집중 토론하거나 시대별로 풀어야 할 핵심적인 논점을 집중 해명
하는 방식으로 접근하였다.[106] 후자의 경우에 해당하는 학술회의로는
같은 시기에 열린 "'삼국시대 사회경제구성의 문제'에 관한 토론회"와
'조선에서 부르죠아 민족 형성'에 관한 과학 토론회를 들 수 있다. 그

---

105) 〈조선 력사 과학 전선의 과업에 대하여〉,《력사과학》, 1955. 1, 3쪽.
106) 한국사의 시기구분에 관한 북한 역사학계의 논의에 대해서는 이병천 편,《북한 학계의
한국근대사 논쟁-사회 성격과 시대구분 문제》, 창작과비평사, 1989 참조.

중 후자의 토론회는 1956년 12월 4일부터 6일까지 과학원 력사연구소 주최로 열렸다.[107] 부르주아 민족 형성 시기에 관한 문제는 식민주의 역사학의 역사인식에 관해 직접 다룰 수 있는 조선근대사와 관련한 연구 과제들 가운데 북한 역사학계가 가장 먼저 집중적으로 다루었던 주제였다.

이에 비해 "조선 봉건사회 내부에서의 자본 제 관계의 발생 발전에 대한 문제"는 집단적인 연구와 조직적인 토론으로 규명해야 할 우선적인 과제가 아니었을 것이다. 이는 1950년대 후반에 발행된 《력사과학》에 이와 관련된 학술회의가 조직되었다는 소식을 전하는 글이 없다는 점, 그리고 1960년대 들어서도 1963년 9월에 가서야 과학원 력사연구소에서 "우리 나라 봉건 말기 자본주의의 발생 문제에 관한 토론회"가 조직되었다[108]는 내용을 처음 확인할 수 있다는 점에서 짐작할 수 있다.

결국 1950년대 후반경까지도 북한 역사학계는 부르주아 민족의 형성, 달리 말하면 프롤레타리아 민주주의 혁명 이전 단계를 책임질 역사적 집단으로서 부르주아 민족의 형성에 관심을 두었지, 자본주의적 관계라는 측면에 초점을 두고 조선 후기 사회를 들여다보지 않았다. 이는 1960년대 일본과 한국의 한국사 학계가 조선 후기 또는 봉건사회의 변화에 주목하는 한편, 식민주의 역사인식에 대해 공공연하고 광범위하게 비판적 분석을 쏟아냈던 움직임과 무척 대조적인 동향인 것이다.

어쩌면 북한 역사학계는 이즈음까지도 조선 후기 사회가 정체되고 황폐한 사회였다고 보는 관점에 대해 적극적인 문제의식을 갖고 있지 않았을 가능성이 있다. 이는 19세기 전반기의 사회경제적 변화를

---

107) 〈조선에서의 부르죠아 민족 형성에 관한 토론회〉,《력사과학》, 1957. 1, 92쪽.
108) 《朝鮮學術通報》 II-4, 1964, 38쪽. 이 잡지는 일본 조선대학에서 발행하였다.

언급한 1956년판 《조선통사》(상)의 "제3절 농업의 황폐와 공업 및 상업의 침체"에서 간접적으로 확인할 수 있다.[109] 그렇다고 북한 역사학계가 조선 후기 사회를 아무런 발전이 없는 정체된 사회였다고만 인식한 것 같지는 않다. 17세기 중엽 이후 농업, 공업, 상업이 기본적으로 발전하고 실학이 개화했는데, 19세기 전반기 들어 정체에 빠졌다는 것이다. 그런 관점을 갖고 있는 가운데서도 수공업의 경우 "도처에서 자본주의적 관계의 유약한 싹을 볼 수 있을 따름"이라면서 이때까지만 해도 "자본주의적 마누팍뚜라를 볼 수" 없었다고 규정하였다.[110] 달리 보면 북한 역사학계는 수공업 분야에서 매뉴팩처 단계에 이르지 못했지만 자본주의적 관계를 알 수 있는 '유약한 싹'이 싹트고 있었다는 점을 인정하고 있었다. 사실 이러한 인식만으로도 당시 한국의 한국사 학계와 일본의 조선사 학계보다 역사인식이 앞서 있었다고 볼 수 있다. 이론의 측면에서 보면, 매뉴팩처 이전의 자본주의적 관계·요소·맹아가 각각 무엇을 의미하는지 명확히 정리하거나 적극적으로 의미 부여를 하지 않았을 뿐이다. 이렇듯 북한 역사학계의 새로운 시각이 조금씩 등장하고 있음은 1956년 12월의 토론회를 전후한 시점의 언급들에서도 확인된다. 이제 그것에 대해서부터 추적해보자.

부르주아 민족의 형성에 주목한 자본주의적 변화

1956년 간행된 《조선통사》(상)에서 드러난 정체성론은 1956년 12월

---

109) 조선민주주의인민공화국 과학원 력사연구소 편, 《조선통사》(상), 과학원출판사, 1956, 516~525쪽.
110) 조선민주주의인민공화국 과학원 력사연구소 편, 《조선통사》(상), 522쪽.

'과학 토론회'를 계기로 변화하기 시작하였다. 북한 학계는 토론회 발표 원고를 모아 《조선에서의 부르죠아 민족 형성에 관한 토론집》(과학원출판사, 1957)을 발간하였다(이하 《토론집》).[111] 이 책의 구성을 보면 〈표 1-1〉과 같다.

〈표 1-1〉 《조선에서의 부르죠아 민족 형성에 관한 토론집》의 필자와 제목

필자	제목	쪽수
전석담	조선 민족의 형성과 그 특성에 대하여	1~49
권홍석	조선 민족 형성 문제 시론	50~84
김한주	부르죠아 민족 형성의 기본 조건과 개항 전 시기 조선 경제의 기본 성격에 대하여	85~112
리능식	우리 나라의 부르죠아 민족 형성에 관한 소고	113~119
김일출	우리 나라에서의 민족적 문화의 형성 시기에 관하여	120~128
최병무	리조 후반기 봉건사회 태내에서 발생한 몇 가지 경제적 변화에 대하여	129~206
박경수	조선에서의 부르죠아 민족 형성과 민족 문화	207~225

북한의 입장에서 부르주아 민족의 형성을 해명하는 일은 조선사의 합법칙적인 발전 과정을 규명함으로써 "당면한 제1차적 과업"인 "민주주의적 토대 위에서 조국의 통일과 완전한 민족적 독립을 쟁취"하는 "혁명 수행에 있어서 중요한 실천적 의의"를 가지고 있었다.[112] 그럼에도 북한 역사학계는 토론회가 열릴 때까지도 부르주아 민족의 형성에 관해 "학자들 간에 있는 의견 차이의 소재조차 명확"히 파악

---

111) 그동안 '내재적 발전론'에 관한 연구사를 정리한 글들이나 조선 후기 사회경제적 변화에 관해 연구사를 정리한 글들에서도 이 책을 읽고 소개한 경우는 없었다.

112) 전석담, 〈조선 민족의 형성과 그 특성에 대하여〉, 《토론집》, 1쪽.

하고 있지 못하였다. 때문에 과학원 력사연구소에서는 불일치한 의견이 무엇인지를 드러내고 문제를 해결하기 위한 방향을 찾고자 토론회를 개최하였고, 그 결과 "일정한 성과를 달성"했다고 자평하였다.[113]

그런데 토론회에서 드러난 의견 차이의 핵심은 조선에서 자본주의가 발생한 시기를 언제로 보아야 하는가에 있었다. 이것을 해결해야 자본주의 대두기에 형성된다고 보는 부르주아 민족의 형성 시기와 특징을 해명할 수 있기 때문이다.

토론회를 조직한 과학원 력사연구소 측이 먼저 예상한 것인지는 확인할 수 없지만, 토론회를 통해 드러난 불일치한 문제의 소재란 조선에서 자본주의가 발생한 때가 조선 후기인가 개항 이후인가 하는 시기의 문제였다. 〈표 1-1〉에 나오는 논문들 가운데 큰 의견 차이를 드러낸 사람은 김한주와 최병무였다.

최병무는 18~19세기에 화폐 유통이 보급되고 상업, 수공업, 채광야금업이 발전한 모습을 규명한 후, 맺음말에서 "자본주의의 맹아가 사회적 생산의 각 부문에 걸쳐서 각이한 정도의 차이를 가지면서 자못 활기 있게 발생 발전"하였다고 결론 내렸다.[114] 18~19세기 전반기에

---

113) 〈서문〉,《토론집》, 1쪽.

114) 최병무, 〈리조 후반기 봉건사회 태내에서 발생한 몇 가지 경제적 변화에 대하여〉,《토론집》, 205·206쪽. 최병무는 조선의 부르주아 민족이 "이미 18세기 이래 서서하게 준비되어온 력사적 범주였다"고 글을 끝맺었다. 이후 최병무는 토지국유제를 부정하고 '토지사유제'도 주장하였다. '자본주의 맹아'에 주목한 최병무로서는 당연한 주장이었다. 북한 학계에서 토지사유제가 확립된 때는 1964~1965년경이었다. 허종호의 《조선 봉건 말기 소작제 연구》가 나올 즈음이라고 보면 될 것이다. 조선 후기의 자본주의적 변화에 대한 북한 학계의 이론과 실증적 논의도 이 무렵 마무리된다. 결국 북한 학계 나름대로 역사 발전의 합법칙적 과정에 대한 해명은 1960년대 중반경에 이루어진다고 볼 수 있다. 이에 대해서는 2부 1장에서 다루겠다.

조선에서 자본주의 우클라드가 형성되었다는 최병무의 견해에 대해
김한주는 그의 이름을 거론하며 다음과 같이 비판하였다.[115]

최병무 동지는 상인이 수공업자들에게 원료를 전대하여주며 혹은 상
인 자신이 일부의 상품생산을 직접 조직하기도 하는, 흥미 있는 사료를
소개하였다. 수공업에 대한 상인자본의 이러한 지배 형태는 두말할 것
도 없이 자본주의의 맹아적 형태이다. 그러나 이와 같은 현상은 마치 자
본주의 이전의 임금 로동이 그러하듯이 아직 잠복적인 것이며 또 개별
적 우연적인 범위를 벗어나지 못한 것이라고 말하여야 할 것이다.
요컨대 개항 전 시기 우리 나라 사회 발전의 력사적, 경제적 조건은
상인자본의 분해적 작용에 의하여 직접적 생산자들을 임금 로동자로 전
화시킨 것이 아니라, 일반적으로 그들을 반농노적, 반노예적 예속 상태
로 떨어뜨리지 않을 수 없게 하였던 것이다.[116]

김한주에 따르면 다양한 형태의 '자본주의 맹아'는 존재했으나, '자
본주의적 경제 형태', 즉 자본주의 우클라드는 아직 형성되지 못했다
는 것이다. 그의 입장에서 보면 조선에서 자본주의적 경제 형태는 "외
래 자본주의 침입 이후 시기"에 "발생, 발전하기 시작"하였다.[117]
최병무와 김한주는 조선 후기에 자본주의 맹아가 있었다는 점에 대
해서는 둘 다 인정했지만, 자본주의 맹아의 개념에는 상당한 견해 차

---

115) 《토론집》의 〈서문〉에 따르면, 책에 수록할 때 발표 당시 원고를 그대로 수록한 사람도
있고 수정 보완한 사람도 있었다. 토론 내용을 보건데 김한주의 경우는 후자였을 것
이다.

116) 김한주, 〈부르죠아 민족 형성의 기본 조건과 개항 전 시기 조선 경제의 기본 성격에 대
하여〉, 《토론집》, 111쪽.

이가 있었다. 최병무는 자본주의 맹아가 곧 자본주의 우클라드를 의미한다는 입장에서 양자를 구분하지 않은 데 비해, 김한주는 자본주의의 성립 과정에서 '자본주의 맹아'와 '자본주의 우클라드' 단계를 구분하였다.[118] 이론적 차이는 두 사람에게만 한정되지 않았다. 북한 학계는 조선 후기의 사회경제적 변화를 압축할 수 있는 역사 용어와 그것의 이론적 함의에 관해《조선 근대 혁명운동사》(1961)와《조선통사》상(1962)을 발행할 때까지도 통일하지 못하였다.[119]

　그렇다고 두 사람이 자본주의 맹아라는 말을 자주 사용한 것도 아니다.《토론집》에 실린 논문을 보면 두 사람 모두 결론 부분에서 한번 사용했을 뿐이다. 더구나 두 사람은 이후 북한 학계에서 자본주의 맹아 대신 자주 사용했던 '자본주의 요소'라는 용어도《토론집》의 논문에서 사용하지 않았다.[120] 1956년, 1957년 시점에서 북한 학계는 조선 후기의 사회경제적 변화에 대해 집중적으로 탐구할 준비를 하

---

117)　김한주, 〈부르죠아 민족 형성의 기본 조건과 개항 전 시기 조선 경제의 기본 성격에 대하여〉,《토론집》, 112쪽. 김한주는 개항 후 1919년 3·1운동을 거쳐 조선 민족이 형성되었다고 주장하였다(〈조선에서의 부르죠아 민족 형성에 관한 토론회〉,《력사과학》, 1957. 1, 95쪽).

118)　1949년 소련 학계에서 정식화한 자본주의의 성립과 발전의 3단계설인 '맹아(또는 요소) → 우클라드 → 승리한 사회구성'이라는 구분법에 따른다면 김한주가 이론에 더 충실하다.

119)　두 책의 차이에 관해서는 뒤에서 다시 언급하겠다.

120)　한국의 학계에서는 자본주의 맹아라는 말을 사용하는 것이 보통이다. 자본주의 요소라는 말을 사용하며 조선 후기의 사회경제 형편을 분석한 논문을 필자는 아직까지 보지 못했다. 이는 1960년대 중반 이후 조선 후기의 사회경제적 변화를 '자본주의 맹아'라는 용어로 설명하기 시작한 일본 조선사 학계의 영향과 연관이 있다. 1966년 한국, 북한, 일본의 조선사 연구 성과를 총정리한《조선사 입문(朝鮮史入門)》에서 조선사연구회와 가지무라 히데키(梶村秀樹)는 '자본주의 맹아'라는 용어를 사용하여 조선 후기의 사회경제적 변화를 설명하였다(梶村秀樹, 〈資本主義萌芽の問題と封建末期の農民鬪爭〉, 朝鮮史研究會·旗田巍 編,《朝鮮史入門》, 太平出版社, 1966).

고 있지 않았다. 이 주제를 둘러싼 논점의 심각성은 부르주아 민족의 형성 시기에 관한 토론 과정에서 우연히, 그러면서 자연스럽게 부각되었다고 보아야 할 것이다.

그런데 한국 학계의 연구는 북한 학계의 이러한 변화를 고려하지 않은 가운데 '자본주의 맹아론'을 처음 제기한 사람을 최병무로 소개하고 있다.[121] 〈표 1-1〉을 놓고 보면 맞을 수도 있다. 그러나 1956년 12월 토론회 때 발언은 했지만 《토론집》에는 수록되지 않은 김현수의 글이 있었음을 간과해서는 안 된다. 그의 발언을 요약 정리한 사람에 따르면, 김현수는 개항 이전에 상품화폐관계가 발전하여 "광범한 지역에 상품을 생산 공급하는 마누팍뚜라가 존재하였으며, 부분적으로는 임금 로동의 형태도 있었다"고 보아야 한다며, 조선 민족은 개항 전에 형성되기 시작하여 19세기 말에 완성되었고 보았다.[122] 김현수도 최병무처럼 자본주의 맹아, 즉 자본주의 우클라드가 개항 이전에 형성되었다고 본 것이다. 결국 북한 학계에서 조선 후기 자본주의 맹

---

121) 오해가 생긴 이유의 하나는 가지무라 히데키의 연구사 정리와 연관이 있을 것이다. 그가 새로운 실증 연구의 선구로 최병무의 업적들, 특히 《토론집》에 수록된 1957년 논문을 소개했기 때문이다(梶村秀樹, 〈資本主義萌芽の問題と封建末期の農民鬪爭〉, 朝鮮史研究會·旗田巍 編, 《朝鮮史入門》, 259쪽).

122) 〈조선에서의 부르죠아 민족 형성에 관한 토론회〉, 《력사과학》, 1957. 1, 93·94쪽. 이유를 알 수 없지만 이상한 점이 한 가지 있다. 토론회를 정리한 글에 따르면, 김한주는 김현수의 주장을 중심으로 토론하겠다고 밝힌 후 본문에서 인용하고 있는 주장과 같은 내용을 밝혔다. 하지만 《토론집》에 실린 김한주 논문은 김현수를 전혀 언급하지 않고 있으며, 대신에 최병무의 이름을 거명하며 비판하고 있다. 토론회를 정리한 글에 따르면, 김현수는 두 번째 토론자였고, 권홍석, 김일출에 이어 김한주가 토론했으며, 이후 세 명이 토론한 후 최병무가 토론하였다. 필자가 추측하기에, 김한주는 토론회 때 김현수를 비판했지만, 논문을 수정 보완하는 과정에서 어떤 이유인지는 모르겠지만 최병무만 언급한 것이다. 필자는 김현수와 최병무가 누구인지 일본 쪽에 알아보았지만 확인할 수 없었다.

아를 처음 언급한 사람은 최병무와 김현수이며, 발생 시기와 발전 단계에 대한 견해는 이들과 다르지만 김한주도 여기에 포함할 수 있을 것이다.

1956년 12월의 토론회와 1957년 9월의《토론집》발행을 계기로, 조선 후기의 사회경제적 형편에 관한 연구가 진전되지 않고서는 부르주아 민족의 형성에 관한 문제가 정리될 수 없음이 명백해졌다. 그런데 이 지점에서 이해할 수 없는 동향은, 제기된 논점을 해명하기 위해 북한 학계가 즉각 조직적이고 집단적으로 달려들지 않았다는 점이다. 오히려 북한 학계는 1962년경까지도 '조선근세사', 달리 말하면 한국근대사의 시기구분 문제와 연관 지어서만 조선 후기의 사회경제 문제에 주목하였을 뿐이다.[123] 조선 후기의 사회경제적 변화에 대한 집중적이고 집단적인 연구는 1963~1964년경에 가서야 본격화하였다.

자본주의적 맹아 또는 요소 연구의 본격화

조선 후기 사회경제사에 대한 체계적인 연구가 본격화하기 이전인 1962년경까지 북한 학계에서 이 주제와 관련된 개인의 연구가 없었다고 말할 수는 없다. 더구나 북한 학계가 자신들의 입장을 정리하려고 노력하지 않았다고도 볼 수 없다. 개인의 연구를 예로 들자면, 최병무 자신이 앞서 언급한 논문의 "보고(補稿)"라고 말한 〈리조 시기의 시전

---

123) 북한 역사학계의 조선근세사 시기구분에 관한 논의는 이병천 편,《북한 학계의 한국근대사 논쟁-사회 성격과 시대구분 문제》의 '제1부 시대구분 논쟁' 참조.

(市廛)〉이 있다.**124** 또 과학원 력사연구소가 일정하게 의견을 모으려고 노력하였음을 알 수 있는 책이 《우리 나라 봉건 말기의 경제 형편》이다(이하 '《봉건 말기 경제 형편》').**125** 이 책은 1963년 3월에 발행되었지만 수록된 논문들은 집단적 토론회의 결과물이 아니며 모두 1959년 또는 1960년에 집필되었다. 1961년 8월에 간행된 《조선 근대 혁명운동사》 이전에 집필된 논문들인 것이다.

《봉건 말기 경제 형편》에 수록된 논문들을 정리하면 〈표 1-2〉와 같다.

〈표 1-2〉 《우리 나라 봉건 말기의 경제 형편》에 수록된 논문들

저자 및 지위	논문 제목	분량/집필 완료일
박시형/원사 력사학 박사	리조 시기의 수공업에 대하여―특히 그 내부에서의 자본주의적 요소의 발생에 관한 문제와 관련하여	1~71쪽/ 1960년 12월 20일
김석형/교수 력사학 박사	18~19세기 광업의 형편과 그 자본가적 경험 형태에 대하여	72~127쪽/ 1960년 12월 20일
홍희유	15~19세기 우리 나라 장시(場市)에 대하여	128~188쪽/ 1960년 12월 15일
장국종/ 력사학 박사	18~19세기 전반기 전세에 의한 착취와 이를 통하여 본 상품화 폐관계의 발전	189~304쪽/ 1959년 5월

※ 각 논문의 맨 끝 부분에 집필 완료 시기가 '( )'로 표시되어 있다.

〈표 1-2〉 논문들에서 필자가 주목한 사항 가운데 하나는 장문의 논문들 가운데 자본주의 맹아라는 용어를 사용하는 경우는 김석형의 논

---

124) 조선민주주의인민공화국 과학원 력사연구소, 《력사 논문집》 2, 과학원출판사, 1958. 10.

125) 과학원 력사연구소, 《우리 나라 봉건 말기의 경제 형편》, 과학원출판사, 1963. 3.

문이 유일하다는 점이다.[126] 오히려 논문들은 박시형의 논문 제목에
도 명기되어 있듯이 '자본주의적 요소'라는 말을 사용하였다. 그리고
이유를 알 수 없지만, 최병무와 김현수의 글이 없다. 더구나 이 기획
의 책임자라고 할 수 있는 박시형은 논문의 머리말을 아래와 같이 시
작하며 최병무와 김한주를 비판하였다.

　　외래 자본주의 침략 이전 리조 봉건사회의 태내에서 자본주의적 요
소들이 어느 정도 발생하였는가 또는 전연 발생하지 못하였는가 하는
문제에 있어서 대체로 두 가지 견해가 서술되어왔다.
　　첫째 견해는, 17~18세기 이후 조선에서 상품-화폐 관계가 급속히 발
전하고 도시 수공업, 광업, 농업 등 생산 부문에서 생산력이 상당한 발
전을 이루었으며 또 이에 상응하여 생산관계에서도 봉건적 예속 관계로
부터 해방된 고용 로동이 광범히 적용되는 등 일련의 자본주의적 요소
들이 사실에 있어서 발생 장성하였다고 론단한다.
　　둘째 견해는, 같은 시기에 일련의 생산 부분들에서 상품생산이 량적
으로 상당히 장성하고 화폐경제도 발전하기는 하였으나, 그것은 아직은
단순 상품생산과 그에 기초한 화폐 류통의 량적 장성에 지나지 않으며
또 생산력 발전도 심한 정체 상태에 처하여 있었을 뿐 아니라 고용 로동
의 성격 그 자체도 자본주의적 생산방식에 립각한 것이 아니라 주로는
자본주의에 선행한 사회구성들에서도 볼 수 있는 우연적, 돌발적인 것
이었다고 보는 것이다.[127]

---

126)　맺음말에서 "이 새로 자라난 자본주의적 맹아(전반적인 견지에서 보아)는 봉건국가로
　　　부터 계속 탄압과 략탈의 대상으로 되었으므로"라고 언급되어 있다(《봉건 말기 경제
　　　형편》, 127쪽).

이 책의 기획 의도는 자본주의적 요소가 조선 후기에 있었음을 명확히 하고, 그것이 어느 정도의 위치였는지 자리매김하는 데 있었다. 그래서 박시형은 첫째 견해와 둘째 견해의 대표적인 사람으로 최병무와 김한주를 각각 지목하였다.[128] 박시형이 예로 든 최병무의 논문이란 〈리조 후반기 봉건사회 태내에서 발생한 몇 가지 경제적 변화에 대하여〉(《토론집》)와 〈리조 시기의 시전(市廛)〉(《력사 논문집》 2)이었다. 김한주의 견해를 비판하고자 지목한 논문은 〈리조시대 수공업 연구〉(조선과학자동맹 편, 《리조 사회경제사》, 서울: 노농사, 1946)와 〈부르죠아 민족 형성의 기본 조건과 개항 전 시기 조선 경제의 기본 성격에 대하여〉(《토론집》)였다. 박시형은 최병무의 견해가 "상품-화폐 관계의 발전이 가지는 의의를 부당하게 과장"하고 "수공업 영역에서의 생산력 및 생산관계의 질적 변화"에 대해서도 "크게 말을 하면서도" 거기에 맞는 "그럴듯한 자료도 제시하지 못하였다"고 비판하였다. 또 조선사회가 "혹심한 정체성을 가지고 있었다는 데" 대해 이론의 여지가 없지만, 수공업의 "개별적 부문들을 더 상세히 관찰할 때에는 역시 일정한 질적 변화를 초래하고 있었다"고 지적하였다.[129]

북한 학계 나름대로 균형을 맞추려는 노력은 일단 《조선 근대 혁명 운동사》의 '제1장 19세기 60~70년대 외래 자본주의의 침입을 반대한 조선 인민의 투쟁'의 일부인 '제1절 19세기 중엽의 국내외 정세' 부분

---

127) 박시형, 〈리조시기의 수공업에 대하여-특히 그 내부에서의 자본주의적 요소의 발생에 관한 문제와 관련하여〉, 《봉건 말기 경제 형편》, 1쪽.

128) 사실 이청원(李淸源)도 토론회에서 김한주와 같은 입장이었다.

129) 박시형, 〈리조시기의 수공업에 대하여-특히 그 내부에서의 자본주의적 요소의 발생에 관한 문제와 관련하여〉, 《봉건 말기 경제 형편》, 1쪽. 박시형의 비판은 앞서 인용한 1956년판 《조선통사》(상)의 조선 후기에 관한 설명 방식과 일치한다.

에서 압축하여 정리된 형태로 반영되었다. 즉 18세기 말에서 19세기 초 사이에 "거액의 화폐자본을 축적한 상인자본"이 형성되고, 광업 부문은 특히 "자본주의적 요소가 현저하게 발전"했으며, 지방 수공업의 일부에서 "자본가적 경영"이 발생했다고 언급하였다. 그러면서 18세기 말 이후 조선에서는 국한된 범위이지만 "자본주의적인 생산방식의 요소가 발생"했다고 역사적 의미를 부여하였다. 그렇지만 다양한 자본주의적 변화에도 불구하고 19세기 중엽까지 조선에서 "지배적인 것은 자연 경제였고 봉건제도"였으며, 상품화폐경제의 새로운 담당층과 임노동자들도 "독립된 사회적 세력으로 되어 있지는 못하였다"고 제한하였다.[130] 또한 북한 학계의 정리된 견해는 "획기적 수확"[131]이라고까지 평가받던 《조선통사》(상)에서도 그대로 확인된다. 그런데 《조선통사》(상)에는 '자본주의적 요소'라고 하지 않고 "18세기 말 19세기 초부터" 아니면 "19세기 초, 중엽"에 '자본주의적 맹아'가 발생했다고 나온다.[132]

이렇듯 두 책은 1950년대까지의 연구 성과를 망라하며 학계의 역량을 결집한 가장 대표적 성과물인데, 근대사 부분을 다룬 《조선 근대 혁명운동사》와 전근대 역사를 담은 《조선통사》(상)에서 18세기 말 이후

---

130) 과학원 력사연구소 근세 및 최근세사 연구실 편, 《조선 근대 혁명운동사》, 과학원출판사, 1961, 1~4쪽. 김석형이 집필하였다. 이 책은 일본에서 박경식(朴慶植)의 주도로 1964년 번역 출판되었고(新日本出版社, 1964), 한국에서는 1988년 한마당이란 출판사에서 간행되었다.

131) 金鐘鳴, 〈解放後, 朝鮮史學界の動向-主として朝鮮戰爭後〉, 《朝鮮史研究會會報》 17, 1967. 8, 13쪽.

132) 과학원 력사연구소 편, 《조선통사》(상), 과학원출판사, 1962. 11, 771쪽. 제22장의 집필자는 홍희유, 김사억, 장국종, 허종호였는데, 필자가 인용하고 있는 부분은 홍희유가 집필했을 것이다.

의 사회경제적 변화를 서로 다른 용어로 표현하였다. 이는 1962년 11월의 시점까지도 북한 학계가 입장을 통일하지 못했음을 시사한다.[133]

그래서 북한 학계로서는 조선 후기 상품화폐경제의 발전에 대한 역사적 단계를 실증과 이론 방면에서 명확하게 규명해야 했으므로, 용어를 통일하고 그것의 의미를 합의할 필요가 있었다. 다음 2부에서 다루겠지만, 미해결 과제에 대한 대응은 1962년 들어 조선 후기의 사회경제적 변화를 다룬 논문들이 《력사과학》에 많이 발표되고 북한 학계가 이 문제를 공동의 연구 과제로 상정하며 조직적으로 움직이면서부터 변화의 조짐이 나타나기 시작하였다.[134] 그리고 1964년 7월 사회과학원 경제연구소가 주최하는 "우리 나라에서 자본주의적 생산관계의 발생"에 관한 학술토론회는 요소, 맹아, 우클라드를 구별하기로 정리했다고 볼 수 있다.[135] 논의된 바를 고려할 때, 특히 박동근(朴銅根)의 견해가 유력하게 관철되었다고 볼 수 있다. 그에 따르면, 요소는 자본주의 "가능성이고 전제"이고, 맹아는 "그 자체가 자본주의"이다.

---

133) 더구나 북한 학계가 요소든 맹아든 조선 후기의 자본주의적 변화를 인정했다 하더라도, 박시형이 1960년 12월에 완성한 원고에서 언급한 조선사회의 '혹심한 정체성' 문제와 자본주의적 변화의 관계를 어떻게 처리했는지 확인할 수 있는 글은 없다.

134) 이에 대한 시사는 金鐘鳴, 〈解放後, 朝鮮史學界の動向-主として朝鮮戰爭後〉, 《朝鮮史研究會會報》17, 15쪽.

135) 〈わが國における資本主義的生産關係の發生についての學術討論會〉, 《朝鮮學術通報》 II-4, 36~38쪽.

4장 한국에서 새로운 역사학이 싹트다

근대를 시야에 넣은 실학 연구

식민주의 역사학을 내장한 문헌고증사학이 학문적으로 확실히 재기하는 데 그치지 않고 학문권력으로 성장해가던 1950년대에, 산발적이지만 새로운 시선과 역사인식을 드러내는 움직임이 있었다. 한국사 학계에서 새로운 경향을 가장 먼저 드러낸 분야는 실학에 관한 연구였다. 그 시작은 1949년 6월 15일 집필을 완료했다고 필자 스스로 표기한 천관우의 〈반계 유형원 연구〉이다. 천관우는 서울대학교 석사학위 논문으로 작성한 이 논문을 1952년과 1953년에 《역사학보》 2호와 3호에 나누어 발표하였다. 김용섭은 천관우의 논문이 "해방 전의 (연구-인용자) 수준을 커다랗게 능가"할 정도라고 평가하였다.[136]

주지하듯이 실학이란 조선 후기의 새로운 학풍을 가리킨다. 실학의 진보성을 처음 주목한 학자들은 일제강점기 역사 연구자들이었다. 특히 조선학운동에 관여한 사람들이 집중적으로 주목하였고, 실사학이

---

136) 김용섭, 〈최근의 실학 연구에 대하여〉, 《역사교육》 6, 1962, 119쪽.

란 말도 이때 정리되었다.

정호훈에 따르면, 일제강점기의 실학 연구는 정인보, 문일평, 홍이섭 등으로 이어지는 경향과 안재홍, 백남운, 최익한 같은 경향으로 구분할 수 있다.[137] 전자의 경향은 주자학의 공리공담을 배격하고 실사구시를 강조하는 한편, 외래문화의 영향을 받으며 실학이 성장했다고 보는 입장이었다. 이에 비해 후자의 경향은 실학과 서구 근대의 사상을 비교하는 접근법을 통해 실학의 특징을 부각하려 하였다. 그러다 보니 실학을 서구의 근대와 연결하여 사유하지 않았던 전자의 경향에 비해, 후자의 경향은 서구의 근대 또는 근대 사상과 연관 지어 말하려고 노력했다는 특징이 있다. 천관우의 논문은 실사구시를 강조한 전자의 경향과 서구 근대와 연결하여 고민한 후자의 경향을 나름대로 종합한 글이라고 말할 수 있겠다.

천관우는 실학이란 영조와 정조 시기에 등장한 신학풍이라 규정하며 실정(實情), 실용, 실증의 어느 한 면만을 가져도 실학의 범위에 포함할 수 있다고 보았다. 이때 유형원이 실사구시의 원칙을 유지하면서도 그 범위를 넘어 '학(學)을 체계화'함으로써 "비로소 학(學)으로서의 존재를 확인하였다." 그는 실학의 개념을 명확히 정의하면서 실학의 범위를 폭넓게 규정하였지만, "실학 내부에 배태된 근대의식은 비록 그 자체의 탈피는 불가능하였으나 갑신정변, 독립협회운동 등 조선의 근대화운동에 있어 잠재적이나마 전통적인 일대 원동력(一大原動力)을" 이루었다고 보았다. 그러면서 천관우는 "실학은 결코 근대의 의식도 근대의 정신도 아니다"라고 규정하고, "정체된 봉건사회를 극

---

137) 정호훈, 〈조선 후기 실학 연구의 추이와 성과 – 해방 후 한국에서의 실학 연구, 방법과 문제의식〉, 《한국사연구》 184, 2019, 81·82쪽.

복하고 '근대'를 가져오는 거대한 별개의 역사적 세계와의 접촉을 준비하는" 의미에서 "근대정신의 내재적인 태반의 역할을 담당"하였다고 역사적 의미를 부여하였다.[138]

그렇다고 천관우가 정체성론을 극복했다고 보기는 무리다. 예를 들어 그는 하타다 다카시(旗田巍)의 《조선사》[139]에 대해 매우 긍정적으로 평가했지만, 한반도 최초의 국가를 '기자조선국'이라고 하고 한사군이 한반도 거의 전부를 차지했다고 분석한 내용에 대해 비판적이었다. 또한 변한(辨韓)과 임나(任那)가 일본의 지배 아래 있었다고 서술한 데 대해 "종래 일본 학자가 '조선 민족의 타율적 본질'을 의식적으로 주장"한 내용과 거리가 멀지 않았다고 비판하였다.[140] 이처럼 천관우는 하타다 다카시의 역사인식에 내재된 조선사에 대한 타율적 역사인식을 짚어낸 반면, 정체성 문제만큼은 제기하지 못하였다. 어쩌면 1950년대 한국 역사학계에 정체성론 자체를 당연시하는 분위기가 지배적이었다고 볼 수 있다.[141] 더구나 실학에 관한 새로운 관점이 역사적 의미를 부여받으려면 조선 후기의 사회경제적 상태에 관한 연구와

---

138) 천관우, 〈반계 유형원 연구(하)-실학 발생에서 본 이조사회의 일 단면〉, 《역사학보》 3, 1953, 133쪽, 134쪽, 138쪽.

139) 이 책은 이미 한국전쟁 당시 "명논문·명개설책"이라는 평가를 받았다(김철준, 〈연구생활의 일 단면〉, 《한국사 시민강좌》 5, 1989. 8, 171쪽). 이기백은 자신을 포함해 많은 한국사 연구자들을 자극했다고 고백하였다(이기백, 〈학문적 고투의 연속〉, 《한국사 시민강좌》 4, 1989.2, 175쪽). 《역사학보》의 창간호인데도 일본인이 쓴 개설서에 대한 서평을 실은 기획을 보면, 당시 한국인 연구자들이 받은 충격이 어느 정도였는지 간접적으로 느낄 수 있을 것이다.

140) 천관우, 〈기전외(旗田巍) 저 조선사(朝鮮史)〉, 《역사학보》 1, 1952, 127쪽.

141) 당시 우리 학계의 정체론적인 역사인식은 한국사와 중국사 관련 연구자들이 대거 참여하여 만든 각 대학의 교양 역사 강좌 교재들에서 명확히 확인할 수 있다. 신주백, 《한국 역사학의 기원》, 369~382쪽 참조.

연동될 필요가 있었지만, 그것은 여러 사람의 노력을 동반해야 가능한 작업이었다.

천관우는 1950년대 한국사 학계가 한국사에 봉건제가 존재했음을 전제로 정체성론을 말하고 있었던 현실에서 벗어날 수 없었다. 그러나 그가 식민주의 역사학과 달리, 근대에 시선을 두고 그것과 연관된 사유를 학문적으로 제기했다는 점에 주목할 필요가 있다. 실학과 근대의 연관을 사유하는 접근은 1950년대 후반으로 갈수록 여러 후학에 의해 받아들여졌다. 정약용에 대해 관심이 높았던 홍이섭은, 민본적인 생각에서 국가론을 말한 정약용의 생각이 "근대적이었는가"에 대해 계속 고찰하겠다고 밝혔고,[142] 그것을 정리한 성과가 《정약용의 정치경제사상 연구》(한국연구도서관, 1959)였다. 여기에서 그는 정약용의 유교적 민본주의 사상이 전근대적인 성격이 뚜렷하지만 가톨릭적인 "애(愛)"의 정신까지 복합된 근대적인 색채 또한 농후하다고 결론지었다.[143] 국문학자이자 역사학자인 이우성은 박지원을 통해 중세를 극복할 여지를 중세 내부에서 찾을 수 있다면, 연암 문학도 "중세에의 극복의 일작용"이라는 의미에서 역사적 가치를 인정해야 한다고 보았다.[144]

물론 실학에 관한 새로운 연구가 새로운 학풍으로서의 실학 또는 개혁적 사고를 대변하는 실학이라는 관점에서만 이루어진 건 아니었

---

142) 홍이섭, 〈정약용론-다산학의 세계〉, 《사조》 1-2, 1958. 7, 148쪽.

143) 이 시기 홍이섭의 관심과 관점을 짐작할 수 있는 내용 가운데 하나가 '전공 강의'일 것이다. 그의 제자 황원구는 "20여 년 전만 해도 학부와 대학원에서의 '실학사상'과 '한국 근세사 특강'의 강의는 선생님의 대표적인 명강의 중 하나였다"고 회상하였다. 황원구, 〈선생의 생활 주변 – 제자로서 본 홍이섭 선생〉, 《나라사랑》 18, 1975, 92쪽.

144) 이우성, 〈실학과의 문학〉, 《국어국문학》 16, 1957, 100쪽.

다. 실학을 조선 후기만의 특별한 현상으로 보지 않았던 한우근이 천 관우의 시각에 이의를 제기한 경우가 여기에 해당할 것이다.[145] 그렇 다고 한우근이 실학과 근대의 관계를 고민하지 않았다고 말하기 어렵 다. 그도 "우리나라 사회의 정체성 내지는 후진성의 문제는 이조 후기 사회에 관한 철저한 연구가 없이는 그 해명의 길이 없을 것이다"라고 보았기 때문이다.[146] 식민주의 역사인식을 내재한 문헌고증사학이 학 문권력을 장악한 현실에서, 후진성의 원인을 역사적으로 규명하려는 움직임이 1950년대 한국 역사학계의 새로운 특징이었다는 점에서 그 도 예외적일 수 없었던 것이다. 사실 자본주의 사회인 대한민국에 발 전적인 자본주의 국가로 나아가야 하는 역사적 과제가 가로놓여 있다 는 현실을 인정한 역사학자라면, 근대를 의식하지 않고 실학을 연구 하기 어렵다.

'내면적' 접근을 시도한 사회경제사 연구

실학이라는 주제에서 한국사를 새롭게 바라보려는 경향이 나타난 이 유는 1930년대 조선학운동이란 역사적 기반과 그 운동의 핵심인 정인 보라는 존재, 그리고 손진태와 이인영을 비롯한 신민족주의사학으로 부터 큰 영향을 받은 데 있었다.[147] 이에 비해 사회경제사에 입각한 접 근은 해방 정국에서의 좌우 대결, 한국전쟁과 남북 분단의 고착화로 이어지는 격동의 역사를 거치며 학맥이 거의 끊어지다시피 하였다. 사회경제사학 가운데 마르크스주의 역사학이 특히 그러하였다.

---

145) 한우근, 〈이조 '실학'의 개념에 대하여〉, 《진단학보》 19, 1958.
146) 한우근, 〈서(序)〉, 《이조 후기의 사회와 사상》, 을유문화사, 1961, 2쪽.

그러나 김용섭이 1956년《역사교육》창간호에 "민란이 (1862년 진주 민란에서 1894년 동학란에 이르는) 조선사의 발전 과정에 있어서 봉건적 관료체제의 붕괴와 근대적 사회에의 태도 여부의 측정에 중대한 위치를 차지하는 것"이므로 19세기 후반 "사상 초유의 광범한 민중의 움직임을" 해명할 필요가 있다고 지적한 논문을 발표하면서 사회경제사학의 부활을 알렸다. 그는 민중의 움직임에 주목하기 위해서는 왜곡된 사회 형태 "내에서 내면적인 주체적인 계기"를 탐관오리의 전횡 문제와 연관 지어 분석할 필요가 있다고 자신만의 관점과 접근 방법을 제시하였다.[148] 그는 '내재적'이라는 말이 학계에서 유행하기 훨씬 이전에 '내면적'인 접근에 더하여 '주체적' 태도를 하나의 짝으로 제시한 것이다.

김용섭의 제안은 하타다가《조선사》에서 제창한 조선인을 주체로 한 조선사를 한국인의 입장에서 소화했다고 할 수 있겠다. 앞서 1장에서 보았던 '수(水)의 이론'이라 부르는 비트포겔류의 동양특수담론의 입장에서 한국사를 보지 않고, 한반도에 거주하는 사람의 처지에서 한국사를 이해하는 관점과 방법을 선언했다고 말할 수 있겠다.

민란을 바라보는 김용섭의 이러한 관점과 태도는 동학농민운동에

---

147) 앞으로 언급할 김용섭은 신민족주의 역사학자로 분류되는 경성제국대학 사학과 이인영(李仁榮) 교수의 지도를 받은 손보기(孫寶基)의 제자이다. 손보기는 이인영의 지도를 받았으며《조선사 개설(朝鮮史槪説)》(弘文書館, 1949)을 공동 집필하였다. 조선사 연구회 이름으로 발간된 이 책의 '서(序)(1946. 8. 15)'와 '발(跋)(1946. 8. 15)'은 정인보로부터 지도를 받은 손진태와 이인영이 각각 집필하였다. 또한 손보기와 이인영의 저서인《조선민족사 개론(朝鮮民族史槪論)》(1948)과《국사 요론(國史要論)》(1950)은 신민족주의사관에 입각해 저술된 개설서로 당시 "가장 잘된 것으로 소문이 나 있었다"고 한다(이광린, 〈나의 학문 편력〉,《한국사 시민강좌》6, 1990, 156쪽).

148) 김용섭, 〈철종조 민란 발생에 대한 시고(試考)〉,《역사교육》1, 1956, 83·84쪽. 90쪽.

관한 선행 연구의 문제점을 파악한 다음과 같은 언급에서도 확인된다.

종래의 동학란 연구에는 이조 봉건사회의 붕괴 과정이라는 전환기의 역사의식이 결여되고 있기 때문이며, 혹 그것이 의식되고 있다 하더라도 그것은 이질적인 자본주의 세력의 침투로 인한 급격한 사회경제체제의 변동 관계에만 치중하고 이조사회 자체 내에서 성장하여오는 발전적인 소인(素因)에 대해서는 전혀 배려하고 있지 않은 탓이 아닌가 생각된다.[149]

김용섭은 조신 후기의 사회경제적 변화를 연구할 때는 전환기적 붕괴라는 측면과 함께 내적 발전도 주목해야 한다고 주장하였다. 그에게 동학농민운동은 연속된 민란의 '발전적 소인'으로서 "근대화에로의 사회개혁운동일 수 있는 전제 조건"이었다. 동시에 그는 조선이 일본의 침략으로 "어떻게 질적으로 변화되어가는가"를 검토할 필요가 있다고 보았다.[150] 그는 주체의 움직임과 그 기반으로서 사회경제적 변화를 함께 보아야 하며, 더 나아가 그 과정을 근대와 연결하여 사고할 필요가 있다고 본 것이다.

김용섭의 주장은 정체 상태에 빠져 있던 조선사회가 일본에 의한 개항과 침략으로 봉건제를 해체당하고 자본주의적으로 바뀌어갔다는 식민주의 역사학 및 그것을 내장한 1950년대 문헌고증사학의 주류적 역사인식과 상당히 달랐다. 1950년대 한국사회가 빈곤한 상태에 놓여 있을 수밖에 없었던 역사적이고 숙명적인 원인을 해명하는 이론이자

---

149) 김용섭, 〈동학난 연구론-성격 문제를 중심으로〉,《역사교육》3, 1958, 80·81쪽.
150) 김용섭, 〈동학난 연구론-성격 문제를 중심으로〉,《역사교육》3, 89쪽.

동양특수담론의 하나로서 정체성론에 입각해 있던 학계의 분위기를 고려할 때 매우 보기 드문 도전이었던 것이다.

사실 어찌 보면 갓 학문에 입문한 젊은 학도의 외롭고도 무모한 도전이었다. 김용섭의 석사학위논문 심사장에서 있었던 에피소드를 하나 소개하면 다음과 같다.

> ······ 신석호 선생님의 지도 아래 나가는 논문이라는 점에서, 여러 선생님들이 많은 관심을 갖게 되었던 것 같습니다.
>
> 논문 심사에서, 문제의 핵심은, 저의 논문이 우리 역사를 발전적으로 보고 있는 데 대한 비판적 질문이었습니다. 조기준(고려대 경제학과-인용자) 교수께서는, "그러면 발표자는 지금까지 많은 역사학자들이 한국사회를 정체성 사회로 보았고 또 이론적으로도 세계적인 대학자들에 의해서 아시아적 생산양식이 제창되었는데, 이를 부정하는 것입니까?"
>
> 저는 이러한 비판에 이론적으로 답변할 충분한 준비가 되어 있지 않았지만, 자료에 근거해서 확실히 부정적인 입장이었습니다. 그래서 "그 이론의 논거가 아시아에는 사적 소유가 존재하지 않는다고 하는 데 있는 것이라면(《자본론》 제3권), 그것은 역사적 사실과 너무나도 다르다는 점에서 그대로 따를 수 없는 것입니다"라고 답하였습니다.[151]

김용섭은 앞으로 한국사를 연구하면서 돌파해야 할 핵심적인 난관

---

151) 김용섭, 《역사의 오솔길을 가면서-해방세대 학자의 역사 연구 역사 강의》, 지식산업사, 2011, 98쪽. 김용섭은 동학농민운동 연구와 관련한 이즈음의 경험을 계기로 평생 다루어야 할 연구 과제로 '역사학 속의 농업사'와 '국가체제에 상응하는 농업체제의 역사'를 설정했다고 고백하였다.

과 그것의 극복 방향이 무엇인지 석사학위논문 발표장에서 뼈저리게 깨달은 것이다.

1957년의 시점에 김용섭의 문제의식 형성에 영향을 준 일본의 두 가지 연구 동향에 대해서도 주목할 필요가 있다. 당시 일본 역사학계는 세계사의 기본 법칙, 즉 역사 발전의 보편성과 특수성을 고려하면서 역사를 구조적으로 파악하는 접근에 큰 관심을 두고 있었다. 유물사관에 동조하지 않는 한국의 역사학자도 왕조를 중심으로 시기를 구분하는 접근은 지양해야 한다는 데 공감할 정도였다. 이기백도《세계사의 기본 법칙》처럼 일본에서 들어오는 역사 이론서를 열심히 읽었고, 많은 자극과 깨우침을 받았다고 고백하였다.[152] 또한 김용섭은 침략을 받은 한국인의 처지에서 갑오농민전쟁을 분석한 박경식의 논문, 동학사상과 농민전쟁의 내적 연관성을 파악하며 새롭게 종합한 강재언의 일본어 논문에 동의하고 있었다.[153]

강만길도 사회경제사학에 관한 자신의 학문적 이론 토대를 쌓는 과정에서 일본과 서구 학자들의 이론서를 많이 읽었다며 다음과 같이 회상하였다.

나는 백남운, 김한주(金漢周), 전석담, 이북만 씨 등의 업적은 학부 때 거의 섭렵했다고 기억되고, 석사논문 쓸 무렵에는 모리스 돕(Maurice

---

152) 이기백, 〈학문적 고투의 연속〉,《연사수록》, 일조각, 1994, 244쪽. 일본인 연구자의 성과나 일본어로 번역된 이론서가 해방세대 연구자들의 지적 기반 형성에 큰 영향을 주었다는 회고는 김용섭도 하였다. 김용섭,《역사의 오솔길을 가면서-해방세대 학자의 역사 연구 역사 강의》, 106~110쪽.

153) 김용섭, 〈동학난 연구론-성격 문제를 중심으로〉,《역사교육》3, 86쪽. 朴慶植, 〈開國と甲午農民戰爭〉,《歷史學硏究》別冊 1953. 6; 姜在彦, 〈朝鮮における封建體制の解體と農民戰爭(1)-甲倣農民戰爭に関する若干の問題〉,《歷史學硏究》173, 1954. 7.

Dobb), 폴 스위지(Paul M.Sweezy), 오오쯔까 히사오(大塚久雄), 타까하시 코하지로오(高橋幸八郎), 핫또리 시소오(服部之總) 등의 글을 많이 읽었다. 그 무렵 이런 선행 학자들의 글을 읽은 목적은 식민 지배에서 벗어난 역사학계가 당연히 가져야 할 식민사학 극복 문제에 대한 관심이 컸으며 그것이 자본주의 맹아론적 연구와 연결되어 있기 때문이다.[154]

김용섭, 강만길과 비슷한 문제의식을 느낀 사람들은 우연하게도 국사편찬위원회에 많이 있었다. 함께 근무하며 문제의식을 공유할 기회가 많았던 결과이겠지만, 고려대학교 교수이자 국사편찬위원회 사무국장을 겸직하고 있던 신석호와 인연이 있는 사람들이었다.《국사상의 제 문제》등을 간행하는 데 필요한 인력, 예를 들어 1955년 김성균, 김용섭, 1956년 이현종, 1957년 차문섭, 1959년 강만길 등이 바로 그들이다.[155] 이들의 학부는 특정 학맥으로 간주하기 어려울 만큼 다양하였다. 대부분 신석호의 학생으로 들어가 석박사학위논문을 제출하였다. 이때 신석호는 제자들의 연구 분야를 특정한 제도사나 주제로 제한하지 않고 자율에 맡겼다. 그들이 홀로서기를 할 수 있도록 사실상 방목하는 지도 방식을 취했다고 한다.

이들은 1957년 창립한 한국사학회를 1958년 2월 신석호를 이사장으로 내세워 사단법인으로 개편하고《사학연구》라는 학술지를 8월부터 간행하였다. 한국사학회는 1952년에 결성된 역사학회처럼 한국사이외의 분야까지 망라하려는 취지에서 출발하였다. 그런데도 군이 학

---

154) 강만길,《역사가의 시간》, 169쪽. 김용섭의 경우는《역사의 오솔길을 가면서−해방세대 학자의 역사 연구 역사 강의》, 141~142쪽 참조.
155) 《국사편찬위원회 65년사》, 국사편찬위원회, 2012, 35쪽.

회를 결성하려 한 것은 국사편찬위원회가 사업을 하려면 젊은 학자를 육성해야 한다는 필요성 때문이었다. 이러한 내적 이유 이외에도 외적 이유, 즉 역사학계 한쪽에서 학회 결성을 요구하는 목소리가 있었던 상황도 무시할 수 없었다. 당시 국사편찬위원회에서 근무했던 김용섭의 회고에 따르면, 역사학회는 서울대학교 출신들을 중심으로 하는 "일종의 동인지적 성격"의 단체여서 사립대학 출신의 교수나 전문학자들이 회원으로 가입하기 어려웠다. 그래서 이들을 중심으로 "우리도 학회를 만들자"는 여론이 있어 신석호를 간판으로 한국사학회를 결성했다고 한다.[156] 초기 역사학회를 바라보는 시선에 학연을 둘러싼 보이지 않는 장벽이 존재하고 있었음을 확인할 수 있는 대목이다.

역사학회와 한국사학회의 경쟁 구도는 또 다른 자극제가 되었다. 홍이섭을 초대 회장으로 추대한 역사학회는 고려대학교의 최영희, 연세대학교의 이광린이 간사로 참여하면서 외연을 확장한 데 이어, 1957년 들어 전국역사학대회를 꿈꾼 것이다. 역사학회 측이 진단학회에 대회를 제안하자 양측이 8월 27일 대회를 발기하기로 "예비적인 합의"를 본 것이 시작이었다. 9월 13일 동아문화연구소가 제1회 대회의 경비로 25만원을 제공하겠다고 두 학회에 통보했다. 10월 5일 두 학회는 김상기(金庠基)를 위원장으로 하는 '준비위원회'를 구성하고, 12월 14일 제1회 전국역사학대회 개최 취지서와 참가 신청서를 200여 명에게 발송하였다.[157] 1958년 3월 10일 동아문화연구소[158]가 5만원을 추가

---

156) 〈1950년대 후반 국사편찬위원회를 회고하다-김용섭(2011. 12. 7 면담)〉, 《국사편찬위원회 65년사-자료편》, 국사편찬위원회, 2012, 176쪽.

157) 필자는 아쉽게도 '개최 취지서'가 지금까지 남아 있다는 이야기를 들어보지 못했다.

158) 〈경과 개요〉(《제1회 전국역사학대회 회보》)에 따르면, 동아문화연구소의 영문명이 'Seoul Research Council, Harvard-Yenching Institute'라고 나온다.

하여 30만원의 경비를 제공함에 따라, 5월 24일(토)과 25일(일)에 제1회 대회가 서울대학교 의과대학 대강당에서 열릴 수 있었다.[159] 등록 참석자가 128명, 청강 참가자가 400명일 정도로 대회는 큰 관심을 불러일으켰다.[160] 이에 대해 "서울대학교를 중심으로 우리나라의 역사학계를 독점하다시피 한다"는 말이 나오기도 하였다.[161] 한국사학회가 역사학회의 활동에 자극을 받아 창립 이듬해인 1958년 2월에 조직을 확대 개편한 이유의 하나도 여기에 있었을 것이다.

두 학회는 1959년 5월에 열린 제2회 전국역사학대회에 공동 주최 단체로 참가함으로써 협력적 경쟁 관계를 정립하게 되었다. 제2회 대회는 세 학회 이외에 역사교육연구회, 한국서양사학회까지 동참하여 5개 학회가 공동주최하였다. 이때부터 전국역사학대회의 사무와 경비는 당해 연도 주관학회가 돌아가면서 담당하였다.[162] 이후 전국역사학대회는 한국사와 관련된 전국적인 학회들이 공동 주관하는 학술대회로 거듭나면서 한국 역사학계의 중요한 연중행사로 자리 잡을 수 있었다.

이처럼 대학 제도의 하나인 사학과라는 틀, 달리 말하면 분과학문 체제로 안착한 한국의 역사학은 1950년대 후반 들어 제도 바깥의 세상에까지 제도권의 영향력을 연장할 수 있는 학회라는 형식의 공간을

---

159) 원래 대회는 5월 3일(토), 4일(일)에 열릴 예정이지만, 제4대 민의원 총선거가 5월 2일로 확정됨에 따라 바꿀 수밖에 없었다.

160) 이상은 〈경과 개요〉,《제1회 전국역사학대회 회보》를 정리하였다.

161) 〈좌담회: 역사학회 창립 당시를 회고하며〉,《역사학보》75·76합집, 1977, 388·389쪽; 〈좌담회: 역사학회의 발자취와 진로〉,《역사학보》134·135합집, 1992, 328쪽; 이보형, 〈역사학회 창립 60주년 기념 회고담〉,《역사학보》216, 2012, 130~133쪽.

162) 〈전국역사학대회의 연혁〉,《제19회 전국역사학대회(1976.5.28~29)》, 5쪽.

만들어 분과학문의 역량을 강화해가고 있었다. 그 흐름을 응집하고 대변한 움직임의 하나가 전국역사학대회라고 말할 수 있다. 한국사학회는 그러한 흐름의 한 지류로 자리를 잡아가는 과정에서 새로운 한국사 인식이 태동할 수 있게 울타리 역할을 수행하였다. 그래서 한국사학회는 활동을 시작하는 순간부터 학계의 주목을 받았다. 이와 관련해 강만길은 다음과 같이 회고하였다.

《사학연구》는 비록 국편이라는 관청을 배경으로 간행되는 논문집이지만, 보기에 따라서는 해방 직후에 대학에 들어가서 대개 6·25전쟁 전후에 졸업한, 해방 후 제2세대라 할 역사학자들을 중심으로 하는 역사연구지라 할 수도 있다. ……

만약 이들 두 세대와 두 학술지(《사학연구》와 《역사학보》-인용자) 사이의 차이점이 논의된다면, 그 하나는 《사학연구》에는 '사회경제사적' 시각에서 쓰인 논문이 실리기 시작했다는 특징을 찾을 수 있지 않을까 한다. ……

어떻든 1958년부터 《사학연구》가 간행되고 거기에 김용섭, 차문섭과 나의 연구논문 등이 실림으로써 비로소 해방 후 남한 학계의 '사회경제사적 연구'가 시작되었다고 할 수 있지 않을까 생각한다. 이 시기 사회경제사적 연구를 한 우리들은 모두 국편에 근무하면서 학문적 고민을 함께했으며 그 논문들은 모두 《사학연구》에 실렸다. 《사학연구》에 이런 논문들이 실리는 것을 보고 역사학계의 일부에서는 "저들은 좀 이상하다"고 말하는 것이 들리기도 했으나 한국사학회 내외를 막론하고 학문의 방법론이나 경향 문제를 두고 별다른 문제가 있던 것은 아니었다.[163]

강만길의 회고처럼 실제 《사학연구》에는 1963년경까지만 해도 여러 편의 사회경제사 관련 논문이 수록되었다.[164] 이에 비해 같은 기간 《역사학보》 10~21호를 검색해보면, 천관우의 〈'반계 유형원 연구 의 보('磻溪柳馨遠硏究'疑補)〉(10호, 1958)만이 비슷한 문제의식을 드러낸 논문이었다고 볼 수 있겠다. 또 한국사학회의 김용섭, 이현종, 강만길, 차문섭은 이 기간에 《역사학보》에 논문을 수록한 적이 없고, 천관우 도 《사학연구》에 글을 게재한 적이 없다.

1950년대 중후반경부터 국사편찬위원회와 한국사학회는 새로운 한국사 연구를 지향하는 사람들에게 나름 허브 기능을 하는 곳이었 다. 우연한 흐름일 수도 있지만 이후 역사학회는 실학 관련 학술회의 를 기획하였다. 이에 비해 한국사학회는 조선 후기의 사회경제적 변 화 등에 관한 논문을 많이 게재하고 1963년에 심포지엄까지 기획하 였다. 학회라는 새로운 논의 공간, 달리 말하면 대학의 사학과라는 제 도적 장벽을 넘어서는 연계망이 막 등장한 시점에 김용섭도 그 흐름 속에 있었다. 한국사학회는 그에게 우호적인 연구 환경으로 작용하 여 그의 학문 발전을 위한 보호막이 되어주었다. 여기에 더해, 1950년 대 시점에 지면(誌面)을 통해 동북아시아 차원의 내면적인 지적 교류 가 이뤄지면서 그의 사회경제사 연구를 더욱 자극하였다. 달리 말하

---

163) 강만길, 《역사가의 시간》, 창비, 2010, 167~169쪽.
164) 김용섭, 〈전봉준 공초 분석〉(2호, 1958); 이현종, 〈조선 초기 왜인 접대고〉(상·중·하) (3·4호, 1959); 김용섭, 〈양안의 연구〉(상·하)(7·8호, 1960); 이현종, 〈조선 초기 대왜 인수세고〉(9호, 1960); 차문섭, 〈임란 이후의 양역과 균역법의 성립〉(상·하)(10·11호, 1961); 강만길, 〈조선 전기 공장고〉(12호, 1961); 김용섭, 〈조선 후기에 있어서의 신분 제의 동요와 농지 점유〉(15호, 1963); 김용섭, 〈속 양안의 연구〉(상)(16호, 1963); 〈제2 회 학술토론대회 회보-조선 후기에 있어서의 사회적 변동〉(16호, 1963)

면, 한국사에 대한 내재적 발전이란 관점과 방법, 그리고 주체적인 태도를 보이는 한국사 연구의 시작과 '지속의 힘'은 국내외 학계의 새로운 흐름, 즉 학회와 같은 공동 협력 조직의 등장 및 일국 단위를 넘어서는 지적 교류 그리고 새로운 역사인식의 수용과 연동되어 있었다.

2부

근대화론과
'주체적·내재적 발전' 연구의 형성

1장 북한과 일본 학계가 각자의 맥락에서 접근하다

북한 학계, 자본주의 요소 찾기

1960년대 들어서자 북한 학계는 그때까지의 성과를 수렴하고 정리하면서 새로운 방향을 제시하였다. 그 출발선상에 《조선 근대 혁명운동사》(1961)와 《조선통사》(상)(1962)가 있었다.

두 책은 조선인 주체의 역사가 내재적인 힘으로 단계적이고 합법칙적으로 발전하여 북한 지역에서 사회주의 국가 수립으로 이어졌음을 일관되게 설명할 수 있도록 뒷받침하였다. 대중들의 정치 학습 교재로도 활용할 수 있도록 기획하여 북한 주민의 역사인식을 교정하는 데 큰 역할을 했을 것이다.

그러나 세부적으로 보면 아직 해명하지 못한 사실들이 많았다. 이를 해결하기 위해 1960년대 북한 학계가 조선사 연구에서 몰두한 주제는 크게 보면 시기구분, 특히 근대사의 시작점을 어디로 볼 것인가 하는 문제였다. 이와 연동하여 수공업과 광산업 분야의 자본주의적 변화에 대해 어떤 근거를 제시하고, 변화의 시점을 어디로 잡아야 하는지도 해명해야 할 과제였다. 그리고 농업 분야의 핵심적인 주제는 토지소유제를 국유제로 볼 것인가 사유제로 볼 것인가 하는 문제였다.

북한 학계는 난점들을 해결하기 위해 개인의 개별 연구를 독려하는 한편 계획적인 집단 토론회를 반복해서 조직하였다. 이는 조선사의 보편성을 증명하기 위한 노력의 일환으로 시대구분 문제를 해명하려는 집단지성의 지속적인 학술 활동에서도 확인할 수 있다. 가령 조선사를 이해하는 데 필요한 미해명 과제들 가운데 집단 토론회를 여러 차례 열어 우선 합의한 주제가 한국근대사의 시기구분 문제였다. 북한 학계는 이 주제와 관련해 1957년 5월 첫 학술토론회를 조직하였고, 1962년 8월과 9월 "최종적 학술토론회"를 열었다고 스스로 정리했을 정도이다.[1] 그럼 한국근대사의 시기구분에 대해 북한 학계가 논의한 과정을 간략히 살펴보자.

북한 학계에서 한국근대사의 시점과 종점을 둘러싼 논의의 초기 양상은 백가쟁명이었다. 그런데 1961년 12월부터 과학원 력사연구소 주도로 토론을 조직하여 우선 시기를 구분하는 방법론적 원칙에 다음과 같이 합의하면서 가닥이 잡히기 시작하였다.

사회 발전의 역사를 일정한 경제적 토대 및 그에 상응하는 상부구조의 총체로서의 사회경제구성의 교체의 역사로서 보는 역사적 유물론에 이론적 기초를 두고 있는 맑스-레닌주의 편사학은 역사의 시기구분을 함에 있어서는 생산방식 발전에 있어서의 단계들의 교체를 반영하는 것

---

1) 〈조선근세사 시기구분 문제에 관한 학술토론회〉《력사과학》 6, 1962), 이병천 편,《북한 학계의 한국근대사 논쟁-사회 성격과 시대구분 문제》, 창작과비평사, 1989, 171쪽. 근대사의 시기구분에 관한 내용은 이병천이 편집한 책에 수록된 보고문을 인용하므로 특별한 경우를 제외하고는 각주를 달지 않겠다.

120   한국 역사학의 전환

을 유일하게 필수적인 요구로서 제기한다.[2]

이에 따르면 원시사회사-고대사-중세사-'근세사', 즉 근대사-'최근세사', 즉 현대사로 시기를 구분하였다. 그것은 각 단계에 조응하는 생산방식인 원시공동체, 고대 노예소유제, 중세 봉건제, 근대 자본주의, 현대 사회주의 생산양식에 상응한다는 이론적 합의였다. 그러면서 북한 학계는 조선의 근대가 외래 자본주의와 국내 봉건 세력의 야합으로 자본주의가 정상적으로 발전하지 못한 채 식민지(반식민지) 반봉건사회에 다다랐다고 결론지었다.

이제 남은 과제는 한국근대사의 시점과 종점, 그리고 내부의 시기를 어떤 구체적 징표를 가지고 이해해야 하는가 하는 문제였다. 논의 결과 사회경제적 변화 과정과 계급투쟁의 발전 과정을 가장 주요한 징표로 삼자고 합의하였다. 시기를 구분하는 기본적인 방법론에 합의하고 나니 한국근대사의 종점은 일제의 식민지로부터 해방된 1945년이라는 결론을 자연스럽게 도출할 수 있었다. 반면에 3·1운동이 일어난 1919년을 종점으로 하자는 주장은 이제 제기할 수 없게 되었다. 결국 토론의 초점은 근대사의 시점에 관한 문제로 모아질 수밖에 없었다.

근대사의 시작과 관련한 논점은 1866년 병인양요인가 1876년 개항인가, 둘 다 아니면 1884년 갑신정변이나 1894년 동학농민전쟁인가였다. 그중에서도 1866년설과 1876년설이 큰 논점이었다. 북한 학계는 논의 과정에서 1876년 개항과 그에 선행한 자본주의 세력의 침략 과정을 분리할 수 없는 통일된 과정으로 보자는 주장이 합리적이라

---

2) 이병천 편, 《북한 학계의 한국근대사 논쟁》, 167쪽.

며 사실상 1866년설을 채택하였다. 그리고 한국근대사 전체를 1919년을 경계로 크게 두 시기로 구분하되, 다시 시기를 더 세분하여 1884년 갑신정변, 1894년 동학농민전쟁, 1910년 한국병합, 1919년 3·1운동, 1931년 일본의 만주 침략을 기준으로 모두 여섯 시기로 나누었다.

이처럼 북한 학계는 사회구성설에 따라 구분하겠다고 했지만 사실상 계급투쟁설을 채택하였다. 달리 말하면 보편성보다 특수성에 해당하는 원칙을 더 적용하였다. 조선사의 특수성을 내세우는 역사인식은 이후 김일성 개인의 권력을 강화하는 방향으로 흘러가면서 더욱 강조되었다.

한국근대사의 시기구분에 합의한 북한 학계는 조선 후기의 자본주의적 변화를 해명하는 데 더욱 몰두하기 시작하였다.《력사과학》을 보면 1962년경부터 이 과제를 해결하는 작업이 학계의 공통된 임무, 달리 말하면 핵심 과제로 부상했음을 확인할 수 있다. 1959년과 1960년에 발표된 논문들을 모아 1963년에《우리 나라 봉건 말기의 경제 형편》을 발행한 이유도, 조선 후기에 자본주의가 발생했음을 재확인하고 어느 분야에서 어디까지 변화했는지를 점검하기 위해서였다.[3] 앞서 1부에서도 인용한 박시형의 정리에 따르면, 당시 북한 학계는 조선 후기에 자본주의적 요소들이 어느 정도 발생 성장했다는 견해와 이러한 경향들이 나타나기는 했지만 자본주의에 선행하는 사회구성들에서도 볼 수 있는 우연적이고 돌발적인 성격이라는 견해로 나뉘어 있었다.[4]

---

3) 과학원 력사연구소,《우리 나라 봉건 말기의 경제 형편》, 과학원출판사, 1963.

4) 박시형,〈리조시기의 수공업에 대하여-특히 그 내부에서의 자본주의적 요소의 발생에 관한 문제와 관련하여〉,《우리 나라 봉건 말기의 경제 형편》, 1쪽.

그렇다고 이 책이 발간될 즈음인 1963년경까지 북한 학계 내부에서 특정한 견해로 의견을 모았다고 보이는 징조도 없었던 것 같다. 자본주의 발생 문제라는 난제를 풀기 위해 북한 학계가 이때까지 어떻게 움직였는지 현재로서는 확인하기 어렵다. 그렇지만 한국근대사의 시기를 구분하는 문제처럼 집단적으로 매달렸을 것 같지는 않다. 그러한 움직임은 1964년에 가서야 매우 활발해졌음을 《력사과학》과 《경제연구》의 학계소식란에서 확인할 수 있다. 필자가 확인할 수 있었던 학술회의만 해도 1964년 4월 28일과 9월 30일에 사회과학원 력사연구소가 주최한 학술토론회, 7월 28일에 사회과학원 경제연구소가 주최한 학술토론회가 있었다.[5] 특히 경제연구소의 학술토론회는 주제를 갖고 집중 토론하는 방식이었다. 첫 토론회 때 봉건제도가 분해된 시기와 자본주의가 발생한 시기에 관한 문제가 중점 검토되었다. 이어 제2~5회 토론에서는 17~18세기 고용노동의 성격, 공업에서 자본주의적 생산관계의 발전, 농업에서 자본주의적 생산관계의 변화, 봉건 말기 경세사상을 각각 주제로 다루었다.[6]

참가자들은 집단 검토회를 반복하는 과정에서 자본주의가 발생한 시기를 17세기(전석담), 18세기 초(이수철), 18세기 중엽(김석형, 홍희유, 장국종) 등으로 저마다 달리 보았다. 그런데 시기상의 불일치 문제를 해결하기에 앞서 더 원론적인 문제가 제기되었다. 조선 후기의 자본주의적 변화를 설명할 때 사용하는 용어가 논자들마다 달랐기 때문이

---

5) 박영해, 〈우리 나라 봉건 말기 자본주의 발생 문제에 관한 토론회〉, 《력사과학》 4, 1964; 리순신, 〈우리 나라 봉건 말기 자본주의 발생 문제에 관한 토론회〉, 《력사과학》 6, 1964; 〈わが國における資本主義的生産關係の發生についての學術討論會〉, 《朝鮮學術通報》 II-4, 1964(원전: 《경제연구》 3, 1964).

6) 제2~5회까지의 토론회 결과는 확인할 수 없었다.

다. 그들은 자본주의 '요소', '맹아', '우클라드'를 각자의 기준대로 사용하여 자기 견해를 내세웠다.《조선 근대 혁명운동사》(1961)와《조선통사》(상)(1962) 때 정리하지 못하고 지나친 문제들이 학술토론회를 거듭하면서 드러난 것이다.

개념의 불일치 문제는 1964년 7월 사회과학원 경제연구소가 주최하는 "우리 나라에서 자본주의적 생산관계의 발생"에 관한 학술토론회 때 본격 논의되었다. 이에 대해 명쾌하게 입장을 개진한 사람은 박동근(朴銅根)이었다. 1부에서 이미 언급한 적이 있지만, 그는 요소와 맹아를 구분해서 사용해야 한다고 주장하면서 요소는 자본주의 "가능성이고 전제"이며, 맹아는 "그 자체가 자본주의"라고 보았다. 그는 자본주의적 요소란 화폐를 매개로 교환가치를 가격으로 전환할 수 있는 상태라고 봄으로써, 요소를 기점으로 자본주의 맹아를 주장하는 논거가 타당하다고 보았다.[7] 그에 따른다면, 18세기에는 조선에서도 자본주의적 요소가 발생했다고 보는 견해가 북한 학계에서 대세를 차지했음을 짐작할 수 있다. 북한 학계가 한국, 일본과 달리 '맹아'라는 용어를 사용하지 않았던 학문적 이유 가운데 하나가 이것이었다고 추측할 수 있겠다. 북한 학계는 1950년대 연구를 압축한《조선 근대 혁명운동사》(1961)와《조선통사》(상)(1962)에서 조선 후기 자본주의적 요소가 발생한 시기를 18세기 말로 기술했는데, 1964년의 학술토론회 시점에 이르러 그 시기를 더 끌어올렸던 것이다.

조선 후기 자본주의의 발생에 관한 문제와는 무관할 수 있지만, 이 문제를 해결하는 과정에서 자연스럽게 제기된 또 다른 문제가 있다.

---

7) 〈わが國における資本主義的生産關係の發生についての學術討論會〉,《朝鮮學術通報》II-4, 37쪽.

바로 조선 봉건사회의 구조적인 문제로 그 핵심은 토지제도의 성격이었다.

마르크스주의 역사관을 갖고 있던 사람들은 조선 봉건사회의 토지제도를 집권적 토지국유제로 보고 있었다. 그들 가운데는 아시아적 생산양식에 입각하여 제기된 동양사회의 정체성론이란 입장에서 한국사의 정체성을 해명한 사람도 있었다.[8] 따라서 이 난제는 한국사를 주체적이고 내재적인 발전의 역사관으로 재해석하기 위해 반드시 극복해야 할 과제였다. 그렇다고 모두가 조선 봉건사회의 토지제도를 토지국유제라 말한 것은 아니다. 박시형처럼 토지국유제를 주장하는 사람도 있었지만, 정현규처럼 두 부류의 소유권, 즉 국가 및 공적 기관의 소유권과 개인의 소유권이 따로 있었다는 주장도 제기되었다.[9] 김석형은 두 사람의 견해를 비판하며 기본적으로 왕토사상에 입각한 봉건국가에는 개인의 소유권이 없으면서도 '특수한 제한'을 받는 사적 소유지는 있었으며, 그 토지도 기본적으로 봉건제라는 틀 안에서 공존했다고 주장하였다.[10]

이후 봉건적 토지국유제론을 비판하는 견해들이 확산하는 가운데 토지국유제를 정면으로 비판하며 사적 토지소유제를 옹호하는 견해가 정착되었는데, 여기에 이바지한 사람은 허종호(許宗浩)와 김광순(金光淳)이었다. 허종호는 고려 이후 국가 소유제, 지주적 소유제, 소

---

8) 이북만(李北滿), 이청원을 들 수 있다.

9) 박시형, 〈조선에서의 봉건적 토지소유에 대하여〉, 《력사과학》 2, 1955; 정현규, 〈14~15세기 봉건 조선에서의 민전의 성격(1)〉, 《력사과학》 3, 1955; 박시형, 《조선 토지제도사》 상·중, 과학원출판사, 1960·1961. 이 책은 1993년 신서원에서 출판되었다.

10) 김석형, 〈부록, 조선 중세의 봉건적 토지소유 관계에 대하여〉, 《조선 봉건시대 농민의 계급 구성》, 과학원출판사, 1957. 이 책은 신서원에서 1993년에 출판되었다.

농 소유제라는 토지소유 형태가 병존하였으며, 그 가운데 지주적 소유제가 규정적이었다고 보았다.[11] 김광순은 한반도에 존재했던 국가들 가운데 봉건제 아래에서 토지국유제를 원칙으로 했던 나라는 없으며, 지주적 사적 소유제가 지배적이었다고 보았다.[12]

조선사를 주체적이고 내재적인 발전의 맥락에서 이해하려는 북한 학계의 노력은 나름대로 성과를 거두어가고 있었다. 그들은 조선사를 체계화한 자신감을 바탕으로 남한의 한국사 학계를 대표하는 문헌고증사학자들이 집필한 《한국사》 1~7(1959~1965)를 비판하였다. 그들이 보기에 조선노동당의 "주체사상에 입각하여 과학적인 인민사 체계를 바로 잡는 데서 일정한 성과"를 거둔 자신들과 달리, 남한의 '한국사'는 "해방 후 20년이 지난 오늘까지도 일제의 식민주의적 력사관을 그대로 추종하고 있으며 조선 민족의 긍지를 모독하고 조선 인민의 리익을 배반하는 일제의 날조된 '학설'을 그대로 되풀이함으로써 우리 력사의 진실성과 과학성을 완전히 거세해버렸다. 한마디로 말하여 '한국사'는 또다시 오늘의 미제 침략자들과 그 앞잡이들의 리익에 봉사하는 또 하나의 어용 '조선사'로 편찬되었다"고 비판하였다.[13]

북한 학계는 고대사 부분의 연구 성과를 토대로 한국에 뿌리내린 식민주의 역사학의 역사인식을 공개적으로 비판하였다. 1963년 사

---

11) 허종호, 《조선 봉건 말기의 소작제 연구》, 사회과학원출판사, 1965.

12) 김광순, 〈우리 나라 봉건시기의 토지제도사 연구와 관련한 몇 가지 문제〉, 《력사과학》 4, 1963; 김광순, 〈마르크스의 '아시아적 토지소유 형태'와 '봉건적 토지국유제'에 관한 제 문제〉, 《경제연구》 3, 1964

13) 리지린·리상호, 〈'한국사'를 평함-고대를 중심으로〉, 《력사과학》 5, 1965, 38쪽. 〈표 2-1〉에서 확인할 수 있듯이, 일본의 조선사연구회는 이보다 앞선 1962년에 이와 비슷한 논조로 비판하였다.

회과학원 력사연구소, 고고학 및 민속학연구소에서는 광개토왕릉비를 집단 조사하였다.[14] 그 결과물이 박시형이 집필했다는 《광개토왕릉비》(1966)이다. 이 책에는 재조사의 내용이 230여 쪽에 걸쳐 상세히 기술되어 있다. 집필자들은 새롭고 깊이 있는 연구에 기초하여 '부록'에서 일본의 식민주의 역사인식을 비판하였다. 1884년 일본 참모본부 장교가 광개토왕릉비를 우연히 발견하여 탁본한 이후부터 일본이 대한제국을 침략하고, 식민지 조선의 통치를 정당화하고자 사료를 무리하게 해석하거나 위조했다고 비판한 것이다.[15]

이처럼 북한 학계가 동북아시아에서 한국사 연구를 선도하며 체계화를 적극 시도한 이유는 역사 발전의 합법칙성을 현실적으로 해명할 필요가 있었기 때문이다. 그들은 주체적이고 내재적인 맥락에서 조선사를 연구하여 합법칙적인 발전을 해명하고, 조선민주주의인민공화국이라는 사회주의 국가가 수립된 역사적 정당성과 필연성을 밝혀야 했다. 북한 학계는 그들만의 역사적 해명을 바탕으로 한국의 문헌고증사학에 내재한 식민주의 역사인식을 적극 비판하였다. 그렇다고 북한 학계가 식민주의 역사학의 역사인식을 비판적으로 분석한 글을 많이 발표했다고 볼 수는 없다. 차라리 거의 발표하지 않았다고 말하는 쪽이 사실에 더 부합할 것이다. 드러난 과정만 놓고 보면, 정체성과 타율성 등 식민주의 역사학의 주장 자체를 직접 분석했다기보다 그것을 극복한 조선사를 집중적이고 체계적으로 규명해가고, 이를 바탕으로 점

---

14) 광개토왕릉비의 조사는 1961년 조선노동당 제4차 당대회에서 김일성이 민족문화유산에 대해 전면적인 재조사를 지시한 데 따른 것이었다.

15) 박시형, 〈릉비 재발견 이후 일제에 의하여 수행된 제 음모와 그 악랄성〉, 《광개토왕릉비》, 과학원출판사, 1966, 278~287쪽.

차 기초 소양 수준을 높이면서 조선사 연구에 더 몰두했다고 볼 수 있다.[16] 그렇지 않고는 1960년대 들어 동북아시아에서 조선사의 주체성과 내재적 발전에 관한 해명을 선도적으로 진행할 수 없었을 것이다.

지금부터는 일본의 조선사 연구 경향을 일본조선연구소와 조선사연구회를 중심으로 살펴보자. 그러면서 그 안에서 스에마쓰 야스카즈가 어떻게 움직였는지 검토하여 식민주의 역사학의 역사 연구와 역사인식 극복에 대해 생각해보겠다.

조선사연구회, 치열한 반성적 성찰과 남북한과의 내면적 교류

조선사연구회는 비판적 조선사 연구를 표방하는 사람들이 모인 학회로, 매번 30여 명[17]이 모여 예회(例會)라는 이름의 월례발표회를 꾸준히 진행하였다. 월례발표회는 몇몇 그룹으로 흩어져 있던 회원들의 생각을 공유하는 기회였다. 하지만 공개적인 토론 공간에서 회원들의 생각을 하나로 모으려 했다거나 연구 방향을 특정한 흐름으로 형성하기 위해 노력했다고 말하기는 어렵다.

그런데 1962년경부터 조선사연구회의 활동에 뚜렷한 변화가 한 가지 있었다. 식민주의 역사학의 역사인식에 대해 일부 구성원들이 역사, 경제, 예술, 교육 등 여러 분야에 걸쳐 비판적 검토 작업을 시작한 것이다. 당시까지만 해도 일본에서 조선 후기의 사회경제사에 관해

---

16) 1950~1960년대 북한 학계의 연구 방식은 한국과 일본에서처럼 특정 민간 조직과 개인의 연구 역량에 개별적으로 접근하며 분석하는 것이 아니었다. 그렇다고 해서 식민주의 역사학의 조선사 인식을 비판적으로 해부하는 비공개 회의나 내부 연구가 없었다고 단정하기 어려운 현상이 북한 학계에서 전개되었던 것이다.

17) 《朝鮮學報》 15, 1960, 75쪽.

근거 자료를 가지고 분석하여 식민주의 역사인식을 비판한 논문은 한 편도 발표되지 않았다.[18]

조선사연구회가 이처럼 새로운 활동에 활발히 나선 때는 1960년 10월과 1961년 10월에 제5, 6차 한일회담이 열리는 등 한일 두 나라의 국교 수립을 둘러싼 관계에 새로운 변화의 조짐이 보이던 시기였다. 여기에 비판적인 태도를 견지한 사람들은 1961년 11월 11일 일본조선연구소를 창립하였다.[19] 연구소의 기본 입장은 반박정희군사정권, 반미국이었다. 이는 다음과 같은 창립 경과보고에도 나와 있다.

제5, 6차 일한회담의 급속한 진전, 북조선에의 귀국사업과 일조무역의 전개, 그리고 60년 4·19정변부터 61년 5·16군사쿠데타에 이르는 남조선 정세의 현기증 날 만큼의 전변은, 일본인에게 조선 문제의 중요성을 새삼 인식시키는 계기가 되었다. 패전 후 특히 아메리카의 점령 정책에 의해 '가장 가깝고 가장 먼 나라'가 되어 있던 조선에의, **일찍이 식민지주의적인 의미와는 완전히 다른 차원에서의 관심이 고조되어왔다.** 이러한 상황 속에서 널리 연구자를 결집하고, 일본인의 손으로, 더구나 과학적인 입장을 견지한 조선 연구의 필요성이 통감되기에 이르러 1961

---

18) 梶村秀樹, 〈李朝後半期朝鮮の社會經濟構成に關する−最近の研究をめぐって〉, 《梶村秀樹著作集 第2卷−朝鮮史の方法》, 明石書店, 1993, 24·25쪽. 일본조선연구소의 기관지 《조선연구월보(朝鮮研究月報)》 20호(1963. 8)에 수록된 원고이다. 이 시점에 일본인의 한국(인) 인식을 보여주는 단적인 보기가, 일본의 초·중등 학생들이 가장 좋아하는 나라는 스위스인 데 비해 가장 혐오하는 나라는 한국이었고, 북한은 어느 쪽에도 없었다는 조사일 것이다. 德武敏夫, 〈朝鮮に對する子どもの認識−社會科敎科書の記述を中心に〉, 《朝鮮研究月報》 創刊號, 1961, 43~55쪽.

19) 우연의 일치일 수도 있겠지만, 연구소 창립 날은 박정희 국가재건최고회의 의장이 미국으로 가기 전 일본에 들른 날이었다.

년 3월 이래 유지(有志)의 손으로 일본조선연구소 설립을 위한 준비 활동이 개시되었던 것이다.[20] (강조-인용자)

위의 인용문에서도 언급하고 있듯이, 일본조선연구소는 과거의 식민주의에 동의하지 않았다. 연구소는 "과거 잘못된 통치정책에서 유래된 편견을 청산하고 일본인의 입장에서 조선 연구를 조직적으로 개시하는 것이 필요한 때"라고 생각하는 사람들이 모인 단체였다.[21] 조선 문제에 관심을 가졌던 테라오 고로(寺尾五郎) 등 일본공산당 관계자가 중심이었다. 대학원생으로 1935년생 동갑내기인 미야다 세쓰코(宮田節子)와 가지무라 히데키(梶村秀樹), 그보다 한 살 아래인 사쿠라이 히로시(櫻井浩), 조선교육사를 연구하는 와타나베 마나부(渡部學)와 오자와 유사쿠(小澤有作) 같은 젊은 조선사 연구자 몇몇도 12인의 창립 멤버로 참가하였다.[22] 이들은 식민주의에 젖은 여러 분야의 조선 연구에 대한 비판적 성찰과 청산 과정을 '일본인의 손으로, 일본인의 입장에서' 진행하고 행동하며 조선에 대한 발언력과 조선 연구의 수준을 집단적으로 높이는 데 찬동하였다.

일본조선연구소의 활동과 의미를 제대로 파악하려면, 1960년대 일본에서 이루어진 조선사 연구와 동북아 지식 네트워크를 언급해야 할 뿐 아니라 조선사연구회의 움직임도 시야에 넣어야 한다. 당시까지만 해도 남한, 북한과 시민의 레벨에서 교류하는 일본인 단체는 없었으

---

20) 〈日本朝鮮研究所設立の經過〉,《朝鮮研究月報》創刊號, 1962. 1, 79쪽.

21) 〈(日本)朝鮮研究所設立發起人,〈(日本)朝鮮研究所設立趣意書(案)(1961. 11)〉.

22) 테라오 고로에 대해서는 김효순, 〈장면 2, 일본군국주의와 싸우다 김일성에게 경도된 데라오 고로와 후루야 사다오〉,《역사가에게 묻다》, 181~193쪽 참조.

며, 조총련과 민단이 있긴 했지만 일본 시민사회와 직접 접촉하며 무언가를 함께 모색하는 경우가 거의 없었던 현실을 고려하면, 매우 뜻깊은 단체가 설립되었다고 평가할 수 있다.[23] 연구소에 참가한 일본인들은, 이후 행적을 보건대 친북친공(親北親共)과 반한반자본주의(反韓反資本主義) 태도를 취하는 사람이 많았다. 이러한 분위기를 이끈 대표적인 사람이 일본조선연구소의 핵심 창립 멤버 테라오 고로였다. 당시 일본 좌파 진영 내에서는 북한 당국의 초청을 받으면 위상이 올라갈 정도로 북한 체제와 김일성에 대한 평판이 좋았으니, 북한을 다녀올 때마다 그의 위상과 영향력이 견고해졌다고 볼 수 있다.[24]

일본조선연구소는 "과학적인 조선 연구를 조직적으로 행하기 위해" 1962년 1월 《조선연구월보(朝鮮研究月報)》라는 기관지를 창간하였다.[25] 이 기관지는 한일관계와 북일관계의 급변 그리고 한국에서의 급속한 정세 변동에 대응하여 박정희 군사정권을 비판하고, 미국과 일본의 행동을 또 다른 식민주의로 간주하는 일부 일본인을 결집하는 데 효과적이었다. 연구소는 《조선연구월보》 창간호에 실은 네 편의 분석문 가운데 두 편,[26] 즉 〈고도성장과 일한교섭(高度成長と日韓交涉)〉(상)과 〈일한회담의 저류와 지배층의 동향(日韓會談の底流と支配層の動向)〉

---

23) 히구치 유이치(樋口雄一), 김광열 역, 〈일본조선연구소와 한일조약반대운동〉, 《일본 시민의 역사반성운동》, 2013, 선인, 59쪽.

24) 김효순 지음, 〈장면 2, 일본군국주의와 싸우다 김일성에게 경도된 데라오 고로와 후루야 사다오〉, 《역사가에게 묻다》, 190쪽.

25) 古屋貞雄, 〈'朝鮮研究月報'創刊に際して(1962. 1. 1)〉. 그는 연구소의 이사장이었다. 《조선연구월보(朝鮮研究月報)》는 1964년 5월까지 발행되다가 제30호(1964. 6)부터 《조선연구(朝鮮研究)》로 바뀌었다.

26) 이 밖에 《조선연구월보》는 북한의 1956년판 한국사 개설서인 《조선통사》(상)에 대한 서평을 수록하고, 〈함석헌의 사상(咸錫憲の思想)〉과 관련한 자료도 소개하였다.

을 한일회담 관련 주제로 기획할 정도로 일본 내에서 한일회담반대운동의 중심이었다. 일본조선연구소는 북한에 방문단을 보내고 학술 교류를 모색하기도 하였지만,[27] 조선사연구회의 회원이면서도 일본조선연구소의 간사로 열심히 활동했던 미야다 세쓰코의 회고에 따르면, 창립 직후 시점에 가장 중점을 둔 활동이 한일회담반대운동일 정도로 연구소가 "일한회담 반대 투쟁의 실질적인 사령탑이었다."[28]

그런데 이 반대운동 초기에 참가한 일본 좌파들은 역사인식에 심각한 문제가 있었다. 히구치 유이치(樋口雄一)의 회고를 통해 확인해보자.

당시 한일협정에 반대하는 사람 중에서 "박(정희정권)에게 돈을 주려면 차라리 나에게 줘"라고 하는 말이 나올 정도였다. **식민지 지배 책임에 대한 인식은 좌파 안에서도 지극히 빈약**했다고 생각한다. **한일조약은 군사동맹으로서 유사시에는 일본이 말려들어갈 수 있기 때문에 반대한다는 것이 대부분이었다.**[29] (강조-인용자)

히구치 유이치의 증언에 따르면, 한일회담반대운동에 참가한 일본

---

27) 1963년 7월 연구소의 방문단이 2주간 북한을 다녀왔다. 북한 학계와 직접 접촉한 내용에 대해서는 《조선연구월보》 21호(1963. 9)에 소개되어 있다. 일본조선연구소는 115쪽 분량의 《일조 학술 교류의 초석-1963년도 방조 일본조선연구소 대표단 보고(日朝學術交流のいしずえ-1963年度訪朝日本朝鮮研究所代表團報告)》(1965. 2)라는 책자도 발행하였다.

28) 宮田節子, 〈朝鮮に向かった歩みはじめたころ〉, 《朝鮮問題への取り組み研究をふりかえって》, 2004, 10쪽. 이 원고는 2004년 6월 12일 '조선·일본 서로 얽힌 역사와 현재를 생각하는 모임(朝鮮·日本 絡まり合った歷史と現在を考える集い)'에서 주최한 제2회 강연 내용의 일부이다.

29) 히구치 유이치, 〈일본조선연구소와 한일조약반대운동〉, 《일본 시민의 역사반성운동》, 60쪽.

좌파 세력조차 일본의 조선 침략과 식민 책임에 관한 문제의식이 매우 빈약한 실정이었다. 반대운동의 출발 지점이 한국과 매우 다름을 알 수 있다. 그래서 일본조선연구소는《일본과 조선의 관계사 및 일조 우호 운동의 의의》라는 60쪽짜리 등사판 책자를 발행하였다.[30] 그리고 이것을 기본으로 일본 식민지 지배의 본질과 책임을 언급한《일한 중 삼국 인민 연대의 역사와 이론(日朝中三國人民連帶の歷史と理論)》이라는 192쪽짜리 책자를 발간하였다.[31] 필자들은 조선 문제의 해결 없이 부활하고 있는 일본제국주의 문제를 해결할 수 없다는 문제의식을 갖고 있었다. 이 책은 일본조선연구소의 이름을 널리 알리는 데 이바지한 출판물로, 연구소에서 판매용으로 발행한 한일회담 관련 책자 5종 가운데 가장 많은 1만 3,000부가 팔릴 만큼 호응도가 높았다.[32]

한편 일본조선연구소는 조선 연구의 영역을 확대하고 수준을 높인다는 애초의 취지도 살리고, 식민주의자들의 역사인식에 대한 비판적이고 반성적인 시각을 확보하여 조선에 대한 편견을 극복하는 데도 이바지하기 위해, 일본 안의 식민주의 역사인식을 자기 점검하였다. 연구소 기관지《조선연구월보》에 실린 '연속 심포지엄, 일본에서의 조선 연구의 축적을 어떻게 계승할 것인가(連續 シンポジウム 日本における 朝鮮硏究の蓄積をいかに繼承するか)'라는 기획이 바로 그것이다.

분야별 좌담회를 계속 개최한 이 기획은《조선연구월보》5·6합병

---

30) 히구치 유이치, 〈일본조선연구소와 한일조약반대운동〉, 《일본 시민의 역사반성운동》, 60쪽.

31) 安藤彦太郎·寺尾五郎·宮田節子·吉岡吉典,《日朝中三國人民連帶の歷史と理論》, 日本朝鮮硏究所, 1964. 6.

32) 和田春樹, 〈第3章 日本朝鮮硏究所を考える〉, 和田春樹·高崎宗司,《檢證 日朝關係60年史》, 明石書店, 2005, 60쪽.

호(合倂號)(1962. 6)부터 제30호(1964. 6)까지 총 10회에 걸쳐 게재되었다.[33] 검토한 주제는 다음과 같다. '메이지기의 역사학', '조선인의 일본관', '일본인의 조선관', '일본 문학에 나타난 조선관', '경성제대의 사회경제사 연구'(이상 1962년), '조선총독부의 조사사업', '조선사편수회의 사업', '일본의 조선어 연구', '아시아 사회경제사 연구'(이상 1963년), '메이지 이후의 조선 교육 연구', '총괄토론'(이상 1964년). 자신들이 무엇을 계승하고 버릴 것인가를 학문 분야별로 하나하나 차분하면서도 꾸준히 검토했음을 주제들만 보아도 알 수 있다.[34] 그 후에도 '조선 미술사 연구'(1965), '조선의 고고학 연구', '일본과 조선(그 총괄과 전망)', '정약용(다산) 사상의 이해를 위하여'(1968)라는 주제로 추기 검토회가 있었다. 그리고 좌담회 원고는 하타다 다카시가 책임 편집한 《심포지엄 일본과 조선(シンポジウム 日本と朝鮮)》(勁草書房, 1969)이란 책으로 출판되었다.

토론 참가자들은 1945년 이전의 성과를 아무리 일부라도 자의적이거나 편의적으로 취하지 않고, 엄격하게 비판하며 학문의 질적인 전환을 이루도록 접근하는 자세가 진정한 계승이라고 보았다. 그래서 가지무라 히데키는 "마이너스를 플러스로 전화시킨다는 의미에서 계승의 문제를 생각해가는 것이 가장 필요하다"고 보았다.[35] 일본제국

---

33) 미야다 세쓰코는 3회 좌담만 빠지고 모두 참석하였다.

34) 김용섭은 《사상계》 1963년 2월호의 '특집 한국사를 보는 눈'에서 일본인 학자들의 식민주의 역사인식을 언급하였다. 이에 연구소는 3월에 간행된 《조선연구월보》 15호에 곧바로 그의 글을 번역, 수록하였다. 이것만 보아도, 당시 식민주의 역사학자들의 역사인식을 극복하기 위해 연구소 관계자들이 얼마나 치열하게 활동했는지 알 수 있다.

35) 〈日本と朝鮮(そのまとめと展望)〉(1968.7.8)〉, 旗田巍 編, 《シンポジウム 日本と朝鮮》, 勁草書房, 1969, 194·195쪽. 이 책은 주미애 역, 《심포지엄 일본과 조선-제국 일본, 조선을 말하다》(소명출판사, 2020)로 번역 출간되었다.

주의의 후예이자 일본인 연구자로서 식민주의 역사인식을 얼마나 철저히 극복해야 한다고 생각했는지를 읽을 수 있는 대목이다. 다만 이러한 토론이 학술 분야에 집중되어 있고, 일본인과 일본사회에 퍼져 있던 식민주의 역사인식에 대해 구체적으로 점검하거나 분석하는 글이 없었다. 이는 일본조선연구소 관계자들이 아직까지 식민지 책임에 정면으로 마주하지 못했고 공공연하게 비판적인 활동을 하지 못한 당대의 현실을 반영한 움직임일 것이다.

한편, 일본조선연구소에 관여하며 식민주의 역사인식을 극복하고자 고민하던 사람들 가운데 하타다 다카시, 미야다 세쓰코, 가지무라 히데키, 와타나베 마나부 같은 역사 연구자들은 조선사연구회에서도 열심히 활동하였다. 그들은 한일관계의 급속한 진전 등을 목격하며 "올바른 일본인의 조선관 수립"이 필요하다는 데 공감하고, 이를 위해 "새로운 시각의 조선 연구가 착수"될 필요가 있음을 자각해갔다.[36]

여기에서 한국인이 놓치지 말아야 할 시사점은 1960년대 들어 식민주의 역사인식을 극복하고 새로운 조선상을 구축하려고 움직인 일본인 연구자들의 중요한 특징 가운데 하나가 실천성이라는 데 있다. 그들의 실천성은 당시 일본의 현실에 대한 치열한 문제의식을 전제로 한다. 그들은 문제의식을 사고하는 차원에만 머무르지 않고 현실에 참여하였다. 그럴 수 있었던 이유, 또는 그래야 했던 이유 중 하나는 자신과 같은 일본인이 식민주의 역사인식을 제조했다는 데 있다. 그래서 더더욱 학문 분야별로 당시의 관계자까지 초빙하여 꼼꼼하게 점검하고 그것을 공개하는 방식을 취했다고도 볼 수 있지 않을

---

36) 史學會 編, 〈1961年〉,《日本歷史學界の回顧と展望 16-朝鮮》, 山川出版社, 1988, 36쪽.
1961년 조선사 관련 회고와 전망은 다케다 유키오와 가지무라 히데키가 집필하였다.

까 한다. 조선사 학계의 식민주의 역사인식에 대한 비판적인 접근 방식 또한 한국의 한국사 학계에서 시도한 적이 없는 움직임이었다.

그러면 조선사연구회 차원에서는 비판적 접근이 어떻게 이루어졌는지 간략히 살펴보자.

일본조선연구소와 관계가 밀접했던 조선사연구회는 주제별로 계획을 세워 접근하지 않고, 연구자 개개인의 연구 활동 차원에서 일본인의 역사인식과 침략 논리를 비판하였다. 이를 정리하면 〈표 2-1〉과 같다.

〈표 2-1〉 1960년대 전반기 조선사연구회 월례발표회 때 검토된 식민주의 역사인식

발표자	제 목	일 시
하타다 다카시	'일선동조론' 비판	52회 예회 1963. 6. 15
가노 마사나오	후쿠자와 유키치의 조선관	55회 예회 1964. 1. 18
하타다 다카시	만선사의 허상-일본 동양사학의 조선관	60회 예회 1964. 4. 18
에하라 마사아키	쓰다 소키치 지음, '만선사 연구 제2권'	64회 예회 1964. 8

※비고: 예회(例會)란 월례발표회를 말한다.
　　　　朝鮮史研究會 編,《朝鮮史研究會會報 總目錄 索引》(綠陰書房, 2009)을 참고, 작성하였다.
　　　　하타다 다카시는 1963년 12월 현재 일본조선연구소의 부이사장 겸 소장이었다.

발표문의 제목만 놓고 보면, 조선사연구회 차원에서도 식민주의 역사인식을 다양하게 검토했다고까지는 보기 어렵겠다. 다시 말해 단체나 개인 또는 기구에 대한 구체적인 분석보다는 특정한 인식을 종합하는 성격의 분석이었다고 말할 수 있겠다.[37]

조선사연구회 회원들의 초창기 활동에서 주목되는 움직임은 남북한의 연구 성과를 검토하는 일을 게을리하지 않았다는 점이다. 특히

---

37) 일본조선연구소의 연속 기획 좌담이 끝나갈 무렵이었다는 시점상의 이유도 있지 않았을까 추측해본다.

북한의 연구 성과에 매우 민감하였다. 자신들이 점차 자각해갔던 '새로운 시각의 조선 연구'에 부합한 성과가 북한에서 나오고 있다고 보았기 때문일 것이다. 가지무라 같은 경우는 "현재 일본에서는, 원칙적으로는, 북조선에서 나오고 있는 일국사적 내재적 발전의 관점을 기초로 두는 것이 완전히 올바르다고 생각한다"고 말할 정도였다.[38]

그래서 북한 학계의 책과 논문이 번역 출판되거나 소개되는 경우도 있었고, 학계의 동향 자체에 항상 관심을 두고 전반적으로 소개하는 글도 있었다. 전자의 경우에 해당되는 대표적인 사람이 김석형(金錫亨)이다. 그는 1959년부터 1960년대 사이에 조선사연구회의 월례발표회에서 논문이나 저서가 가장 많이 소개된 외국인 연구자였다. 또 북한 학계의 동향을 소개한 회원은 박경식(朴慶植), 권영욱(權寧旭), 김종명(金鐘鳴)이었다.[39] 권영욱은 이때의 원고를 다듬어 일본을 대표하는 학술지인《사상(思想)》에 발표함으로써 더 많은 일본인이 북한의 새로운 성과를 파악할 수 있도록 하였다.[40]

일본에서 번역된 북한의 역사책은《조선통사》(상)(1956년판, 1961),《조선 근대 혁명운동사》(1961년판, 1964)《조선 문화사》(상·하)(1963년판, 1966)와 같은 개설서, 그리고《조선 봉건시대 농민의 계급 구성(朝鮮封建時代農民の階級構成)》(1957년판, 1960),《삼한 삼국의 일본열도 내

---

38) 〈日本と朝鮮(そのまとめと展望)(1968.7.8)〉, 旗田巍 編,《シンポジウム 日本と朝鮮》, 196쪽.

39) 朴慶植,〈朝鮮歷史學界の一般的動向について〉,《朝鮮史研究會會報》5, 1963; 權寧旭,〈資本主義萌芽をめぐる若干の方法論〉,《朝鮮史研究會會報》14, 1966; 金鐘鳴,〈解放後, 朝鮮史學界の動向-主として朝鮮戰爭後〉,《朝鮮史研究會會報》17, 1967.

40) 權寧旭,〈朝鮮における資本主義萌芽論爭〉,《思想》510, 1966. 권영욱이 잡지에 소개할 시점에 북한은 '맹아'보다는 '요소'의 측면에서 조선 후기를 보려 했는데, 이를 모를 리 없는 그가 굳이 '맹아'라고 한 이유는 잘 모르겠다.

분국에 대하여(三韓三國の日本列島內分國について)》(1963년판, 1964)와 《김옥균 연구(金玉均の研究)》(원제 《김옥균》, 1964년판, 1968), 《고대 조일 관계사-야마토 정권과 임나(古代朝日關係史-大和政權と任那)》(1966년판, 1969)와 같은 전문 연구서가 있었다.[41] 박경식 등 재일조선인 역사 연구자가 번역한 책은 《조선통사》(상)과 《조선 근대 혁명운동사》였으며, 《고대 조일관계사-야마토 정권과 임나》는 조선사연구회, 《조선 문화사》(상·하)와 《김옥균 연구》는 일본조선연구소의 이름으로 각각 번역되었다. 《조선 봉건시대 농민의 계급 구성》은 스에마스 야스카즈와 이달헌(李達憲)이 함께 번역하였다. 재일조선인 연구자와 일본조선연구소의 관계자들은 북한의 학문 성과를 일본에 선달하는 매개사였던 것이다.

번역서 출간은 단지 북한의 새롭고 선진적인 성과를 정리된 형태로 접할 수 있었기 때문은 아니다. 일본의 식민지 지배를 규탄하기 위해서만도 아니었다. 조선사연구회원들은 창립 당시부터 "조선 독자의 역사와 문화를" 연구한다는 문제의식을 갖고 있었고, 그러한 문제의식을 드러낸 책을 "일본에 소개하는 일"도 중요하다는 생각을 공유하고 있었다. 일본조선연구소가 《조선 문화사》를 번역한 이유도 여기에 있었다.[42]

이와 달리 남한 측의 연구 성과를 소개하는 데 더 큰 비중을 둔 움

---

41) 본문에 나오는 책 가운데 북한의 도서를 취급하는 도쿄의 '학우서방'이란 출판사에서 조선어본 그대로 발행된 책은 《조선통사》(상)(1956년판, 1962년판), 《조선 근대 혁명운동사》였다.

42) 宮田節子, 〈日本朝鮮硏究所のあゆみ〉, 《朝鮮問題への取り組み硏究をふりかえって》, 2004, 5쪽. 그래서 연구소에서는 1965년 5월 번역을 위한 사무소를 설치하고 별도의 사무국을 두었다.

직임도 있었다. 교토에 있던 조선연구회(朝鮮研究會)는 1959년부터 《조선연구연보(朝鮮研究年報)》를 통해 연 1회씩 10여 편의 논문을 일역하여 소개하였다.[43] 전근대 연구는 이기백(李基白), 근현대 연구는 김용섭(金容燮)의 논문이 각각 6편씩 번역되었다. 이밖에 이병도(李丙燾), 이우성(李佑成), 홍이섭(洪以燮), 한우근(韓㳓劤), 강진철(姜晉哲), 강만길(姜萬吉) 등의 전근대 논문, 그리고 1970년대로 접어들면 성대경(成大慶), 안병직(安秉直)의 3·1운동 관련 논문 등 근현대 논문도 일부 소개되었다. 김석형 등 북한 학계의 논문도 일역하여 소개했으나, 그것은 매회 두 편을 넘지 않았으며 북한 학계의 성과를 소개한 논문이 없을 때도 있었다.[44]

조선사연구회와 조선연구회 회원들이 남북한 역사학계의 성과를 소개하는 방식은 조금 달랐다. 조선사연구회원들은 연구 성과를 짧은 글이나 말로 비평하며 소개한 반면, 조선연구회원들은 논문을 완역에 가깝게 초역(抄譯)하여 제공했다.

대신에 북한 학계의 학술 논문은 조총련 관련 조직인 재일본조선인과학자협회(在日本朝鮮人科學者協會)[45]에서 1964년 11월부터 발행한 《조선학술통보(朝鮮學術通報)》를 통해 소개되었다.[46] 논문을 완역한 사례도 있고, 학술토론회 등을 소개한 글도 있었다. 《조선학술통보》는

43) 조선연구회(朝鮮研究會)는 1958년 교토에서 미시나 쇼에이(三品彰英)를 중심으로 발족된 단체이다. 미시나 쇼에이는 삼국유사연구회(三國遺事研究會)도 주관하였다. 김경태, 〈해방 후 일본인의 한국사 연구와 그 연구기관〉, 《국회도서관보》 4-11, 1967. 11, 39쪽. 《조선연구연보(朝鮮研究年報)》는 하버드대학교 옌칭연구소의 경제 지원을 받는 동방학연구일본위원회 교토 부회의 이해와 지원으로 발행되었다. 필자는 제1호(1959)부터 제14호(1972)까지의 목차를 확인하였다.

44) 《조선연구연보》는 제3호(1961)부터 '문헌 소개'라는 항목을 두고 남북한 학계에서 발행된 잡지와 단행본을 목록화하여 일본의 연구자들에게 소개하였다.

일 년에 최소 1회부터 최대 6회까지 발행되었다.

다음으로 언급할 활동은 조선사연구회 회원들이 남한 학계의 연구 동향을 꾸준히 소개하고 비판적으로 접근하였다는 점이다. 이미 1959년부터 김용섭의 논문을 소개 비평했던 조선사연구회는 1960년대 들어서도 김용섭을 비롯한 여러 역사 연구자의 성과를 거의 매년 소개하였다. 이를 정리하면 아래 〈표 2-2〉와 같다.

〈표 2-2〉 조선사연구회에 소개된 한국인 연구자와 그들의 연구 성과(1961~1969)

시기	형식	유형	필자	소개자	제목
1961. 7	예회	소개	김용섭	가지무라 히데키	〈양안 연구〉(하)
1961. 12	예회	소개	이선근	신국주	《한국사-최근세편》
1961. 4	예회	소개	김용섭	가지무라 히데키	〈양안(量案) 연구(상)-조선 후기의 농가 경영〉
1962. 4	예회	서평과 소개	홍이섭	박종근	《정약용의 정치경제사상 연구》
1962. 5	예회	소개	천관우	하타다 다카시	《여말선초의 한량(閑良)》
1962. 10	회보 4	서평	김상기 이병도 연세대학교 동방연구소	다케다 유키오	'남조선의 고려사에 관한 근작(近作)' 《고려시대사》 《한국사 중세편》 《고려사 색인》
1962. 10	회보 4	서평	김상기 이병도 연세대학교 동방연구소	다케다 유키오	'남조선의 고려사에 관한 근작(近作)' 《고려시대사》 《한국사 중세편》 《고려사 색인》

45) 이 단체는 1959년 6월 재일조선인사회과학자협회, 재일조선자연과학기술자협회, 재일조선건설기술자협회, 재일조선인의약협회의 합동으로 결성되었다가(《조선민보》 1959.7.4), 1985년 7월 다시 재일본조선사회과학자협회(사협)와 재일본조선인과학기술협회(과협)로 분리되었다.

46) 필자는 《조선학술통보(朝鮮學術通報)》가 1997년 제33호까지 발행된 것을 확인하였다. 이후 발행 여부는 확인할 수 없었다.

1963. 2	회보 5	서평	최호진	강덕상	《근대 한국 경제사 연구》
1963. 3	예회	소개	김용섭	강덕상	〈진주(晉州) 나동(奈洞) 대장에 대하여〉
1967. 8	회보 17	번역	김용섭	노마 스스무	〈일본 한국에서 한국사 서술〉
1968. 2	예회	서평	이선근	신국주	《민족의 섬광(閃光)—한말 비사》
1968. 3	예회	서평	김원룡	고토 다다시	《한국 고고학 개론》
1968. 5	예회	서평	이기백	하타다 다카시	《한국사 신론》
1968. 6	예회	서평과 소개	권병탁	가지무라 히데키	《한말 농촌의 직물 수공업에 관한 연구》
1969. 1	예회	서평	이기백	아리이 도모노리	《고려 병제사 연구》
1969. 2	예회	서평	신용하	구스바라 도시나오	〈이조 말기의 '도지권(賭地權)'과 일제하 '영소작(永小作)'의 관계〉
1969. 4	회보 23	서평	국립중앙 박물관	고토 다다시	《한국 지석묘 연구》

※ 비고: '회보'는 '조선사연구회회보'를 말한다.
※ 출전: 朝鮮史研究會 編,《朝鮮史研究會會報 總目錄 索引》, 綠陰書房, 2009.

〈표 2-2〉에 따르면 1963년 중반경부터 1966년 사이에는 한국의 연구 성과가 검토된 적이 없었다. 1965년 한일기본조약 체결 시점을 전후한 어떤 상황과 연관이 있었는지는 모르겠다. 다만, 개인의 연구 성과는 소개되지 않았지만 한국에서 일본으로 유학 간 홍순옥(洪淳鈺, 1964. 6)과 신국주(1964. 10, 1967. 4)가 조선사연구회 예회에서 한국 학계의 동향을 소개한 적이 있었다.

1960년대 전체를 놓고 보면 조선사연구회원이 소개하거나 서평하는 형식을 빌려 독해하는 방식이었으므로 비평적 읽기가 우선이었을 것이다. 시기적으로 보면 조선 후기에서 한말, 주제로 보면 사회경제사 관련 글이 가장 많았다. 특히 1960년대 전반기에 강덕상과 가지무라가 김용섭의 논문을 중심으로 한국의 성과를 소개하였다. 내재적 발전의 맥락에서 조선의 사회경제사를 조선인의 주체적인 역사로 이해하려 노력하며 논문을 준비하고 있던 두 젊은 학도가, 당시까지는 주목하지 않은 양안(量案) 등을 가지고 조선 후기의 사회경제적 변동과 봉건제의 해체 문제를 날카롭게 분석한 김용섭의 선구적인 연구에 주목하는 시선은 어찌 보면 당연한 학습 태도였다고 볼 수 있겠다.

〈표 2-2〉를 보면, 발표자들은 한국의 연구 성과를 소개하고 검토하는 과정에서 특히 식민주의 역사학의 역사관 문제에 대해 매우 비판적인 태도를 보였음을 확인할 수 있다. 다케다 유키오는 '남조선의 고려사에 관한 근작(南朝鮮の高麗史に關する近作)'이란 주제로 한국 역사학계의 야심작《한국사》를 검토하였다.[47] 그는 김상기의《고려시대사》가 "역사관에서는 전전의 그것과 단절한 것으로는 볼 수 없다"고 평가했고, 이병도의《한국사 중세편》도 "역사인식과 역사 서술에 심각한 반성을 요구한다고 말해도 좋은 것이 아닌가"라고 지적하였다.[48]

다케다 유키오의 비판은 식민주의 역사인식을 극복하고 새로운 조선사상을 확립하려는 노력의 일환이었다. 앞서도 보았듯이 다케다만이 아니라 조선사연구회 회원들은 식민주의 역사학에 대한 비판적 논의를 심화하는 과정에서 새로운 문제의식을 의식적으로 도출하고 공유해갔다.[49] 회원들은 "'타율적'인 '정체'론이 지배"하는 조선 인식을

---

47) 앞의 1부에서 언급했듯이 북한 학계는 1965~1966년에 네 차례에 걸쳐 진단학회의《한국사》를 비평하였다.

48) 《朝鮮史研究會會報》4, 1962. 10, 11~13쪽.

49) 조선사연구회는 자기 변신을 통해 체계적인 방향성을 갖고 조선사 연구에 좀 더 집중하기 위해 노력하였다. 그 흔적은 〈幹事會報告 朝鮮史研究會の當面の課題〉,《朝鮮史研究會會報》10, 1966. 3, 12·13쪽 참조.

비판하면서 "조선사의 '자주적'인 '발전'"에 주목해야 한다는 역사인식에 공감하고 있었기 때문이다.[50] 더구나 4년 연속 전국대회를 열 만큼 회원들의 의지를 모아온 조선사연구회로서는 이제부터 "체계적 과학적인 조선사상의 새로운 건설을 위해 초석을 만들 수 있도록" 해야 한다는 공감대가 퍼져갔다.[51] 그래서 1965년 11월 제4회 조선사연구회 전국대회의 주제도 애초 목표인 '조선사 시대구분'을 향해 "조선사상의 새로운 형성"을 모색한다는 취지에서 "조선사회의 역사적 발전"으로 정하였다.[52] 조선사연구회원들이 확립하려는 역사상이란 "조선 자체 역사의 내재적 발전"이었다.[53] 제4회 대회는 조선사연구회원 사이에 '내재적 발전'이란 말을 일반화하는 계기였고, 회원들은 그에 근거하여 조선사의 독자성을 세계사의 보편적 법칙과 연계시켜 연구해야 한다는 공감대를 확보하였다. 이제 조선사연구회가 1959년 창립 당시 강령으로 내건 '비판적 조선사상의 수립'이라는 과제에 명확히 구체적 방향성을 두기에 이른 것이다.

조선사의 내재적 발전에 주목하려 했던 이유는 또 있었다. 한일회

---

50) 武田幸男, 〈朝鮮史像の新形成-朝鮮史研究會第4回大會によせて〉, 《朝鮮史研究會會報》 13, 1966. 10, 1쪽.

51) 〈朝鮮史研究會第4回大會 準備狀況報告〉, 《朝鮮史研究會會報》 11, 1966. 7, 16쪽.

52) 武田幸男, 〈第4回大會の經過と反省〉, 《朝鮮史研究會會報》 15, 1967. 1, 14쪽.

53) 史學會 編, 〈1963年〉, 《日本歷史學界の回顧と展望 16-朝鮮》, 54쪽. 가지무라 히데키가 《조선연구월보》 20호(1963. 8)에 발표한 〈이조 후반기 조선의 사회경제구성에 관한 최근 연구를 둘러싸고(李朝後半期朝鮮の社會經濟構成に關する最近の研究をめぐつて)〉 라는 논문이 이러한 논지를 정리한 글이다. 그리고 1960년대 전반기의 시점에서 조선사 연구자들은 내재적 발전의 계기를 무시해서는 침략의 진정한 의미도 이해할 수 없으므로 조선의 남북에서처럼 일본의 연구자도 실증 연구를 해야 한다는 과제를 구체화하기 위해 매달렸다. 조선 후기와 개항기 사회경제적 변화와 동향에 관한 조선사연구회 회원들의 무게 있는 연구는 1960년대 중후반경부터 나오기 시작하였다.

담반대운동 과정에서 일본의 침략과 지배를 고발하고 폭로한다는 측면을 부각하는 과정에서 일본에게 항상 침략만 당하는 나약한 조선인이라는 이미지도 만들어졌다. 이에 대한 비판과 반성 속에서 조선사를 내재적 발전사로 탐구하기 위해 더욱 노력하였다.[54] 때문에 실증 연구를 깊이 있게 하려는 경향과 더불어 역사 발전의 주체로서 민중에 주목하는 성과들이 1960년대 후반에 들어 나오기 시작하였다.

식민주의 역사인식에 대한 비판적 성찰을 바탕으로 내재적 발전에 주목하는 조선사 연구라는 새로운 움직임, 그리고 현재의 일본과 한반도에 주목하는 실천적 문제의식은 1965년경에 이르면 하나의 흐름을 뚜렷이 형성하였다. 그에 따라 식민주의 역사학을 계승한 조선학회와의 관계에 변화가 일어날 수밖에 없었다.

조선사연구회와 조선학회에 핵심적으로 모두 관여하고 있는 스에마쓰 야스카즈의 경우, 조선사연구회의 예회에서 마지막으로 발표한 것은 1965년 1월이었다.[55] 당시의 심정을 밝히는 글을 쓴 적이 있는지 모르겠지만, 그의 움직임에 주목할 만한 변화가 있었음은 부인하기 어렵다. 사실 그는 예회에서 직접 논문도 발표하였다(1961. 1, 1962. 2, 1965. 1). 연구회의 전국대회를 준비하는 준비위원으로 참여하거나 회보에 글도 썼다(6호, 1963. 7). 그래서 박종근은 하타다 다카시, 미카미 쓰기오(三上次男)와 함께 스에마쓰를 연구회의 "실질적인 부회장"이라고 말할 정도였다.[56] 그런 스에마쓰가 1965년 1월 이후 발행된 연구회

54) 宮田節子, 〈朝鮮に向かった歩みはじめたころ〉, 《朝鮮問題への取り組み.研究をふりかえって》, 9쪽.

55) 조선사연구회 제68회 월례발표회에서 발표한 글의 제목은 〈朝鮮鮓の話〉였다.

의 논문집은 물론이고 회보에도 글을 싣지 않았다.

그렇다고 스에마쓰가 조선사연구회와 분명하게 결별했다고 말하기는 아직 일렀다. 스에마쓰는 1965년 12월에 열린 제3회 조선사연구회 전국대회에서 폐회사를 했고, 1966년 6월 제1회 《조선사 입문(朝鮮史入門)》 집필자협의회에서 '고대사의 제 문제(古代史の諸問題)'라는 주제의 집필자로 확정되었기 때문이다.[57] 스에마쓰는 여전히 조선사연구회의 주요 학술 행사에 참여했고 얼굴마담 역할을 하였다. 하지만 이전처럼 자신의 연구 결과물을 놓고 다른 회원들과 교류하는 활동을 더 이상 하지 않게 된 것만은 분명하였다. 상대적 거리 두기를 했던 것이다.

이처럼 일본에서 1950년대가 조선학회의 역사인식을 뒤집기 위한 움직임이 태동한 시기였다면, 1960년대 전반기는 조선사연구회와 일본조선연구소가 식민주의 인식을 비판적으로 성찰하는 한편 새로운 조선사 인식을 정립하기 위한 모색을 본격화한 시기였다.[58] 이 시기는 한일국교정상화와 관련한 정치 현황과 식민주의 역사인식에 대해 공개적으로 적극 발언하고 행동하는 실천적 태도를 보이는 한편, 조선학회와 다른 역사상을 찾아나서는 움직임을 준비하는 때였다. 그 과정에서 조선학회와 조선사연구회, 스에마쓰와 조선사연구회원 사이에 조금씩 틈이 벌어지기 시작하였다.

---

56) 朴宗根, 〈朝鮮史研究發展のために__研究會·關係組織紹介 (2) - 朝鮮史研究會〉, 《歷史評論》 158, 歷史科學協議會, 1963, 21쪽.

57) 《朝鮮史研究會報》 9호, 1964. 9·10쪽; 12호, 1966. 7, 18쪽. 4장에서 다시 언급하겠지만, 그는 건강 등의 사정으로 집필에 참여하지 않았다.

58) 예를 들어 1960년대 후반 이후 일본 조선사 학계에서 사회경제사적인 맥락에 주목하며 조선사의 내재적 발전에 관한 연구를 선도한 가지무라 히데키는 내재적 발전의 시각에서 개항기 면업을 분석하여 1960년 도쿄대학에 석사학위논문을 제출하였다.

2장 주체적 '근대화' 열망, 한국사 연구를 더 추동하다

4·19혁명의 경험과 식민주의 역사학의 역사인식 비판

1960년대 들어 북한과 일본에서 새로운 한국사 연구를 적극적으로 추진하여 각자 새로운 조선사상을 본격적으로 만들어갈 무렵, 한국에서도 새로운 세대인 해방세대와 4·19세대가 등장해 한국사 연구에 새 바람을 일으켰다. 그 전환기적 계기는 4·19혁명 과정에서 겪은 민주주의와 민족주의에 관한 체험이었다.

1960년대 들어 조선 후기와 개항기를 비롯한 모든 시기의 한국사 연구 전반에 새로운 자극이 있었는데, 이는 당시 한국의 정치 상황과 연관이 깊었다. 우선 1960년 4·19혁명의 영향을 무시할 수 없다. 1960년 10월 《사상계》 주간이자 고려대학교 교수 김준엽은 하버드대학교 교수인 라이샤워와 대담하였다. 이때 그는 "이승만 시대에는 대부분의 한국 사람은 민주주의가 우리나라에서는 성공할 수 없는 제도인지도 모른다고 거의 실망했었는데, 4·19 이후 특히 지식인층이 희망을 품게 되고 그것을 자랑으로 생각하게 됐습니다"라고 발언하였다. 그가 보기에 4·19혁명은 많은 한국인에게 자신의 손으로 민주주의를 획득할 수 있다는 자신감을 심어주었다. 4·19혁명은 사람들의 가슴속에 민주주의에 대한 열망과 함께 민족주의 열기를 불어넣었다. 1962년 대학을 졸업한 한영우는 서양사, 동양사에 관심이 있었던 자신이 국사를 연구하게 된 것은 4·19혁명 이후 "세차게 불어 닥친 진보적 민족주의 바람 때문"이었다고 회상한 적이 있다. 그는 대학에서 4·19혁명을 전후로 민족주의에 대한 강의를 들었고, 4·19혁명 이후에 열린 다음과 같은 지적 공간에서 새로운 지식을 마음껏 섭취하였다고 한다.

> 4·19 이후에는 장면 정권이 들어서면서 사상적 통제가 완전히 없어지고, 소련, 중국, 북한 등 공산권과 인도, 쿠바, 이집트, 유고, 인도네시아 등 제3세계 지도자들에 대한 서적들이 봇물이 터진 듯이 들어와 마음대로 읽을 수 있었어요. 이는 그동안 반공이데올로기와 미국 일변도의 가치관에 빠져 있던 학생층에게 엄청난 충격과 자극을 주었습니다. ……
>
> 비단 저만이 아니라 그때 같이 공부했던 동료들이 비슷하게 바뀌었습니다. 예를 들면 신용하, 조동일 등이 같은 패거리였습니다. 우리들은 '우리문화연구회'라는 서클을 만들고 자주 모여 학문을 토론하고 논문을 발표했습니다. ……
>
> 지금 회고해보면 우리는 당시 무슨 열병에 걸린 게 아닌가 해요. 가슴이 엄청 뜨거웠습니다. …… 우리 패들은 거의 매일 모여 토론하면서 우리는 우리 것을 연구하다가 죽자. 이런 맹세를 하기도 했습니다.[59]

---

59) 한영우, 〈나의 학문과 인생〉, 《조선사연구》 17, 2008, 201·202쪽.

"민족주의에 흠뻑" 빠진 한영우는 "식민사관을 극복하여 주체적이고 발전적인 국사를 세워야 한다는 사명감에 불타게" 되었다.[60]

민족주의적인 시대 분위기 속에서 이기백이 처음으로 일본인 식민주의 역사학의 역사관을 정리된 형태로 비판하였다. 그는 《국사 신론(國史新論)》(태성사, 1961. 3)의 〈서론〉에서 '식민사관'을 '반도적 성격론', '사대주의론', '당파성의 문제', '문화적 독창성의 문제', '정체성의 이론'이란 주제로 나누어 비판하였다. 그는 동양사회의 정체성 이론이 점차 비판의 대상이 되어가고 있다고 진단하며, 그 이론이 서양인의 우월감과 동양인의 열등감을 조장했다고 지적하였다. 그러면서 '동양사회의 발전적인 요소를 탐구하려는 노력'에 대해 다음과 같이 언급하였다.

사실 논자들이 동양사회의 정체성을 말할 때에도 같은 관개농업의 사회이면서도 열강에 오(伍)하고 있는 일본의 경우를 늘 예외로 돌리려고 한 한 가지 사실만으로써도 이는 증명된다고 하겠다. 현재 중국학계에서 서구 자본주의의 침투 이전에 이미 중국사회에 자본주의의 맹아가 있었다는 증거를 찾으려고 열심인 것은 그러한 풍조로 생각해야 할 것이다. 한국사 학계에 있어서도 점차 그러한 경향이 대두하여서, 신라, 고려, 조선의 각 왕조의 교체를 단순한 악순환으로는 보지 않고 그 속에서 발전적인 여러 가지 현상을 찾으려는 시도가 행해지고 있다. 뿐만 아니라 이미 모든 개설이 비록 그 성격에 대한 분명한 해설이 없는 대로나마―사실 현재 그것은 불가능한 일이지마는―사회적인 발전을 기정사

---

60) 한영우, 〈나의 학문과 인생〉, 《조선사연구》 17, 200쪽.

실로 다루고 있는 것도 그 하나의 표현으로 볼 수 있다고 생각한다.[61]

    여기에서 이기백은 정체성론을 극복하려는 노력으로 세 가지를 들고 있다. 하나는 일본 예외론이고, 다른 하나는 중국학계에서의 '자본주의 맹아' 연구이다.[62] 당시까지 매우 드문 현상이지만 자본주의 맹아라는 학문 용어가 이미 1961년에 한국사 학계에서 사용되고 있음을 확인할 수 있다. '맹아'에 관한 정보와 생각이 꽉 막혀 있지 않았음을 말해주는 대목이다. 마지막으로 이기백은 왕조의 교체 속에서 발전한 현상을 찾으려는 한국사 학계 자체의 움직임을 언급하였다. 이미 한국사 학계에서 조선 후기의 사회경제적 변화를 받아들이고 있다는 것이다. 이후 그는 1971년에 발행한 사론집 《민족과 역사》에서 김용덕의 논문과 책을 근거로 제시하였다.[63]

    이기백의 식민사관 정리와 비판은 개설서의 도입 부분에 들어갔기 때문이기도 하겠지만, 1961년판 서론에는 누가, 어떤 내용을, 왜 주장

---

61) 이기백, 〈서론(緒論)〉, 《국사 신론》, 태성사, 1961, 9쪽.

62) 1967년 일조각판에서는 중국의 자본주의 맹아에 관한 소개가 빠져 있다(이기백, 〈서장(序章) 한국사의 새로운 이해〉, 《한국사 신론》, 일조각, 1967, 11쪽). 왜 그렇게 했는지 정확히 알 수 없지만, 반공적인 사회 분위기와 연관 있지 않을까 추측해본다. 그런데 1971년 간행한 《민족과 역사》에서는 1961년판의 '서론(緒論)'을 게재하고 있다고 밝히고 있다.

63) 이기백, 〈식민주의적 한국사관 비판〉, 《민족과 역사》, 일조각, 1971, 41쪽에는 '김용덕, 〈신라·고려·조선사회의 단계적 차이성에 대하여〉, 《사상계》 3-2, 1955. 2; 《국사 개설》, 1958'로 기재되어 있다. 여기서 말하는 《국사 개설》이란 동화문화사(東華文化社)에서 간행한 책을 말한다. 덧붙이자면 1961년 태성사판, 1963년 제일출판사판, 1967년 일조각판에는 각 주제의 맨 끝에 '참고'라는 이름으로 일괄하여 목록이 제시되어 있다. 그런데 1부에서도 인용했듯이, 김용덕은 이보다 앞서 발표한 글에서 동양적 공유제로 인한 '아시아적 악순환'에서 정체성의 내적 요인을 찾았다(김용덕, 〈국사의 기본 성격-우리 사회의 정체성을 중심으로〉, 《사상계》 1-7). 그는 1950년대 역사학계에서 한국사의 정체성론을 언급한 대표적인 논자이기도 하였다.

했는지에 대한 구체적인 분석이 없다. 따라서 본격적인 비판이라고까지 말하기는 어렵다.[64] 그럼에도 우리는 그가 중국과 일본 학계의 동향을 계속 파악하고 있었음을 알아야 하며, 짧은 글에서나마 '식민사관'을 다섯 가지로 분류하고 각각에 이름을 붙여 압축적으로 설명한 그의 선구적인 지적 고민에 주목할 필요가 있다.

이기백 이후에는 식민주의 역사학의 역사인식에 대해 비판적 분석을 내놓은 한국사 연구자가 드물었다. 그것이 학계의 분위기였다. 그러므로 용기 있게 공개적으로 학문적 접근을 시도한 이기백의 행동이 더더욱 뜻깊게 느껴진다. 하지만 이기백 말고 그러한 연구자가 전혀 없었다고 볼 수는 없다. 1962년에 홍이섭이 사대주의를 비판한 바 있기 때문이다.[65] 다만 홍이섭은 식민주의 역사학의 글을 분석적으로 언급했다기보다 한국인의 사대주의에서 파생한 열등감에 대해 분석하였다.[66]

더구나 1961년 5·16군사쿠데타 이후에는 한국사회가 식민주의 역사학의 역사인식을 비판하는 데 적극적이지 않았다. 1961년 10월 재개된 제6차 한일회담은 1962년 11월 '김종필-오히라 메모'로 알려진 사항들을 합의하고 종결되었다. 이때까지만 해도 사람들은 한일회담이 잘되지 않으리라고 예측했으므로 한일 간 국교 수립 문제가 현안

---

64) 필자는 이기백의 1960년대 연구에서 이 글을 제외하고 일본인 식민주의 역사학의 역사관을 비판적으로 분석하고 구체적으로 검토한 글을 보지 못했다. 그의 사론집(《민족과 역사》)에 이것 이외에는 실려 있지 않은 것으로 보아 1960년대에는 또 다른 작업을 진척시키지 않은 것 같다. 왜 그랬는지는 뒤에 가서 이병도 등과 연관 지어 추측해보겠다.

65) 홍이섭, 〈사대사상에서 오는 열등감-한국적인 후진성의 병폐로서〉, 《신사조》 1-3, 1962. 4.

66) 이러한 논조의 글은 앞서 1부에서 언급한 1950년대의 글들에서도 확인된다. 때문에 새롭다고 말하기는 어려운 측면이 있다.

으로 떠오르지 않고 있었다.

그런데 메모 내용이 세상에 알려지자 사람들은 회담 결과를 일본의 재침략과 연결하였고, 시간이 갈수록 사람들 사이에 위기의식이 높아 갔다.[67] 이에 《사상계》 편집진은 1963년 2월호에 '한국사를 보는 눈' 이란 특집을 기획하였다. 편집진은 자신들의 문제의식과 기대치를 다음과 같이 밝혔다.

반만년의 역사를 가진 민족이라면서 그 역사 연구에는 많은 결함이 있었던 것이다. 일제가 조작해낸 우리 역사를 다시 바로잡아야 할 것 이며 뚜렷한 사관과 민족사의 확립이 시급하기에 '한국사를 보는 눈'을 밝혀보고자 한다. 씸포지움까지 마련해서 딴에는 애써 엮었다고 생각 한다.[68]

특집은 천관우, 이기백, 김용섭의 글과 함께 6인이 참여한 좌담 형 식의 '한국사 씸포지움'으로 구성되었다.[69] 식민주의 역사학과 관련해 서는 좌담의 내용도 중요하지만, 특히 김용섭의 글에 주목할 필요가 있다. 해방 이후 한국 학계에서 일본인 식민주의 역사학의 주장을 가

---

67) 〈한국사연구회 창립 25주년 기념 좌담회〉, 《한국사연구》 79, 1992, 134쪽. 김용섭의 발언 이다.

68) 《사상계》 11-2, 1963. 2, 424쪽.

69) 특집: 천관우, 〈내가 보는 한국사의 문제점들-사관과 고증 및 시대구분〉; 이기백, 〈민족 사학의 문제-단재와 육당을 중심으로〉; 김용섭, 〈일제 관학자들의 한국사관-일본인은 한국사를 어떻게 보아왔는가?〉; 〈특집(심포지엄): 한국사관은 가능한가?-전환기에서 본 민족사관(1962. 12. 26)〉. 대담 참가자: 천관우, 한우근, 홍이섭, 최문환, 조지훈, (사회) 신일철. 1963년 11월 《세대(世代)》에서도 송건호가 〈왜곡된 침략자의 시선〉을 통해 일 본인의 한국인 멸시관에 대해 자세히 언급하였다.

장 체계적이고 깊이 있게 분석한 첫 논문이었기 때문이다. 그는 식민 주의 역사학이 한민족의 발전 과정에 대한 학문적 관심에서라기보다, "현실과 직결된 정치적 의미를 지니는" "학문에 있어서의 식민 정책이 었고 식민지 문화정책의 일환"으로 한국사를 연구했다며 그들이 학문 한 본질을 지적하였다.[70] 식민지라는 정치적 조건과 제도를 고려한 그의 식민주의 역사학 비판은 당시 다른 연구자들에게서 찾아보기 쉽지 않은 시각이자 문제제기였다.

이어 김용섭은 제국대학 중심의 관학파들과 후쿠다 도쿠조(福田德三) 등의 논리에 근거하여 해방 이후까지도 반도적 성격과 타율성을 끈기 있게 주장하고 있는 일본인 학자들의 글을 구체적으로 분석, 비판하였다. 그는 한국사의 "내적 발전 과정이 논의될 경우에는 봉건제에 대한 시각을 달리하여 봉건제를 인정하려는 경향이 더 농후하게 나타나고" 있다고 보았다. 조선에서의 봉건제 결여론을 핵심으로 하는 식민주의 역사학의 논지를 비판하는 방향과 의미를 정확히 진단한 것이다. 그러면서 그는 세계사의 발전 과정 위에서 한국사의 특수성을 살리는 '한국사관', "한민족의 풍토색이 물씬 풍겨오는" '한국사관'을 수립해야 한다고 주장하였다.[71] 김용섭은 일본인 관학자들의 역사관을 비판적으로 극복하기 위해 조선 후기와 개항기 연구를 '내적 발전 과정'의 맥락에서 접근해야 한다고 자신의 입론을 명확하게 드러냈고, 그러한 관점을 바탕으로 보편성과 특수성을 조화롭게 반영한

---

70) 김용섭, 〈일제 관학자들의 한국사관-일본인은 한국사를 어떻게 보아왔는가?〉, 《사상계》 11-2, 253쪽.
71) 김용섭, 〈일제 관학자들의 한국사관-일본인은 한국사를 어떻게 보아왔는가?〉, 《사상계》 11-2, 258·259쪽.

새로운 한국사 연구를 제창한 것이다.

한국사를 '내적 발전 과정'의 측면에서 재인식하려는 김용섭의 관점과 태도는 1부에서 확인했듯이 이미 1950년대 후반에 조심스럽게 '태동'하였다. 1961년 10월의 시점에서도 그는 실학사상을 근대 사상으로 강조하기 위해 역사적 현실과 실학사상이 어떻게 연관되었는지를 구체적으로 해명해야 한다며 내부적 요인에 주목하자고 공개적으로 제안하였다.[72] '김종필-오히라 메모' 이후 한일관계를 둘러싸고 식민주의 역사인식을 극복하는 문제가 전면에 대두했기 때문에, 김용섭의 입론은 더욱 정당성을 획득해가며 공개적으로 퍼질 수 있었다.

식민주의 역사학의 역사인식을 비판한 김용섭의 《사상계》 글은 연구와 실천적 행동을 동시에 추구하고 있던 일본조선연구소의 기관지 《조선연구월보》 1963년 3월호에 곧바로 번역되어 실렸다.[73] 앞서도 확인했듯이 일본의 조선사 연구자들 사이에서 김용섭의 사회경제사 논문은 줄곧 관심의 대상이었기 때문에, 김용섭이 일본인 식민주의 역사학의 역사관을 본격적으로 비판하는 논문을 작성했다는 소식이 들리자 민첩하게 반응했다고 볼 수 있다. 앞서 살펴보았지만 당시 일본조선연구소는 '연속 심포지엄, 일본에서의 조선 연구의 축적을 어떻게 계승할 것인가'라는 좌담회를 주제별로 조직하고 일본인에 의한 조선 연구를 비판적으로 검토하고 있었다.[74] 일본조선연구소 측은 김용섭의 논문이 자신들의 검토를 심화하는 데 도움이 되는 참고자료라

---

72) 김용섭, 〈최근의 실학 연구에 대하여〉, 《역사교육》 6, 1962, 136·137쪽. 김용섭은 원고의 말미에 1961년 10월 30일에 탈고했다고 밝히고 있다.

73) 〈資料 南朝鮮の歷史學者による日帝時代の朝鮮史研究批判〉, 《朝鮮研究月報》 15, 1963. 3. 25.

고 생각하였다.[75]

그런데 1965년 한일기본조약이 체결될 때까지 한국에서 식민주의 역사학을 비판하는 글을 찾아보기 쉽지 않다. 메모 내용이 알려진 이후 한일회담반대운동이 점차 격화되어 1964년 5월 '민족적 민주주의 장례식'을 거쳐 6·3민족운동까지 이어졌는데도, 식민주의 역사인식을 비판하는 분석적인 글은 당시의 인기 있는 대중 잡지와 학술지에서 매우 드물었다. 사실 김용섭은 애초에 특집 논문의 저자가 아니었다고 필자에게 말한 적이 있다. 청탁 받은 연구자가 원고 마감 시간이 다 되어 포기하는 바람에 갑자기 대타로 나서게 되었다는 것이다. 1960년대 전반기까지도 식민주의 역사학 자체를 비판하기가 그만큼 쉽지 않은 시대 분위기였고 학문 수준이었다.[76] 한국에서 식민주의 역사인식을 비판하는 행위는 1950년대 들어 역사학계의 주류로 자리 잡은 문헌고증사학자들에 대한 정면 도전을 의미하였다. 그러므로 내부의 흠을 드러내고 극복하면서 새로운 한국사관을 제시하기는 쉽지 않았다.[77]

앞서 1장에서 살펴보았던, 일본인 조선사 연구자들이 주제별로 하

---

74) 참고로 말하면, 〈메이지시기의 역사학을 중심으로(明治期の歷史學を中心して)〉라는 제목의 첫 좌담회 기록은 1962년 6월 발행된 일본조선연구소의 기관지 《조선연구월보》에 수록되었다.

75) 마찬가지 의도에서였다고 생각하는데, 《사상계》의 일본 특파원 전준(田駿)이 발표한 〈일본 교과서에 나타난 한국관-한국 민족사를 왜곡하는 일본인〉(《사상계》 13-5, 1965. 5)이란 글이 《조선연구》 43호(1965. 9)에 번역되었다.

76) 왜 이랬을까. 달리 보면 1960년대 후반기 들어 식민주의 역사인식을 비판하는 활동이 갑자기 활발해진 이유는 무엇일까? 이에 관한 의문은 다음 3장에서 해소해보겠다.

77) 식민주의 역사관에 대한 비판적 태도와 극복을 위한 한일 간의 활동을 여러 차원에서 비교할 수 있지만, 여기에서는 학문권력의 측면에만 주목하겠다.

나하나 검토하고 월례발표회에서 분석한 논문을 발표하며 비판적 검토를 거듭하던 대응 양상과는 너무나 다른 현상이다. 조선사연구회의 일부 연구자는 한일회담반대운동 속에서 일본의 지배 책임을 드러내며 일본인 식민주의 역사학의 역사관이 내포한 문제점을 적극적으로 제기하는 책자와 논문을 발표하였다. 그것은 베트남전쟁 반대운동과 맞물려 진행되면서 일본, 미국, 한국 사이의 군사 동맹과 냉전을 거부하는 운동의 일부였다. 그래서 일본 역사학계에 대한 도전의 성격도 있지만, 일본인 시민을 향한 프로파간다의 의미가 더 컸다. 일본 조선사 학계가 일본만의 맥락에서 식민주의 역사인식을 꼼꼼하게 점검한 것이다.

하지만 한국의 한국사 학계는 1965년경까지도 식민주의 역사인식에 대해 촘촘하면서도 분석적으로 접근하지 않아 우리 안의 식민성을 해명하는 작업이 사실상 이루어지지 않았다. 그런 가운데서도 위기의식이 고조됨에 따라 한국사 연구는 활성화되어갔다. 1960년대 초반 연구의 활성화를 자극하고 학계에 새로운 과제를 던진 계기의 하나는 미국발 근대화론의 유입이었다. 미국 정부가 권유하는 근대화는 박정희 군사정권이 1962년부터 경제개발 5개년계획을 추진하는 움직임과 맞물려 한국사회에서 근대 또는 근대화에 관한 여러 논의를 활성화하였다. 이때의 근대화 논의는 그 결과가 종속이든 타율이든, 한국사회의 자율적 발전을 성취하고 확인하려는 능동적이고 주체적이며 적극적인 태도와 시각을 드러낸 움직임이었다는 측면도 있다. 이제 한국에 소개된 근대화론의 특징과 과정 그리고 한국사 학계의 반응까지 살펴보자.

로스토와 라이샤워식 근대화론의 유입과 역사인식

근대화론에 관해 언급한 미국 학자는 많다. 그들이 주장한 내용의 일부는 한국에도 소개되었다. 가령 마이론 위너(Myron Weiner)가 편집한 《근대화-성장의 역학(MODERNATION-THE DYNAMICS OF GROWTH)》 (New York: Basic Books, 1966)도 1967년에 《근대화》란 제목으로 번역 출판되었다.[78] 이 책은 근대화가 어떻게 일어나고 촉진할 수 있는지에 초점을 두고 25명의 학자가 집필한 결과물이다. 근대화와 관련해 번역서만 출판된 것이 아니다. W. W. 로스토의 주장이 한국사회에 본격적으로 유입되기 이전인 1959년 2월에 《사상계》는 '한국과 근대화'라는 주제로 특집을 기획하였다. 모두 네 편의 글이 실렸는데, 그중 세 편의 필자들은 1648년 베스트팔렌 조약을 서양사에서 근대의 기점이라 말하거나(조의설), 후진국 근대화 과정의 세 가지 유형 가운데 한국은 타율적 근대화 과정에 해당하는 제3유형이며(조기준), 앞으로의 근대화 과정이 사대주의 근성을 버리고 과학의 발달과 정치적 자유 그리고 동양의 가치를 재발견하는 방향에서 이루어져야 한다(황산덕)며 주체적인 근대화를 주장하였다.[79] 다만 세 사람은 한국의 근대화를 말할 때 1960년대 근대화 논의에서 나타나는 성장이데올로기와 반공주의를 접목한 근대화론을 제기하지 않았다.

이후 근대화론과 관련하여 한국사회에 큰 영향을 미친 사람은 W.

---

78) 마이론 위너 편, 차기벽·김종운·김영록 역, 《근대화》, 세계사, 1967.

79) 조의설, 〈근대화의 역사적 의미〉; 조기준, 〈한국경제의 근대화 과정〉; 황산덕, 〈'사대적' 카리스마와 동양의 재발견-인간 의식의 근대화의 문제와 관련하여〉, 장경학, 〈인간관계의 개화·조락(凋落)·그 운명〉, 《사상계》 7-2, 1959. 2.

W. 로스토이다. 그의 근대화론은 1960년 5월 《반공산당선언(反共産黨宣言)-경제성장의 제 단계》라는 제목의 책으로 처음 소개되었다.[80] 로스토의 주장은 한국 지식인들 사이에 센세이션을 일으켰고,[81] 이듬해 8월 《경제성장의 제단계》란 이름으로 다시 출판되어 계속해서 대중의 관심을 받았다. 미국 케네디 정권에서 국무성 정책기획위원회 의장으로 활약한 로스토는 사회의 발전 단계를 5단계, 즉 전통사회, 과도기적 사회, 도약 단계의 사회, 성숙 단계의 사회, 고도의 대량소비사회로 단순 도식화하였다. 그의 경제성장론은 한국에 소개된 책의 제목에서도 시사하듯이 반공산주의, 진화론, 대중 동의와 동원, 그리고 친미와 반공의 테두리 내에서의 민족주의의 긍정성을 바탕에 두었다.[82] 또한 로스토는 전통 단계에서 도약 단계로 이행하는 과정이 사실상 단절적임을 말함으로써 전통과 근대를 대결 관계처럼 상정하고 외부의 충격과 영향으로 이행이 가능하다고 보았다.

로스토와 짝을 이루어 한국에 소개되던 또 한 사람이 일본사 연구자 에드윈 O. 라이샤워 교수이다. 1부에서 문헌고증사학과 라이샤워의 관계를 언급할 때 확인했듯이, 그는 하버드대학교 옌칭연구소 소속으로 1957년경부터 한국, 일본, 타이완에서의 학술연구 지원사업을 핸들링하던 사람이었다. 라이샤워는 1953년 《역사학보》에 고병익(高炳翊)이 번역한 〈일본에 있어서의 국수주의와 군국주의의 발생〉이

---

80) W. W. 로스토오, 이상구 역, 《반공산당선언-경제성장의 제 단계》, 진명문화사, 1960; W. W. Rostow, 이상구·강명규 공역, 《경제성장의 제단계》, 법문사, 1961.

81) 이상구, 〈경제발전 단계설로 이름난 W. W. 로스토우-케네디 행정부를 이끄는 브레인 트러스트〉, 《사상계》 9-2, 1961. 2, 106쪽.

82) 황병주, 〈박정희 체제의 지배담론-근대화 담론을 중심으로〉, 한양대학교 박사학위논문, 2008, 79~82쪽.

란 글이 실리면서 역사학계에 이미 알려져 있었다. 고병익은 일본 역사에 대한 재검토가 한국에서 거의 이루어지고 있지 않은 점을 아쉬워하며 "가장 저명한 일본 역사 연구가의 한 사람인" 라이샤워의 책 가운데 일부를 번역하였다.[83] 라이샤워는 1955년 한국에 와서 이병도 등의 주선으로 대중 강연을 한 적도 있으며, 1959년에는《일본제국 흥망사》란 이름으로 번역서도 냈다.[84] 그는 1950년대 한국 지식인 사회에 이미 상당히 알려진 미국인 일본사 연구자였던 것이다.

라이샤워는 미국 정부가 세계 전략의 하나로 그리고 있던 '근대화론'을 동북아시아에 처음 소개한 1960년 8월의 하코네 회의, 즉 미국과 일본 지식인의 대화에도 참여하였다.[85] 그는 이 회의 직전에 한국을 방문하여《사상계》주간 김준엽, 편집위원 이만갑(李萬甲)과 대담하였다.[86] 여기에서 라이샤워는 한국의 민주주의, 경제성장 그리고 한일수교에 대해 발언했는데, 이를 통해 그의 한국 인식을 먼저 살펴본 뒤에 일본사 인식, 달리 말하면 제국주의 인식에 대해 살펴보자.

그는 긴 왕조사와 오랜 식민주의 기간 그리고 한국전쟁을 거친 한국에서 민주주의가 "잘되어가는데 오히려" 이상하다며, 그것이 잘되

---

83) 《역사학보》3, 1953, 141쪽. 원서《일본, 과거와 현재(Japan, Past and Present)》는 1946년 도쿄 또는 뉴욕의 크노프(Knopf), 또는 1947년 런던의 더크워스(Duckworth)에서 발행되었다.

84) 라이샤워, 강봉식 역,《일본제국 흥망사》, 양문사, 1959. 이 책은 1963년 제3판이 발행될 정도였으니, 나름 독자층이 있었던 것 같다.

85) 1960년 8월 30일부터 9월 1일까지 3일 동안 미국인 학자 16명과 일본인 학자 14명이 일본의 유명한 관광지인 하코네에서 만나 회의하였다. 회의록은 신주백, 〈자료 소개: 하코네 회의 의사록(1960. 8. 30~9. 1)-동아시아에 '근대화론'을 전파한 기점으로서 하코네 회의〉,《한국근현대사 연구》80, 2017. 3에 번역되어 있다.

86) 《사상계》는 그의 일본인 부인과 대담한 기사도 수록하였다. 이때 이름을 제시하지 않고 '라이샤워 부인(夫人)'이라 하였다.

는 "중요한 원인"으로 미국 문화의 대량 직수입을 꼽았다.[87] 미국이 한국 민주주의의 보루이자 촉진자라는 함의이다. 그러면서 한일국교 정상화와 경제발전, 민주주의 지속과 통일문제의 연관성에 대해 다음과 같이 발언하였다.

> 일본과 한국 간의 외교 정상화는 한국의 제일 중요한 문제의 하나라고 생각합니다. **지금까지의 한국의 민주주의 발전은 성적이 좋았다**고 할 수 있는데, **이런 상태가 앞으로 계속되려면 경제 안정이 되어야** 할 것입니다. 한국 같은 나라의 **경제 문제(는-인용자) 무역 문제에 크게 좌우된다**고 보는데요. 수출이 있어야 할 거예요. …… 사실 일본으로 보면 한국이 그다지, 즉 한국이 일본을 필요로 하는 것만큼 중요하지 않을 겁니다. 그러니 **한국 자체의 수출을 위해 일본과의 통상이 시급한 문제**라고 생각됩니다. 그래서 **경제 상태가 원활해지면 민주주의도 향상**됩니다. …… 이런 **경제성장이 있은 후에 통일문제도 해결**해야지 지금은 통일이 된다 해도 위험합니다. 나는 일본보다 한국을 위해 일본과의 정상 관계를 희망해요.[88] (강조 – 인용자)

그러면서 라이샤워는 대담의 마지막 발언에서, 한국의 처지를 볼 때 가장 시급한 문제는 경제 부흥 문제임을 재차 강조하고, 이를 위해 "빨리 일본과의 국교를 정상화하여 경제 부흥을 도모해야" 한다고 주장하였다.[89] 한일국교정상화가 경제성장, 민주주의, 통일문제 해결의

---

87) 〈대담: 인내만이 민주주의를 지킨다(일시 1960. 10. 2)〉, 《사상계》 8-12, 1960. 12, 213쪽.

88) 〈대담: 인내만이 민주주의를 지킨다(일시 1960. 10. 2)〉, 《사상계》 8-12, 215쪽.

89) 〈대담: 인내만이 민주주의를 지킨다(일시 1960. 10. 2)〉, 《사상계》 8-12, 217쪽.

시작점이고 지름길이며 토대라는 것이다. 라이샤워는 한일 양국 사이의 특수한 역사, 달리 말하면 일본의 제국주의 침략과 식민지 억압은 자신의 시야에 전혀 넣지 않았다. 아니, 시야에 넣지 않았다기보다는 전혀 다른 관점과 방법론으로 한국 문제에 대해 확신에 찬 태도를 보여주었다.

대담한 지 얼마 지나지 않은 1961년 4월 라이샤워는 주일 미국대사로 부임하였다.[90] 그는 한일회담의 성사에도 노력하는 한편, '지일대사(知日大使)'라는 별칭에서도 짐작할 수 있듯이, 일본의 각종 대중지에 글을 쓰거나 대담에 참석하여 근대화론과 이를 뒷받침해주는 일본근현대사에 관한 역사인식을 공공연하게 설파하였다.[91] 대사로 부임한 지 얼마 되지 않았을 때인 1961년 9월, 《중앙공론(中央公論)》이 기획한 '일본 근대화의 역사적 평가'라는 주제의 대담에서 '근대화에 크게 성공한 유일한 모델'인 일본의 근현대사를 쉽고 명확하게 설명했는데, 당시 수많은 일본 지식층이 읽었다고 한다.[92] 대담, 집필, 강연을 비롯한 그의 폭넓고 활발한 언행에 대해 일본의 혹자가 '라이샤워 공세'라고 부를 정도였다.[93]

여러 발언 중에서 라이샤워의 역사인식을 알 수 있는 언급을 분석해보면, 그는 일본에 대해 근대의 모태인 봉건제가 있었고, 다이쇼와

---

90) 그는 1966년 7월까지 5년 넘게 주일미국대사로 재직하였다.

91) 그 가운데 주요한 글만 모아 주일미국대사로 재직 중인 1965년에 발행한 책이 《근대화의 새로운 견해(近代史の新しい見方)》(講談社 現代新書 56, 1965)이다. 이 책은 일본의 근대(화) 역사(1부)와 근대화란 무엇인가(2부)를 설명하는 문고본이다. 한국에는 1997년에 처음으로 번역되었다(라이샤워, 이광섭 역, 《일본 근대화론》, 소화, 1997).

92) 라이샤워, 이광섭 역, 《일본 근대화론》, 90~118쪽에 수록되어 있다.

93) 다키자와 히데키(瀧澤秀樹), 〈설림(說林) 일본에 있어서의 역사학과 경제사〉, 《역사교육》 33, 1983, 150쪽.

쇼와 시기에 "민주주의의 초기"를 달성했기 때문에 비서구 사회에서 근대화에 "큰 성공을 거둔 유일한 예"라고 본다.[94] 그에게 1931년부터의 15년전쟁은 예외적인 경우로 크게 문제 삼을 역사가 아니었다. 라이샤워식 근대화론이 일본의 침략사를 문제 삼지 않았음을 재차 확인할 수 있는 대목이다. 오히려 라이샤워는 전후 일본의 역사까지를 연속적으로 바라보며 일본근현대사의 내적 맥락에 초점을 두고 일본의 성장사를 매우 긍정적이고 모범적인 사례로 간주하였다.

로스토와 라이샤워가 근대화론을 제기할 때 공통으로 드러낸 인식은 산업혁명이란 긴 과정을 획으로 전통사회와 근대사회를 대별하고, 전통사회의 문맥에 비중을 두지 않은 채 근대사회의 독자적인 발전 경향에 주목한다는 데 있다.[95] 두 사람이 말하는 근대사회란 서구사회, 더 좁게 말하면 유럽의 근대사회를 가리킨다는 점을 고려할 때, 전파자의 입장에서 근대화론은 제3세계의 특수성을 부정하고 서구가 만든 보편을 밀어붙이겠다는 의미이다. 수용자가 근대화론을 받아들인다는 함의는 자신의 역사와 현실을 서구중심주의 역사인식으로 본다는 뜻을 내포한다.

산업혁명을 획으로 전통과 근대를 가르는 역사인식에 따라, 라이샤워는 근대화란 "기계력이나 지식의 발달에 입각한 인간력의 확대라고 하는 인식의 역사에서 일대 발전 단계"를 가리키며 "산업 기술의 혁신

---

94) 라이샤워, 이광섭 역,《일본 근대화론》, 95쪽, 117쪽, 174쪽. 1961년 9월과 1963년 3월에 출판된 글에서 인용하였다.

95) 라이샤워의 한국사 인식은 본문에서 언급한 대로 전통과 근대를 분리하고 외부적 동력에 의해 근대화가 가능하다는 입장이다(안종철, 〈주일대사 에드윈 라이샤워의 '근대화론'과 한국사 인식〉,《역사문제연구》29, 2013, 315쪽). 한국인의 입장에서 볼 때 그의 역사인식은 식민주의 역사학의 한국사 인식을 정당화시켜줄 뿐이었다.

을 수반한 역사적 변화"라고 정의하였다.[96] 산업 기술을 압축한 표현인 공업화는 유일하고 기본적인 요소는 아니지만 근대화의 관건이며, 결국 근대화는 우선 기계의 형태로 나타날 수밖에 없다. 이렇듯 로스토와 라이샤워는 전통과 크게 나뉘는 근대(화)에 단절적 인식과 단계성을 부여하고, 선진국을 뒤쫓아야 하는 후진국인 한국에 외부, 곧 일본의 협력을 받아 공업화를 달성하여 근대화를 이룩해야 한다고 제시한 것이다.

라이샤워는 자신의 인식을 역사적으로 해명하고 정당화시켜준《동아시아(East Asia)》(Boston: Houghton Mifflin)를 J. K. 페어뱅크와 함께 집필하였다. 책의 제1권 부제기 '위대한 전통'(1960년)이고, 제2권 부제가 '근대화'(1965)인 이유와 책의 구성이 전통과 근대로 이분된 배경도 그들의 근대화론과 맞물려 있었다. 두 책은 각각 1964년과 1969년에《동양문화사(東洋文化史)》상권과 하권으로 번역되었고,[97] 사학과 학생이라면 한 번쯤 넘겨보았을 교재로 오랫동안 광범위하게 이용되었다. 두 책은 1990년대까지 한국인의 '동양', '동아시아' 역사인식, 즉 일본의 성공, 중국의 실패, 중국보다 더 완벽한 한국의 실패라는 인식 구도에 막대한 영향을 미쳤다. 오리엔탈리즘의 전형을 내장한 역사인식을 전파한 책이라고 볼 수 있겠다.

96) 라이샤워, 이광섭 역,《일본 근대화론》, 206쪽.

97) 에드윈 O. 라이샤워·존 K. 페어뱅크 공저, 전해종·고병익 공역,《동양문화사》(상·하), 을유문화사, 1964, 1969. 첨언하자면, 논지에서 벗어날 우려가 있어 분석하지는 않겠지만, 'East Asia'를 오늘날처럼 '동아시아'로 번역하지 않고 '동양'으로 번역한 당대의 지역인식도 다른 측면에서 주목할 필요가 있다는 점만 언급해두겠다. 관련된 자세한 분석은, 신주백, 〈한국에서 동아시아사 인식에 대한 비판적 검토〉,《역사 화해와 동아시아형 지역 만들기》, 선인, 2015, 326~337쪽 참조.

근대화 과정에서 민족 주체성을 말하는 수용자들

J. K. 페어뱅크 교수는 중국사 전문가로 《동양문화사》의 공동 저자이자 하버드대학교 동아시아연구센터의 소장이다. 그는 고려대학교 아세아문제연구소가 국제학술회의를 처음 기획할 즈음인 1960년 6월 소장 자격으로 아세아문제연구소를 방문하였다. 이어 7월에는 라이샤워 교수가 그곳을 방문하였다. 라이샤워는 아세아문제연구소에서 '한국과 근대화'라는 주제로 강연하고,[98] 8월에 하코네 회의에 참석하였다.

두 사람과 인적 네트워크가 확실한 사람이 이병도였다. 이병도는 두 사람이 《동양문화사》를 집필할 때 하타다 다카시와 함께 한국사에 관한 서술 부분에서 "매우 세밀한 수정"을 해준 3인 가운데 사람이었다.[99] 당시 이병도는 하버드대학교 옌칭연구소의 한국 지부격인 동아문화연구위원회를 책임지고 있는 한편, 1962년의 시점에 서울대학교 명예교수이자 진단학회 이사장이었다.

진단학회를 이끌고 있던 이병도는 1962년 5월 서울대학교 동아문화연구소와 공동으로 '제1회 동양학 심포지엄'을 주최하였다. 그 이후 근대화와 관련하여 1960년대 내내 주목받았던 종합 학술 기획 행사를 들면 〈표 2-3〉과 같다.

---

98) 〈아세아문제연구소 연혁과 현황〉, 1967.6, 4쪽.
99) 에드윈 O. 라이샤워·존 K. 페어뱅크 공저, 전해종·고병익 공역, 〈저자 서문〉, 《동양문화사》(상), 7쪽.

〈표 2-3〉 '근대화' 관련 종합 학술 기획과 심포지엄

주최	일시	심포지엄 주제	결과물과 출판 시기	역사학자	비고
진단학회/ 서울대학교 동아문화 연구소	1962. 5. 8~12	제1회 동양학 심포지엄	〈제1회 동양학 심포지엄 속기록 한국 근대화 문제 (기1), (기2)〉, 《진단학보》 23, 1962.12	기1: 발표 이상백100 외 기2: 의장 이병도, 사회 전해종, 발표 민석홍·고병익·이보연·천관우	*서울대에서 열린 심포지엄 때 '근대화 문제'는 11. 12일에 발표. *동아문화연구위원회 지원
서울대학교 동아문화 연구소	1965		《동아문화》 3, 1965. 4	민석홍, 〈유럽 근대화에 관한 일 고찰〉	*6편 모두 '근대화' 관련 논문 *제4회 동양학 심포지엄(1965. 10)-'한국적인 것' *제5회 동양학 심포지엄(1966. 11)-'한국학의 방법론과 과제'
고려대학교 아세아문제 연구소	1965. 6. 18~ 7. 3	고려대학교 창립 60주년 기념 심포지엄, 아세아에 있어서의 근대화 문제	International Conference on the Problems of Modernization in Asia, June 28~July 7, 1965: abstract, 1966. 4	2분과 발표자: 전해종·이광린·고병익·이선근	*영문 46배판. 810쪽. *1963년 5월 고려대 창립 60주년 기념행사의 일환으로 주제를 확정.
경희대학교 후진사회 문제연구소	1965, 1968		*《한국 근대화의 제문제》, 1965. 10 1. 조국의 근대화와 민족의 진로 2. 한국 근대화의 제 문제 *《한국 근대화에 있어서의 후진적 요인》, 1968	1부 발표자 (9개 주제): 이선근(문제제기, 결론)·김성균(민족)·홍이섭(사상)·조기준(경제)	*후진사회문제 연구총서 제1·2집
동국대학교	1966. 11. 1~4	동국대학교 개교 60주년 심포지엄, 한국 근대화의 방향과 이념	《한국 근대화의 이념과 방향》, 1967.5	사회: 전해종, 발표: 민석홍·신일철·이우성, 토론: 길현모·이광린·이보연·한우근·주종환·조기준	

한국경제사학회	종합토의: 1968. 3. 30	심포지엄: 1967. 12. 8~9 한국사의 시대구분 문제	《한국사 시대구분론》, 을유문화사, 1970	발표: 이기백·김철준· 김병하·강진철·천관 우·유원동·이선근·조 기준·홍이섭·김재진 종합토의 사회: 조기준 보고: 김영호 토론: 강진철·김병하· 김재진·김종현·김철 준·유원동·이기백·이 선근·이용희**101**·이우 성·천관우	*종합토의는 동아 일보사 회의실에서 열림. *이때의 종합토의 는 심포지엄 때의 토론과 별도로 보 아야 한다.
한국국제 정치학회	1968. 4. 20	한국 근대화 에 있어서의 갈등과 조화	《국제정치논총》 8, 1969. 1		
숙명여자 대학교 아세아여성 문제연구소	1968. 4.25	숙명여자 대학교 아세아여성 문제연구소 창립 30주년 기념 학술 '심포지엄'	《창립 제30주년 기념 학술 심포지엄 논문 집: 한국 여성 근 대화의 제 문제》, 1968. 4. 25		*회장: 이용희

〈표 2-3〉에서 알 수 있듯이, 1962년의 심포지엄은 한국 학계가 근대화를 주제로 연 첫 학술회의였다. 서울대학교에서 열린 이 심포지엄은 동아문화연구위원회, 더 넓게 보면 옌칭연구소로부터 2만 원을 지원받았다.[102] 근대화론의 수용 과정에 미국의 그림자가 있었음을 확인할 수 있는 대목이다. 일련의 정황상, 동아문화연구위원회가 '근

100) 서울대학교 사회학과 소속이었다.

101) 한국국제정치학회 회장으로 재직하고 있었다.

102) 동아문화연구소, 〈19. 경상비 보조〉,《업적 보고서 1961~1962》, 동아문화연구위원회,
1963, 83쪽.

대화'에 관한 학술 기획을 라이샤워 측으로부터 제안받았거나 라이샤
워 측에게 능동적으로 제기했을 가능성이 크다.

학술회의에서 발표된 한국 근대화에 관한 원고는 진단학회의 학술
지인 《진단학보》에 게재되었다. 발표된 주제와 발표자를 정리하면 〈표
2-4〉와 같다.

〈표 2-4〉 '제1회 동양학 심포지엄' 발표자와 제목

	제목 1	제목 2	발표자
5. 8	춘향전의 종합적 검토	(생략-인용자)	(생략-인용자)
5. 9	중국어의 어법과 교육		
5. 10	15세기 국어의 음운체계		
5. 11	한국 근대화 문제(기1) 의장: 박종홍 사회: 이만갑	《독립신문》에 나타난 가치관념	이만갑
		한국 정당의 전근대성	김성엽
		한국 근대화의 기본 성격	이상백
5. 12	한국 근대화 문제(기2) 의장: 이병도 사회: 전해종	서양의 근대화 과정	민석홍
		동양 근대화의 제 문제	고병익
		초기 한미 관계와 한국의 근대화 문제	이보형
		한국 근대화의 제 문제	천관우

※출전: 〈서울대학교 문리과대학 부설 동아문화연구소 소개〉, 《동아문화》 1, 1963, 165·166쪽.

〈표 2-4〉에 언급된 발표 제목들을 보면, 근대화란 무엇인가를 해명
하는 노력이 공통된 관심사였음을 확인할 수 있다. 발표자들은 근대
화란 "봉건사회에서 자본주의사회로 이행하는 것"(이상백, 195쪽), "봉
건사회의 해체 과정 속에" 그 출발점이 있다거나(민석홍, 201쪽), 서양
화를 의미하고 공업화와 동의어라고 규정하였다(고병익, 204쪽). 근대

화란 전근대를 부정하고 달성하는 서양화라는 시각이 드러난 개념 정의이다. 그런데 천관우는 근대화란 "서양화일 뿐 아니라 일본에 의하여 번역된 서양화"라는 시각을 드러냈다(208·209쪽). 적절한 지적이다. 언론인이자 한국사 연구자인 천관우처럼 규정하면 근대화는 일본에 의한 타율적이고 기형적인 서양화였다는 역사인식으로 구체화된다.

발표자들이 근대화에 관한 개념 정의를 시도한 데 이어 드러낸 관심 사항은 한국, 중국, 유럽에서 근대화의 시작점을 각각 언제로 볼 것인가였다. 가령 이상백은 통설에 따라 한국 근대화의 시작점을 1876년 강화도조약으로 본 데 비해, 천관우는 강화도조약부터 을사늑약까지의 사이에 근대사의 기점으로 고려할 만한 역사적 사건을 소개하면서도 자신은 아직 준비가 덜 되어 있다며 결론을 유보하였다. 결국 제1회 동양학 심포지엄에서 선명하게 모아진 논의의 초점은, 한국사 연구를 대상으로 근대화 문제를 논의하면서 한국근대사와 관련하여 근대화의 시작점과 근대사의 기점을 동일시하며 그 시기를 어느 때로 잡아야 하는가로 모아졌다. 달리 말하면, 근대화론을 수용한 역사학계의 근대화 논의는 근대화와 근대를 동일시하고 근대사의 시작점에 관한 논의를 시작함으로써 '발전'이란 시간 관념을 유포시켰다. 물론 사람마다 근대화와 근대사의 기점을 판단하는 기준은 다를 수 있다. 그럼에도 좀 거칠게 보면 서구적 자본주의화를 바탕으로 정치적 문화적 전환까지를 기준으로 삼는 근대화라는 개념과 달리, 근대사의 기점은 정치군사적 요인만으로도 시기구분의 기준으로 고려할 수 있다. 그래서 1960년대 내내 근대사의 기점을 둘러싼 논의의 와중에 18세기부터 20세기 초반까지의 어느 시기를 특정하는 주장들이 다양하게 제기될 수밖에 없었다.

아무튼 1962년 5월의 심포지엄을 계기로 근대화 문제를 꾸준히 생각하는 역사학자가 나오기 시작하였다. 프랑스사 전공자인 민석홍이 여기에 해당한다. 그는 1965년 4월에 발표한 〈유럽 근대화에 관한 일 고찰〉에서 1965년 1월에 라이샤워가 했던 '근대화와 서구화는 다르다'는 발언을 지지하였다. 그는 유럽의 근대화와 아시아, 아프리카의 근대화가 같을 수 없지만, 유럽 근대화의 이념인 자유와 평등의 보편성을 부정하며 "공업화를 위하여는 다른 모든 것을 희생하여도 좋다고까지 생각하는 과격론자"를 비판하였다.[103] 이때까지도 민석홍은 서구와 다른 한국의 근대화, 그러면서도 보편적 가치를 부정하지 않는 근대화를 시시하였다.

서양사 연구자 가운데 민석홍이 한국 근대화 문제에 관심을 두었다면, 한국사 분야에서는 1960년대 전반기까지만 해도 천관우만큼 근대화 문제에 관한 글을 많이 발표한 사람을 찾기가 쉽지 않다. 그는 역사적인 측면과 현실, 실증 연구와 사론을 구분하지 않고 발언하였다. 그 예로 〈내가 보는 한국사의 문제점들-사관과 고증 및 시대구분〉(1963), 〈근대화와 민주화의 두 바퀴로 달려라〉(1963), 〈세계사 참여의 사적 과정-한국 근대화 시발기의 기본 성격〉(1964) 등을 들 수 있다.[104] 글의 제목에서도 알 수 있듯이, 천관우는 민족사가 급속한 근대화를 요구하지만 "민의에 뿌리박지 않은 근대화나 번영이 따르지 못

---

103) 《동아문화》 3, 137쪽. 민석홍의 글은 동양학 심포지엄 때의 〈서양의 근대화 과정〉(1962)과 동국대회의에서의 〈서구적 근대화 이념과 한국〉(1966)과 같은 선상에 있는 발표문이다. 이후 그는 자유와 평등을 크게 훼손한 박정희 정부의 근대화 정책을 적극 옹호하는 지식인으로 변신하였다. 자세한 사항은 육영수, 〈근대화의 길, 역사가의 선택-민석홍의 학문적 생애에 대한 몇 가지 생각〉, 《한국사학사학보》 14, 2006, '제4장' 참조.

하는 민주화"가 "공소(空疎)"하다며 근대화와 민주화를 분리하여 생각하지 않았다. 1962년 5월의 제1회 동양학 심포지엄 때 나온 '근대화는 곧 서양화'라는 발언들과 확연히 다른 주장인 것이다. 또한 그는 한국 근대사의 시작점에 관한 관심에서부터 한국사의 시대구분 문제로 생각을 확장하고, 타율성 및 정체성에 주목하며 식민주의 역사인식 문제까지도 언급하면서 한국사를 체계화해야 한다는 의견까지 제시하였다. 천관우는 민주화를 동반하는 성장이데올로기를 지지하였다. 그러면서 한국 근대화 과정을 역사적으로 해명하고자 근대의 성격과 근대사의 기점에 대해 발언한 이후에, 한국사를 발전적 시간 관념에 따라 체계화해야 하는 과제로까지 문제의식을 확장한 것이다.

민주화를 동반하는 산업화가 곧 근대화라는 인식은 공업화를 중심으로 대외 의존적 경제성장을 우선해야 한다는 로스토와 라이샤워식 근대화론과는 분명 다르다. 근대화론이 유입되어 논의가 촉발된 출발점에서부터 전파자와 역사학계의 일부 수용자 사이에 격차가 있었음을 알 수 있다. 박정희 정부의 근대화 정책에 학계가 처음에는 미지근하게 반응한 데는 이런 이유도 있었을 것이다.

학계, 특히 역사학계와 달리 박정희 정부는 근대화론을 수용하여 정책화하는 데 적극적이었다. 한국중세사 전공자인 이우성이 1963년부터 1967년까지 5년 동안의 역사학계 동향을 정리한 '총설'이란 제목의 다음과 같은 글에서 이를 짐작할 수 있다.

---

104) 특히 〈세계사 참여의 사적 과정-한국 근대화 시발기의 기본 성격〉은 1962년 12월 《진단학보》에 발표한 내용을 다시 수정 보완하여 발표한 글이다. 그가 자신의 견해를 더 정교하게 다듬어갔다고 볼 수 있겠다.

우리는 이 5년간의 국사학의 동향 속에 두 가지 중요한 사실을 간취할 수가 있다. 하나는 **민족주의 의식의 태동**이고 다른 하나는 역사의 합법칙적 발전에의 묘색(描索) — **시대구분 논쟁의 발단**이다. 종래 이 땅의 특수 현상으로 '**민족주체의식**'론과 '**근대화**'론이 정치 지도층에 의하여 **먼저 창도**되어왔다. 그러나 아웃사이더의 입장에 있었던 역사학자들은 끝내 그것에 관심을 표명하려 들지 않았던 것이 사실이었다. 그러던 것이 이 5년 동안에 역사학자들은 현실 정치와는 직접 관계가 없이 학문적 견지에서 **민족주체의식과 근대화의 문제를 도입하여 국사학의 절실한 명제로** 삼기에 이르게 되었다.[105] (강조 - 인용자)

위의 언급에서도 확인할 수 있듯이, '근대화'론은 '정치 지도층'이 먼저 '창도'하였다. 사실 박정희는 한국 근대화 문제를 1962년에 들어서자마자 분명하게 제기하였다. 그는 한국 근대화의 과제로 첫째, "반봉건적, 반식민지적 잔재로부터 민족을 해방시켜야 한다", 둘째, 빈곤으로부터 민족을 해방하여 경제 자립을 이룩해야 한다, 셋째, "건전한 민주주의의 재건이다"라고 말하였다.[106] 이렇듯 처음에 박정희는 근대화를 산업화로 획일화하지 않고, 전근대 요소를 부정하면서 민족주체성이라는 사회 문제, 빈곤 탈출이라는 경제 문제, 그리고 민주주의 발전이라는 정치 문제를 포괄적으로 제기하였다. 더구나 1963년 총선과 대통령 선거 당시 근대화라는 말을 정치 슬로건으로 채택하여

---

105) 이우성, 〈회고와 전망 총설〉, 《역사학보》 39, 1968, 2쪽.
106) 박정희, 〈한국의 근대화를 위하여-우리나라 민주혁명의 과제〉, 《우리 민족의 나갈 길-사회 재건의 이념》, 동아출판사, 1962. 1, 128~130쪽. 책의 '머릿말'에도 같은 내용이 있다.

활동하는 후보자들이 많았다. 정부가 무엇이 근대화인지를 충분히 해명하지 않은 채 어젠다로 밀어붙임에 따라 근대화라는 말이 정치판을 중심으로 "일종의 유행어처럼" 회자되었던 것이다.[107] 결국 근대화라는 말과 성취 과제가 정치적 어젠다이자 사회적 화두로 한국사회에 확실히 자리매김하였다.

새로 출범한 제3공화국은 근대화가 아니라 '조국 근대화'를 전면에 내세우기 시작하였다. 박정희는 1963년 12월 대통령 취임식에서 "1960년대 우리 세대의 한국이 겪어야만 할 역사적 필연의 과제는 정치, 경제, 사회, 문화 모든 분야에 걸쳐 조국의 근대화를" 성공적으로 달성하기 위해 "범국민적 노력이 있어야" 한다고 말하였다. 그 일환으로 "한 개인으로부터 자주적 주체의식을 함양"하는 노력을 국민에게 요구하였다.[108] 이렇게 제3공화국은 조국의 근대화와 민족 주체성을 분리하지 않고 동시에 제기함으로써 근대화 정책에 국민 개개인을 동원할 수 있는 논리적 발판을 마련하였다.

이 시기까지만 해도 박정희 정부가 말하는 근대화와 1962년 5월에 열린 '제1회 동양학 심포지엄', 그리고 이후 천관우 등의 근대화에 관한 주장 사이에 뚜렷한 대척점이 있었다고 지적하기는 쉽지 않다. 더구나 정부 측에서 근대화란 이런 의미라고 명료하게 정리하지 않고 있어 양자 사이의 접점 찾기와 구별 짓기가 더 어려웠을 것이다.

---

107) 천관우, 〈세계사 참여의 사적 과정-한국 근대화 시발기의 기본 성격〉, 《사상계》 12-1, 1964. 1, 256쪽.

108) 〈제5대 대통령 취임식 대통령 취임사(1963. 12. 17)〉, 《박정희 대통령 연설문집 2-제5대편》, 대통령비서실, 1973, 4쪽.

근대의 기점 논쟁과 새로운 시선들

그러다 1964년을 지나며 한국사회에서 근대화에 관한 논의가 활성화되었다. 〈표 2-5〉는 근대화를 둘러싼 한국사회의 지적 흐름을 거칠지만 현상적으로나마 파악할 수 있게 해주는 통계이다.

〈표 2-5〉 학술기사 제목에 '근대화'를 명시한 출판물의 추이(1955~1970)

연도 1	1955~60	1961	1962	1963	1964	1965	1966	1967	1968	1969	1970
건수	26	7	8	17	70	136	195	146	160	129	135
연도 2	1955~60	1961~65					1966~70				
건수	26	238					765				

※비고 1: 필자가 2015년 11월 1일 국회도서관 소장 자료에서 '근대화'라는 검색어로 찾았다.
※비고 2: '국내학술기사', '국회회의록', '학위논문', '일반도서'가 포함된 통계이지만, '학술기사'가 대부분을 차지한다.
※비고 3: 한글로 번역된 외국 서적도 통계에 포함하였다.

〈표 2-5〉에 따르면, 1964년 한 해 근대화를 주제로 내세운 출판물의 수치(70건)가 그 이전(1955~63년)의 수치를 모두 합한 것(58건)보다 많을 정도로, 1964년 들어 한국사회에서 근대화에 관한 언급이 급증하기 시작하였다.

그렇다면 어떤 반전이 있었기에 이때에 이르러 한국사회의 근대화를 둘러싸고 구체적인 지적 흐름이 형성되었을까. 그 직접적인 배경에는 박정희 정부의 움직임이 있었다.

박정희는 대통령 취임 직후인 1964년 1월 10일자 '연두교서'에서 "혼돈과 침체 속의 후진의 굴레에서 결연히 벗어나, 우리의 조국을 근대화시켜야 한다는 원대한 목표를 설정하고," "경제 활동에의 새로운 지표와 전진을 위한 의욕으로 경제 전반에 걸친 다각적 건설 활동을 전개케" 함으로써 "도약의 단계로 돌입"하겠다고 밝혔다.[109] 마치 로스토의 경제성장 5단계 가운데 세 번째인 도약 단계와 같은 단계에 다다르도록 경제 정책을 운용하겠다고 선언한 듯하다. 제3공화국은 모든 분야에 적용되어온 후진성 담론을 빈곤 탈출이라는 경제 문제로 단일화하여 재구성하고,[110] 후진성을 극복하기 위한 자립경제의 확립을 조국 근대화의 선도적이고 핵심적인 목표로 설정함으로써 확실한 의지를 드러냈다. 박정희 대통령은 어젠다 차원에 머물던 근대화 논의에서 확실히 벗어나 근대화가 곧 경제 자립이라는 방향 설정이자 목표치를 제시하고 이를 정권의 통치 방향으로 설정한 것이다.

박정희 정부가 주도하는 근대화 정책은 4·19혁명 이후 빈곤 탈출과 근대화의 달성 방안에 관한 변화된 민심의 지지를 받을 여지가 생겨나면서 가능하였다. 1950년대까지만 해도 한국의 지식인 사회는 민주 정부의 효과적인 정책 계획과 추진력으로 후진성을 극복할 수 있다고 보았다. 그런데 4·19혁명을 거치며 비능률적인 후진국 민주정치로는 후진성을 극복하기 어렵다고 생각하는 사람이 늘어갔다. 이들은 독재적인 수단으로 후진성을 극복하고 민주적 기반을 급속히 확대

---

109) 〈대통령 연두교서(1964. 1. 10)〉,《박정희 대통령 연설문집 2-제5대편》, 25쪽, 27쪽, 31쪽.

110) 황병주, 〈박정희 체제의 지배담론-근대화 담론을 중심으로〉, 131쪽. 제3공화국이 빈곤을 발견한 것은 아니다. 1950년대 한국사회의 후진성을 해명하는 움직임에서도 자주 나오기 때문이다. 다만, 1960년대의 빈곤 담론은 후진성의 원인에 대한 해명에 초점을 맞추지 않고, 달리 말하면 열등의식을 심어주는 담론에 동원되지 않고 근대화의 동력으로 끌어들여져 한국인의 진취적 태도와 인식을 자극하는 데 동원되었다는 점에서 1950년대와 크게 다르다. '민족 주체성' 문제도 이 측면에서 빈곤 담론을 긍정의 에너지로 추동하는 역할을 했다고 볼 수 있을 것이다.

해야 한다는 주장에 힘을 실었다.[111] 후진성을 극복하기 위해 권위주의적인 국가권력이 불가피하다는 주장이나 마찬가지여서 제3공화국의 통치 방향에 힘을 실어주는 인식인 것이다.

근대화에 관한 사회적 논의가 늘어난 또 다른 배경에는 1964년 5월 '민족적 민주주의 장례식'이 거행되는 등 6·3민족운동으로 통칭하는 한일회담반대운동의 고조가 있었다. 민족과 민족문화를 수호해야 한다는 위기의식이 고조됨에 따라 한국사회에서 반일민족주의 의식이 높아가는 가운데, 학계에서도 민족 주체성과 근대화를 연결시켜 사고하는 경향이 강화되어갔다.

천관우의 정리에 따르면, 당시 한국사 학계에는 근대화와 한국사의 주체성을 해명하는 문제를 둘러싸고 크게 두 흐름이 있었다.

하나는 한국에도 **그 자체 내에 근대화의 싹이 돋고 있었다**는 것을 강조하여, **서양의 작용이 없었더라도 언젠가는 근대화가 되고 말았을 것**이라고까지 하는 견해가 그것이요, 또 하나는 비록 **서양의 작용을 인정한다 하더라도 무비판한 일방적인 수용이 아니라 자율적, 선택적으로 수용하고 재해석 혹은 모디휘케이션을 거친 것**이라 하여, 아아(亞阿) 각국의 근대화와 한국의 근대화가 서로 다른 것이 그 저례(著例)라고 하는 견해가 그것이다.[112] (강조 - 인용자)

---

111) 홍정완, 〈4월혁명과 근대화 담론의 변화-근대화의 주체와 방법에 관한 논의를 중심으로〉, 《인문과학》 79, 2020.

112) 천관우, 〈세계사 참여의 사적 과정-한국 근대화 시발기의 기본 성격〉, 《사상계》 12-1, 259쪽.

오늘날의 표현으로 바꾸어 말하면, 천관우의 언급에는 1960년대 초반 한국사 학계가 주목한 내재적 발전 또는 자본주의 맹아라는 시선과, 근대화의 주체적 수용이라는 측면에서 접근하려는 움직임이 이미 공존하고 있었다. 두 흐름은 인간관계는 차치하고 학문적 유파나 활동 공간에서조차 경계 짓기를 하기가 무의미했다. 오히려 두 흐름 모두 한국사의 주체적 발전, 한국인의 민족적 주체성에 초점을 맞추려는 움직임이라는 공통점이 있었다는 데 더 주목할 필요가 있다. 이렇듯 1960년대 한국에서 근대화론의 수용이 갖는 특징은 주체성 논의와 동시에 진행되었다는 데 있었다.

이때의 주체성이란 민족적인 주체의식을 말하는 것이지 사대도, 자만도, 배타주의도 아니었다. 주체성을 말하는 사람들은 '민족적'이어야 과학기술도, 자유민주사상도, 실존주의도 주체적으로 자각하고 소화 섭취할 수 있다고 보았다. 결국 민족 주체성이란 자유로운 생활 속에 인간의 존엄성을 인정하는 바탕 위에 있는 민족정기를 의미하였다.[113] 개개인의 주체성과 민족 자주의식을 구별하지 않고 하나로 본 것이다.

이 대목에서 한국사 학계에 두 흐름이 있었다는 사실도 중요하지만, 그 이상으로 주목해야 할 점이 있다. 1960년대 초중반경의 시점에서 근대화와 주체성 문제를 스스로 논의했다는 사회 현상이 말하는 의미이다. 1960년대 근대화 논의 자체를 한국인의 주체적 움직임이란 측면에서 볼 필요가 있는데, 주체성에 관한 논의는 이를 보여주는 공론이었기 때문이다. 사실 1950년대까지만 해도 한국사회는 식민

---

113) 박종홍, 〈주체의식의 형성 과정-근대 한국 사상의 추이〉, 《사상계》 12-1, 244쪽.

의 잔재와 친일 문제, 해방 후의 좌우 갈등, 한국전쟁과 이후의 사회 정치적 불안 그리고 이 와중에 일방적으로 유입되어 들어온 미국 문화의 홍수 속에서, 응집된 좌표를 스스로 설정하지 못하고 있었다. 그런데 1960년대 들어 시작된 새로운 근대화 논의는 해방 후 한국사회에서 처음으로 하나의 좌표를 놓고 표류하지 않으면서 왕성하게 논의를 진행한 지적 노력이었다. 달리 말하면 구성원들이 사회적 합의를 하고 에너지를 모아가는 열정이 1950년대까지는 많이 부족하였다. 이에 비해 4·19혁명을 계기로 때마침 시작된 근대화 논의, 그리고 그것을 개인의 주체성과 민족의 자주의식에 연계하여 생각하려는 노력은 당시까지의 사회적 흐름과 낙차가 큰 움직임이었다고 의미를 부여할 수 있다.

그런데 위와 같은 지적 흐름을 정리한 천관우는 민족적 주체성을 파악하는 한국사 학계의 두 흐름에 대해 반박하였다. 제기한 문제는 두 가지였는데, 하나는 조선 후기에 자본주의적 경제와 실학이 근대화의 싹으로 어느 정도 돋아나고 있었는가에 대한 의문이었고, 또 하나는 서양적 요소가 한국사회에 침투할 때 주체성을 견지하며 선택의 가부를 우리가 결정할 수 있었는가 하는 데 있었다. 그의 대답은 '그렇지 않았다'였다.[114] 1964년의 시점에 천관우는 이후 정식화된 조선 후기 자본주의 맹아에 대해 회의적이었고, 일본이 강요한 '타율적 근대화'를 말하였다.

그러면서 천관우는 진행 중인 한국 근대화가 전근대적 요소에 근대적 요소를 "접목"하며 "아직도 요원한 완성 단계를 향하여 걸어가고

---

114) 천관우, 〈세계사 참여의 사적 과정-한국 근대화 시발기의 기본 성격〉, 《사상계》 12-1, 259~261쪽.

있는" 중이라며, 연속보다 "단속(斷續)"을 특징으로 한다고 보았다.[115] 그리고 그가 보기에 근대사의 기점은 '접목'의 지점에 있었다. 기점에 관해 천관우는 1962년 2월까지만 해도 결론을 미루고 있었지만, 2년이 지난 1964년 1월에 이르러 1876년의 강화도조약을 "근대화의 계기 혹은 근대화를 예비하는 문호개방"이었다고 보았다.[116]

근대화의 기점을 근대사의 기점으로 생각하는 움직임은 조선 후기에서 근대적인 맹아 내지는 요소를 찾는 노력과도 연관이 있었다. 앞서 인용한 천관우의 발언을 빌린다면, 1963년 시점에 이미 조선 후기에 '근대화의 싹'이 돋았다는 말이 학계에서 회자되었다는 사실을 확인할 수 있고, 이를 해명하는 움직임이 있었다는 사실, 달리 말하면 그런 경향이 일회성에 그치지 않고 하나의 흐름으로 존재한다는 사실이었다. 천관우는 말하지 않았지만, 1963년 6월 한국사학회에서 주최한 '조선 후기에 있어서의 사회적 변동'이라는 주제의 학술토론대회가 대표적인 보기이다.

이 대회에서 신분제도는 최영희(崔永禧), 경제 분야의 농촌 경제는 김용섭(金容燮), 상공업은 유교성(劉教聖)이, 사상 및 실학 분야는 〈북학사상과 동학〉이란 논문을 김용덕(金龍德)이, '외국 관계와 천도교 신앙 문제'라는 주제를 홍이섭(洪以燮)이, 〈국문학의 근세화과정교(近世化過程巧)〉란 논문을 구자균(具滋均)이 각각 발표하였다.[117] 조선 후기의 변화를 종합적으로 추적해보려는 기획이었다.

---

115) 천관우, 〈세계사 참여의 사적 과정-한국 근대화 시발기의 기본 성격〉, 《사상계》 12-1, 261쪽, 263쪽.

116) 천관우, 〈세계사 참여의 사적 과정-한국 근대화 시발기의 기본 성격〉, 《사상계》 12-1, 264쪽.

117) 원고는 《사학연구》 16(1963. 12)에 모두 수록되었다.

농촌 경제의 변화에 대해 발표한 김용섭에 따르면, 소작지 변동을 경제적 배경으로 하는 신분 변동과 사회 변동은 "봉건제 해체 과정의 표현이었다." 이에 대해 "봉건적인 지주권을 강력히 지속해" 나가려는 보수적인 흐름도 있었다.[118] 그는 이 시기 사회 변동이 갖는 발전적 의미와 한계를 여기에서 찾았다. 또한 유교성도 조선 후기 수공업을 분석하면서, "봉건적 생산과정에서 일보 전진한 수공업적 생산과정으로부터 다시 분업화 현상이 발생함으로써 소위 근대화적 생산으로 전환할 수 있는 계기를 마련할 수 있다"는 이론적 전제 아래, 조선 후기 생산과정의 분업화가 곧 근대화라고 단정할 수는 없지만 전통적인 생산 방식을 변질시긴 것은 확실하다고 보았다.[119]

두 사람은 한국사의 '내적 발전 과정'에 대해 나름 실증 연구를 시도한 것이다. 달리 보면, 역사학회가 아무런 움직임을 보이지 않고 있는 상황에서 한국사학회가 조선 후기 사회경제사에 관한 연구에 나섬으로써 식민주의 역사관을 극복하기 위해 더 적극적으로 노력했음을 알 수 있다. 학계와 한국사회에 확산하고 있던 위기의식이 오히려 내적인 변동에 주목하는 사회경제사적인 연구를 지속할 수 있도록 자극하고 정당화해주는 방향으로 작용했을 가능성이 크다. 이처럼 학술토론대회를 즈음하여 그동안 특정 개인이 고군분투하던 차원을 넘어 이제는 '내면적이고 주체적인' 관점과 태도를 갖춘 학문 경향이 특정 학회라는 연구 공간을 매개로 확산해가기 시작하였다.[120]

---

118) 김용섭, 〈농촌관계〉, 《사학연구》 16, 104·105쪽.

119) 유교성, 〈상공업〉, 《사학연구》 16, 111쪽. 유원동이란 이름도 사용하였다.

120) 김용섭은 회고록에서 학술토론대회가 성공적이었다고까지 말할 수 없지만, "일제하의 연구 분위기와는 많이 다른, 문제의식이 뚜렷한 학술회의였다"고 자평하였다(김용섭, 《역사의 오솔길을 가면서》, 544쪽).

한국사학회의 학술회의에서 발표한 김용섭과 유원동은 연이어 '경영적 부농'과 '후기의 공인(貢人)'을 규명한 연구도 발표하였다.[121] 같은 시기 이우성도 서울에서 소상품 생산자들이 시장을 확대해달라고 요구했다는 내용의 논문을 발표하였다.[122]

경제사 학계에서도 조선 후기를 새롭게 규명하려는 한국사 학계의 주장을 적극 수용했던 것 같다. 조기준은《한국 근대 경제발달사》를 시작하는 〈서설〉의 첫 부분에서 18세기 후반에 들어 사회경제 내부에서 "봉건 지주층에서의 농업 경영자의 발생, 봉건 소작농층에서의 자영 농민의 성장, 유통 과정에서 화폐적 요소의 증대, 관영공업의 쇠퇴와 더불어 독립자영장인(獨立自營匠人)의 출현"과 같은 "근대화의 제 징조"가 나타남으로써 근대화의 요인이 움트기 시작했음을 부인할 수 없다고 기술하였다. 다만, 이러한 변화가 19세기 초까지도 "강력한 사회 혁신의 추진력이 되지" 못했다고 한계를 규정하였다.[123]

근대사 또는 근대화의 기점 문제를 해명하려는 노력은 궁극적으로 한국사를 새롭게 체계화하기 위한 움직임의 하나였다. 한국사를 체계화하는 데 꼭 필요한 또 다른 핵심 선결 과제는 식민주의 역사학의 역사인식을 규명하고 우리 안의 식민사관을 극복하는 것이었다. 여기에 호응하여 처음으로 분석적인 응답을 한 사람이 김용섭이었다. 그는 일제강점기 관학자들이 일본제국주의의 지배를 정당화하기 위해

---

121) 김용섭, 〈속(續) 양안(量案)의 연구〉(상),《사학연구》16; 유원동, 〈이조 공인 자본의 연구〉,《아세아연구》7-4, 1964.

122) 이우성, 〈18세기 서울의 도시적 양상-연암학파~이용후생학파의 성립 배경〉《향토서울》17, 1963.

123) 조기준, 〈한국 근대 경제발달사〉, 고려대학교 민족문화연구소 편,《한국문화사 대계 II-정치·경제사》, 고대 민족문화연구소출판부, 1965, 763쪽.

타율성론과 정체성론을 본질로 하는 '일제시대의 한국사관'을 주조하였으며, 1945년 이후에도 과거의 관학자들이 일본의 조선사 학계에서 여전히 "주(主)"라고 지적하였다. 그러면서 한국인들 사이에 한국사를 이해하는 경향이 두 가지가 있다고 보았는데, 하나는 열등의식에 사로잡혀 민족의 역사를 과소평가하는 경향이고, 또 하나는 민족의 역사를 지나치게 과장하여 우월성을 자랑하는 경향이었다. 특히 "지도층, 즉 지식층" 사이에 전자의 경향이 농후하다고 지적하였다. 그러면서 일본인 관학자들이 주조한 '한국사관'을 지양하면서 우리 자신의 힘으로 정리하고 체계화함으로써 한국인 자신의 눈으로 한국사를 보아야 한다고 강조하였다.[124] 김용섭은 일본인 식민주의 역사학자들의 한국사관을 스스로 극복하여 한국사를 주체적인 모습으로 체계화하자고 주장한 것이다.

김용섭의 글은 일본인 관학자들의 식민주의 역사인식에 관한 글들 가운데 당시까지 가장 체계적이고 분석적으로 접근한 결과물이었다. 더구나 그의 글은 1963년의 시점에서도 한국 역사학의 부정적인 속살을 드러낼 때 학문적 준비에 더하여 인간으로서 개인적인 용기도 필요했던 엄연한 현실을 감수한 결과물이었다.[125]

한국사, 특히 한국근대사를 체계화하는 데 필요한 또 하나의 과제

---

124)   김용섭, 〈일제 관학자들의 한국사관-일본인은 한국사를 어떻게 보아왔는가?〉,《사상계》 11-2, 1963, 252~259쪽. 앞서도 언급했지만, 이후부터 1965년 상반기경까지 일본인의 식민주의 역사인식에 관한 분석과 비판은 개별적이고 산발적이지만 송건호, 이기백, 홍이섭, 김용덕 등이 시도하였다.

125)   한국 역사학의 식민성 기원에 대해서는 식민 경험의 연속, 변용, 단절의 측면에 주목한 신주백,《한국 역사학의 기원》, '제4장' 참조. 식민성과 함께 분절성과 분단성을 한국 현대 역사학의 또 다른 특징으로 보아야 식민성을 극복하지 못하는 이유를 이해하기 쉽다.

는 일제강점기를 역사 연구의 대상으로 포함하는 문제였다. 그렇지 않고는 한국사의 새로운 체계화가 제기되고 있는 현실에서 근대를 파악할 수도 없고, 근대와 1945년 이후의 현대를 단속적(斷續的)으로 설명하는 접근조차도 곤란하며, 역사와 현재를 연결하여 근대화의 역사적 방향을 말하기도 어렵기 때문이다.

일제강점기를 어떻게 볼 것인가에 관해서는 홍이섭이 가장 적극적으로 의견을 피력하였다. 1963년경부터 여러 편의 글을 발표하였는데,[126] 그는 민족주의운동과 사회주의운동을 불문하고 "민중 대중이 생각과 행동"으로 일본의 지배에 어떻게 저항했는가, 즉 민족운동사에 대한 바른 인식이 "식민지시대사 이해의 지표"가 될 것이라고 보았다.[127] 그의 관점과 태도는 식민지 치하의 민족의식과 역사의식을 논의할 수 있는 기초가 될 것이며, "민족의 생(生)의 역사의 한 도정(途程)에서 한국사의 전 도정에 추출(抽出)될 민족의식의 확립"에 기여함으로써 새로운 인식 주체에 의한 한국사관의 정립이 가능하다는 생각으로까지 이어졌다.[128] 그래서 홍이섭은 현대 한국사학에서 가장 긴급하게 해명해야 할 작업으로 "식민지시대사의 인식과 그 구조화를 위한 방법", 즉 민족운동사 그리고 그와 유기적으로 관련이 있는 사회경제를 이해하는 방법을 마련해야 한다고 보았다.[129] 홍이섭이 천관우

---

126) 예: 〈식민지의 망령-지성인의 전통적 역할〉(1963); 〈한국 식민지시대사의 이해 방법〉(1963) 〈일본 침략 정책의 분석-한국 근대의 정치 경제 문화〉(1964); 〈왜 일제의 식민지가 됐던가?-역사적 사실의 한 원인을 들어서〉(1964); 〈한국 식민지시대 정신사의 과제〉(1964); 〈민족사학의 과제〉(1965); 〈한국사관 정립의 가능성-사관의 비판적 극복〉(1966); 〈일본 통치 기간의 성격은?-한국사의 논쟁점〉(1966).

127) 홍이섭, 〈한국 식민지시대사의 이해 방법〉, 《동방학지》 7, 1963, 12·13쪽.

128) 홍이섭, 〈한국사관 정립의 가능성-사관의 비판적 극복〉, 《정경연구》 2-3, 1966, 149쪽.

가 제기하지 못한 일제강점기의 역사화에 필요한 방법과 목표를 제시한 것이다. 사실 홍이섭의 문제제기는 한일 국교 수립이란 사회 분위기와 연동지어 생각할 필요가 있지만, 꼭 그것만이 아니었다. 일제강점기 민족운동사에 관한 전공 강의도 없고, 전문 학술지에 연구논문한 편도 없던 현실을 고려한다면, 한국사 학계에 반성을 촉구하는 비판이었다고 볼 수 있겠다.

이렇듯 근대의 기점을 고민하는 데서 더 나아가 식민사관을 해명하고, 아직은 시론 차원에서 제기한 수준이지만 일제강점기의 역사를 한국인이라는 주체를 중심으로 재구성하기 위한 움직임은, 한국사 학계가 근대화론을 나름대로 수용하여 자기 해석의 노력을 기울이는 과정에서 촉발되었다. 한국사 학계는 민족적 주체성을 부정하는 근대화가 아니라 민족적 자주의식을 강화하는 근대화를 지향하였다. 다만, 이때까지만 해도 박정희가 말하는 민족적 자주의식과 그 차이가 뚜렷하지 않았으며 학자들 사이의 갈래도 불분명하였다.

한국사 학계에서 이러한 긍정적인 흐름은 이전에 볼 수 없었던 인물에 대한 관점이나 주목받지 못했던 역사적 근대 인물을 새롭게 주목하는 데까지 이어졌다. 가령 '민중'을 내세웠던 신채호의 역사관은 "민족정기를 부르짖은 사관"으로 조명을 받았다.[130] 또 인간 정신을 고려한 안창호는 근대화 과정에서 주목해야 할 인물로 지목되었다. 김옥

---

129) 홍이섭, 〈한국 식민지시대 정신사의 과제〉, 《사학연구》 18, 1964, 823쪽; 〈민족사학의 과제〉, 《세대》 27, 1965. 7, 33쪽.

130) 주체성에 주목한 북한 학계도 같은 시기에 "민족적 자의식을" 찾으려 노력한 실천적 계몽 역사가로 신채호를 소환하였다. 장국종, 〈사대주의적 역사관을 반대하여 투쟁한 계몽사가 신채호〉, 《력사과학》 3, 1962. 6. 조선사연구회는 《조선사연구회 회보》 24호 (1969. 6), 25호(1970. 12)에 일부를 번역하였다.

균 역시 반역적 사대주의자에서 "조국 근대화의 새 기수"로 등장하였다.[131] 세 사람 모두 주체적으로 난관을 극복해온 인물이라는 공통점도 주목받았다.

세 사람 중에서도 신채호는 1960년대 후반부터 한국사 학계에서 주체적, 민족적 역사인식과 관련해 특별히 소환된 인물이다. 그래서 그에 대한 한국사회의 관심에 대해 좀 더 살펴볼 필요가 있다.

사실 한국사 학계가 신채호를 해방 이후부터 곧바로 한국인의 기억으로 소환한 것은 결코 아니었다. 신채호라는 인물에 초점을 둔 글, 달리 말해 역사학자로서 신채호를 분석한 글은 없었다. 오히려 시인이자 교육자인 변영로(卞榮魯)와 같은 사람이 그를 '한국의 민족주의자'로 기억하고 있었다.[132] 변영로는 자신의 친형으로 외교관이자 대학교수로 재직 중인 변영태(卞榮泰)가 신채호와 죽마고우여서, 만날 기회가 여러 번 있었던 특별한 경험까지 고려하며 글을 썼다. 매우 선구적인 인식을 품고 있던 변영로는 단재유고출판회(丹齋遺稿出版會)의 이름으로 신채호가 집필한 《을지문덕(乙支文德)》을 번역 출판하였다.[133] 살상전과 참혹한 파괴를 경험한 한국전쟁 직후였음에도 민중을 말했던 신채호의 이름과 그의 업적을 공공연하게 드러낸 것이다.

---

131) 홍이섭, 〈선구자의 회상④ 단재 신채호-일본의 압정하에서 민족정기를 부르짖은 사관〉, 《사상계》 10-4, 1962. 4; 김시태, 〈근대화의 척후병-김옥균론〉, 《세대》 7, 1963; 지명관, 〈한국의 근대화와 도산 정신〉, 《기러기》 5, 1964. 12; 김시태, 〈조국 근대화의 새 기수(고균 김옥균론)〉, 《세대》 22, 1965. 5. 김시태는 소속이 '국사편찬위원회'라 쓰여 있다.

132) 변영로, 〈한국의 민족주의자 신채호론〉, 《사조》 1-5, 1958. 10. 신채호와 변영로는 18살 차이였다.

133) 정필선 역, 《을지문덕》, 단재문화사, 1955. 신채호가 1908년 대한황성광학서포(大韓皇城廣學書舖)에서 발행한 책이다. 시점상으로 볼 때, 책을 간행한 후 《사조》에 그에 관해 글을 쓴 것 같다.

1950년대부터 신채호를 한국사 연구자로서 공개적으로 언급한 사람은 홍이섭이었다.[134] 그는 '단재사학(丹齋史學)'의 위치와 의미를 다음과 같이 밝혔다.

(관학아카데미즘 역사학이 연구 성과를 내며 – 인용자) 일본사에 치중한 한국사의 서술을 하였다. 이러한 일이 거리낌 없이 이루어질 때 이에 대한 비판적인 붓을 들려고 하지 않았다. **한국의 '아카데미시앙'이라고 자처하는 학도들의 유일한 무기는 고증적인 방법이다.** 이념을 결여한 형해의 고증적 체제로서 한국사의 이해가 이루어질 수 없다는 생각을 한 사람들 중에 두 부류를 보게 되었다.

여기에서 가장 용감하게 나선 이가 해외에서일망정 단재 신채호 선생이었다. 오늘 흔히 '비과학적 ⋯⋯'(원문-인용자)이라고 지탄을 하지만 아직 학사적(學史的)인 데서 그야말로 **'과학적'인 방법에서 논란하려고 나선 학도는 없었다.** ⋯⋯ 단재 선생은 **정리 개척되지 않은 한국 고사(古史)의 여러 문제를 제기**하였으며, 고사(古史)의 체계화에 있어서는 **'민족' 중심의 사관을 제시**하고 있다.[135] (강조-인용자)

홍이섭은 일본인 식민주의 역사학과 한국의 문헌고증사학을 동시에 비판하며, 그들과 명백히 다른 역사인식을 갖고 행동을 취한 신채호를 주목하였다. 신채호의 민족을 중심에 놓는 사관과 식민주의 역

---

134) 강만길은 1954년 고려대학교에서 홍이섭이 담당한 국사 특강 시간에 처음 신채호를 알았다고 회고하였다(강만길, 《역사가의 시간》, 177쪽). 《사상계》에 쓴 글의 마지막에 홍이섭이 '부기'한 바에 따르면, 이때의 글이 네 번째 쓴 글이고, 발표로 치면 세 번째 글이라고 하였다(홍이섭, 〈선구자의 회상④ 단재 신채호-일본의 압정하에서 민족정기를 부르짖은 사관〉, 《사상계》 10-4, 215쪽).

사학에 대한 비판적 실천 활동에 주목한 것이다. 여기에서 한국 민족주의 사학의 핵심 키워드가 민족과 실천임을 알 수 있다.[136] 그가 보기에 단재 사학의 기본 이념과 방법을 확충한 사람이 정인보(鄭寅普)였다. 정인보의 제자인 홍이섭이 1962년의 시점에 갑자기 신채호에 관심을 가진 것이 아니라 그 이전부터 꾸준히 그의 사상과 사학사적 위치에 대해 고민한 이유의 하나가 그의 학맥과 깊은 연관이 있음을 알 수 있다.[137]

하지만 홍이섭은 스스로도 고백했듯이 신채호를 사학사적으로 자리매김하지 못하였다. 그것은 당시 한국사 학계가 일제강점기 사학사를 어떻게 정립해야 하는지 본격적으로 논의하기 전이었기 때문이기도 하다. 이 문제는 다음 3장에서도 다루겠지만 1960년대 후반 들어 해소되어간다.

이처럼 1960년대 전반기만 해도 한국사 학계는 경제성장 이데올로기로서 로스토와 라이샤워식 근대화론 자체를 부정하지 않은 가운데 주체적 삶을 살아간 인물에 주목하고 근대의 기점에 관한 논의를 시작하였다. 이를 통해 짐작할 수 있듯이, 한국사 학계는 근대화에 관한 라이샤워와 로스토의 주장을 자기 나름대로 재해석하여 받아들이려

---

135) 홍이섭, 〈선구자의 회상④ 단재 신채호-일본의 압정하에서 민족정기를 부르짖은 사관〉,《사상계》 10-4, 210·211쪽.

136) 1960년대 들어 공개적으로 신채호의 역사학에 주목한 한국사 학계의 변화와 비슷한 시점에 북한 학계도 특별히 그를 주목하였다. 시대별로 선정한 '조선의 명인' 79명 가운데 맨 마지막에 언급되는 사람이 홍기문 교수가 집필한 '신채호'였다. 홍기문, 〈신채호〉, 김일성종합대학 력사연구소 편,《조선의 명인》, 김일성종합대학 력사연구소, 1962.

137) 두 사람의 관계를 알 수 있는 글로는 한국전쟁 당시 정인보의 상황을 회고한 홍이섭, 〈이른 봄〉,《현대문학》 14-3(1968. 3)이 있다. 홍이섭은 '선구자의 회상' 시리즈에 〈위당 정인보-조선의 얼은 우리 민족사의 봉화〉,《사상계》 10-13(1962)를 게재하여 스승에 대한 존경을 담아냈다.

하였다. 민족적 맥락을 무시하고 서구의 보편성을 밀어붙이려는 로스
토와 라이샤워식 근대화론을 그대로 수용할 수 없었던 것이다. 이러
한 태도는 1965년 한일기본조약의 체결을 고비로 민족 주체성을 강화
하는 방향에서, 근대화론을 재해석하며 독자적인 한국사, 달리 말해
주체적이고 내재적인 발전 과정을 해명하려는 경향으로 더욱 기울어
져갔다. 이제부터 그 흐름을 살피면서 한국사의 주체적이고 내재적인
발전 과정에 입각한 연구의 도달점을 확인해보자.

3장 1960년대 후반, 한국사 연구에서 내재적 발전 접근의 안착

근대화의 방향, '산업화＝공업화'인가 주체적 수용인가

근대화론이 유입되면서 한국사를 깊고 새롭게 이해해야 한다는 시대적 소명과 주체성 문제에 주목하는 중요한 연구 과제들이 새롭게 부각되었다. 그렇다고 1960년대 전반기에 한국의 학계가 근대화론과 관련해 주목할 만한 성과를 거두었는지는 의문이다. 1960년대 전반기 근대화론에 대해서는 당시 한국사회의 분위기를 정리한 홍이섭의 글을 통해 짐작할 수 있다. '전환하는 60년대의 표정'이란 제목으로 잡지 《세대(世代)》의 특집에 실린 글의 일부를 인용하면 아래와 같다.

> 2. 근대화론
> …… 세대교체론의 잠적(潛迹)에 따라 대두된 근대화론은 후진적인 오늘의 한국을 현대 사회로 전개코자 하는 데서 제시되어 수년간 논의되었으나, 한국 근대화를 위한 **현실적 이론의 제시**와 역사적으로 **근대화의 좌절—일제 식민지로의 전락에 대한 역사적인 반성이 되지 못한 채 논의되어왔음이 사실이다.** …… 쓸쓸한 것은 아직 **한국 근대화를 다**

룬 좀 아카데믹한 보고서—문헌이 하나도 없다는 것이고, 그 역사적인
반성에 있어서는 과거적인 상식론의 권내를 벗어나지 못한, 학술적으로
나 사상적으로 빈곤을 면치 못하고 있는 것이다.[138] (강조 - 인용자)

1965년 12월 발표된 위의 글에서 알 수 있듯이, 1965년경까지 한국
의 학계는 역사적 반성을 결여한 채 한국 근대화에 관해 현실적 이론
조차 제시하지 못하고 있었다. 홍이섭의 표현대로 '좌절된 근대화'인
지는 모르겠지만, 이렇게 강력한 중앙집권체제와 오랜 역사 문화를
가졌는데도 근대국민국가를 세우지 못하고 식민지로 전락한 경우는
세계사에서 매우 보기 드문 사례이다. 그런데도 한국의 학계, 좀 더
좁히면 역사학계가 깊은 반성과 성찰을 하지 않고 현실을 회피해왔다
는 지적은 적절하다고 볼 수 있다.

한국사회에 깊이 있는 학문 분야가 여전히 부재하고 역사에 대한
반성이 빈약한 데도, 박정희 정부는 1966년 들어 근대화를 더욱 적극
적으로 밀어붙였다. 박정희는 1966년도 연두교서에서 "남북 통일을
위한 대전제요 중간 목표인" 조국 근대화를 1970년대 후반에 달성하
겠다고 청사진을 제시하였다. 이어 "통일의 길이 조국 근대화에 있고
근대화의 길이 경제 자립에" 있다면, "자립은 통일의 첫 단계가" 된다
고 하면서 통일, 근대화, 자립을 연계하는 통치 논리를 본격 제시하였
다.[139] 공업화는 조국 근대화 논리를 경제 자립으로 단일화할 수 있게

---

138) 홍이섭, 〈근대화와 혁명의 세기〉,《세대》29, 1965, 111·112쪽.
139) 〈대통령 연두교서(1966. 1. 18)〉,《박정희 대통령 연설문집 2-제5대 편》, 592쪽. 이 통치
논리는 1970년대 들어 선 경제 건설, 후 분배 또는 선 경제, 후 민주라는 통치 논리가
선명하게 정립되는 예비적 징후였다.

한 핵심 어젠다였다.

박정희 정부가 폐간시킨 경향신문의 마지막 편집국장이었던 송건호는 1966년 1월 박정희 정부가 근대화를 공업화와 동의어로 쓰고 있다고 지적하며, 근대화를 내셔널리즘 및 민주주의와 떼어 생각할 수 없다고 보았다. 그러면서 그는 '사상 생활의 근대화', '정치적 근대화'란 무엇인가를 정의하며 한국의 역사적 현실에 주목해야 한다고 박정희 정부에 주문하였다.[140] 근대화와 민족주의, 민주주의를 연계하여 생각하는 태도는 앞서 1960년대 전반기 한국사 학계의 움직임을 설명할 때 천관우의 주장에서도 확인할 수 있었다. 조국 근대화의 지름길은 경제 자립이고, 그것은 공업화를 우선하는 정책을 통해 가능하다는 경제성장 일변도의 근대화론과는 확연히 다른 주장인 것이다. 심지어 외자를 도입하여 수출 주도형 경제성장 전략을 추진하자는 주장과 달리, 학계에서는 경제적 근대화가 진정으로 가능하려면 "혼합경제적 제도에 적합"한 제도 변혁과 "내향적 또는 내포적 공업화"를 뒷받침하는 구조 변혁이 동반되어야 한다는 주장이 이미 나왔다.[141]

이에 따라 주체적 수용을 강조하는 사람들 사이에서 근대화를 정의하는 데도 관심이 있었지만, 한국적 맥락에서 근대화의 방향을 설정하는 데 초점을 맞추는 움직임이 일어났다. 산업화, 즉 공업화 중심의 경제성장 전략에 치우친 근대화에 동의하지 않는 사람들은 전통, 민족주의, 민주주의, 산업화를 근대화론의 중심축으로 보았다. 이들은

---

140) 송건호, 〈한국 근대화론〉, 《세대》 33, 1966, 68쪽, 70쪽.

141) 박희범, 〈제도 변혁과 구조 변혁-경제적 측면에서 본 후진국의 근대화 개념〉, 《동아문화》 3, 1965, 65~68쪽. 1960년대 후반으로 갈수록 지식인 사회는 내포적 공업화를 강조하는 민족주의와 현실 비판을 하지 않는 민족주의로 분화되어갔다. 홍석률, 〈1960년대 한국민족주의의 두 흐름〉, 《사회와 역사》 62, 2002 참조.

네 가지 축을 어떻게 맞출지를 중심으로 그 방향을 설정하려고 고민한 것이다.

정부에 의해 공업화 중심의 근대화 전략이 강력히 추진되고 여기에 대응하는 비판 논리가 네 가지 축을 중심으로 광범위하게 개진되면서, 근대화 문제에 관한 사회적 관심은 더욱 달아오를 수밖에 없었다. 앞서 언급한 〈표 2-5〉에서도 그러한 경향을 분명히 확인할 수 있다. 1965년에 근대화를 주제로 발표한 글이 1964년과 비교하여 두 배 가까이 급증하였고, 그때부터 1968년까지 근대화에 관한 논의가 가장 활발하였다. 실제로 근대화 문제를 둘러싸고 주목할 만한 종합적인 학술 기획들, 즉 앞서 살펴본 〈표 2-3〉의 학술회의들이 모두 이 기간에 성사되었다. 그리고 그 출발선에 고려대학교 아세아문제연구소가 주최한 국제학술회의가 있었다.

이 회의를 시작으로 당시 진행되었던 주요 학술 기획들을 지금부터 살펴보자.

고려대학교는 창립 60주년을 기념하여 1965년 6월 29일~7월 3일 '아세아에 있어서 근대화'라는 주제로 아세아문제연구소가 주최하는 국제심포지엄을 후원하였다(이하 '아연회의'). 아연회의는 옌칭연구소의 연구 초청 프로그램[142]에 선정되어 1년간(1958~1959) 미국을 다녀온 김준엽이 나서서 미국의 포드 재단과 아시아 재단의 지원을 받아 개최한 회의였다.[143] 두 재단은 아시아라는 지역과 국가의 근대화가

---

142) 그렉 브라진스키 지음, 나종남 역, 《대한민국 만들기 1945~1987》, 책과함께, 2011, 289쪽.

143) 김준엽은 아연회의와 관련한 회고를 남겼다. 김준엽, 〈아시아에 있어서의 근대화 문제-국제학술회의를 마치고〉, 《사상계》 13-10, 1965.

어떤 연관이 있는지, 한국의 근대화를 어떻게 추진해야 하는지, 자유 세계의 근대화 과정과 대비되는 공산권 국가들의 본질이 무엇인지에 대해 한국과 아시아의 지식인들이 생각할 기회를 제공하려는 취지에서 심포지엄을 지원하였다.[144]

이에 따라 아세아문제연구소가 개최한 대규모 국제학술회의는 그 규모와 준비 과정의 측면에서 당시 한국 학계의 역량을 넘어서는 대규모 회의였다. 근대화라는 주제도 즉흥적으로 결정하지 않았다. 앞서도 언급했듯이, 아연회의를 처음 기획할 즈음인 1960년 6월에는 하버드대학교 동아시아연구소 책임자로 있던 중국학 전문가 페어뱅크 교수, 7월에는 라이샤워 교수가 각각 아세아문제연구소를 방문하였다. 페어뱅크와 라이샤워는 하코네 회의가 열리기 직전 한국에 들러, 각각 '현대 중국사의 몇 가지 문제'와 '한국과 근대화'라는 주제로 강연하였다. 또한 아연회의에 참가한 외국인 중에는 매리어스 잰슨(Marius B. Jansen) 외에도 세 사람이 하코네 회의에 참가한 경험이 있다. 네 사람은 모두 발표자로 참석하여 근대화를 긍정하는 입장에서 그 장단점을 소개하였다. 결국 아연회의는 포드와 아시아 재단의 학술적 재정 지원과 학자들에 대한 후원이 있어 가능했지만, 미국 정부 입장에서 보면 일본에서 열렸던 하코네 회의를 시작으로 동북아시아에 근대화론을 전파하며 미국의 헤게모니 아래 반공 세력을 재편 강화하려는 냉전 전략과 맞물린 학술 기획이었다. 특히 〈표 2-6〉에 나와 있는 제2분과의 프로그램에서 이를 짐작할 수 있다.

---

144) 그렉 브라진스키, 나종남 역,《대한민국 만들기 1945~1987》, 284~287쪽.

〈표 2-6〉 '아연회의' 제2분과 프로그램

분과 및 주제	발표 주제	발표자
제1분과 근대화의 이념 문제	(생략-인용자)	(생략-인용자)
제2분과 아세아 전통사회와 근대화 문제	1. 통리아문의 설치와 발전 및 한국 근대화에 있어서의 그 의의	전해종(서울대학교 교수)
	2. 1860~1894년간에 걸친 중국의 근대화 과정에 대한 가치	쑹시(宋晞, 중국문화학원 교수)
	3. 인도의 전통사회와 근대화 과정	시브라얀 레일(Sibnarayan Ray, 호주 멜버른대학교 교수)
	4. 비율빈(比律賓, 필리핀)의 근대화	조지 E. 테일러(George. E. Taylor, 미국 워싱턴대학교 교수)
	5. 전통적 한국사회와 근대화	윌리엄 E. 헨손(William E. Henthorn, 미국 인디애나대학교 교수)
	6. 이조 말엽에 있어서의 외인 군사교관의 역할	이광린(서강대학교 교수)
	7. 이조 말엽에 한국 정부가 고용한 서양인의 역할	고병익(서울대학교 교수)
	8. 일본의 전통과 근대화의 문제	하야시 겐타로(林建太郞, 도쿄대학 교수)
	9. 일본의 근대화를 통한 세 가지 표어	매리어스 잰슨(Marius B. Jansen, 미국 프린스턴대학교 교수)
	10. 17세기에 처음으로 중국에 소개된 서양 과학	왕야오핑(Wang, Yao Ping, 중국중앙 연구원 연구원보)
	11. 발전의 모순－1905~1945년간에 걸친 일본의 경험	제임스 W. 몰리(James W. Morley, 미국 컬럼비아대학교 교수)
	12. 중앙집권화와 한국의 정치적 발전	그레고리 헨더슨(Gregory Henderson, 미국 하버드대학교 연구원)
	13. 일본의 대한(對韓) 식민정책이 한국의 근대화에 얼마나 기여했는가?	이선근(경희대학교 교수)
제3분과 근대화와 정치 문제	(생략-인용자)	(생략-인용자)
제4분과 근대화와 경제 문제	(생략-인용자)	(생략-인용자)
제5분과 근대화에 있어서 제(諸) 인구층의 역할	(생략-인용자)	(생략-인용자)

※출전: 〈아세아문제연구소 연혁과 현황〉, 1967. 6, 28~32쪽.

〈표 2-6〉에서 짐작할 수 있듯이, 아연회의는 근대화란 무엇이고, 한국에서 근대화를 추진할 때 전통과는 어떻게 접목해야 하며, 현재 직면한 정치 경제 문제가 무엇이고 어떻게 풀어가야 하는가를 분석하려는 학술 기획이었다. 그리고 특이하게도 사회계층 분석과 사회조사에 관한 분과도 설치하였다.[145] 이 분과에서의 논의는 이후 사회조사와 관련한 한국 사회학의 발전에 큰 자극이 되었다. 결국 6월 22일 한일기본조약이 조인된 직후인 29일부터 열린 아연회의는, 박정희 정부가 근대화라는 어젠다를 적극적으로 밀어붙이고 있는 가운데 기획된 회의로, 지향하는 목적이나 다루는 주제뿐 아니라 광범위한 규모와 오랜 준비 과정의 측면에서 볼 때, 근대화 담론이 한국의 인문사회과학계에 학술 담론으로서 매우 폭넓게 퍼져나가는 데 하나의 전환점이 될 수밖에 없었다.

아연회의는 근대화론을 부정하는 회의가 아니라 전파하고자 기획한 회의였다. 그렇다고 회의 참가자들이 여기에 전적으로 동조했다고는 볼 수 없다. 케네디 정권의 이데올로그이자 정책 추진자인 로스토와 라이샤워가 말하는 근대화론, 예를 들어 전통을 중시하지 않고 새로운 인텔리를 육성하여 '산업화=기계화'를 중심으로 근대화를 추진한다는 구상을 한국인 회의 참가자들이 그대로 받아들이지 않았기 때문이다. 한국인 중에는 서구화가 근대화는 아니며 전통적 가치를 보존하는 가운데 근대화에 이바지해야 하고, 비록 근대화 개념이 민주화에서 산업화로 바뀌고 있지만 민주적 정치체제를 향한 비판도 늘어나고 있다는 내용으로 발표한 참가자도 있었다.[146] 근대화란 무엇인

---

145) 이에 대해서는 김인수, 〈한국의 초기 사회학과 '아연회의'(1965)-사회 조사 지식의 의미를 중심으로〉,《사이間SAI》 22, 2017 참조.

가를 규정하려는 움직임은 앞서도 살펴본 천관우와 송건호의 1965년 이전의 주장처럼 한국적 맥락에서 근대화론을 수용하는 데 동조하는 발언이 여전히 있었던 것이다. 특히 한국적 맥락의 핵심 요소인 전통과 근대화의 관계에 관한 논의는 이전의 논의에서 쉽게 찾아볼 수 없는 지적 흐름이었다. 이후 1960년대 후반으로 갈수록 한국의 지식인 사회에서는 근대화 과정에서 전통을 계승하느냐 아니면 탈전통이어야 하느냐를 둘러싸고 견해 차이가 아주 조금씩 드러났다.

아연회의는 역사학, 특히 한국사 관련 주제와 연관 지어 전통과 근대화의 관계를 역사의 측면에서 살펴보려는 움직임도 있었다. 〈표 2-6〉에 나와 있듯이 모두 네 편의 글이 발표되었다. 그 가운데 세 편은 통리아문, 외국인 군사교관, 정부에 고용된 서양인을 통해 조선(대한제국) 정부의 문명화에 대해 실증적으로 설명한 글이다. 이에 비해 이선근은 일본의 식민 통치에 대한 통계와 식민정책을 언급하면서 일본이 한국 근대화에 기여했다는 부당한 주장을 비판하였다.[147] 이선근의 주장은 일본근현대사에서 15년전쟁을 예외적인 이탈로 간주하는 라이샤워의 역사인식과 상충한다. 한국사 연구자들이 한국적 맥락의 근대화를 주장하며 로스토와 라이샤워식 근대화론을 수용하지 못한 이유의 하나도 여기에 있었다.

근대화론에 대한 한국사 연구자들의 태도가 더욱 선명하게 드러난 학술 기획은 경희대학교 후진사회문제연구소의 총서 제1권인 《한국 근대화의 제 문제》의 간행으로 이어졌다. 전체 3부로 구성된 이 책

---

146) ARC, *International Conference on the Problems of Modernization in Asia*; REPORT, Korea University, 1966, 118쪽(김태길), 80~81쪽(최재희), 434쪽(이용희).

147) ARC, *International Conference on the Problems of Modernization in Asia*; REPORT, 334쪽.

에서 당시의 경제와 사회 현상을 다루고 있는 2부와 달리 1부는 민족 (김성균), 사상(홍이섭), 종교(이응진), 사회(고영복), 경제(조기준), 산업 (주석균), 정치(차기벽), 문화(주요섭), 교육(조영식) 분야로 나누어 근대화 문제를 다루었다. 이선근은 문제제기와 결론을 담당하였다. 1부 집 필자 가운데 이선근, 차기벽, 조기준은 아연회의에도 참가하였다. 이 선근이 내린 결론에 따르면 근대화란 사회의 과학화, 산업화, 공업화, 민주화이며, "훌륭한 전통과 고유 문화를 재발현, 재인식하면서 외국 문화, 서구 문화의 수입 한계를 재검토하여 슬기롭게 조정, 수용할 수 있어야 한다"고 보았다. 그는 근대화를 향한 슬기로운 선택을 방해하 는 대내적 요소로 봉건적 잔재가 있으며, 대외적으로 가장 심각한 영 향을 미치고 있는 요소로는 일본의 식민 통치와 공산 세력을 들 수 있 다고 주장하였다.[148]

한국적 맥락을 고려하며 근대화 문제를 다면적으로 취급하려는 노 력은 1966년 11월 동국대학교 창립 60주년을 기념하는 대규모 국내 회의에서도 확인할 수 있다. 동국대학교 회의(이하 '동국대회의')는 이 념, 전통사상, 경제의 과제, 정치의 과제라는 네 개의 세션으로 구성되 었다. 이 회의의 구성안을 제2세션을 중심으로 소개하면 〈표 2-7〉과 같다.

〈표 2-7〉 '동국대학교 회의' 프로그램

분과 및 주제	제목	발표자	토론자
1. 서구적 근대화 이념에 대한 비판	한국 근대화의 이념	조명기	토론: 이광린 외
	서구적 근대화 이념과 한국	민석홍	
	* 이외에 네 편 논문-인용자		

	한국의 토속신앙과 근대화	서남동	사회: 전해종
2. 한국 근대화 과정에 있어서의 전통사상	불교와 근대적 인간형	이기영	
	불교와 정치관	정태혁	
	천주교에서 본 근대화 문제	최석우	토론: 발표자, 김용구, 이용범, 이재창, 장병길, 한우근, 안계현
	한국 근대화 과정에 있어서의 천도교의 역할	최동희	
	유교의 정치관과 근대적 정치이념	이우성	
	유교의 이념과 한국의 근대화 문제	이상은	
3. 한국 근대화를 위한 이념과 방법론상의 제 과제(경제)	* 네 편 논문(생략-인용자)		
4. 한국 근대화를 위한 이념과 방법론상의 제 과제(정치)	* 네 편 논문(생략-인용자)		

※출전:《한국 근대화의 이념과 방향》, 동국대학교, 1967, 목차

〈표 2-7〉이 시사하듯이 동국대회의는 기획 방향에서 아연회의와 뚜렷이 달랐다. 동국대회의는 아연회의와 달리 근대화란 무엇인가를 규정하려는 미약한 시도조차 드물었고, 근대화의 필요성과 타당성을 말하지도 않았다. 그래서 일본 또는 일본 역사에 관해 별도로 발표한 논문도 없었다.

오히려 동국대회의는 근대화를 '비판'적으로 검토하였다. 근대화 과정에서 전통이 사상의 측면, 특히 토속신앙, 불교, 천주교, 천도교, 유교라는 종교의 측면에서 각각 어떤 역할을 했는지 검토해보려 하였다. 토론 도중에, 서구식 근대화를 지향하는 주장과 달리, 우리의 전통을 수정하고 서구의 근대화를 시정하여 받아들임으로써 "보통 말하고

---

148) 이선근, 〈결론〉,《한국 근대화의 제 문제》, 경희대학교 후진사회문제연구소, 1965, 57쪽.

있는 근대화와 다른 방향의 근대화를 이룩해가야" 한다는 주장도 있었다.[149]

동국대회의는 경제와 정치의 측면에서 근대화를 달성하기 위한 방법론을 집중 검토하였다. 공업과 농업, 경공업과 중공업의 병행 발전에 모두 동의하였고, 산업화와 민주화 그리고 자유와 평등을 강조하는 새로운 자유민주주의가 필요하다는 데도 모두 동의하였다. 하지만 독점자본의 형성을 인정하고 그것이 국민경제에 이바지한 측면도 있다고 보려는 남덕우 등의 입장과, 독점재벌이 근대화 과정에서 부정적으로 작동하고 있는 현실을 개선하고 경제의 과실을 국민경제에 돌아가도록 해야 한다는 주종환 등의 주장 사이에 논쟁이 벌어지기도 하였다.[150] 경제개발 5개년계획의 성과를 어떻게 보고 그 결과를 어떻게 처리해야 하는지에 대한 의견 차이가 드러난 것이다. 이렇듯 동국대회의는 심포지엄의 주제처럼 '한국 근대화의 이념과 방향'을 한국인 스스로 찾아야지 남이 해줄 수 있는 일이 아니라는 문제의식에 따라 활발한 토론이 있었다.[151] 달리 보면 동국대회의는 한국(인)의 '주체적 수용'을 구체적으로 검토하여 현실화하는 방향을 적극 모색한 회의였다.

국제정치학회에서 주최한 1968년 4월의 심포지엄에서도 유사한 움직임이 더 분명하게 확인된다. 주제 자체가 '한국 근대화에 있어서의 갈등과 조화'인 데서 알 수 있듯이, "오늘의 한국에 집중"하려 하였

---

149) 《한국 근대화의 이념과 방향》, 동국대학교, 1967, 456쪽. '제2분과 한국 근대화 과정에 있어서의 전통사상'에 관한 토론의 사회를 맡았던 전해종의 정리 발언이다.

150) 《한국 근대화의 이념과 방향》, 447~468쪽(남덕우). 478·479쪽(주종환).

151) 조명기, 〈한국 근대화의 이념-개회 강연〉, 《한국 근대화의 이념과 방향》, XIII쪽. 조명기는 당시 동국대학교 총장이었다.

다.[152] 1968년의 시점에서 한국은 '이미' 근대화의 길에 나섰으므로, "민족적 과제로서의 근대화가 지금 어느 단계에서 어떤 문제점을 안고 어느 방향으로 나가고" 있는지를 검토할 필요가 있다고 보았기 때문이다.[153] 그래서 토론 주제와 보고서도 '한국 근대화에 있어서의 갈등', '한국 근대화에 있어서의 조화'로 나누어 근대화를 추진하는 과정에서 제기된 문제점과 해법을 모색하였다.

학술회의에서 발표된 두 보고서는 정치, 경제, 사상 분과로 나뉘어 토론을 거친 이후에 작성되었다. 이에 따르면 공업화를 최우선으로 하는 물량적 근대화를 추진한 결과 "국민 전체의 입장에서 볼 때는 그 조화적 발진이 되기보다도 내재적 제 갈등을 심화하는 경향"이 나타나고 있다고 진단하였다. 그러면서 제기된 문제들을 해결하고 "한반도의 사회가 하나의 단위", 즉 "근대화의 장"인 민족국가를 형성하기 위해 "정치는 물론 경제, 사회 행위, 사상 등의 총체적 재조정이 요청된다"고 보았다.[154]

그래서 토론문까지 그대로 수록한 동국대회의와 국제정치학회 심포지엄의 자료집을 보면, 공업화도 민주화와 더불어 근대화의 중요한 한 부분이라는 인식을 여기저기서 확인할 수 있지만, 정부가 추진하는 '공업화=근대화' 정책에 선뜻 동조하는 발언을 쉽게 찾아보기 어렵다. 오히려 공업화를 가장 우선시하는 정부의 근대화 정책과 다른 목소리가 더 많았다. 그들은 근대화란 무엇인가를 규정하는 데 초점

---

152) 〈토론 지침〉, 《국제정치논총》 8, 1969. 1, 8쪽.

153) 〈취지문〉, 《국제정치논총》 8, 7쪽.

154) 노재봉, 〈한국 근대화에 있어서의 갈등(보고)〉; 우병규, 〈한국 근대화에 있어서의 조화(보고)〉, 《국제정치 논총》 8.

을 두지 않았으며, 근대화를 장기적으로 지속하기 위해 민주화가 필요하다든지, 전통적 요소 가운데서도 근대화와 접목할 수 있는 부분이 있다든지, 경제 성과의 과실을 나눌 수 있는 복지가 필요하다는 주장을 제기하였다.[155] 한국적 맥락에서의 근대화를 주장한 것이다

그럼에도 성장이데올로기 내지는 개발 중심의 근대화 정책 자체를 조리 있게 비판하는 목소리를 찾기가 쉽지는 않았다. 후진국에서 그리고 가난에서 벗어나는 것이 모두가 공유하는 방향이었기 때문이다. 더구나 당시 학계는 서구 문명에 대한 비판적 재인식을 통해 비자본주의적인 길처럼 차원을 달리하는 길을 주장하기보다 서구적인 근대를 어떻게 주체적으로 수용하느냐에 더 초점을 두고 있었다. 결국 1960년대 후반의 시점에 이르러 한국 학계에서의 근대화 논의는, '공업화가 곧 근대화'라는 방향으로 갈 것인가, 아니면 전통을 계승하며 민주화와 더불어 다양한 분야의 근대화로 갈 것인가로 모아졌다.

그렇다고 박정희 정부가 어느 하나를 선택하고 나머지를 포기하는 정책을 추진하지 않았다. 박정희는 1968년 1월 15일자 기자회견에서 비경제적인 요인 내지는 사회적 요인을 근대화시켜 궁극적으로 새로운 한국적 가치를 만들어야 진정한 근대화가 달성될 수 있다며, '제2경제'를 달성하자고 제창하였다. 박정희 정부는 제2경제가 "민족정신혁신운동", "생활합리화운동"으로서 "구습·비뚠 태도부터 시정"하는 운동이라며, 행정조직을 동원하여 하향식 범국민적 사회운동을 통해 달성하려 하였다.[156] 제2경제의 사회적 추진은 근대화를 주체적으로

---

155) 1960년대 후반으로 가는 시기에 제기된 세 가지 주장 가운데 정부 측 근대화 전략과 먼저 파열음을 일으킨 주장은 민주주의 문제였다고 볼 수 있다. 이상록, 〈1960~70년대 비판적 지식인들의 근대화 인식〉, 《역사문제연구》 18, 2007, '제1장'.

수용한다는 총론에 동의하는 학계 인사 가운데 일부를 끌어들이기에 충분한 정책이자 관제 운동이었다. 전문가로서 자신의 주장을 펼치고 싶은 학계 인사들에게 제2경제가 계속 추진되고 있는 상황은, 전통의 문제, 민주주의 문제, 한일관계와 관련한 민족문제를 둘러싼 선택의 갈림길에서 그들에게 선택과 포기라는 양자택일을 요구하였다. 물론 성장이데올로기 그 자체를 부정한 학자는 없었다.

그런 가운데서도 1960년대 후반 근대화의 두 가지 기본 방향과 관련하여 한국 지식인들이 고민한 문제는, 공업화의 달성(또는 속도)과 민주정치 또는 민주주의적인 복지국가의 구현 사이에 가로놓인 모순을 어떻게 풀어가야 하는가였다. 1970년대 들이 정치적 민주회 문제와 노동 문제 등 사회경제적 갈등이 더욱 심화하자, 그 모순의 해법을 놓고 논쟁이 지속되었다. 다음 3부에서 확인하겠지만 그에 따라 학자들의 선택 지점도 명확히 갈렸다. 여기에 박정희 정부가 '근대화=공업화'라는 주장을 다음과 같이 논리화하면서 속도와 방향을 둘러싼 논란은 더욱 치열해질 수밖에 없었다.

모든 것이 상호 관련하여 발전하는 과정에서 경제도 발전하였으며, 경제가 발전한 결과 근대화가 촉진된 그러한 식의 발전 과정이었다.
그런 점에서 금일 한국의 근대화의 특이한 성격을 볼 수가 있을 것이다. 금일 한국의 **근대화가 경제발전을 주축으로 하여 전개되고 있는 데 대하여는 여러 가지 논의가 일고 있다.** 경제발전에 못지않게 여타 부문의 발전이 중요한 것도 사실이고, 근대화가 모든 면에서 조화되고 균형

---

156) 《경향신문》 1968. 1. 29, 1968. 9. 28;《매일경제》 1968. 8. 14.

있게 진전되지 않으면 경제발전의 효과가 저해될 뿐만 아니라, 경제발전 자체도 제약을 받게 된다는 것도 사실이다.

그러나 '**한국의 근대화**'가 직면한 시간적 제약과 한국 경제의 긴급한 과제를 상기할 때 **경제발전이 주축이 되고 있는 근대화의 불가피성을 이해할 수 있을 것**이다. 한국의 근대화는 시행착오를 허용할 수 없는 **긴급한 과제**인 것이다.[157] (강조 - 인용자)

위의 언급은 1968년 12월 국민교육헌장을 반포하고 이듬해 9월 삼선개헌을 통해 장기 집권의 기반을 구축하며 권력을 더욱 강화해가고 있던 박정희 정부가 통일 준비를 서둘어 마치기 위해서라도 '근대화=공업화'를 더욱 밀어붙이겠다는 의지를 표명한 주장이다. 공업화와 민주화를 동반하는 근대화 정책을 공개적으로 포기한 선언이나 마찬가지인 것이다. 이에 따라 1960년대 후반경을 지나는 와중에 그리고 1970년대에 들어서자마자 한국 학계에서는 근대화의 방향과 속도를 둘러싼 논란이 여전히 계속되었지만, 그것을 〈표 2-3〉과 같은 학술 기획이나 공론화 과정을 통해 차분하게 검토하며 사회적으로나 정책적으로 담아낼 공간은 매우 좁아졌다. 여기에는 자유로운 언론을 막아가는 정치 환경, 즉 삼선개헌을 둘러싼 갈등으로 제기된 민주주의 문제와 이에 대응한 박정희 정부의 위수령 공포, 남북한 사이에 군사적 긴장이 유지되고 있는 가운데 치러진 대통령 선거에다가, 전태

---

157) 박준규, 〈제10장 조국 근대화와 우리의 사명감〉, 《근대화 백서》, 대한민국정부, 1971, 390쪽. 이 책의 발행 주체와 발행 시점에 주목할 필요가 있다. 특히 1960년대 근대화를 총정리하고 1970년대로 나아간다는 취지에서 기획된 서적이라는 점을 염두에 두어야 한다.

일의 분신자살과 광주대단지 사건을 계기로 드러난 경제성장의 부정적 측면의 사회문제가 대두하는 등 각박해진 현실이 작동하였다.

지금까지 살펴본 바와 같이, 아연회의, 동국대회의, 국제정치학회 심포지엄 등으로 이어지는 근대화 관련 학술회의는 한국의 인문사회과학계를 지배한 화두가 무엇인지를 말해준다. 그렇다면 근대화론의 한국적 맥락을 찾아가려는 흐름에서 한국사 학계는 어떤 움직임을 보여주었을까. 1966년의 동국대회의와 1968년의 국제정치학회 심포지엄의 주제를 1965년 시점의 아연회의와 비교해보면, 한국근대사와 관련한 논의는 거의 없었음을 확인할 수 있다. 국제정치학회가 주최한 심포지엄의 경우, 학술회의를 위해 조직한 사상 분과에서 한국 사상사를 전공하고 있던 홍이섭이 한국의 민족주의에 관해 발언하였을 뿐이다.[158] 두 회의가 근대화의 개념, 한국의 역사적 특징을 도출하는 논의보다는 당시 진행되고 있던 조국 근대화에 초점을 맞추었기 때문이다. 더구나 한국사 학자들은 우리의 근대화가 현재 어느 단계에 와 있는지에 대해 역사학보다 여러 사회과학 분야에서 분석하고 정리해야 한다고 생각하였다.[159] 그래서 한국사를 연구하는 역사학자는 '전통'의 측면, 특히 사상의 영역에서 접근한 경우에만 학술회의의 한 자리를 차지할 수 있었다. 1960년대 후반으로 갈수록 역사학계는 근대화론을 주제로 한 학계의 종합적인 토론장에서 조금씩 밀려나고 있었다.

그렇다고 한국사 학계가 1960년대 후반으로 갈수록 근대화 논의에서 아예 발을 뺐다고 말할 수는 없다. 근대화론을 받아들이는 과정에

---

158) 홍이섭, 〈주제 논문: 한국민족주의의 역사적 성격〉, 《국제정치논총》 6, 1967.

159) 1964년의 시점에 천관우는 이미 그러한 인식을 드러냈다. 천관우, 〈세계사 참여의 사적 과정-한국 근대화 시발기의 기본 성격〉, 《사상계》 12-1, 263쪽.

서 제기된 '근대'와 주체성 그리고 전통에 관한 논의를 더욱 확대 심화하여 한국사 전체의 시대구분 문제를 연구하고, 식민사관에 대한 규명과 비판을 시도하는 움직임으로 이어졌다. 계속 확산된 근대화 논의가 한국인의 주체적 역사 과정을 해명하는 연구에 정당성을 부여했기 때문이다. 근대화론으로부터 촉발된 '근대'의 시작점에 관한 논의의 움직임은 1960년대 후반으로 갈수록 주체적 한국사상을 정립하기 위한 새로운 실증 연구들이 등장하면서 한국사를 체계화하려는 논의들로 옮아가고 있었다. 그러한 움직임이 확장적으로 추동된 계기는 바로 1965년 한일기본조약의 체결이었다. 지금부터 조약 체결 이후 한국사 학계의 특징적인 움직임을 살펴보자.

일본 재침략의 위기의식과 식민주의 역사인식 비판

한일기본조약 조인은 1960년대 후반 한국사 학계의 움직임이 전반과 다른 분위기에서 전개되는 데 결정적인 영향을 미친 전환점이었다. 일본과의 국교정상화에 반대하는 움직임은 1964년부터 확대되어 대중의 반일민족주의 정서를 자극하는 상황이 또다시 조성되었다. 1965년 한일기본조약의 체결은 민족적 위기감을 더욱 증폭시키며 역사학계를 크게 자극하였다. 앞서 보았듯이 박정희 정권도 조약 체결을 전후하여 근대화 담론을 더욱 적극 밀어붙이고 있었다. 김용섭은 이 일련의 과정을 다음과 같이 회상하였다.

일제하의 식민주의 역사학을 청산하는 문제는, 사상의 문제이고 선학들의 학문을 비판하는 문제이기도 하였으므로, 최소한 학계에 세대교체가 있지 않으면 아니 되었다. 그러므로 학계에서 이 일을 추진하기까지는 세월이 많이 흘렀다. 1960년대를 기다리지 않으면 아니 되었던 이유이었다.

그런 가운데 **직접적인 계기가 되었던 것은** …… **한일회담의 재개**이었다. 한일회담이 재개되고 한일 간의 국교조약이 체결되는 변화가 있게 되면서는, 한국사회와 학계에 일제 침략의 망령 과거사를 상기시켰고, 그들의 **새로운 내습에 대비해야 한다는 위기의식**을 고조시키게 되었다.

언론계에서는 연일 이를 대서특필하였고, 학계에서는 이 문제를 근원적으로 대비하지 않으면 안 될 것으로 생각하였다.[160] (강조-인용자)

당시 학계에서 느꼈던 위기의식의 실체는 무엇이었을까. 그리고 어떻게 대응해야 한다는 것이었을까. 이우성은 당시의 분위기를 아래와 같이 정리하였다.

2차 대전이 끝나고 냉전시대로 접어들면서 자유세계 대 공산세계의 양극화라는 상황 속에 이 땅의 사람들은 미국을 중심으로 한 자유세계의 일원으로 자인하여 이른바 '자유'의 수호를 유일의 구호로 삼았고 **민족 그것은 망각되거나 등한시되기가 일쑤였다.** 그러다가 세계의 사정은 차차 강대국들의 실리주의적 입장을 노골화시켜 양극화의 상황은 다원화의 경향을 보이게 했고 '한일협정'이 체결되어 일본의 종교 내지 통속적 문물이 일본의 자본 및 상품과 표리관계를 이루어 이 땅에 도도히 흘러들어오게 되었다. '자유'의 수호만을 지상명령으로 알고 있던 이 땅

---

160)   김용섭, 《역사의 오솔길을 가면서》, 지식산업사, 2011, 470쪽.

의 사람들은 **이제 비로소 민족 또는 민족문화의 수호를 생각하게 되었고,** 자유세계의 일원이라는 관념만으로는 오늘의 국제사회 속에 생존할 수 없으며 **우리 민족 스스로의 판단과 결정으로 살길을 찾아야겠다는 절박한 현실을 직감**하게 되었다.[161] (강조-인용자)

한일기본조약이 체결되자 한국사 학계는 일본 침략의 '망령사'를 상기하며 새로운 '내습'에 대비해야 한다는 민족적 위기의식을 느낀 것이다.[162] 이에 따라 민족적 주체성을 지켜야 한다는 공감대가 넓어지면서 근대화론의 도입으로 촉발된 새로운 연구 경향이 더욱더 폭넓고 빠르게 확산되었다.

그렇다면 역사학계는 근대화 담론으로 촉발된 연구 흐름을 한일기본조약이 체결된 즈음부터 어떻게 만들어가며 구체화했을까. 그리고 '자기식 전유'의 과정은 어떠했을까.

먼저 1966년 6월의 시점에서 고병익의 언급을 살펴보자. 그는 "근대화라는 개념과 용어는 비교적 근년에 들어와서 나오기 시작하였고 요즘에 와서는 역사학이나 기타 학문상의 용어에 그치지 않고 실제 정치와 사회에서도 가장 널리 쓰이는 용어가 되어 있다"고 진단하였다.[163] 그러나 사람들이 근대화를 일종의 사회적 유행어처럼 말하지만 내용을 보면 '각인각설'이어서, 근대화란 무엇인가에 대해 "일의적(一義的)으로 명확하게 정의되지 못하고" 있었다.[164]

---

161) 이우성, 〈1969~70년도 한국 사학계의 회고와 전망, 국사-총설〉, 《역사학보》 44, 1971, 1·2쪽.

162) 김용섭, 《역사의 오솔길을 가면서》, 470쪽.

163) 고병익, 〈근대화의 기점은 언제인가?〉, 《신동아》 24, 1966. 8, 154쪽.

사회적 유행어이기는 했지만, 동국대회의 즈음인 1966년경에 이르
면 근대화의 정의에 관한 이론적 접근과 논쟁은 철지난 이슈가 되어
버렸다. 사회과학 영역에서 현재 진행형인 근대화를 둘러싼 논의가
핵심이었듯이, 한국사 학계도 근대화론 수용 이후 촉발된 한국사의
여러 과제를 구체적으로 해명하는 데 관심을 두었다. 관련된 언급은
천관우가 '또 무엇이 문제인가?'라고 질문을 던지며 발언한 내용에서
확인할 수 있다.

우리 근대의 구조를 해명하기 위해 제기되어야 할 문제점들은 사회
경제사에서, 정치사에서, 정신문화사에서 일일이 열거하기 어려울 만큼
많을 것이다(註).[165] 우선 이러한 문제점들은 우리 **근대의 제 양상과 그
특징을 그 모습대로 정리 제시**하는 작업과 동시에, 우리 **전근대의 제 양
상과는 혹은 맥락이건 혹은 단절이건 간에 어떤 연관**이 있는가, 그 교량
을 지어주는 작업을 요구한다. 또 이러한 문제점들은 우리의 근대화가
다른 모든 후진사회의 그것처럼 사실상 서구의 근대화를 '모델'로 상정
한 것이라면, 우리는 그 '모델'과의 비교에서 무엇이 무엇 때문에 **어떻
게 특수화되었는가를 가려냄으로써 우리의 근대화의 성격을 해명하게
할 수 있을 것이다.** 또 후진사회의 근대화라 하지만, 각각 등에 진 전통
이 다르고 변화를 실어오는 조건이 다른 이상 그것이 모두 동일형(同一
型)일 수는 없다[166] (강조 – 인용자)

---

164) 양병우, 〈'근대화'의 개념〉, 《역사학보》 33, 1967, 81쪽.

165) '주(註)'에는 아연회의 때 논의된 5개 대주제와 소주제들이 소개되어 있다.

166) 천관우, 〈또 무엇이 문제인가?〉, 《신동아》 24, 1966. 8, 209쪽.

천관우는 동국대회의나 국제정치학회 심포지엄에서처럼 한국만의 근대화 과정에 대한 해석, 즉 전근대와의 관계 속에서 우리만의 근대 구조와 특수한 과정을 해명해야 한다고 주장하였다. 이는 다양한 측면에서 자기들 기준의 일반성을 밀어붙이려 했던 로스토와 라이샤워식 근대화론과 충돌할 수밖에 없는 주장이었다.

학계에서 천관우의 주장에 공감하는 사람이 늘어가는 가운데 그동안 제대로 된 연구논문 한 편이 없어 사실상 불모지였던 독립운동사 분야에 관한 논문이 1967년경부터 비로소 발표되기 시작하였다.[167] 1969년에는 3·1운동 50주년을 기념하여 동아일보사가 매우 큰 학술 기획을 시도하였다.[168] 민족사적 정통성을 체계화하고자 임시정부의 정통성에 대해 역사적 논거를 제시하거나,[169] 독립군이 한말 및 한국군과 어떻게 연관되는지를 다루는 특집 기획도 시도되었다.[170] 물론 새로운 역사 기획은 국사편찬위원회가 1965년부터 1969년까지 발행한 《한국독립운동사》 1~5권의 영향을 어느 정도는 받았다.[171] 이 책

---

167) 박성수, 〈한국광복군에 대하여〉, 《백산학보》 3, 1967; 윤병석, 〈1928~29년에 정의·신민·참의부의 통합운동〉, 《사학연구》 21, 1969; 윤병석, 〈참의·정의·신민부의 성립 과정〉, 《백산학보》 7, 1969.

168) 《삼일운동 50주년 기념논집》, 동아일보사, 1969.

169) 홍순옥, 〈상해 임시정부의 정통화 과정-한성정부와의 일체화 작업을 중심으로〉, 《신동아》, 1968. 3. 동국대학교 법정대학에서 한국 정치사를 전공하고 있던 저자는, 결론에서 "미완의 고찰이지만 상해에 수립된 임시정부가 노령의 국민의회를 흡수하고 또한 자신을 개조하여 한성정부와 일체화한 것으로 국내외에 정치적 통일을 호도한 것은 그나마 대업에 속하는 일이었다"고 언급하였다.

170) 《신동아》, 1969. 6. '특집: 3·1운동 50주년 시리즈 광복의 증언 ④-만주 독립군의 활동'; 윤병석, 〈만주 독립군의 편성〉; 이종석, 〈일군(日軍) 대대를 섬멸한 봉오동의 결전〉; 이범석, 〈시산혈하(屍山血河)의 청산리 전역〉; 원의상, 〈신흥무관학교〉.

171) 자료집에는 의병전쟁부터 한국광복군의 활동까지 일관되게 서술되어 있고, 그와 관련된 다양한 자료가 광범위하게 번역되어 있다.

은 한국 정부에서 기획 제작한 최초의 독립운동사 개설서이자 자료집이라는 데 의미가 있다. 해방된 지 20여 년이 다 된 시점에서야 일제강점기를 저항의 측면에서 전문적으로 연구한 글과 자료집이 나오기 시작한 것이다.

홍이섭이 말한 식민지시대사의 인식 지표로서 대중의 저항사에 대한 새로운 조명은 1960년대 후반경에 와서야 이루어졌다. 일본의 침략에 저항한 새로운 역사적 주체를 학문적으로 해명하기 시작한 것이다. 새로운 주체는 민족 수난사를 부각하는 동시에 반공민족주의 이념 아래 민족사를 복원하여 임시정부 중심의 저항을 체계화하는 과정에서 모습을 드러냈다.[172]

이는 근대화론의 주체적 수용 노력이 낳은 순기능이라고도 볼 수 있겠다.

홍이섭 자신도 민족운동사 연구에 능동적으로 참여하였다. 그는 한일 청구권 자금의 일부를 활용하여 독립운동사 자료를 수집, 집필하기 위해 1969년 독립운동사편찬위원회의 결성을 주도하고 위원회를 이끌기도 하였다.[173] 편찬위원회는 1970년부터 1978년 사이에 《독립운동사 자료집》 1~14권과 '별집' 1~3권까지 모두 17권을 번역 간행하였다.

이처럼 역사학계는 1965년 한일협정을 계기로 일본에 대한 위기의식, 즉 민족적 주체성을 수호하여 '새로운 내습'에 대비해야 한다

---

172) 신주백, 〈한국사 학계의 만주·만주국에 대한 집단기억 – 만주 표상의 변화를 중심으로〉, 《만주연구》 29, 2019, 62~64쪽.

173) 역사문제연구소 편, 〈조동걸, 한국 독립운동사와 현대사학사의 개척자〉, 《학문의 길 인생의 길》, 역사비평사, 2000, 451~454쪽; 김효순, 〈조동걸, 대학에서 근현대사 강의가 없었던 것 자체가 비극이다〉, 《역사가에게 묻다》, 217~222쪽.

는 넓은 공감대를 형성하고, 이전에 볼 수 없었던 새로운 움직임으로 대응하였다. 역사학계의 주목할 만한 대응에는 두 가지가 더 있었다. 하나가 식민주의 역사인식을 비판적으로 분석하는 작업이었고, 또 하나는 한국사의 시대구분 문제를 해명하는 기획이었다.

사실 두 문제는 분리해서 생각할 수 없는 과제이다. 그래서 역사학계도 1966년 6월에 열린 제9회 전국역사학대회의 주제를 '역사 이론과 역사 서술'로 잡았다. 이 대회에서 김용섭은 〈일본·한국에 있어서의 한국사 서술〉에서 식민주의 역사인식을 비판하였고, 강진철은 〈한국사의 시대구분 문제〉라는 글에서 고대 노예제적, 중세 봉건제적, 근대 자본제적 사회구성이 존재한다며 한국사를 설명하였다.[174] 역사학계가 식민주의 역사인식 문제와 시대구분 문제를 공개적으로 동시에 제기한 것이다.

서술과 분석의 편의상 이번 '항'에서는 식민주의 역사인식에 대한 비판적 태도와 한국인의 주체성에 관해 언급한 비판적 언설 활동을 살펴보고, 다음 '항'에서 비판적 언설의 내적 한계와 시대구분 문제에 대해 각각 정리하겠다.

우선 김용섭의 글부터 보자. 당시 한국에서는 그가 가장 분석적이고 체계적으로 식민주의 역사학의 역사인식과 우리 안의 식민사관을 비판했기 때문이다. 김용섭이 전국역사학대회의 심포지엄에서 발표한 논문은 1963년 《사상계》에 발표한 글보다 더 폭넓고 깊이 있는

---

174) 두 발표문 모두 《역사학보》 31(1966. 8)에 수록되었다. 김용섭의 글은 일본의 조선사연구회 회지인 《조선사연구회 회보》 17(1967. 8)에도 번역되었다. 강진철은 〈한국사의 시대구분에 대한 일 시론〉, 《진단학보》 29·30합집(1966. 12)에서 시대구분 문제를 재론하였다.

분석이었다. 1945년 이전 일본인의 식민주의 역사학인 관학아카데미즘 역사학만을 분석했던 그때와 달리, 1945년 이후부터 당시까지 일본 역사학계의 전후 역사인식과 한국인의 한국사 인식도 점검하였다. 그는 한국인의 한국사 서술 경향을 '민족사학', 사회경제사학, 그리고 '랑케류의 실증사학', 즉 문헌고증사학으로 구분하였다.[175]

사학사의 측면에서 볼 때 김용섭의 3분류 방식은 이후 한국사 학계에 정착하였다. 물론 명칭은 학자에 따라 조금씩 달랐다. 김용섭도 잠정적이라고 하면서 민족사학을 사용했지만, 같은 의미의 역사학을 민족주의사학이라 부르는 학자들이 더 많았다. 실증사학은 실증주의사학 또는 문헌고증사학이라 부르는 연구자들도 많다. 사회경제사학이란 명칭의 경우도 그것을 곧바로 마르크스주의 역사학으로 간주하는 사람도 있지만, 유물사관을 포함해 사회구성사적인 접근을 통칭해 부르는 연구자도 있다.[176] 그럼에도 3분류 방식을 거부하는 역사학자는 거의 없었다. 한국근현대 역사학을 이해하는 기본 틀의 하나가 이때부터 자리 잡았다고 볼 수 있겠다.

---

175) 그는 같은 사회경제사학이라도 최호진과 백남운은 다르다고 보았다. 한일기본조약이 체결된 직후 일본인의 "한국사관"을 가장 왕성하게 비판한 사람은 중앙대학교 교수로 있던 김용덕이었다. 그는 1부에서 보았듯이 정체성론을 체계적으로 주장했던 학자인데, 이 시기에 이르러서는 일본인이 왜곡한 한국사를 사대주의, 당쟁, 근대화, 정체관이란 측면에서 모두 네 차례 분석하였다(김용덕, 〈일인(日人)의 '한국사관' 비판〉,《청맥(靑脈)》 2-8, 1965. 10; 2-9, 1965. 11; 2-10, 1965. 12; 3-1, 1966. 1). 다만 김용섭처럼 학문 경향을 나누어 비판하지 않았다. 달리 말하면, 필자가 보기에 김용섭처럼 분류하고 접근하는 분석 방식이 학계로서는 처음이었고 새로웠으며 경향적 차이를 이해하기 쉬웠다.

176) 이에 대한 간략한 구별은 신주백,《한국 역사학의 기원》, 26·27쪽 참조. 다시 덧붙이자면, 필자는 문헌고증사학, 민족주의사학, 사회구성사적으로 접근하는 사회경제사학으로 구분하고 있다.

3분류 방식 가운데 한국사 학계를 장악하고 있는 부류는 문헌고증 사학이었다. 김용섭이 보기에 문헌고증사학에 입각한 한국사 연구와 서술이 식민주의 역사학의 테두리를 벗어나지 못하고 있음을 국사학 연구자 스스로도 알고 있을 뿐 아니라 한국사를 전공하지 않는 사람 들은 더 신랄하게 그 문제점을 지적하고 있었다. 더구나 식민주의 역 사학을 수립한 일본인조차 동일한 문제점을 증언하고 있었다. 그래서 김용섭은 "일제 관학자들이 수립한 식민사관을 극복"하는 일이 한국 사 학계가 당면한 중요한 과제라고 지적하였다.[177]

김용섭은 연구 방법의 측면에서 문헌고증사학이 추구하는 실증만 으로는 왜곡된 사실을 부분적으로 시정하거나 세세한 문제를 고증 할 수는 있어도 식민주의 역사인식을 극복할 수 없다고 보았다. 실증 력 경쟁으로는 식민주의 역사학을 극복할 가능성이 매우 제한적이라 는 뜻이었다. 그래서 그는 역사학자 개개인이 역사를 대하는 가치관 과 자세를 바꾸어 연구에 정진하는 가운데 새로운 한국사관, 달리 말 하면 "세계사의 발전 과정이라고 하는 일반성 위에 한국사의 특수성 이 살려진 그러한 역사관"을 수립해야 한다고 제창하였다.[178] 1963년 2월 《사상계》에 발표한 글과 일치하는 발언이다. 김용섭의 비판과 제 안은 한국의 한국사 연구자가 취해온 근본적인 태도까지 문제 삼았다 는 점 그리고 전국 역사 연구자의 관심을 받고 있던 학술회의에서 문 헌고증사학적인 연구 방법에 대해 공개적으로 직접 문제제기를 했다 는 점에서, 한국사 학계를 상대로 한 도전이자 도발이었다.

달리 보면, 일본인의 식민주의 역사학이 품고 있던 역사인식만을

---

177) 김용섭, 〈일본·한국에 있어서의 한국사 서술〉, 《역사학보》 31, 1966. 8, 146쪽.

178) 김용섭, 〈일본·한국에 있어서의 한국사 서술〉, 《역사학보》 31, 146쪽.

문제 삼았던 1961년 시점의 이기백의 비판이나 1965년 시점의 김용덕의 비판과는 명확히 다르다. 한국사 학계에서 많은 사람이 식민주의 역사학을 비판하고 각자 나름의 탈식민을 말하지만 아직 차이가 드러나지 않았고 드러내려고도 하지 않은 상태에서, 김용섭이 제기한 문제는 한국사 학계 내부에 편차가 있었음을 시사한다.[179]

1960년대 후반 들어 이우성도 학계 내부의 편차를 공개적으로 드러내려고 시도하였다. 그는 1963~1967년 한국사 학계의 연구 동향을 '총설'하면서, 한국사 학계가 이 시점에 와서야 민족 주체를 운운할 수밖에 없었던 이유를 다음과 같이 설명하였다.

애국주의적 민족사학이 폐각(廢却)되고 사회경제사학이 시들어진 상황 속에서 **실증주의적 문헌사학은 그대로 온존되어 이 땅의 역사학의 주류를 형성**하게 되었다. 이 실증사학은 지리·인물·연대 등 사실의 고증적 연구에 많은 업적을 남기게 되었으나 **종전의 일제 관학의 학풍에서 많이 벗어나지 못하였다.** 6·25를 치른 뒤 실증사학은 약간의 반성하에 제도사학으로 지향하여왔으나 **단순한 과거 제도의 고증적 연구는 시대의 고심과 아무런 관련이 없었다.** 이 인간 부재의 역사학은 동시에 정치사회의 변동·격동 속에서 아무런 현실의 투영도 발견할 수 없었던 것이다.

이에 대한 비판이 점고(漸高)해왔다. 특히 이 5년간에 있어서 국사에 대한 국민적 관심도가 높아짐과 더불어 **학자들의 반성의 기운이 성숙**되

---

179) 다만 이때까지는 작은 편차로부터 출발해 사론과 실증 연구의 다름으로까지 이어지지 않았다. 그것은 1970년대 중반경에 가서야 민중을 재인식하고 분단을 발견하며 가시화되어갔다.

었다.[180] (강조 – 인용자)

    학계 내부에서 일어난 정체성론과 타율성론을 핵심으로 하는 식민주의 역사인식에 대한 비판은 "민족의 주체적 내재적 발전 과정을 합법칙적으로 파악하려는 노력"과 연동하여 전개되었다.[181] 후자와 같은 학문적 노력은 일본 조선사연구회의 《조선사 입문》이 1967년 국내에 보급된 동향과도 깊은 연관이 있었다. 한영우는 이 책이 "총체적으로 강한 자극"을 주었는데, 특히 "젊은 세대한테 상당한 자극"을 주었다고 회상할 정도였다.[182] 한국사 연구자들은 《조선사 입문》을 통해 일본의 연구 경향뿐만 아니라 북한의 연구 동향도 전체적으로 제대로 파악할 수 있게 되었다. 한국 학계에서 '자본주의 맹아'라는 용어가 일반적 개념으로 퍼지는 현상도 이즈음부터였다고 볼 수 있겠다.[183]

    식민주의 역사인식을 극복하면서 동시에 한국사의 주체적이고 내재적인 발전 과정을 파악하려는 경향은 제9회 전국역사학대회가 열린 1966년에 《사상계》, 《세대》, 《신동아》와 같은 월간지가 특집으로 기획한 담론 공간과 한국경제사학회의 시대구분에 관한 심포지엄의 내용에서도 확인할 수 있다. 전국역사학대회가 열리기 한 달 전에 《사상계》 편집진은 식민주의 역사인식만을 분석한 '특집: 왜곡된 한국사의 새로운 해체'를 기획하였다. 편집진은 한국의 학교 교육에서 배우

---

180) 이우성, 〈총설〉, 《역사학보》 39, 1968, 3쪽.

181) 이우성, 〈총설〉, 《역사학보》 39, 4 · 5쪽.

182) 〈한국사연구회 창립 25주년 기념 좌담회〉, 《한국사연구》 79, 137쪽.

183) 필자가 현재까지 찾은 바로는, 학술논문에서 '자본주의 맹아'라는 용어를 사용한 경우는 신규성의 논문이 처음인 것 같다(신규성, 〈이조 후기 경제에 있어서의 자본주의 맹아 문제에 관한 소고〉, 《동아논총》 3, 1966).

는 한국사가 "민족의 주체성을 운위하는 이 마당에 우리가 찾아야 할 것은 먼저 정당한 정신적 유산이다. 식민지의 국사를 그대로 답습하는 이 한국사학의 문제는 민족의 자존을 위해서 반드시 곧게 펴져야 하겠다"는 취지에서 네 편의 글을 수록하였다.[184] 특히 천관우는 일본의 조선사 연구와의 "대결을 감당할 준비가 되어" 있지 않으며, 다른 나라의 한국사 연구 성과와 비교해 "자신 있게 우세하다고 말할 수 없는 형편"이라며 한국사 학계를 단정적으로 비판하였다.[185]

이어 6월에는 《세대》의 편집진이 민족 주체성을 말하기 이전에 지난날의 우리에 대해 의혹의 시선을 보내 매몰된 한국사의 특정한 "부면(部面)을 새로운 각도에서 부각"시키고자 '특집: 매몰된 한국사'를 기획하였다.[186] 다섯 편의 특집 기획은 한국사를 사회경제사(조기준), 종교사(유홍렬) 측면에서 설명하거나, 선사시대와 "식민지시대"를 각각 분석한 글(이난영, 김용덕), 일본인의 "한국사관"을 이론과 윤리의 측면에서 비판한 글(최영희)로 구성되었다.[187]

《사상계》와 《세대》에 수록된 글들은 일본인 식민주의 역사학의 역사인식에 대한 분석이 같은 시기 김용섭이 발표한 글에 비해서도 깊이 있지 못했을 뿐더러, 8월에 동아일보사의 《신동아》 편집진이 기획한 '특집: 한국사의 논쟁점'의 글들에도 미치지 못하였다.[188] 《신동

---

184) 〈편집 후기〉, 《사상계》 14-5, 1966. 5, 420쪽; 천관우, 〈한국사학의 새 시련〉; 이종복, 〈근세 조선 당쟁의 재평가〉; 노계현, 〈쇄국주의론〉; 함석헌, 〈우리 역사와 민족의 생활 신념〉.

185) 천관우, 〈한국사학의 새 시련〉, 《사상계》 14-5, 31쪽.

186) 《세대》 34, 1966. 5, 410쪽.

187) 조기준, 〈한국사의 경제사적 전개-사회경제사적 해석〉; 김용덕, 〈일제 시 우리가 잃고 얻은 것-식민지시대 연구〉; 최영희, 〈무엇이 잘못되었는가-왜곡된 일인의 한국사관〉; 유홍렬, 〈한국사의 종교사적 측면〉; 이난영, 〈선사시대의 문제들-민족사의 년령〉.

아》의 특집 기획은 고대부터 근대의 기점에 관한 논의까지 20명의 필자가 참가하여 20개의 다양한 주제로 한국사의 논쟁점을 짚어냈다. 오늘날의 기준으로 보아도 보기 드문 대형 기획으로, 주제들을 보면 1966년의 시점에 한국사 연구가 풀어야 할 논점이 무엇이었는지 한눈에 볼 수 있는 특집이었다.

20개의 주제 가운데 일본인의 식민주의 역사학과 한국인의 식민사관에 관해 주로 언급하며 한국사의 주체적이고 내재적인 발전에 주목한 글로는 〈임나일본부는 실재했는가?〉(이홍직), 〈노예제사회와 봉건제사회는 있었는가?〉(하현강), 〈자본주의 성립 과정은 어떠했는가?〉(김영호)가 있다. 세 필자는 식민주의 역사학의 주장과 식민사관을 정리하면서 "아시아적 봉건제", "자본주의 맹아"와 같은 구체적인 대안을 제시하였다. 또한 〈근대화의 기점은 언제인가?〉(고병익)는 1876년 강화도조약을 근대사의 시작점으로 보는 이상백과 천관우의 주장을 소개하고, 다른 견해와 사실을 들어 근대사의 시기구분에 관해 언급하면서 식민사관을 비판하였다.

그런데 내재적 발전 과정에 대한 해명이 이루어지고 있던 당시의 시점에서, 그러한 분석이 식민주의 역사인식 내지는 시대를 좁혀 조선 후기에 대한 타율성론이나 정체성론과 어떤 연관이 있는지《신동아》의 특집에 참가한 사람들도 명확히 털어내지 못한 측면이 있었다. 가령 동아일보사 주필로 있던 천관우는 기획의 마지막 순서에 배치

---

188) 발표된 글이 매우 많아 몇 가지만 추려보겠다. 이홍직, 〈임나일본부는 실재했는가?〉; 하현강, 〈노예제사회와 봉건제사회는 있는가?〉; 김삼수, 〈봉건적 사회에서 토지는 국유였는가?〉; 이우성, 〈실학이란 무엇인가?〉; 이현종, 〈동학란이란 무엇인가?〉; 김영호, 〈자본주의 성립 과정은 어떠했는가?〉; 홍이섭, 〈일본 통치 기간의 성격은?〉; 전해종, 〈한국사를 어떻게 보는가?〉.

된 자신의 글 〈또 무엇이 문제인가?〉의 맨 끝부분에서 결론처럼 다음과 같이 말하고 끝맺었다.

이 글은 위에서, 우리의 근대화의 시발이 일본의 자극 내지 강요에 최대의 요인을 찾을 수밖에 없다고 말하여, 유감이나마 그것이 타율적인 데서 출발한 것이라는 방향으로 기울었다. 또 우리 전통사회에 근대화의 내적 요인이 있었다 하더라도 그 힘은 미약하여 결과적으로 그 추진력이 되지 못했다고 말하여, 유감이나마 그 싹이 거의 내재하지 않았다는 방향으로 기울었다. 이 글은 그런 방향이 실증적으로 옳고 그른 것은 많은 비판 앞에 나서야 되겠지마는, 우리 역사에 대한 애정 때문에 그 흠결을 감추려는 것은 올바른 애정이 아닐 줄 안다.[189]

천관우는 조선 후기의 내재적 발전 자체를 부정하지는 않았지만 근대화의 요소가 '거의 내재하지 않았다'고 하면서 각박하게 평가하였다. 확신에 찬 그의 논조에서 핵심은 조선 후기 사회가 타율성과 정체성을 결국 벗어나지 못했다는 평가이다. 앞서 1부에서 살펴본 반계 유형원에 관한 글에서 내면적 접근을 통해 실학을 이해하려 했던 태도보다 더 소극적인 평가라는 인상을 지을 수 없다.

1966년의 시점에서 이러한 생각을 천관우만이 품고 있었다고 볼 수는 없다. 자본주의 맹아의 성립 가능성을 해명할 수 있다는 믿음을 갖고 있었던 김영호의 아래와 같은 언급을 보면, 그러한 사고가 널리 유포되어 있었음을 짐작할 수 있다.

---

189) 천관우, 〈또 무엇이 문제인가?〉, 《신동아》 24, 1966. 8, 214쪽.

현재의 추세는 자본주의의 성립 과정이라고 하는 각도에서가 아니라 봉건제의 붕괴 과정이라고 하는 각도에서 진행되고 있는 것으로 생각된다. 그리고 자본주의의 맹아가 전체적 역사 과정의 전환으로 파악되지 않고 아직은 부분적인 면이 약간 산만하게 지적되고 있는 것 같다. 더욱이 자본주의의 맹아론이 정체론과 기묘하게 혼재 혹은 접목되어 있는 느낌이 있고, 자본주의적 요인의 발생 과정이 '동양적 봉건사회의 완성 과정'으로 흡수되고 있는 경우도 있어 석연치 않은 느낌을 주고 있다.[190]

김영호는 한국사 학계의 연구가 조선 후기 사회에서 자본주의 맹아의 성립 과정을 동양적 봉건제의 해체 과정으로 접근하고 있다고 보았다. 그러면서도 식민주의 역사인식과 뒤섞여 있는 경우도 있어 아직은 개운한 느낌이 아니라고 고백하였다. 사실 정체성론과 타율성론에서 벗어나지 못하고 있던 한국사 학계로서는 다양한 연구 성과도 없었으니, 1966년의 시점에서 볼 때 김영호의 우려는 현실을 반영한 진단이다. 그럼에도 김영호처럼 '자본주의 맹아'라는 용어를 사용하며 그것의 발생 문제에 초점을 맞추고 본격적으로 해명하면 한국자본주의의 성립 과정에 관한 연구에 새로운 차원의 진일보가 있을 수 있다고 희망을 품은 사람이 처음에는 소수였지만 점점 늘어나고 있었다고 보는 쪽이 더 적합한 추측일 것이다. 이기백의 경우도 1961년판 《국사 신론》을 완전히 개작한 1967년판 《한국사 신론》에서 조선 후기 농업, 상업, 수공업 분야의 경제성장을 언급하며 조선 후기에 자본-임노동 관계가 나타나고 산업자본까지 발생했다며 새로운 연구 성과

190) 김영호, 〈자본주의 성립 과정은 어떠했는가?〉, 《신동아》 24, 1966. 8, 181·182쪽.

를 적극 수용하였다. 하지만 그도 자본주의 맹아라는 말은 아직 사용하지 않았다.[191]

이처럼 식민주의 역사인식을 비판하며 한국사를 새롭게 연구하려는 연구자들이 주목한 변화의 핵심은 자본주의적인 모습의 확인이었다. 맹아라는 말을 사용하든 사용하지 않든 그들 모두의 공통된 관심사는 바로 그것이었다. 봉건제를 극복하고 자본주의적 국민국가를 수립한 유럽에서의 선험적인 진로가 발전의 여부를 판단하는 하나의 표준이었기 때문이다.

사람들에게 서양 근대사회는 추구해야 할 모델이자 도달해야 할 목표로서 그 자체가 세계이사 보편적 존재였다. 또 동양 아니면 한국이라는 단위는 자신의 특수함에 따른 개성화, 즉 개별적 존재였다. 결국 1966년의 시점에 역사학계가 말한 세계사적 보편성과 개별적 특수성을 통일적으로 파악하는 한국사의 체계화란 이러한 전제에서 출발한 대안 모색이었다.[192] 달리 말하면 "근본적으로는 식민사관을 극복한 위에서의 한국사관이 있지 않으면 아니 된다"[193]고 말하는 김용섭조차도 식민주의 역사학의 극복이란 결국에는 서구 중심주의 역사를 구현하는 접근일 수밖에 없었다.

당시 한국사 학계에서 문제가 된 인식은 식민주의 역사인식이지 서구 중심주의 역사인식이 아니었다. 후자의 역사인식이 내포한 문제점을 자각하지도 못했을 때이다. 후자의 역사인식에 입각한 접근이 식

---

191) 이기백,《한국사 신론》, 264~268쪽. 284·285쪽.

192) 내재적 발전 과정에 동의하는 역사학자 가운데 어느 특정인을 거명할 필요도 없을 정도로 예외적인 사람은 없었다.

193) 김용섭,〈일본·한국에 있어서의 한국사 서술〉,《역사학보》31, 146쪽.

민주의 역사인식을 비판적으로 해명하는 데 정당성을 부여했다고 보는 편이 당시의 현실에 더 부합한 진단일 것이다. 달리 말하면 문헌고 증사학이 "국사 학계에 있어 압도적"인 데다 "심지어 일부에서는 역사를 거시적으로 보려는 태도를 이단시하는 듯한 경향"까지 있는 한국사 학계에서,[194] 일본인이 주조한 식민주의 역사학의 역사인식과 식민사관에 대한 공개적인 비판은 한국사회의 근대화 논의가 사회적으로 확산하면서 가능하였다. 근대화는 한국인이 빈곤에서 벗어나기 위해 주체적으로 동의하고 선택한 어젠다였고, 그것을 역사적으로 해명하는 과제가 역사학계에 주어졌기 때문이다. 더구나 한국사 학계는 근대화 논의의 사회적 확산에 분수령이 된 한일기본조약의 체결을 계기로 일본의 재침략을 우려하며 민족적 위기 의식을 느끼고 있었다.

여기에서 주체성 문제가 자연스럽게 제기될 수밖에 없었다. 역사학자들이 보기에 재침략의 위기를 극복하기 위한 주체의 설정과 그들의 역사의식을 중시할 수밖에 없었다. 또한 조국 근대화를 이룩해야 할 주체인 국민의 확고한 민족의식도 필요하였다. 역사적 요구와 시대의 흐름을 파악한 한국사 학계는 '민족사학'의 대표 인물로 신채호를 소환하는 데 적극적이었다.

1960년대 초반기까지만 해도 애매하던 신채호의 사학사적인 위치는 박은식과 신채호가 '민족사학'을 "계발(啓發)"했다고 김용섭이 평가하면서 자리를 잡기 시작하였다. 김용섭이 보기에 신채호는 전통사학인 고증학의 기반 위에 "근대사학의 방법론"을 도입한 사람이었다.[195]

---

194) 천관우, 〈내가 보는 한국사의 문제점들-사관과 고증 및 시대구분〉, 《사상계》 11-2, 238쪽.

이후 신채호의 사학사적인 위치는 여기에서 크게 벗어나지 않게 평가되었다. 가령 1971년에 김철준(金哲埈)은 한국의 근대사학이 신채호의 민족사학을 통해 비로소 "성립될 수 있다는 정신적 기초를 얻었"다고 평가하였다.[196] 3부 2장에서 보겠지만, 일제강점기를 살아온 역사가 가운데 신채호의 전집이 가장 먼저 발행된 이유도 식민주의 역사학에 맞서는 민족사학을 수립하기 시작했다는 새롭고도 긍정적인 평가가 1960년대 후반 들어 학계에 정착되었기 때문일 것이다.[197]

신채호처럼 일제강점기에 주체적인 삶을 산 사람을 소환하는 방식이 주체성 문제를 역사적으로 조망하는 방식의 하나였다면, 식민주의 역사인식을 비판적으로 성찰하려는 노력은 주체성 문제를 역사적으로 재조명하는 또 다른 방식이었다. 35년의 일제 지배를 겪고 해방된 이후 독립 국가를 수립한 한국인으로서는, 일본인 식민주의 역사학자의 역사인식과 우리 안의 식민사관 문제를 비판적으로 규명하는 작업이 주체성 문제의 관건적 현안일 수밖에 없다. 당시까지만 하더라도 식민주의 역사인식에 가장 체계적이고 깊이 있게 비판의 칼날을 들이민 사람은 김용섭이었다.

김용섭이 1966년에 발표한 논문에서 비판한 대상의 핵심은 일본인의 식민주의 역사학과 한국인의 진단학회였다. 그의 진단에 따르면, 진단학회는 개척기 한국사학의 대가들을 총동원하여 만든 단체였다. 이들은 시라토리 구라키치(白鳥庫吉)를 비롯해 관학 아카데미즘을 세

---

195) 김용섭, 〈일본·한국에 있어서의 한국사 서술〉, 《역사학보》 31, 137쪽.

196) 김철준, 〈단재 사학의 위치-한국사학사에서 본 단재 사학〉, 《문학과지성》 6, 1971. 1, 856쪽.

197) 단재 신채호 전집 편찬위원회 편, 《단재 신채호 전집》(상·하), 을유문화사, 1972.

운 동양사학자들을 스승으로 둔 사람들로 '랑케류의 실증사학'의 범위 안에서 일본 관학자들과 밀접한 연관하에 연구하는 한편, 조선사편수회에 들어가거나 청구학총(靑丘學叢)과도 관계를 맺은 사람들이었다.[198] 김용섭이 보기에 이들에게서 "민족사학에서 볼 수 있는 시론적인 성격을 띤 역사 서술"이나 "민족정신의 양양"이나 일본에 대한 "민족적 저항이라는 문제가" 제기된 적이 없었다.[199] 사실을 사실로서 파악하고 서술하는 데 그치는 '랑케류의 실증사학'의 학풍 때문이었다. 물론 일본인 식민주의 역사학과의 실증 경쟁이 민족의식의 발로일 수는 있겠으나, 거기에는 다음과 같은 한계가 있었다.

이 학파에서는 일본인들과는 근본적으로 다른 역사관이나 민족사의 체계 그리고 그것을 추구하는 방법을 따로이 가지고 있는 것이 아니었다. 많은 사람들은 일제 관학자들이 세운 체계 위에서 그리고 그들이 제기하는 문제의 방향에서 논의를 전개하게 됨을 면할 수가 없었다.[200]

김용섭은 진단학회 이사장으로 재직 중인 이병도나 자신의 지도교수인 신석호가 한때 취직한 조선사편수회도 "한민족을 '조선사'로서 회유하고 동화시키려" 한 조선총독부의 부설 기관이라고 비판하였다.[201] 1960년대 식민주의 역사학을 비판하거나 식민사관을 분석한

---

198) 자세한 내용은 신주백,《한국 역사학의 기원》, 216~224쪽 참조.

199) 김용섭, 〈일본·한국에 있어서의 한국사 서술〉,《역사학보》 31, 139쪽.

200) 김용섭, 〈일본·한국에 있어서의 한국사 서술〉,《역사학보》 31, 140쪽.

201) 김용섭, 〈일본·한국에 있어서의 한국사 서술〉,《역사학보》 31, 134쪽. 이병도는 1925년 8월 조선사편수회의 촉탁이 되었다.

글에서 진단학회와 조선사편수회를 이처럼 대놓고 정면으로 비판한 글은 없었다. 더구나 역사 해석의 측면보다는 방법론과 피식민지인 역사학자로서의 태도를 집중적으로 지적한 접근은 1960년대 식민주의 역사학을 비판한 어떤 글에서도 찾아보기 쉽지 않은 분석이었다.

식민주의 역사인식 비판에 대한 거부반응과 내적 한계

이렇듯 식민주의 역사인식에 대한 공개적인 비판은 '관점과 태도로서 주체적이고 내재적인 발전 과정'에 주목하는 역사 연구가 확대 심화하는 과정과 맞물려 이루어질 수밖에 없었다. 그 비판의 대상은 진단학회를 비롯한 문헌고증사학이었고, 학문권력을 장악하고 있던 이병도 역시 비판의 대상일 수밖에 없었다. 결국 그로서는 어떤 식으로든 대응할 필요를 느꼈을 것이다.

우연인지는 모르겠지만, 김용섭이 1966년 6월 제9회 전국역사학대회 때 위에서 언급한 글을 발표하고 한 달가량이 지난 7월 12일 진단학회는 이병도의 고희를 기념하는 좌담회를 열었고, 그 내용을 고희 논문집인《진단학보》29·30합집에 수록하였다. 이 글에 따르면 이병도는 시라토리 구라키치와의 인연 등 자신의 학문 이력을 설명하는 과정에서, 당시 한국인 가운데 "제법 논문다운 논문을 (학술지도 없었지만) 발표한 분은 별로 없었다고 해도 과언이" 아니라면서 아카데미즘에 입각하여 근대 역사학을 배운 데 대한 자부심과 신뢰를 드러냈다. 조선사편수회 구성원들이 중심인《조선사학(朝鮮史學)》이라는 얇은 잡지에도 자신이 한국인으로는 처음으로 '논문'을 발표했다고 회고하였다.[202] 식민주의자들의 학술지에 글을 게재한 사실을 부끄러워하거나 그들의 역사인식을 비판하기보다는 개인적 자긍심을 드러내는 이병도의 회고와 달리, 김용섭은《조선사학》의 조선사 연구와 서술이 "기본적으로 일본의 역사라고 하는 테두리 안에서만 그 의미가 있는 것이었다"며 "한국과 한국인을 위한 역사가 될 수" 없으며 연구 논문도 마찬가지라고 비판하였다.[203] 하지만 이병도는 자신의 학문 이력을 설명하는 마지막 문장에서 문제의식 내지는 태도를 명확히 드러냈다. "진단학회는 말하자면 일인(日人)에 대한 학술적 또는 민족적 항쟁에서 출발하였던 것입니다"라고.[204]

문헌고증사학자 이병도는 진단학회 등에 관한 회고를 남기는 과정에서 자신의 행위가 항일운동의 일환이었고 민족적 행위였다고 단정적으로 말하였다. 그리고 자신의 진단학회 활동을 항일로 묘사하였다. 그는 그것에 대못질하려는 듯 1968년에 〈진단학회 통해 학술적 항쟁〉이란 글까지 썼다.[205]

그러나 진단학회는 민족적 저항의 태도를 드러낸 조직이 아니었다. 학회가 창립될 당시는 안재홍(安在鴻)과 정인보(鄭寅普) 등이 주도하

---

202) 〈두계 이병도 박사 고희 기념 좌담회 속기록(1966. 7. 12. 국립박물관 관장실)〉,《진단학보》29·30합집, 477쪽. 식민주의 역사학으로서《조선사학》의 성격과 활동에 관해서는 정준영, 〈식민사관의 차질(蹉跌)〉,《한국사학사학보》34, 2016 참조.

203) 김용섭, 〈일본·한국에 있어서의 한국사 서술〉,《역사학보》31, 135쪽.

204) 〈두계 이병도 박사 고희 기념 좌담회 속기록(1966. 7. 12. 국립박물관 관장실)〉,《진단학보》29·30합집, 477쪽.

205) 이병도, 〈나의 삼십대-진단학회 통해 학술적 항쟁〉,《신동아》47, 1968, 270~273쪽. 비슷한 회고는 몇 차례 있었다. 이병도는 '학술적인 저항심'이 진단학회 결성의 동력이었으며, 진단학회를 중심으로 '학술적 항쟁'을 벌였다고 회고하였다. 〈회고 40년〉(《사상계》3-5, 1955. 5),《두계잡필(斗溪雜筆)》, 일조각, 1956, 306쪽; 〈일제치하의 학술적 항쟁-진단학회를 중심으로〉(《조선일보》1964. 5. 28),《내가 본 어제와 오늘》, 박영사, 1975, 205~210쪽.

는 조선학운동이 한창이었는데, 이를 배제하고 외면하였다.[206] 진단학회는 조선인 사회와 '재조일본인=지배자들'의 경계에 서서 한글로 학술 활동을 한 단체였을 뿐이다. 일본인 관제 역사학자들과 실증 경쟁을 했다는 측면에서는 민족적일 수 있겠지만, 독립을 지향하며 저항한 행위까지는 아니었다.[207]

이병도의 주장을 통해 명확히 확인할 수 있는 한 가지는, 식민지 시기에도 한국인 문헌고증사학자는 일본인 관제 역사학자와 경쟁했다는 사실이다. 한국인 문헌고증사학자는 일본인 식민주의 역사학에 동조하는 주장을 했을 수도 있고, 다른 실증을 제시하며 입장을 달리했을 수도 있다. 그래서 이병도와 진단학회의 활동을 평가할 때는 참가자들이 발표한 논문만을 가지고 분석하면 한계가 있다. 어느 하나로 단정할 수 없는 주장이 있을 수 있고, 실증 행위 자체는 민족을 떠나 학문하는 사람의 기본자세이지만 민족이 다른 일본인을 상대한 행위이기 때문이다. 그리고 더 나아가서 이때의 행위를 '저항'이라고 말할 수 있지만, 그 저항의 정치적 내포가 어디까지인지에 따라 달라질 수 있기 때문이다.

하지만 세 가지 측면, 즉 역사 연구 방법과 식민지라는 정치성(제도, 구조, 사상), 그리고 그 결과로서의 역사관을 알기 위한 방식의 하나로 개인 분석까지를 시도해보면 이야기는 완전히 달라질 수 있다. 특히 식민지라는 정치성을 고려하지 않는 역사, 달리 말해 실증이라는 유일한 방법만 내세워 그것에 입각한 결과만을 놓고 말하면 상당히 다

---

206) 조선학운동에 관해서는 신주백, 《한국 역사학의 기원》, 181~205쪽 참조.
207) 1930년대 학술장 속에서 진단학회와 이병도의 선택 지점과 주장에 대한 분석은 신주백, 《한국 역사학의 기원》, 216~240쪽 참조.

른 역사인식이 나올 수밖에 없다. 이를 확인할 수 있는 실질적인 사례가 일본인으로서 한국고대사를 연구한 스에마쓰 야스카즈에 대한 한국사 학계의 상반된 평가와 한국인 역사학자들의 행동이다. 좀 긴 분석이 되겠지만, 그에 대한 한국사 학계의 언행을 통해 식민주의 역사학에 대한 1960~1970년대 비판의 문제점과 연구자들의 내적 한계도 짚어보자.

한국사 학계가 식민주의 역사인식에 대한 비판과 새로운 한국사 연구를 본격화하는 시점에 학계의 비판적 분석망에 우연히 들어온 조선사 연구자가 스에마쓰 야스카즈였다. 당시 그의 학문 선배인 일본인 식민주의 역사학자들 개개인에 대해서는 분석하지 못하고 있던 한국사 학계에서, 그의 이름을 단독으로 직접 거명한 이유는 그의 저서와 연관이 있었다.

일찍이 스에마쓰는 경성제국대학 사학과 교수로 재직하며 조선총독부의 청탁을 받아 '시정 25주년'을 기념하는 조선사 대중서를 집필하였다. 《조선사 길라잡이(朝鮮史のしるべ)》(京城: 朝鮮總督府, 1936)가 바로 그것이다.[208] 식민지 시기에는 저자를 밝히지 않은 채 발행되었다. 그런데 유네스코(UNESCO)의 동아시아문화연구센터(Centre for East Asian Cultural Studies)가 동서 문화의 상호 이해를 넓힌다는 계획의 일

---

208) 스에마쓰가 31세 때 집필한 이 책은 170쪽(2, 3판은 172쪽)의 작은 분량이지만 '시정(施政)', 달리 말해 조선인에게 정치를 베푼 지 25주년 되는 때를 기념한다는 명분으로 25개의 주제를 설정한 조선총독부의 기획서이다. 말 그대로 스에마쓰의 전문성과 경성제국대학 교수라는 권위를 활용하여 총독부의 지배를 역사적으로 정당화한 시혜성 기획물인 것이다. 그래서 이 책은 식민주의 역사학의 성과를 근대 지식으로 포장하여 일본 정부가 식민 지배에 순조롭게 착근하며 오랫동안 유지할 수 있게 일조한 학술담론서이자, 스에마쓰가 조선총독부의 기대치에 충실한 이데올로그였음을 보여주는 증명서이다.

환으로 'A Short History of Korea'라는 제목을 붙여 이 책을 영어로 번역하고, 1964년 하와이대학교의 동서센터출판부(East-West Center Press)와 도쿄의 동아시아문화연구센터(Centre for East Asian Cultural Studies)가 공동으로 출판하였다.[209]

간행 소식을 뒤늦게 접한 한국 역사학계와 한국사회는 민감하게 반응하였다. 1966년부터 이에 대한 비판이 신문과 학술지를 장식하기 시작하였다. 가령 전해종(全海宗)은 《조선사 길라잡이》가 한국사를 왜곡한 '일본의 식민사학'의 여러 작품 가운데 하나라며, "한국사에 관한 '개설서가 아니고' 일본의 제국주의적 진출을 정당화하려는 정책서"라고 비판하였다.[210] 유네스코 한국위원회는 《조선사 길라잡이》가 "경성제대의 대표적인 어용사학가인 스에마쓰 야스카즈(현 도쿄 가쿠슈인대학 교수)가 쓴" 책으로 "일본 침략을 합리화"했고 "사실과 표기가

---

209) 영역본에도 원저자의 이름이 없다. 하지만 스에마쓰는 《신라사의 제 문제(新羅史の諸問題)》(1954)에 논저 목록을 밝히는 곳 자체가 없어 그것을 드러내지 못했겠지만, 《임나 흥망사》 증정 재판본(吉川弘文館, 1956. 9)의 맨 끝에 있는 '주요 저서'에 《조선사 길라잡이(朝鮮史のしるべ)》를 처음으로 포함시켜 자신의 저서임을 밝혔다. 또한 다음 각주210)에서도 확인할 수 있듯이, 한국을 대표하는 역사 학술지와 1967년의 한국 언론은 《조선사 길라잡이》의 저자가 스에마쓰라고 밝히고 있다. 필자가 새삼스러울 것도 없는 사실을 길게 언급하는 이유는, 근현대사를 전공하는 필자로서 최근까지도 한국의 한국사 학계의 일부에서 이 책의 저자가 불분명하다고 상식처럼 유통된 이유가 오히려 궁금하기 때문이다. 필자는 《동방학지》 183호(2018)에 스에마쓰의 식민주의 역사학에 대해 분석한 글을 발표했는데, 심사자 중 한 분이 "이 책은 집필자가 밝혀지지 않은 책으로 최근까지도 그 필자에 대해서 추측이 분분했다"고 언급한 점이 놀라웠다. 심사자는 필자가 《조선사 길라잡이》를 "조선총독부의 기대치에 충실한 이데올로그였음을 보여주는 증명서"로 간주한 점을 "명백히 오류"라고 말하는 근거로 언급하였다. 또한 필자는 《조선사 길라잡이》의 저자가 누구인지 불분명하다는 언급을 스에마쓰의 고려시대에 대한 역사인식을 분석한 다른 연구자의 글에서도 읽은 적이 있다.

210) 전해종, 〈서평: A Short history of Korea: 편자 Center for east asian cultural studies (Tokyo, 1964) pp. 84 + xxviii 해외 배부 담당 east-west center press, Honolulu, 일어판 원저 '朝鮮史のしるべ'(朝鮮總督府, 1936年刊, 집필자 末松保和)〉, 《역사학보》 33, 1967, 135쪽.

엉망"이라며 유네스코 본부와 동서센터출판부에 영역본의 재판(再版)과 보급 중지를 요구하여 관철시켰다.[211] 유네스코 한국위원회는 여기에 그치지 않고 손보기(孫寶基), 김철준(金哲埈), 홍이섭(洪以燮)에게 의뢰하여《한국사(The History of Korea)》(Seoul, 1970)도 간행하였다.

일본인 식민주의 역사학의 역사인식을 비판하며 새로운 한국사 인식에 도달하려는 한국사 학계의 움직임에는 이홍직, 이우성, 이기백도 동참하고 있었다. 세 사람은 1966년《신동아》의 특집에 글을 수록하였고, 이기백은 1969년《아세아(亞細亞)》3월호의 '특집: 새로운 한국사상의 모색'이란 기획에도 참여하여 식민주의 역사인식을 비판하는 사론을 게재하였다.[212]

그런데 식민주의 역사학을 비판한 세 사람과《조선사 길라잡이》의 저자인 스에마쓰가 직접 교류한 흔적이 스에마쓰의 '역사수첩(歷史手帳)'에 남아 있다.[213] 도쿄대학 국사학과 8년 후배인 이홍직은 1955년《역사학보》8호와 9호에 스에마쓰의《신라사의 제 문제(新羅史の諸問題)》,《임나 흥망사(任那興亡史)》를 각각 서평할 정도로 이미 그와 교류하고 있었다. 또 한일 국교 수립의 일환으로 진행된 문화재 반환 문제

---

211) 《동아일보》1967. 3. 21; 6. 27. '스에마쓰 야스카즈 저작집(末松保和 著作集)' 제3권 해제자인 다케다 유키오는 공동출판 이후 "곧 유네스코 본부로부터 역본(譯本) 절판(絶版)의 요망이 전달되었다라고 한다"고 밝히고 있지만 그 이유를 설명하지 않았다(武田幸男,〈解說 末松保和先生と好太王碑〉, 末松保和,《末松保和朝鮮史著作集 3-高句麗と朝鮮古代史》, 吉川弘文館, 1995, 306쪽).

212) 홍이섭,〈식민지적 사관의 극복〉; 이용범,〈한국사의 타율성론 비판〉; 이기백,〈사대주의론의 문제점〉; 김영호,〈한국사 정체성론의 극복의 방향〉).

213) 역사수첩(歷史手帳)은 가쿠슈인대학 동양문화연구소에 소장된 '스에마쓰 야스카즈 자료(末松保和 資料)'의 하나로 1962년 수첩을 제외하고 1961년부터 1970년까지 매년한 부씩 있다. 필자는 2017년 11월 9일 이곳을 방문하여 공개된 스에마쓰 야스카즈 자료를 거의 대부분 열람했으며, 그때 수첩을 보았다.

를 협의하는 회의에 한국 측 대표로 그가 일본에 갔을 때 스에마쓰와 직접 만난 적도 있었다. 스에마쓰는 그런 이홍직의 편지가 1964년 11월 30일에 왔고, 1970년 3월 16일에는 이홍직의 기념논집이 도착했다고 '역사수첩'에 기록해두었다.[214] 고려시대를 연구하는 이우성 일행도 도쿄에 왔을 때 1967년 7월 19일에 만났다고 적었다. 또한 이기백이 보낸 엽서가 1969년 8월 13일에 도착했고, 날짜 미상의 어느 날에 고려시대 연구서인《고려 병제사 연구》(일조각, 1968)가 도착했다는 내용도 '역사수첩'에 나온다.

1960년대에 한국에서 스에마쓰를 식민주의 역사학자라 공공연하게 맹비판하기 시작했고, 그래서 한일 간 역사학자의 만남 자체가 부담스러웠던 시기임에도 불구하고 그와 적극 교류하는 움직임도 있었던 것이다. 물론 사람에 따라서는 이러한 움직임을 학자 간의 자연스러운 교류로 해석할 수도 있을 것이다. 하지만 이들이 일본인 식민주의 역사학자를 만나 서로 다른 견해에 대해 비판적 의견을 주고받았다는 정도라도 회고한 글을 필자는 발견하지 못하였다.

스에마쓰에 대한 상반된 태도와 인식은 오늘날에도 이어지고 있다. 최재석(崔在錫)은 스에마쓰에 대해 "쓰다 소키치(津田左右吉) 이래 일단의 일인 학자 중에서 가장 치밀하게 가장 억지와 허위에 의해서 한국고대사를 왜곡 말살하려는 사람"이라고 하거나[215] "한국사 왜곡과 일본사 왜곡의 화신과 같은 인상을 강하게 받았다"고 말하였다.[216] 반

---

214) 이홍직 박사 회갑기념논문집 간행위원회, 《한국사학논총》(신구문화사, 1969)일 것이다.
215) 최재석, 〈말송보화(末松保和)의 신라상고사론 비판〉, 《한국학보》 12-2, 1986, 190쪽. 이 시기 최재석의 고민에 관해서는 이한우, 《우리의 학맥과 학풍》, 문예출판사, 1995, 189·190쪽; 최재석, 《역경의 행운》, 만권당, 2015, 53~56쪽 참조.
216) 최재석, 〈말송보화(末松保和)의 일본상대사론 비판〉, 《한국학보》 14-4, 1988, 264쪽.

면에 장동익(張東翼)은 "전전(戰前)에 활약하였던 일부의 일본 학자들에 의해 한국인들의 타율성이 강조되었다고 하는데, 그의 고려시대에 대한 논문에서는 그러한 흔적이 찾아지지 않는다"고 분석하였다. 그러면서 논문의 각주에 "이는 이 글에서 검토의 대상이 된 5편의 논문 중에서 4편이 전후(戰後)에 작성된 점이 감안될 수도 있지만, ······ 그 이전에도 그의 한국사에 대한 인식이 일방적으로 어떠한 선입견에 빠져 있지는 않았던 것 같다"고 논문의 심사자에게 답변한 내용을 일부 공개하였다.[217] 오늘날에도 1960년대와 마찬가지로 스에마쓰에 대해 한쪽에서는 한국사를 '왜곡 멸시'한 사람이라 하고, 다른 한쪽에서는 '어떠한 선입견에 빠져 있지는 않았던 것 같다'며 객관성을 유지한 학자로 진단하고 있다.

더구나 오늘날 한국사 학계의 스에마쓰에 대한 태도는 한국고대사 전공이라 하더라도 연구 대상으로 삼고 있는 국가에 따라 달라지기도 한다. 스에마쓰의 식민주의 역사학에 관한 한국사 학계의 관심은 한국고대사 분야에서도 가야사 전공에 집중되어 있다.[218] 반면에 한국에서 신라사, 고구려사를 연구하는 전공자들은 가야사 전공자와 결이 좀 다르다. 고려시대 전공자인 장동익처럼 스에마쓰를 평가하고 있기 때문이다.

---

217) 장동익, 〈말송보화(末松保和) 교수의 고려시대사 연구와 그 성과〉, 《한국사연구》 169, 2015, 283쪽.

218) 신가영, 〈'임나일본부' 연구와 식민주의 역사관〉, 《역사비평》 115, 역사문제연구소, 2016, 235쪽. 임나와 임나일본부에 관한 연구사는 여러 연구자가 정리했지만, 필자는 김태식, 〈고대 한일관계 연구사-임나 문제를 중심으로〉, 《한국고대사연구》 27, 2002; 이근우, 〈일본학계의 한국고대사 연구 동향〉, 《지역과 역사》 13, 2003; 이연심, 〈한일 양국의 '임나일본부'를 바라보는 시각 변화 추이〉, 《한국민족문화》 57, 2015를 참조하였다.

그런데 필자는 1960년대에도, 오늘날에도, 왜 이런 현상이 나타날까 의문이 든다. 앞서 언급했듯이 어쩌면 스에마쓰를 비판한 시점, 한국고대사와 고려사라는 전공 시대의 차이, 그리고 같은 고대라도 전공하는 국가가 다름으로 인한 시선의 차이 때문이라고 말할 수도 있을 것이다.

그럼에도 스에마쓰의 이름으로 연구한 글은 그 한 사람의 업적이다. 한 사람의 스에마쓰가 자신만의 연구 방법으로 조선사를 연구했지, 여러 사람의 스에마쓰가 조선사를 연구하지 않았다. 그런데도 한국사 학계에서 식민주의 역사학에 대해 비판적 독해를 시작한 이래 지금까지 스에마쓰에 관한 상반된 평가가 꾸준히 공존하는 이유는 어디에 있을까.

정치한 실증을 전면에 내세운 스에마쓰는 자신의 실증에 오류가 있다고 보지 않았으므로《임나 흥망사》(大八洲出版社, 1949)를 간행한 이래 임나에 관한 자신의 생각을 죽을 때까지 바꾸지 않았다.[219] 다음 4장에서 확인하겠지만, 실증 연구를 통해 과거의 인식을 바꾸면서 한일 간의 과거를 청산하자는 입장을 가지고 있었던 그로서는 당연한 태도였다. 이것이 가능했던 이유는 무엇일까.

스에마쓰는 조선사편수회 시절부터 제국의 특권적 제도에 의해 뒷받침을 받으며 가야, 신라, 백제, 고구려라는 역사 단위를 뛰어넘는 다양한 자료를 섭렵하여 연구를 선도하며 후학들이 참조할 만한 업적을

---

219) 스에마쓰는 80세가 되는 1985년 마지막 '논문'을 발표할 때까지《임나 흥망사》를 수정하지 않을 만큼 일관된 견해를 유지하였다. 學習院大學東洋文化研究所, 〈末松保和氏年譜〉,《學習院大學東洋文化研究所所藏資料紹介-末松保和資料》, 學習院大學東洋文化研究所, 1977, 64쪽. 이 글에서 밝히는 스에마쓰의 행적은 기본적으로 〈스에마쓰 야스카즈 씨 연보(末松保和氏年譜)〉를 참조하였다.

남겼다. 학문적 성실성에 바탕을 두고 학문 방법으로서 정치한 문헌 고증을 내세웠다.

여기에 하나를 더 추가하면, 스에마쓰는 분명 식민주의 지배 이념을 만드는 기구에서 핵심 역사이데올로그로 활동했지만, 자신의 연구 결과물에 황국사관을 직접 언급하며 식민주의 역사인식을 직설적이거나 노골적으로 드러낸 경우가 거의 없었다. 그는 자기 나름의 세밀한 실증력을 바탕으로 식민지 학술기관에서 학술 활동을 빌려 이데올로기를 꾸준히 생산했을 뿐, 정당이나 군대 등의 기관에서 정치적 성격이 농후한 대내외 활동에 노출된 적도 거의 없었다. 그래서 학문이란 이름에 그의 학술 활동의 정치성이 가려진 것이다.

게다가 역사이데올로그로서의 그의 활동을 분명히 확인할 수 있는 글들에 대해 한국과 일본의 학계는 주목하지 않았다. 한국사 학계는 《조선사 길라잡이》(1936), 《조선 행정(朝鮮行政)》에 연재한 '조선사'(1937. 9~1939), 《국민문학(國民文學)》(1944)에 실린 글을 거의 주목하지 않았다. 일본의 조선사 학계의 일부에서도 이 글들의 존재를 알면서도 정면으로 분석하려 들지 않았고, 그의 저작집에도 수록하지 않았다. 필자는 꼼꼼한 연보를 작성했을 사람들이 이러한 사실을 기록하지 않음으로써 은폐를 시도했다고 추측할 여지를 제공했다고 본다.

한국사 학계에서 스에마쓰에 대해 편차가 상당히 큰 평가들이 공존한 이유가 여기에 있다. 스에마쓰의 존재 조건, 달리 말하면 조선인이 볼 때 회복 불가능하게 기울어진 운동장인 식민지 조선에서, 그는 부당하게 특권을 누린 성실한 식민주의자였다. 그런데도 해방 후 선행 연구들은 일본의 조선 지배를 순조롭게 하고 장기적으로 지배를 지속하기 위한 역사이데올로기를 주조하고 유포한 기구에서, 스에마쓰가 핵심 멤버로 선도적인 활동을 했다는 또 다른 사실을 무시하거나 자각하지 못하였다. 한국사 학계는 중립적일 수 없는 식민지라는 과거를 주목하고 기억하면서 억압과 지배의 이론과 정신의 구조를 철저히 따져 물어야만 식민주의 역사학을 극복할 수 있다는 점을 간과해왔다. 한국사 학계는 일본인이 주조한 식민주의 역사학이라는 역사인식뿐만 아니라 식민주의에 대한 태도 그리고 그 역사학을 떠받치는 제국이라는 공식 존재로 짜여진 역사적 실재를 사실상 배제해왔다. 그러므로 실증 속에 숨은 식민주의 의식에 주목할 수 없었다. 내재한 제국 의식이나 식민주의 의식을 무의식중에라도 품고 있는 입장에서는, 하나하나의 실증을 엮어 역사상을 더 크고 넓게 드러내려는 과정에서 특정한 부분의 사실을 드러내지 않거나 거리를 두면 역사관을 감출 수 있었다.

역사 연구의 기본으로서 실증 그 자체에만 주목하면, 결국 스에마쓰는 성실하고 출중한 조선사 연구자였다. 하지만 태도와 역사적 조건까지 주목하면, 그는 전후에도 제국의식을 내장한 식민주의 역사학자였다. 한국사 학계는 지금까지 전자의 측면에 주목하여 그를 평가하고 교류하는 경우가 많았다. 하지만 후자의 측면을 무시하고 전자의 측면에 방점을 두어 실증 대 실증으로 식민주의 역사학을 비판하고 극복하려다 보니 실증에 가려진 숨은 진실을 제대로 드러낼 수 없었다. 오히려 문헌고증사학자들이 말했던 실증 경쟁만을 지향하느라, 고대사와 고려사 연구 사이의 거리감이나 고구려사와 가야사 연구 사이의 장벽처럼 학문의 고립성을 정당화해주고, 제국의 이해를 반영하는 일본 식민주의 역사학이 얼마나 뛰어난 학문인가를 증명해주는 '위대한 역설'에 빠지는 경향도 있었다.

이처럼 식민주의 역사학의 역사인식을 비판하여 무엇을 버리고 계승해야 하는가를 고민할 때, 세 가지 측면, 즉 역사 연구 방법과 식민지라는 정치성(제도, 구조, 사상), 그리고 그 결과로서의 역사관을 알기 위한 접근 방식의 하나로 개인에 대한 분석까지 시도해보면 이야기는 완전히 달라질 수 있다. 특히 정치성에 주목해야 한다. 그러나 김용섭이 1966년 논문에서 실증을 위한 실증을 추구하는 문헌고증사학의 연구 방법이 가진 한계를 지적한 점을 제외하고, 일본인의 식민주의 역사학과 우리 안의 식민사관에 대한 비판적 분석들은 이 세 가지 측면의 접근을 등한시하였다. 물론 무엇을 주장했는지도 중요하다. 문제는 대부분의 비판적인 글들이 일본인 식민주의 역사학의 역사인식 자체에 대한 분석에만 머물렀다는 것이다. 우리 안의 식민주의, 식민사관을 주목하고 분석적으로 접근한 경우는 김용섭과 홍이섭 정도였다. 다시 말하자면 일본인 식민주의 역사학자의 주장을 인용하고 이름을 들어가며 분석한 경우는 있지만 한국인 역사학자 개인의 주장을 직접 들어가며 비판적으로 접근한 경우는 보기 드물었다. 어찌 보면 남 탓에만 치중했다고 말할 수도 있고, 용기를 품고 학문권력에 도전해야 하는 현실의 무게감에 짓눌린 결과라고 볼 수도 있겠다.[220]

더구나 식민사관이란 말은 당시만 해도 아직은 낯설었고, 민족을 경계로 구분 짓는 관점 때문에 한국인의 정체성론과 타율성론, 달리

---

220) 1966년의 김용섭조차 문정창(文定昌)이《일본 군국 조선 점령 36년사》(백문당, 1965) 중에서 이병도의 히트작《국사 대관》이 12가지 항목에서 일제강점기의 사서와 유사하다고 지적한 내용을 빌려 비판하였다. 그는 논문에서 문헌고증사학을 공개적으로 비판하면서도 이병도의 이름을 직접 거명하지 않았다. 시라토리 구라키치(白鳥庫吉)와 시가타 히로시(四方博) 등의 주장을 직접 인용하며 분석하고 비판했으면서도《국사 대관》을 비롯한 이병도의 성과를 식민주의 역사학과 연계시켜 직접 분석하지 못하였다.

말하면 우리 안의 식민의식은 식민사관의 범주에 포함시키지 않았다. 일본인 식민주의 역사학이 주조한 역사인식만을 식민사관 또는 침탈을 위한 한국사관으로 간주하였다. 그래서 한국사 학계는 오늘날까지도 우리 안의 식민사관을 한국근대사학의 일부로 간주하지 않고 범주 바깥의 예외적인 역사인식으로 취급해왔다.[221] 1960년대 한국사 학계가 일본인 식민주의 역사학의 역사인식과 우리 안의 식민사관을 비판할 때 자각하지 못한 근본적인 내적 한계는 바로 여기에 있었다.

시대구분 논의, 기계적 시간 관념과 발전사관의 확산

한일기본조약이 체결된 이듬해인 1966년 들어 역사학계가 식민주의 역사인식을 비판하고 한국사의 시대구분 문제를 공식적으로 제기하는 한편, 동아일보사를 비롯한 언론에서도 역사 문제들을 다루는 다양한 특집을 기획했는데 핵심 주제 가운데 하나가 '근대화의 기점' 또는 근대의 시작점이었다. 역사학계는 사회적 과제로 제기된 이 문제를 1967년 전국역사학대회 때 '한국근대사 연구의 문제점'이란 대회 주제를 내걸고 공동 심포지엄을 열어 풀어가려 하였다. 또 1968년 대회 때는 '한국근대사 연구의 방향'(이선근)과 '한국 민족운동과 일제 식민지 정책'(홍이섭)이란 제목의 공개 강연을 개최하였다.[222]

---

221) 식민주의 역사학이 한국 근대 역사학의 일부이듯이, 조선학도 동양학의 일부였고 경성제국대학 법문학부 성립과 연관 지어 살펴보아야만 한국 근대 학문의 역사를 제대로 볼 수 있다. 이에 대해서는 윤해동 외 7인, 《경성제국대학과 동양학 연구》, 선인, 2018 참조.

222) 김경태, 〈광복 30년 한국근대사 연구의 성과와 문제점(1945~1979)〉, 《근대 한국의 민족운동과 그 사상》, 이화여자대학교출판부, 1994, 413쪽; 김준석, 〈'전국역사학대회'의 과거와 미래〉, 《역사학보》 168, 2000, 265쪽.

이렇게 역사학계가 두 차례의 대회를 통해 근대화의 기점과 한국근대사의 시대구분 문제를 풀어가는 사이에, 한국경제사학회도 1967년 12월 8~9일에 '한국사의 시대구분 문제'에 관한 종합 학술회의를 주최하였다. 이어 동아일보사 측의 제안으로 1968년 3월 30일 종합토론회가 열려 동일한 문제를 집중 토론하였다.[223] 한국경제사학회는 학술회의를 여는 '취지문'에서 그 필요성을 다음과 같이 폭넓게 밝혔다.

…… 최근 십수 년간에 한국사의 미개척 분야에서 많은 가치 있는 업적이 나오게 된 것입니다. 그러나 이제 몇 가지 재검토해야 할 점도 없지 않은 것 같습니다. 특히 **실증사학의 발전에 비해서 역사 이론의 성장이 부진하였다**는 점을 들지 않을 수 없을 것 같습니다. 낡은 민족주의사관과 정체성 이론도 그 하나의 예라고 하겠고 시대구분이 구태의연하며 유물사관의 테두리 안에서만 문제점을 찾고 있음도 또 하나의 예라고 할 수 있을 것입니다.

제2차 세계대전 후에 한국에 도입된 미국의 역사학도 우리의 역사를 이해하는 데 크게 도움이 되지 못하고 있는 것 같습니다. 한국사 연구를 보다 높은 수준으로 이끌어 올리기 위해서는 **새로운 역사적 관조(觀照)에서 한국사를 바라보는 이론적 성장이 절실히 요망된다**고 하겠습니다.

이러한 뜻에서 금번의 이 학술회의는 **한국사 이해를 위한 사관(史觀)을 모색하는 자리**가 되고자 합니다. 여기에서 한국사의 시대구분에 대한 어떠한 결론을 얻지 못하더라도 한국사학과 일반 사회과학의 폭넓

---

223) 신동아 측이 제안한 종합토론회는 애초 기획 단계에는 상정되지 않았다. 학술회의 때 개별 논문들에 관한 토론이 길어져 논의할 시간이 없었으므로 종합적인 토론의 기회를 따로 만들어야 한다는 지배적인 의견을 반영한 결과였다.

은 대화를 통하여 **한국사의 성격과 발전상을 올바르게 바라볼 수 있는 방향이 제시된다면 그것으로도 큰 수확**이 된 것으로 믿는 바입니다.[224]

(강조-인용자)

'취지문'은 1967년 시점에서의 한국사 학계의 도달점과 한계를 압축하여 잘 정리한 글이다. 실증사학의 기여 사항과 함께 한계점을 인정한 학술회의가 앞서 언급한 1966년도 전국역사학대회이다. 대회의 주제가 '역사 이론과 역사 서술'이었음은 우연이 아니었다. 동시에 취지문은 식민주의 역사인식을 비판하고 유물사관에서 벗어나 더 수준 높은 한국사 이해를 위해 새로운 사관을 모색할 필요가 있음을 강조하였다. 실제 학술회의는 거시적인 큰 틀에서 한국사를 체계 있게 이해하려는 의도에서 열렸고, 한국사 및 경제사 연구자가 함께 현재적 쟁점을 놓고 토론하였다.

두 가지 학술회의는 학술사 측면에서 매우 뜻 깊은 함의를 내포하고 있다. 특히 한국사 학계의 핵심 역량들이 결집하여 시대구분 문제를 집중 논의한 학술회의는 당시까지 처음 있는 일이었다. 그것도 한국사 이외의 연구자와 함께 발표 시간보다 토론 시간을 더 길게 할애하여 근대화(근대사)의 기점에 관해 집중 토론하는 모습은 공동 연구의 한 사례라고까지 말할 수 있겠다. 시대구분 문제를 둘러싼 대규모 학술회의나 다양한 특집 기획처럼 한국사 연구 전반에 큰 영향을 미칠 일련의 논의들이 1966~1967년에 집중적으로 제기됨에 따라 학계

---

224) 김용덕, 〈식민지사관의 변모-8·15 후 한국사학의 발자취〉, 《월간 다리》 3-6, 1972. 8, 64·65쪽에서 재인용. 이 글은 '특집 식민의식은 사라졌는가'의 한 꼭지이다. 학술회의와 토론회 성과를 모은 《한국사 시대구분론》(을유문화사, 1970)에도 취지서는 없다.

가 다루어야 할 역사상의 과제가 무엇인지를 충분히 공유할 수 있는 기회가 만들어졌다.

한국사 시대구분을 주제로 이처럼 학술사적으로 의미 깊은 대규모 학술회의를 사실상 기획한 사람은 김영호(金泳鎬)였다. 그는 월간지 《신동아》와 《월간 아세아》의 특집에 모두 글을 기고한 사람이었다. 그가 이렇게 큰 기획을 할 수 있었던 원동력의 하나는 주체적이고 내재적인 역사 발전에 대해 일관되게 관심을 가지고 있었기 때문이지만, 재일조선인 역사 연구자들과의 특별한 네트워크도 도움이 되었다. 일본에 머무르는 동안 재일조선인 역사학자 이진희(李進熙) 등과 친분을 쌓으며 북한학계의 연구 동향까지 점검할 수 있었던 것이다.[225] 학술회의 결과는 《한국사 시대구분론》(을유문화사, 1970)으로 출판되었다.

김영호는 종합토론에서 학술회의가 열린 경위로 두 가지를 들었다. 하나는 "한국사를 주체적, 발전적으로 재구성하고자 하는 각도에서 연구가 진행됨에 따라 새로운 시대구분론이 불가피하게 요청"되고 있다고 보았다. 다른 하나는 조국 근대화를 추진하고 있는 우리나라가 "전례 없는 역사의 대전환기"에 접어들어 "거기에 대한 주체적 대응책이 모색됨에 따라 현재의 위치를, 향방을 그리고 앞날에 대한 조명을, 역사를 향하여 묻고 또 기대하고 있다는" 현실적 상황 진단을 들어 새로운 시대구분의 필요성을 말하였다.[226] 결국 김영호는 시대구분에 관한 논의도 결국은 근대화론이 도입되고 조국 근대화를 내세운

---

225) 〈강덕상 증언자료(2012. 7. 11)〉.

226) 〈토론 한국사의 시대구분〉, 《신동아》 47, 1968. 7, 347·348쪽. 토론회에는 사회자를 포함해 모두 13명이 참가하였다. 참가자들은 발표회 때 참가한 사람이지만, 발표회 때의 발표자와 토론자가 모두 참가한 것은 아니었다.

제3공화국이 '근대화=산업화=공업화'를 기조로 하는 경제성장 정책을 강력히 추진하고 있는 한편에서, 한국사 연구자들 사이에서도 연구가 계속 확대 심화하고 있어 기획했음을 밝힌 것이다.

시대구분의 논점은 역시 한국근대사의 시작을 어디로 볼 것인가, 근대화의 기점은 언제인가였다. 학술회의가 열릴 때까지 한국근대사의 시작점에 관한 학계의 논의 경향은, 발표자로 참가한 조기준에 따르면 다음과 같이 구분할 수 있다.

> 첫째는 한국근대사는 개항 이전, 즉 유럽 문화가 적극적으로 한국에 유입되기 이전의 시기에서 이미 시작되었다고 보는 주장이다. 이 주장은 이조 후기의 한국사회 내부에서 나타난 변화를 근대의 기점에까지 끌어올려 평가한 결과이다.
>
> 둘째는 이조 후기에 나타난 변화는 높이 평가되나 그것이 바로 근대의 시점이 되기는 변화의 양상이 너무 미약하다고 보고, 따라서 개항 또는 그 이후의 어느 시기에서 근대사의 기점을 찾아내야 한다는 주장이다.
>
> 셋째로 일제 지배하의 한국사회는 정치적으로 주권을 상실한 시기였고 경제적 면에 있어서는 봉건적인 잔재가 일소되지 못하였으니, 이 시기의 어느 시점도 근대사의 기점이 될 수 없다는 주장이며, 따라서 제2차 대전 종결 후 비로소 한국근대사는 시작된다고 보는 것이다.[227]

---

227) 조기준, 〈한국사에 있어서의 근대의 성격〉, 한국경제사학회, 《한국사 시대구분론》, 을유문화사, 1970, 190·191쪽.

조기준은 이들 주장을 검토하면서 개항 이후 제국주의의 침략을 받아 식민지나 반식민지로 전락한 아시아 여러 민족의 역사에서 근대사는 반제 반봉건 투쟁의 역사였다고 진단하고, 식민지에서 경제성장을 했더라도 그것은 그 민족의 경제 역량을 반영한 성장이 아니며 진정으로 중요한 점은 "식민지 민족의 반제 투쟁이며 그것이 근대화의 척도가 되어야" 한다고 강조하였다.[228] 조기준은 반제 반봉건 투쟁을 근대사의 시작점으로 두어야 한다는 기준치를 제시하고, 개항을 그 시작점으로 간주하였다.[229] 항일투쟁이라는 저항의 측면을 한국근대사의 시작점으로 보려 한 점은 주체적이고 내재적인 발전의 맥락에서 한국사를 보려는 관점과 태도를 분명히 드러낸 주장으로, 앞서 언급한 홍이섭의 주장과 비슷하다고 말할 수 있다.

그런데 발표장에서 근대사의 시작점과 관련해 활발하게 토론된 지점은 18세기 후반설을 주장한 유원동의 견해와 1860년대설을 제기한 이선근의 의견이었는데,[230] 두 발표자의 주장은 합의점을 찾지 못하였다. 이듬해에 열린 종합토론에서도 마찬가지였다. 학술회의 한 번으로 합의점을 찾을 수 있다고 기대하는 것 자체가 애초부터 무리였다. '취지문'에서도 그것을 충분히 예상하였다. 이기백도 1967년판 《한국사 신론》에서 "왕조 중심의 사관을 하루 빨리 청산"해야 한다고

---

228) 조기준, 〈한국사에 있어서의 근대의 성격〉, 한국경제사학회, 《한국사 시대구분론》, 206 · 207쪽.

229) 조기준, 〈한국사에 있어서의 근대의 성격〉, 한국경제사학회, 《한국사 시대구분론》, 207쪽.

230) 학술회의에서는 자본주의 요소, 요인, 맹아가 뒤섞여 사용되었다. 근대의 기점과 근대사의 시작점을 구분하는 참가자도 있었고, 근대화와 근대사를 구별하지 않고 기점을 동일시하는 참가자도 있었다. 근대(사)의 기점을 말한 주장들은 《한국사 시대구분론》의 104쪽, 106쪽, 154쪽, 190쪽, 348쪽, 350쪽에서 확인 가능하다.

하면서도, 시대적 성격을 해명하고 단위를 설정하려는 노력이 필요하다고만 했지 자신의 생각을 명확히 제시하지 못하였다.[231]

그럼에도 토론회는 매우 뜻깊은 논의를 진척시켰다. 김영호는 종합토론을 진행하며 학술회의 때 제기된 특징적인 의견 가운데 하나를 아래와 같이 요약하였다.

다음으로 중세에서 근대로 이행하는 문제에 있어서는 대체로 개항 전에 자본주의 맹아 혹은 자력적인 근대화의 움직임이 있었음을 인정하고 이를 이론적으로나 실증적으로 심화하고자 하는 노력을 엿볼 수 있습니다.[232]

1967년 한국사 시대구분에 관한 토론이 도달한 지점을 김영호는 이렇게 총평한 것이다. 회의 때는 자본주의 맹아, 요소, 우클라드라는 개념이 조선 후기와 개항기를 이해하는 핵심 단어로 자주 사용되었을 정도로 여러 측면에서의 사회경제적 변화와 전체 구조를 이해하려는 노력이 있었다. 주체적이고 내재적인 발전 과정으로서 한국사를 이해하려는 경향은 이즈음부터 하나의 거대한 흐름, 달리 말하면 돌이킬 수 없는 '큰 물줄기를 형성'했다고 말해도 지나치지 않다. 그 물줄기

---

231) 이기백, 〈서장 한국사의 새로운 이해〉, 《한국사 신론》, 12쪽. 이 책은 하버드대학교 옌칭연구소에서 영어로 번역하기 위해 저자가 1961년판과 상당히 다른 수준에서 새로 집필한 책이다. 그래서 이기백은 '초판'이라고 했지, '개정판'이라는 말을 쓰지 않았다. 그가 개정판이라고 말한 책은 1967년 초판본을 수정하여 1976년에 나왔다. 여기에서는 시대구분의 기준으로 "사회적 지배세력의 변천 과정에 기준을 두고 한국사의 큰 흐름을 파악해보려고" 시도하였다(이기백, 〈서장 한국사의 새로운 이해〉, 《한국사 신론 개정판》, 8쪽).

232) 김영호, 〈보고 경과·논문 요약 및 문제점〉, 한국경제사학회, 《한국사 시대구분론》, 315쪽.

는 1980년대까지 한국사 연구의 동향을 대표하였다.

사실 시대구분 논의가 있었을 당시까지만 해도 '근대'라는 시간 관념은 한국사 학계에 정착해 있었다고 보기 어렵다. 물론 진단학회에서 1959~1965년에 발행한 《한국사》는 '근대'를 설정하지 않았다. 1910년 이후를 '현대'로 하면서도 그 이전 시기는 '최근세'로 명명하였다. 이기백도 1976년 《한국사 신론》 개정판에서 1945년 이후를 '현대'로 규정했고, 1967년판과 1976년판에서 조선 후기의 사회경제적 변화를 내재적 발전 과정으로 설명하고 있지만, '근대'라는 시대 규정은 하지 않았을 정도였다. 지배 세력의 변화를 시대구분의 기준으로 두었기 때문이었겠지만, 그 이유를 뚜렷이 밝히지 않아 뭐라 분석하기 쉽지 않다.

하지만 1967년 학술회의와 이를 보완하는 1968년 종합토론회에서 제기된 핵심 논점은 근대(사)의 시작을 언제로 볼 것이냐였다. 결국 1876년 강화도조약의 체결과 개항에 근대사의 시작점을 두는 의견이 다수를 점해갔다. 1970년대 들어 근대의 시작점을 둘러싼 학계 차원의 논의는 더 이상 진행되지 않았다. 한국사 학계의 흐름은 역사교육에도 그대로 반영되어 1963년 2월에 제정된 제2차 교육과정부터는 서구식 문명화와 자본주의화를 향한 노력을 '조선의 근대화운동'이란 이름으로 망라하면서 '근대'를 설명하기 시작하였다. 이어 1966년 10월에 개정된 교육과정에서는 '근대화', 1967년 4월과 1971년 8월에 개정된 교육과정에서는 다시 '근대화운동'이라 불렀다.[233] 이는 민족적이고 합법칙적인 역사인식임을 내세워 근대라는 시대관념, 달리 말하면 기계적 시간관념이 역사의 발전사관과 함께 시민권을 얻었음을 의미한다.

이렇듯 한국사 학계에 근대라는 발전사관에 입각한 시간(시대) 관념이 정착함과 더불어, 조선 후기와 개항 이후 사회의 내재적 발전이 보편적 과정이었는데 일본의 침략으로 좌절되었다는 논리 구조가 뚜렷이 형성되었다. 이후 많은 연구는 자본주의적 요소(맹아, 요인)로서 (농업, 상업, 산업)자본과 노동의 관계를 찾는 데 집중하거나 전통 사회 구조 자체의 동요를 해명하는 데 집중하였다. 한국사 학계는 조선 후기에 새로운 상품화폐관계가 있었음을 공유하기에 이르렀다. 조선 후기에서 개항기까지의 역사를 정체성론의 관점에서 볼 수 없다는 공감대도 확보할 수 있었다.

새로운 연구의 사회화로서 한국사연구회, 한국학, 역사교육

식민주의 역사인식을 극복하고 한국사를 내재적 발전에 따라 이해하며 새로운 한국사 체계를 수립하고 국사교육을 강화하자는 취지에 동의하는 연구자들은 크게 보면 세 가지 과제를 제기했다고 말할 수 있다. 당시의 상황에 대해 김용섭은 다음과 같이 회고하였다.

---

233) 사실 1955년에 제정한 고등학교 제1차 교육과정은 '8. 조선 후기의 문화(1864~1910)'에서 1876년 전후를 다루었다. 그리고 마지막 단원인 '9. 현대 문화와 우리의 사명'에서 일제강점기를 다루었다. '근대'가 없었던 것이다. 독자의 이해를 돕기 위해 미리 위와 관련한 중고교 역사교육의 움직임을 간략히 정리하면, 현재까지 중고교 역사교과서는 1963년 2월에 제정한 제2차 교육과정부터 '근대화운동'이라는 용어로 개항 이후의 주체적인 문명화 움직임을 설명한다. 덧붙이자면, 제3차 교육과정 때 발행된 국정의《국사》(중 1973, 고 1974) 교과서는 일본을 비롯한 열강의 경제적 진출에 대응하여 일어난 회사 설립과 같은 움직임을 '경제구국운동'이란 단어를 동원하여 설명하였다. 1979년에 발행된 고등학교《세계사》교과서에서도 19세기 후반~20세기 전반기 동남아시아 국가들의 움직임을 설명할 때도 마찬가지 관점을 적용하였다. 이상의 내용은 국가교육과정정보센터(NCIC)에서 공개하고 있는 교육과정에서 확인할 수 있다(http://ncic.re.kr/mobile.kri.org4.inventoryList.do).

후배 키우는 방법은 국사학과를 만들고 국사교육을 강화하여 좋은 학자를 키우는 것이다. 그러나 이렇게만 해서는 안 된다. 연구의 장이 필요하다. 그래서 대동단결하는 연구회를 만들자. 그러나 이것만으로도 모자란다. 학자를 배출했으면 이들을 심을 '연구소' 설치도 병행해야 한다. 이런 문제들이 다 복합된 것이었습니다.[234]

김용섭이 복합적이라고 정리한 세 가지 사안의 하나는 사학과에서 한국사를 전문으로 연구하고 교육하는 학과를 독립하여 설치하자는 움직임이었다. 서울대학교 사학과가 1969년 새 학기부터 국사학과, 동양사학과, 서양사학과로 분리된 개편은 그러한 여론의 결과였다. 하지만 한국사학과의 설치는 여기까지였다. 당시 대학의 재정과 분과학문 사이의 복잡한 이해관계를 염두에 둔다면, 한국사 분야만 독립해야 한다는 주장은 사회적 합의는 차치하고 대학 내에서조차 공감대를 형성하기가 쉽지 않았을 것이다. 더구나 1876년 개항 이후의 한국근대사, 특히 내재적 발전의 맥락에서 일제강점기의 주체적 역사를 보여주는 민족운동사라는 과목을 사학과의 전공 강의로 개설하기는 여전히 언감생심이었다.

다른 하나는 연구소를 설치하자는 의견이었다. 오늘날처럼 연구소 간판과 행정조교 그리고 비정규직 연구교수만이 상근하는 연구기관이 아니라 정년이 보장되는 '교수'가 있는 연구소를 기대하였다.[235] 1969년 국사학과 설치에 맞추어 서울대학교 문리대 부설기관으로 창립된 한국문화연구소는 이러한 배경 아래 출현한 조직이다. 한우근

---

234) 〈한국사연구회 창립 25주년 기념 좌담회〉,《한국사연구》79, 137쪽.
235) 〈한국사연구회 창립 25주년 기념 좌담회〉,《한국사연구》79, 137쪽. 김용섭의 발언이다.

이 소장을 맡은 이 연구소는 1970년부터 식민주의 역사인식을 비판하고 주체적이고 내재적인 발전의 맥락에서 한국사를 연구해온 성과물들을 '한국문화연구총서'라는 시리즈로 간행하였다. 하지만 연구소는 기대와 달리 전임교수를 둘 수 없었다. 모든 교수는 학과 소속이어야 한다는 제도를 바꾸어 정년을 보장하는 연구소 전임교수를 두게 하고 재정 문제를 해결할 역량을 갖추지 못했기 때문이다.

마지막 사안인 연구회 결성 움직임은 1967년 12월 한국사연구회 창립으로 이어져, 위의 두 가지 여론과 달리 결실을 맺은 데서 멈추지 않고 이후 한국사 연구의 새로운 흐름을 주도하였다.

한국사연구회는 국사학과의 독립이니 교수가 있는 연구소의 설치보다 빨랐다. 연구회의 결성은 한일기본조약에 대한 입장 차이를 표명하는 문제에서 비롯되었다. 김용섭은 다음과 같이 회상하였다.

> **지각 변동의 원인**은 당시의 시점에서, **남한만의 한일회담에 대한 찬반의 견해 차이**였다. 이때에는 이 문제를 놓고, **역사학회**도 그 간사진이 양분되고, **한국사학회**도 편집진과 국사편찬위원회 위원장(생략) 사이에, 한일회담에 대한 찬반의 견해차가 있는 가운데 역사학계에 대혼란이 있었다.
> 이 **두 학회에서 밀려난 학자**들은 숙고한 끝에, (1967년 한국사연구회를 창립하였다.-인용자)[236] (강조-인용자)

회고와 관련하여 부연설명하면, 학계는 1965년 7월 12일 재경 대학

---

236) 김용섭, 《역사의 오솔길을 가면서》, 578쪽.

교수단의 이름으로 굴욕 외교를 반대하는 성명서를 발표하였다. 한일 기본조약을 비판하는 흐름 속에서 한국사학회는 대표간사 김성준의 이름으로 반대 성명을 냈고, 여기에 국사편찬위원회 위원장이자 한국사학회 회장인 김성균이 이 성명을 부인하는 성명서를 내는 파동이 있었다. 역사학회 역시 성명서를 발표하지는 않았지만 다른 단체의 성명서에 서명한 서명파와 반서명파 사이에 갈등이 있었다. 결국 김성준은 이화여대에서 해임되었고, 역사학회의 서명파도 역사학회와 거리두기를 하였다.[237] 김용섭이 말하는 '밀려난 학자들'이란 이들을 두고 하는 말이다. 따라서 한국사연구회는 한일기본조약에 비판적인 사람들, 달리 말하면 민족적 위기의식 속에서 주체적이고 내재적인 한국사 연구를 지향한 사람들이 결집할 수밖에 없는 정치적 조건과 연구 환경 속에서 출현한 학술 단체였다고 볼 수 있겠다.

한국사연구회의 지향은 김용섭이 초안을 작성한 〈발기 취지문〉에서 확인할 수 있다.

한국사를 과학적으로 연구하고 이를 더욱 발전시킴으로써 **한국사의 올바른 체계를 세우고, 아울러 한국사로 하여금 세계사의 일환으로서 그 정당한 위치를 차지하게끔 한다**는 일은 한국사학도의 임무가 아닐 수 없습니다. …… 우리의 한국사 연구는 질적으로나 양적으로 좀 더 전진해야 할 것으로 생각되는 바입니다. 오늘날 제(諸) 외국의 학자들이 높은 수준의 방법론으로써 한국에 관한 역사적인 연구에 종사하고 또 활기

---

237) 〈한국사연구회 창립 25주년 기념 좌담회〉, 《한국사연구》 79, 135쪽. 손보기의 발언을 정리하였다.

를 띠고 있음을 생각하면 더욱 그러한 바가 있습니다.[238] (강조-인용자)

창립 회원들은 세계사의 일부로서 발전적인 한국사상을 체계화하겠다는 의지를 표명한 것이다. 그렇다고 유물사관적인 방법론을 차용한 김용섭의 주장에 동조했다고 볼 수 없을 것이다. 취지문을 검토하는 과정에서 당시까지 유물론적인 사회경제사학을 의미한다고 해서 기피해왔던 '과학적'이란 단어가 무슨 말이냐는 질문이 나올 정도였기 때문이다.[239]

사실 관점과 태도로서 내재적이고 주체적인 한국사 인식이라고 해서 모두가 유물사관 또는 그 방법론을 도입했다고 볼 수 없다. 근대화는 곧 서구화라는 관점을 가진 근대 지상주의적인 연구에서도 조선 후기의 상품화폐관계와 개항 이후의 문명화를 긍정적인 발전으로 묘사할 수 있으며, 실증이 과학이라고 생각하는 문헌고증사학의 연구 방법에 따른다면, 상품화폐관계와 유통경제의 내재적인 구조 변화에 주목하지 않고 수량 분석과 현상 정리에 그치는 사회경제사 연구를 할 수 있기 때문이다.

결론적으로 한국사연구회는 '내재적 발전'에 관한 하나의 학문 경향을 가진 연구자들만이 모인 단체는 아니었다. 다만 적어도 정체성론과 타율성론으로 대변되는 식민주의 역사인식에 동조할 수 없는 연구자라면 누구나 참가할 수 있었다고 볼 수 있겠다.[240] 달리 말하면,

---

238) 글의 전개상 본문에서 언급할 수 없지만, 한국사연구회의 성립에 조선사연구회를 중심으로 한 일본의 새로운 한국사 연구 동향이 큰 자극제가 되었음을 〈발기 취지문〉을 통해 알 수 있다. 〈한국사연구회 창립 25주년 기념 좌담회〉, 《한국사연구》 79, 148쪽.

239) 강만길의 발언이다. 〈한국사연구회 창립 25주년 기념 좌담회〉, 《한국사연구》 79, 138쪽.

한국사연구회는 조국 근대화 자체를 반대하지 않으면서 주체적이고 내재적인 발전 과정의 맥락에서 한국사를 체계화하는 과제에 동의하는 사람들 가운데 식민사관을 극복하자는 취지에 공감하며 반일민족주의를 지향하는 해방세대와 그 이후 세대의 역사학자들이 모인 단체로 출발하였다.

이처럼 학회들을 중심으로 연구자들이 모이고 새로운 연구 성과가 쌓이면서, 대중을 위한 기획도 시도되었다. 그 대표적인 예가, 역사학회가 학술지 게재 논문이 아닌 사론적 성격의 평이한 글들을 모아 출간한《한국사의 반성》이다.[241] 이미 발표된 32편의 글을 여섯 개의 영역인 방법론의 반성, 전통사회의 성격, 민족문화의 전통, 한국미의 발견, 근대화의 제 문제, 현대 한국의 역사적 위치로 나누어 배치하였다. 당시 한국사 학계의 뜨거운 연구 주제였던 자본주의 맹아 문제에 관해서는 김영호의 〈한국자본주의의 형성 문제〉가 수록되었고, 이기백과 김용섭은 각각 '민족사학'과 일본인 학자들의 식민주의 역사관을 비판하였다. 강만길도 임진왜란을 둘러싼 역사인식에 대해 〈한국사의 관점〉이라는 주제로 집필하였다. 또한 토지사유제 문제(김삼수), 민족성론(민두기), 실학 문제(천관우·조기준), 근대화의 기점 문제(고병익) 등에 관한 글도 수록되었다. 1960년대까지 한국사 학계가 도달한 지점을 잘 보여준 기획으로, 당시 학계의 새로운 성과와 논점을 거의 다 드러냈다고 보면 될 것 같다. 이 책의 두 번째 기획 의도는 책의 '서

---

240) 실제 1970년대 들어 다른 현실 문제를 대하는 태도, 그리고 역사의 현재성 문제, 민중관을 놓고 다른 길을 걸었던 한우근, 이기백, 김철준과 김용섭, 강만길이 16인의 발기위원회 위원으로 함께 참가하였다.

241) 역사학회 편,《한국사의 반성》, 신구문화사, 1969.

(序)'에서 밝힌 대로 "조그마한 이정표를 세워 우리들 스스로를 채찍질" 하는 것이었다. 사실상 한국의 역사와 문화 전반에 걸쳐 1960년대 한국사 학계가 도달한 지점을 일괄하여 점검하는 성격을 띠는 기획이었다고 말할 수 있겠다.

한국(인)의 주체적 역사와 문화를 지향한 연구가 축적되는 과정에서 학계 전체에도 새바람이 일어났다. 국학 대신 한국학이란 이름으로 자신의 학문 대상을 정의하려는 자각적인 움직임이 급속히 확산되고 있었던 것이다. 앞의 〈표 2-3〉에 나와 있듯이 1966년 11월 서울대학교 동아문화연구소는 '한국학의 방법론과 과제'라는 주제로 심포지임을 개최하였다. 국내에서 '한국학'이린 이름이 들이간 첫 학술회의였다. 《사상계》는 1968년 1~8월에 모두 일곱 차례에 걸쳐 '한국학의 형성과 그 개발'이라는 주제로 종교, 경제, 미술, 과학 등 여러 분야를 점검하는 좌담회를 개최하였다. 심지어 외국의 한국학 연구에도 관심을 두게 되었다.[242] 국내외의 새로운 움직임이 만나 열린 한국학이란 이름의 첫 국제학술회의는 1969년 9월 '한국의 전통과 변천'이란 주제로 서울에서 열렸다. 포드 재단의 지원 아래 미국의 한국학공동위원회와 고려대 아세아문제연구소가 주도한 학술회의는 중국학에서 한국학의 분리를 시도한 첫 국제회의였다고 말해도 지나치지 않았다.[243]

사실 한국학이라는 말은 1960년부터 우리 학계에서 쓰이기 시작하였다. 미국의 지역학 연구에 영향을 받아 나타난 현상이다. 여기에 더하여 근대화론을 주체적으로 수용하며 자기발전을 모색하기 시작한

242) 김한교 외, 〈좌담: 미국 속의 한국학〉, 《세대》 61, 1968.

243) 학술회의의 성립 과정과 내용 분석은 옥창준, 〈한국학의 위상학-한국에서 열린 최초의 한국학 국제학술회의('한국의 전통과 변천', 1969)를 중심으로〉, 《한국학》 41, 2021 참조.

한국사회의 분위기도 무시할 수 없었으며, 한국 인문학계의 독자적인 맥락에도 주목할 필요가 있다. 1960년대 말 시점에 한국 학계는 한국학이란 "한국이라는 민족 사회를 학적 대상으로" "어문, 역사, 제도, 풍습에서 공예, 의농(醫農), 지리 등 인문, 사회, 자연의 각 과학을 일삼는 일련의 학적 행위를 말"한다고 정의하였다.[244] 이는 민족 주체성의 토대 위에서 한국의 학문을 세계 학문의 한 부문으로 지향해야 한다는 의식을 표출한 규정이라고 볼 수 있겠다. 새로운 흐름에 따라 조윤제(趙潤濟)는 《국문학사》를 《한국 문학사》(탐구당, 1963)로, 이병도는 《국사 대관》을 《한국사 대관》(보문사, 1964)으로, 이기백은 《국사 신론》을 《한국사 신론》(일조각, 1967)으로 각각 바꿔 출판하였다. 1967년 한국경제사학회가 주최한 시대구분에 관한 학술회의도 '국사'가 아니고 '한국사'였던 배경도 동일한 흐름 속에서 이해할 필요가 있다.[245] 그러는 과정에서 한국학의 영문 표기를 'Koreanology'에서 1960년대 중반을 지나며 '-ology'을 빼고 'study'를 붙이는 흐름이 정착되었다.[246] 이러한 움직임은 한국사로부터 시작된 주체적이고 내재적인 태도와 관점을 견지하며 학문하려는 움직임이 한국학 관련 학문 영역 전반으로 확산되었음을 시사한다. 1960년대 후반 한국에서 내재적 발전이라는 방법과 지향이 한국사 영역에만 국한되지 않고 여타의 분과학문을 포함한 사회 전반에 파장을 일으키기 시작했던 것이다.

1960년대 후반에 이르면 '내면적인 주체적인 계기'에 대한 파악[247]

---

244) 김사엽, 〈일본 학계의 한국학 연구 동정〉, 《현대문학》 82, 1961. 10, 225쪽. 필자는 이 글보다 먼저 '한국학'이라는 단어를 사용한 글은 찾지 못하였다.

245) 한국경제사학회가 기획한 책의 제목이 ''한국사' 시대구분론'이었다.

246) 〈좌담: 한국학 연구의 반성과 전환점〉, 《정경연구》, 1967. 2, 147쪽. 신일철의 발언이다.

이 조선 후기에서 개항기까지만을 고려하는 데 그치지 않았다. 1969년 이우성, 김용섭, 한우근, 이기백은 문교부의 의뢰로 국사교육의 기본 방향에 관한 원칙을 확정하였다. 한국사를 내재적 발전에 따라 연구해온 네 사람이 제시한 기본 원칙에 "1. 국사의 전 기간을 통하여 민족의 주체성을 살린다. 2. 민족사의 각 시대의 성격을 세계사적 시야에서 제시한다. 3. 민족사의 전 과정을 내재적 발전 방향으로 파악한다"는 항목이 있었다.[248] 1960년대 들어 한국사를 새로운 방향에서 연구하고자 제안하고 자신의 논문에서 구체화했던 주체성, 세계사와의 연관성, 내재적 발전 등 핵심 내용을 모두 그대로 제시한 것이다.

박정희 정부가 기본 원칙을 작성하려 한 의도는 조국 근대화를 이룩하기 위해 민족 주체성을 확보하고, 주체적 근대화를 달성하는 방안의 하나로 국사교육을 강화하려는 데 있었다. 시안이 제출된 때는 이보다 1년 전인 1968년에 국민교육헌장이 선포되고 국가가 주도하는 반공 국민 교육이 학교 교육에 반영되기 시작한 시기였다. 따라서 한국사 연구 및 교육과 정치권력 사이의 관계 설정을 둘러싸고 프로젝트 참여자인 네 사람 사이에 균열이 발생하기 직전인 시기라고 보아도 무리가 없을 것이다.[249] 네 사람이 제기한 기본 원칙, 즉 민족 주체성과 민족사의 내재적 발전이라는 원칙은 정부 측과 균열이 있었다기보다는 오히려 정부 측에서 지향하겠다고 표방한 역사교육 방향과 연결되는 측면이 더 컸다고 보는 편이 적확하다.[250] 1960년대 들어 내

---

247) 김용섭, 〈철종조 민란 발생에 대한 시고(試考)〉, 《역사교육》 1, 1956, 83 · 84쪽, 90쪽.

248) 이들은 11종의 역사교과서를 각자의 전공별로 꼼꼼하게 분석하고 이 시안을 작성했다고 한다. 〈중고등학교 국사교육 개선을 위한 기본 방향〉, 1969, 4쪽.

249) 균열과 분화는 1970년대 중반경 명확해졌다. 이에 대해서는 다음 3부에서 언급하겠다.

재적 발전에 입각한 역사 연구 자체가, 로스토와 라이샤워식 근대화
론이 유입되고 확산하는 과정에서 민족 주체성을 동시에 고민했던 흐
름과 같이하며 확대되었기 때문이다.

한국사 학계의 이러한 동향은 한국민족주의와 근대화, 전통에 관한
논의에서도 직접 개입하기보다 비켜 있었던 현실과도 깊은 연관이 있
었다. 1960년대 후반경 한국의 민족주의에는 두 갈래의 흐름, 즉 양적
인 경제성장, 민족문화와 역사의 우월성을 강조하며 정치 문제에 비
판적인 목소리를 내지 않는 흐름과 내포적 공업화를 강조하여 민족의
정서와 문화 측면보다는 정치경제적 공동체가 직면한 현실 문제를 더
강조하는 흐름이 있었다.[251] 근대화와 전통의 관계라는 측면에서 볼
때, 1966년 박정희 정부는 '조국 근대화'에 총력을 기울이겠다고 선언
하고 지식인을 회유하거나 탄압하는 가운데, 이 이데올로기의 주조를
담당하는 지식인 그룹은 '전통 계승'을 주장하거나 '탈전통'을 말하는
경향이 있었다.[252]

현실의 문제점에 침묵하며 '전통 계승'을 주장하는 지식인 그룹에
서 박정희 정권에 봉사하는 한국사 연구자도 있었다.[253] 역사 연구 방
법이라는 측면에서는 문헌고증사학, 학술 단체로는 진단학회가 여기
에 해당한다고 하겠다. 내재적 발전의 측면을 의식하며 연구를 시도
한 한국사 연구자들이라도 전통 문제에 대해 다양한 입장을 품고 있

---

250) 세 가지 원칙은 박정희 유신정권에서 자신들의 언어로 소화되어 제3차 교육과정의 중
고교 국사교과서에 반영되었다. 3부에서 분석하겠다.

251) 홍석률, 〈1960년대 한국민족주의의 두 흐름〉,《사회와 역사》62, 2002.

252) 허은, 〈1960년대 후반 '조국 근대화' 이데올로기 주조와 담당 지식인의 인식〉,《사학연
구》86, 2007

253) 이병도와 이선근이 대표적인 보기일 것이다.

었겠지만, 한국사연구회의 결성에 참가한 연구자도 1960년대 후반경까지 내포적 공업화론, 매판자본과 민족자본 논쟁, 근대화론을 둘러싼 논란에 거의 개입하지 않았다. 개입할 만한 지적 준비가 부족했던 이유도 있었을 것이다. 때문에 관점과 태도로서 내재적 발전에 따라 한국사를 연구하던 사람들이 1960년대에 서로 다른 지향을 드러내며 분화했다고는 보기가 어렵다.

그래서 분화의 측면보다는, 국사교육의 기본 방향에 관한 원칙을 확정하는 데 함께 참여한 데서 알 수 있듯이 새로운 흐름의 안착이란 측면에 주목하는 접근도 의미 있다고 본다. 해방세대를 중심으로 형성된 새로운 연구 흐름인 관점과 태도로서 주체적이고 내재적인 발전에 따라 한국사를 파악하려는 경향이 1960년대 한국사회의 변화와 맞물려 어떤 시대적 의미를 갖는지 간략히 짚어보자.

새로운 연구 흐름에 판을 깔아주었던 《신동아》 측이 1966년의 시점에 '한국사의 논쟁점'을 기획한 이유는 "상자를 열어 설혹 괴로움과 쓰라림이 퍼져 나오더라도" 그것을 국민이 보도록 함으로써 "내가 국민으로서 행동할 중요한 밑바닥의 하나"를 확인할 수 있게 하기 위해서였다.[254] 국민 만들기를 위해 필요했다는 시각을 명확히 한 것이다.

이렇듯 한국적 맥락에서 근대화론의 내용을 채워가려는 한국사 학계의 움직임은, 민족 주체성을 확립하기 위해 일본인이 주조한 식민주의 역사학의 역사인식을 비판적으로 규명하고 한국사의 시대를 구분하여 모든 역사 과정에 대한 새로운 인식, 즉 새로운 한국사상을 제시함으로써 한국의 현재를 설명하고 미래를 말해주려고 하였다. 내재

---

254) 《신동아》 24, 83쪽.

적 발전에 입각한 한국사 연구와 교육을 고민하던 학자들이 제3공화국이 요청한 국사교육의 기본 방향에 관한 시안 작성에 참여한 이유도 여기에 있었다고 추측할 수 있다. 주체적 국민으로 설 수 있는 새로운 정체성 문제는 바로 국민 만들기의 문제였다.

민족의 주체적 정체성을 공유하는 하나의 한국인을 만들어야 한다는 시각, 즉 국민국가의 형성과 근대화 담론을 연계시킨 상상은 미래의 한국, 즉 '통일'을 말하고자 한 기획으로도 뻗어나갔다. 앞의 〈표 2-3〉('근대화' 관련 종합 학술 기획과 심포지엄)에서 제시한 국제정치학회의 1968년 심포지엄은 근대화 문제를 통일과 연관 지어 학문화를 시도한 첫 번째 학술 기획이었다. 노재봉(盧在鳳)은 발제에서 근대화가 "전개될 장, 즉 전제적 기반을 필요로 한다. 이는 근대화를 위한 능력이 발휘될 수 있는 주체성의 확립이 요구된다는 것인데, 우리에게 이것은 민족국가의 형성을 뜻한다. …… 그런데 민족국가 형성을 위한 통일에의 열망은 한국사회의 내재적 요구일 뿐 아니라 본연적인 지향이기도 하다"고 밝혔다.[255] 그에게 있어 분단국가는 미완의 민족국가이며 근대화와 통일은 민족국가가 형성되는 과정이자 공간이었다. 달리 말하면 근대화를 실현하는 과정은 주체로서의 국민 만들기―민족국가의 형성을 역사적으로 실현하는 과정이면서 통일문제로 이어지는 움직임에 학문적 발언을 하기 시작한 과정이기도 했다. 근대화 담론을 한국적 맥락에서 구체화하려는 1960년대 학술 기획이 도달한 담론의 수준은 바로 여기였다.[256] 1970년대 들어서면 이러한 담론이 시대적 변화와 맞물려 한국사 연구 및 교육과 접목되어 다양한

---

255) 노재봉, 〈한국 근대화에 있어서의 갈등(보고)〉, 《국제정치논총》 8, 1969, 27쪽.

논점을 제공하였다. 이 점에 대해서는 다음 3부에서 본격적으로 살펴보기로 하고, 그 전에 일본과 북한 학계가 1960년대 후반에 도달한 지점을 살펴보자.

---

256) 다음 3부의 이해를 돕기 위해 미리 첨언하자면, 1970년대 들어 자본주의적 근대화 자체를 부정하지 않는 사람들 사이에서 그러한 추진 과정을 구체화하는 방법과 우선 순위를 놓고 갈등이 일어났다.

4장 일본과 북한 학계에서도
사회구성사 연구가 안착하다

북한 학계, 주체사상의 등장과 '자본주의적 관계' 연구의 마무리

한국의 한국사 학계에서 한국사연구회가 창립되고 시대구분 문제에 관한 토론이 활발해지는 등 내재적 발전에 관한 연구 경향이 정착되어 갈 즈음인 1967년을 전후하여 북한 학계는 엄청난 변화를 겪는다. 조선노동당의 지도이념이 마르크스-레닌주의에서 주체사상으로 바뀌면서 국가 운영 원리도 바뀌었기 때문이다. 그것은 북한을 둘러싼 내외 정세와 관련이 있었다.[257]

1960년대 중반 들어 중소분쟁이 더욱 격화되었다. 미국이 베트남전쟁에 직접 개입하면서 중국과 북한은 사회주의 국가들의 지원 문제를 둘러싸고 갈등하였다. 중국의 홍위병은 문화대혁명 과정에서 북한 측의 김일성 우상화를 비판하며 그를 수정주의자라고 낙인찍었다. 이에 북한은 중국과 소련으로부터 대외적 자주성을 견지하고 체제 내의 안정을 강화할 필요성을 느꼈다.

---

257) 신주백, 〈북한의 근현대 반침략투쟁사 연구〉, 《북한의 역사 만들기》, 푸른역사, 2003, 223-226쪽.

북한은 1966년 10월 조선노동당 제2차 대표자회를 열고 국방력 강화를 천명하였다. 사상사업을 책임지고 있던 김창만을 제거하고 김일성을 중심으로 유일 권력을 강화하는 정치 구조를 만들어갔다. 북한은 1967년 5월 조선노동당 중앙위원회 제4기 15차 전원회의를 열고, 김일성의 유일지도체제 수립에 소극적인 갑산파를 숙청하면서 주체사상을 당의 지도이념으로 내세웠다. 그리고 다른 한편으로는 북한의 무장 역량과 남한의 대중 정당이 지도하는 혁명 세력을 연결하여 남조선혁명을 달성하겠다는 생각으로 무장 간첩을 남파하는 등 한반도에서 군사적 긴장을 고조시켰다.

정치체제와 지도사상을 크게 바꿔가고 있던 북한은 조선노동당력사연구소를 '김일성 동지 혁명력사연구실'로 개편하였다. 김일성의 항일 활동을 절대화한 첫 번째 평전《민족의 태양 김일성 장군》(1968)을 간행하고, 그의 가계와 아버지, 어머니 그리고 부인에 대한 우상화 작업도 본격화하였다.[258] 학생들에게 새로운 유일사상체계를 주입하고자 기술 교육을 제외한 보통교육 부분에서《김일성 원수 혁명 활동》이란 교과서로 배우는 수업을 1969년부터 시행하였다. 북한은 모든 학교에 '김일성 동지 혁명력사연구실' 또는 '김일성 원수님 혁명활동연구실'을 학교의 특성에 따라 설치하였다. 그리고 대학에는《김일성 동지 혁명력사 학습을 위한 참고자료》를 교재로 배포하였다.[259]

북한사회 전체에 변화의 태풍이 몰아치는 흐름에서 북한 학계도 예

---

258) 《민족의 태양 김일성 장군》(평양: 인문과학사)을 저본으로 한 《김일성전(金日成傳)》 1·2·3(東京: 雄山閣, 1969)이 일본에서 출판되었다. 또한 북한은 김일성의 어머니를 우상화한 《강반석 녀사를 따라 배우자》(조선신보사, 1967), 아버지를 우상화한 《불굴의 반일혁명투사 김형직 선생》(조선로동당출판사, 1968)을 각각 간행하였다.

외일 수 없었다. 북한은 마르크스-레닌주의에 따라 연구된 한국사 논문을 수록하고 있던《력사과학》이란 학술지의 발행도 중지하였다. 학자들에게 마르크스-레닌주의와 유물사관에 따라 연구해온 지금까지의 관점과 입장을 바꿔 주체사상의 입장에서 연구 성과를 전면 재조정하도록 하였다. 하지만 북한 학계 내부의 자연스러운 진화 과정에서 나온 급격한 변화가 아니었으므로, 주체사관의 측면에서 새로운 성과가 나오는 데는 시간이 걸릴 수밖에 없었다. 더구나 북한에서는 역사 연구가 대중 교양과 대중 선동에 꼭 필요한 수단이었으므로 더 신중하게 재조정 과정을 거칠 수밖에 없었다.[260]

북한사회 전체가 급격하면서도 근본적인 변화를 겪고 있었으므로, 그동안 한국사의 주요 논쟁점들을 해소하고자 활발하게 열었던 토론회를 비롯해 공개적인 연구 활동이 사실상 모두 중단되었다. 그런 가운데서 나온 성과가 전석담의《조선에서 자본주의적 관계의 발생》(1970)과 김광진의《조선에서 자본주의적 관계의 발전》(1973)이었다.[261] 이유는 알 수 없지만, 두 책의 제목을 보면 북한은 1960년대 초반까지 혼용했던 자본주의적 요소, 관계, 맹아라는 용어 가운데 '관계'를 최종적으로 선택했음을 알 수 있다. 그리고 18세기에 상품화폐관계가 조선사회 곳곳에 광범위하게 침투했다고 보았다. 한국의 한국사

---

259) 자세한 내용은 신주백, 〈북한 역사교육의 변천〉, 역사교육연구소,《우리 역사교육의 역사-고대부터 현대까지 한국 역사교육이 걸어온 길》, 휴머니스트, 2015, '4. 유일사상 체계로서 주체사상과 역사교육' 부분 참조.

260) 신주백, 〈북한의 근현대사 연구에서 반침략투쟁사〉,《한국근현대사연구》21, 2002, 227~229쪽.

261) 북한의 사회과학출판사에서 간행한 두 책 가운데 앞의 책은 1989년 '이성과현실'에서, 뒤의 책은 1988년 '열사람'에서 각각 발행되었다.

학계에서 자본주의 맹아라는 용어가 급속히 전파되고 있던 그 시점에, 북한 학계는 '자본주의적 관계'가 18세기에 발생했다고 정리한 것이다.

북한의 공식적인 새로운 역사 해석이 드러나기 시작한 때는 1979년 《조선전사》 제1권이 출판되면서부터이다. 이즈음 드러난 역사인식의 급격한 변화 가운데 하나는 1945년 대신 1926년을 조선근대사의 종점이자 조선현대사의 시작점으로 간주했다는 것이다. 북한은 1926년 '위대한 수령' 김일성이 중국 지린성(吉林省)의 지린(吉林)에서 타도제국주의동맹(打倒帝國主義同盟)을 결성하여 조선 혁명의 새로운 깃발을 들었다고 해석하였다.[262] 그래서 북한은 1926년을 '주체 1년'으로 표기하기도 한다.

이와 같은 시기구분의 변화는 북한이 조선근대사의 종점을 말할 때 중요한 논거로 제시했던 사회구성설을 폐지하고, 계급투쟁설에 따라 조선근대사를 완전히 재해석했음을 의미한다. 특수성에 보편성을 내포하지 않고 그것을 사실상 배척하며 특수성을 특권화해간 것이다.[263]

조선사연구회, 발전단계설에 입각한 연구 성과들

앞서도 보았듯이, 조선사연구회와 일본조선연구소는 '연속 심포지엄, 일본에서의 조선 연구의 축적을 어떻게 계승할 것인가(連續 シンポジウム 日本における朝鮮研究の蓄積をいかに繼承するか)'를 기획하고 주제

---

262) 1926년 창립설에 대한 비판적 검토는 辛珠柏, 〈靑年金日成の行動と世界觀の變化(1929年末から1931年まで)〉, 《思想》 912, 2000, 岩波書店 참조.

263) 주체사상이 이러한 특징을 가장 잘 보여준다고 하겠다.

별로 좌담회를 거쳐 그 결과를 기관지《조선연구월보(朝鮮研究月報)》에 10회에 걸쳐(1962. 6~1964. 10) 연재하였다. 1960년대 후반에도 미술사, 고고학, 정약용, 그리고 총괄로서 한일관계에 관해 추가로 검토한 후《심포지엄 일본과 조선(シンポジウム 日本と朝鮮)》을 출간하였다.

7년여의 노력을 거쳐 집단 지성의 종합적인 결과물이 나오는 과정은 한국의 한국사 학계가 식민주의 역사학의 역사인식을 비판적으로 검토하는 과정과 여러 가지 면에서 달랐다. 한국에서 식민주의 역사인식에 대한 비판적 기획은 전문가의 도움을 받기는 했겠지만, 최종적으로는 월간지 등 잡지사에서 맡았고, 한국사 연구자 개개인에게 해당 주제를 청탁하여 일임하는 방식으로 이루어졌다. 그래서 글들이 제대로 연구되지 않은 채 포괄적인 수준에 그치거나 주제들이 산발적이고 중복된 경우도 있었다. 결국 1966년 김용섭이 전국역사학대회에서 발표한 분석문을 뛰어넘는 주목할 만한 성과, 특히 1960년대 중반에서 후반으로 가는 동안 그의 분석을 심화해간다고 느끼게 해주는 글이 나오기는 어려웠다. 일본에 식민지배를 당하고 식민주의 역사학의 폐해가 민족적 감성에까지 스며들어 있는 한국에서, 철저하고 일관된 검토가 이루어지지 않았을 뿐 아니라 그것을 모은 성과도 나오지 않았던 것이다.

이에 비해 조선사연구회 등은 비판적 성찰을 꼼꼼하게 기획하는 일관된 방향이 있었고, 1960년대 내내 꾸준히 검토하는 기회를 가지려고 의식적으로 노력하였다. 좌담회라는 형식을 빌려 식민주의 역사학에 복무한 당사자나 관련이 있는 사람도 참석시키고 회고 형식으로 좌담에 참여할 기회를 주었다. 그래서 다양한 주제들을 검토하고 개별 사실들의 앞뒤 맥락을 분야별로 좀 더 세세하게 확인할 수 있는 정보도 공개되었다. 한국의 한국사 학계가 우리 안의 식민주의 역사인식에 비판적 초점을 맞추지 못한 데 반해, 조선사연구회는 자기 안의 식민주의 역사인식을 다양한 학문 분야에서 하나하나 점검한 것이다.

　조선사연구회 회원들은 식민주의 역사인식을 극복하고 새로운 조선사상을 정립하기 위해 한편에서는 이처럼 자신의 내면을 점검하였고, 다른 한편에서는 남북한 역사학계의 동향을 파악하려 노력하였다. 그러한 흐름을 집약하고 총괄적으로 점검한 성과가 1966년에 간행한 《조선사 입문(朝鮮史入門)》이다. 14명의 집필자는 조선사 연구의 목표가 조선사의 내재적이고 주체적인 발전 과정을 인식하고 그것이 왜곡되어긴 과정을 해명히는 데 있음을 명확히 하였다. 그들은 목표를 실현하기 위해 정체성론을 극복하고 새로운 조선사상을 제시해야 한다고 밝혔다.[264]

　조선사연구회 회원들의 그러한 노력을 선도적으로 보여준 사람이 와타나베 마나부였다.[265] 그는 조선인의 근대교육사를 국민성이라는 상식적 개념으로 정리하는 태도를 비판하고, 자주적 근대교육의 씨앗이 일본의 식민지 통치로 왜곡되고 억압당하는 과정을 1960년경부터 실증하는 데 특별한 노력을 기울였다.[266] 와타나베 마나부가 근대교육사 측면에서 선구적인 업적을 발표해갔다면, 조선사를 사회경제사 측면에서 재해석하려는 시도는 가지무라 히데키를 중심으로 주목할 만한 업적이 나왔다. 가지무라는 조선인의 자주적이면서도 내재적

---

264)　旗田巍, 〈朝鮮史研究の課題〉, 《朝鮮史入門》, 太平出版社, 1966, 43쪽.

265)　그는 1963년 12월 일본조선연구소 제3차 총회에서 선출된 3인의 부소장 가운데 한 사람이었다.

266)　史學會 編, 〈1961年〉, 《日本歷史學界の回顧と展望 16-朝鮮》, 40쪽(원전: 渡部學, 〈李朝中期の書堂教育の形態について〉, 《朝鮮學報》 21·22合倂, 1961).

인 역사를 확인하기 위해, 특히 조선 후기의 사회경제사 그리고 개항기 일본의 침략사 연구에 집중하였다. 그는 1950년대 후반~1960년대 전반기에 조선근대사사료연구회(朝鮮近代史史料研究會)와 조선사연구회에 참여하며 자신의 역사관을 다듬어갔고, 조선의 역사는 기본적으로 "독자의 구조와 논리를 갖는 내재적 법칙의 전개 과정"이라는 생각을 품고 있었다.[267] 또한 그는 자신의 석사논문을 다듬어 발표했는데,[268] 여기에서 가지무라는 서구 상품이 한정적으로 유입되던 토포 시장이 청일전쟁 때까지도 건재했으며, 면포의 상품생산이 농촌의 부업이었다고 보았다. 가지무라는 농촌의 상품생산 과정에서 전대제(前貸制)와 부농 경영이 존재했음에도 주목하였다. 이 글은 정체성론을 극복하려는 가지무라의 의지가 묻어난 논문으로, 이후 일본과 한국의 내재적 발전 연구자들에게 커다란 영향을 끼쳤다.

가지무라는 북한과 한국의 연구 성과를 나름대로 소화하고자 노력하였다. 그는 북한의 연구가 양과 질 면에서는 획기적이지만, '맹아'의 발전에만 주목하여 역사를 단순화시키는 경향이 있다고 지적하였다. 또한 한국의 조선 후기 연구 중에서 '공인 자본'과 '부농형 경영'을 발견하고, 농촌 사회의 발전이란 측면에서 민란을 바라보며 농민층 분해를 실증하려 한 노력에 주목하였다. 특히 가지무라는 김용섭의 연구를 "획기적 노작"이라고까지 평가하였다.[269]

조선 후기와 개항기의 역사를 내재적 발전 과정의 맥락에서 연구

---

267) 梶村秀樹, 〈資本主義萌芽の問題と封建末期の農民鬪爭〉, 《朝鮮史入門》, 254쪽.

268) 梶村秀樹, 〈李朝末期朝鮮の纖維製品の生産及び流通狀況〉, 《東洋文化硏究所紀要》 46, 1968.

269) 梶村秀樹, 〈資本主義萌芽の問題と封建末期の農民鬪爭〉, 《朝鮮史入門》, 266, 269쪽.

하려는 사회경제사 연구는 1960년대 후반으로 갈수록 확산되었다. 조선 후기의 내재적 발전 과정을 해명하는 데 결정적 관건이 되는 주제 가운데 하나인 토지국유제 문제를 정면에서 비판하고 극복하려는 논문도 발표되었다.[270] 하타다 다카시는 조선 초기부터 공전(公田)이 국가의 토지소유라는 관념이 있었지만, 내부를 들여다보면 매우 다양한 형태의 사적 토지소유가 있었다고 주장하였다. 아리이 도모노리도 조선 초기부터 전국적으로 사적 토지소유가 존재했다고 보았다. 또한 조선근대사사료연구회 시절부터 가지무라와 문제의식을 공유하고 있던 강덕상도 가지무라와 약속한 대로 화폐에 관한 논문을 발표하였다.[271] 그는 사회의 여론을 어느 징도 반영한 1891년의 은화조례, 그리고 1894년 갑오개혁의 일환으로 제기된 신식 화폐 발행 문제가 청일전쟁이라는 민족적 위기 속에서 왜곡되면서 대중의 지지를 받지 못했다고 보았다. 내부의 자생적 전개 과정이 외압을 받아 어떻게 왜곡되고 실패했는지를 보여준 것이다.

내재적 발전 과정과 그것의 왜곡 과정을 해명하려는 연구 경향은 조선 후기의 자생적 발전 과정과 개항 이후 일본의 침략 과정에 대한 연구를 활성화시켰다. 예를 들어 안병태(安秉珆)의 해운업 연구에서 그 일단을 확인할 수 있다. 자생적으로 발전해오던 해운업이 자립적 민족경제의 일부분으로 발전할 가능성이 있었지만, 일본 해운업의 침입으로 식민지 경제 구조에 강권적으로 편입될 수밖에 없었다

---

270) 旗田巍, 〈李朝初期の公田〉; 有井智德, 〈李朝初期の私的土地所有關係 - 民田の所有·經營·收租關係を中心として〉, 《朝鮮史研究會論文集》 3, 1967.

271) 姜德相, 〈甲午改革における新式貨幣發行章程の研究〉, 《朝鮮史研究會論文集》 3, 1967. 두 사람 사이의 약속에 관해서는 필자가 강덕상 선생의 자택에서 직접 들었다. 〈강덕상 증언자료(2012. 7. 11)〉.

는 것이다.[272] 일본의 침략 과정에 대한 연구의 일환으로 식민지 지배 정책과 조선인 사회의 대응에 관한 연구가 활성화된 때도 이즈음부터였다.[273] 결국《조선사연구회 논문집(朝鮮史硏究會論文集)》제3집(1967)의 '편집 후기'에서 밝힌 "조선사회의 내재적 발전 과정 및 일본 군국주의에 의한 왜곡 과정 해명이 이들 여러 논문의 공통된 연구 과제"라는 지적은, 새로운 조선사상을 확립하려는 조선사연구회의 문제의식이자 연구 태도이며 관점을 내포한 언급이었다.[274]

사회경제사 분야에서 내재적 발전의 연구 영역을 개척한 대표적인 사람이 가지무라 히데키라면, 정치사상사 분야에서 이를 주도한 사람은 강재언이었다. 그는 조총련 간부를 가르치는 교육가로 활동하던 1968년, 주체사상이 강요하는 역사관과 태도에 역사학자로서 동조할 수 없어 조총련에서 탈퇴하였다. 앞서 북한 학계의 변화에서 언급했듯이 1967년을 고비로 북한사회에서 지도이념으로 주체사상이 추가되면서 기존의 마르크스-레닌주의를 대체하는 움직임이 시작되었는데, 조총련이 그에 발맞춰 변모하는 과정에서 강재언 같은 사람의 저항이 있었던 것이다. 조총련을 탈퇴한 강재언은 재일조선인 연구자들과 1950년대부터 공유해왔던 문제의식인 일본의 침략을 폭로하고 내재적 발전 과정에 주목하면서 왜곡된 역사를 바로잡는다는 생각을 버리지 않았다.[275] 강재언은 "정신적 공백을 메우기 위해" 자신도 놀랄

---

272) 安秉珆,〈李朝末期の海運業-その實態と日本海運業の侵入〉,《海運經濟史研究》, 海文堂, 1967.

273) 예를 들어 梶村秀樹,〈日帝時代前半期平壤メリヤス工業の展開過程〉,《朝鮮史硏究會論文集》3; 淺田僑二,《日本帝國主義と舊植民地地主制》, 御茶の水書房, 1968.

274) 잡지의 해당 부분에 별도의 '쪽' 표시가 없어 언급하지 못하였다. 3집은 앞서 언급한 하타다 다카시, 아리이 도모노리, 강덕상, 가지무라 히데키 등이 필자였다.

정도로 조선사 연구에 더욱 매달렸다.[276]

특히 강재언은 개항기를 전후한 시기에 일어난 여러 운동의 근저에 흐르는 사상과 그것의 변용, 그리고 여러 운동 사이의 사상적 연관성을 해명하는 근대 사상사 연구에서 주목할 만한 성과를 발표하였다. 개화사상과 김옥균에 관해서는 북한에서 갑신정변 80주년을 기념하여 기획한《김옥균》(사회과학출판사, 1964)과 기본적으로 같은 입장이었다.[277] 그러면서도 개화파의 형성을 실증하고, 위로부터의 개혁이 갖는 역사적 의미를 저평가하는 가지무라 히데키 등을 비판하였다.[278] 또한 실학과 북학사상의 연계성을 찾고 동학사상에 주목하며 한국 근대 사상사의 내직 전개 과정을 해명하려고 시도하였다.[279] 조선의 근대 사상이 형성되는 과정에서 사상의 내재적 전개 과정을 해명함으로써 그동안 과대평가되어왔던 후쿠자와 유키치(福澤諭吉)의 영향을 극복할 수 있었다. 이러한 사상사적 모색 과정을 정리한 책이《근대조선의 사상(近代朝鮮の思想)》(紀伊國屋書店, 1971)이다.[280] 짧은 기간에 이루어진 강재언의 순도 높은 연구는 북한 체제의 급변과 같은 주변 환경의 변화가 특정 개인의 삶과 연구에 어떤 영향을 미쳤는지 확인해주는 대목이다.

---

275) 정혜경, 〈강재언-일본 땅에서 한국학을 뿌리내리고〉,《정신문화연구》80, 2000, 236쪽.

276) 정혜경, 〈강재언-일본 땅에서 한국학을 뿌리내리고〉,《정신문화연구》80, 244쪽.

277) 이 책은 역사비평사에서 1990년에 발행하였다.

278) 姜在彦, 〈開化思想·開化派·金玉均〉,《朝鮮史研究會論文集》4, 1968.

279) 姜在彦, 〈東學=天道教の思想的性格〉,《思想》537, 1969; 〈朝鮮實學における北學思想-近代開化思想の萌芽〉,《思想》546, 1969.

280) 이 책은 1983년 한울출판사에서 번역하였다. 일본에서 간행된 한국사 연구 성과 가운데 강재언의 글이 국내에 가장 많이 번역되었다.

이처럼 강재언의 연구 인생, 더 넓게 확장해보면 연구회에서 상당수 인원을 차지하는 재일조선인 연구자들의 행보에 큰 변화가 일어난 시점은 1968년 즈음이었다. 그런데 우연히도 이 시기에 조선사연구회를 둘러싼 연구 환경에 중대한 변화가 일어났을 뿐만 아니라 일본적 맥락에서 내재적 발전에 입각한 새로운 조선사상을 구체적으로 제시하기 시작하였다. 그럼 그것을 정리해보자.

우선 반한 친북 성향이 완화되어갔다. 일본조선연구소에서 한일회담반대운동이라는 실천 활동에 매진하던 사람 가운데 일부는 조선사연구회에서도 주도적으로 활동했다. 원래 일본조선연구소는 반한(反韓) 태도를 취하면서도 북한과의 교류에는 적극적이었고, 북한 및 중국과의 연대를 호소하는 단체였다. 이에 따라 연구소는 북한에서 발행한 《조선민주주의공화국의 수산업 1·2》, 《최근 조선의 공동농장》, 《조선 문화사》(1966년 번역), 《북한 외교 자료집》, 《김옥균 연구》(1968년 번역) 등을 간행하였다.[281] 한일회담반대운동이 끝난 후에도 연구소 활동에 적극적이었던 조선사연구회 회원은 하타다 다카시, 와타나베 마나부 말고도 가지무라 히데키, 미야다 세쓰코 등이었다.[282]

특히 조선사연구회의 중심으로 자리를 잡아가던 가지무라는 1966년 '조선사 발전의 제 단계'라는 주제로 열린 조선사연구회 제4회 대회에서 근현대사 부분의 '문제제기'를 담당하였고, 1967년도 조선사

---

281) 히구치 유이치, 〈일본조선연구소와 한일조약반대운동〉, 김광열 역·공저, 《일본 시민의 역사반성운동》, 62·63쪽, 67쪽. 출판물에서 알 수 있듯이, 교류도 당연히 한국 출신 연구자보다 박경식을 비롯한 조총련 소속의 조선사 연구자들과 더 많았다.

282) 1968년 10월 연구소를 떠난 와타나베 마나부를 대신하여 《조선연구(朝鮮硏究)》 제78호부터 미야다 세쓰코가 편집 대표인이 되었다. 和田春樹, 〈第3章 日本朝鮮硏究所を考える〉, 和田春樹·高崎宗司, 《檢證 日朝關係60年史》, 67쪽.

연구회 도쿄 부회에서 상근 간사로 활약하였다. 이어 1969년 조선사연구회 제7회 대회를 책임지는 준비위원장으로도 활약하였다. 이런 가지무라가 조선사와 식민지 지배를 일본근대사 속에 자리매김할 필요가 있다고 주장하였다. 그는 일본의 독점자본이 "남조선에 신식민지주의적으로 진출함에 따라 동아시아 지역의 세계사 모순이 초점화하고 남조선 모순의 심화를 축으로 하는 '동아시아' 지역"에서 격동이 예감되므로, 일본과 조선의 인민이 "진정으로 연대를 만들기 위한 관점의 창출이 긴급"하다고 진단하고, 조선사 연구의 전문가임에도 이에 관해 아무런 의견을 제출하지 않고 간판만 달고 있으면 문제라는 생각으로 자신의 힉문을 구체화하였다.[283]

학문적으로 일본의 침략사와 조선사의 주체적이고 내재적인 발전 과정을 해명하는 데 큰 의미를 부여한 사람들은, 현실에서 진행 중인 한일관계의 여러 사안에 대해 매우 비판적인 태도를 보이며 반한친북에 가까운 정치적 입장을 취하였다.[284] 다른 한편에서 보면 이들의 언행은 현재의 역사 과제에 대한 문제의식이나 시대의식에 철저했을 뿐 아니라 그것을 풀어가는 방법의 하나로 실천적인 모습을 보였다는 특징도 있다. 그래서 침략사에 대한 역사인식과 당대 일본사회 내에서 전개되는 반역사적 현상에 대해 매우 비판적인 태도를 견지하였다. 가령 1968년 2월 김희로(金嬉老) 사건[285]이 일어나자 조선사연구회는

---

283) 梶村秀樹, 〈1969年度大會プランについて〉, 《朝鮮史研究會會報》 24, 1969. 6, 2쪽.

284) 그런데 북한이 1968년 1월 김신조 무장간첩단의 청와대 습격 미수사건을 일으키자 일본공산당은 북한의 행위에 대해 문제를 제기하였다. 이를 계기로 일본공산당과 조선노동당의 교류가 끝났고, 연구소 소속 당원 가운데 북한을 비판적으로 보는 사람들이 생겨났다. 이에 대해서는 和田春樹, 〈第3章 日本朝鮮研究所を考える〉, 和田春樹·高崎宗司, 《檢證 日朝關係60年史》, 64·65쪽 참조.

그에 대한 대책위원회를 발족하고, 후원을 호소하는 글과 김희로 자신이 재판에 출석하지 않는 이유서를 회보에 수록하였다.[286] 7월의 월례발표회 때는 오자와 신이치로(大澤進一郎)가 '김희로 문제를 둘러싸고(金嬉老問題をめぐて)'라는 주제로 보고하였다. 현실에서 차별받고 있는 재일조선인의 인권 문제와 그 본질적 성격을 규정하는 역사 문제에 직접 개입하는 태도를 명확히 드러냈다고 말할 수 있겠다.

현실과 끝없이 대화하려는 조선사 연구자의 태도는 1968년 메이지유신 100년을 기념하는 일본사회의 축하 분위기에 대해 적극적으로 비판한 데서도 확인할 수 있다. 일본 정부는 메이지유신을 계기로 일본 국민이 봉건제도에서 벗어나 근대국가 건설이라는 목표를 향해 놀라울 정도의 용기와 정력을 가지고 매진하였으며, 그 결과 메이지 시대는 세계사에서 유례를 찾아보기 어려울 정도로 비약과 앙양의 시기였다고 보았다. 그리고 이 성과를 후대에 물려주어야 할 과제에 직면해 있을 뿐 아니라, 국제적으로도 발전도상에 있는 주변국들로부터 지도와 원조를 요구받고 있어 여기에 이바지할 필요가 있다는 태도를 보였다.

하지만 조선사연구회 전국대회를 준비하는 측에서 볼 때 이러한 인식은 다른 아시아의 여러 나라, 특히 조선을 침략하고 지배한 행위를 합리화하는 논리에 불과하였다. 결국 일본의 근대를 미화하고 찬미하

---

285) 김희로는 일본인 야쿠자에게서 조센징, 돼지새끼 소리를 듣고 분노하여 총으로 그들을 죽였다. 이후 여관 손님들을 인질로 삼고 경찰과 대치하면서 경찰관의 한국인 차별을 고발하기 위해 사건을 일으켰다고 주장하였다.

286) 〈金嬉老公判對策委員會の發足にあたつて〉; 〈私が出廷できない理由〉, 《朝鮮史研究會會報》 18, 1968. 9, 16~19쪽.

는 '메이지 100년 사관'은 '일본이 조선의 근대화에 기여하였다'는 '지
배계급'의 논리에 불과하였다.[287] 달리 말해 조선사연구회의 입장에
서 메이지 100년 이벤트는 조선사 나름의 내재적 발전 법칙을 해명하
기 위해 해온 노력이나 향후 집중해야 할 방향성과 정면으로 배치되
는 역사인식을 드러낸 움직임이었다. 이에 조선사연구회는 "백 년의
역사 모두를 경제성장으로 환원하고 아울러 대국주의를 고취하기 위
해 권력 측이 설정한 '명치 백년'에" 조선사를 어떻게 위치지우며 '대
결해갈까'를 고민한 결과, 1968년 11월 "메이지 100년'과 조선('明治百
年'と朝鮮)'이라는 주제로 200여 명이 참석한 가운데 학술토론장(제6회
대회)을 열었다.[288]

일본의 현실과 한일관계의 새로운 전개에 대응하여 내재적인 조선
사의 독자적이고 체계적인 역사상을 구축하려는 조선사연구회의 움
직임은 1966년 제4회 대회에서 그 기본 방향과 태도가 회원들 사이
에 공유된 이래 꾸준히 진행되었다. 이때 중점 연구 대상은 주로 조선
후기부터 한말까지의 역사였다. 그래서 내재적 발전이란 말이 연구회
회원 사이에 일반화하였지만, 각 시대의 역사를 생각할 때 어떤 자세
와 방법으로 접근해야 하는지는 그때까지 구체적이고 명확하지 않았
다. 이러한 현실을 넘고자 기획한 학술회의가 1969년 제7회 대회다.

제7회 대회 준비를 책임졌던 가지무라는 자신의 구상을 다음과 같
이 밝혔다.

---

287) 宮田節子, 〈第6回大會にむけて-大會準備會經過報告〉, 《朝鮮史研究會會報》 20, 1968.
5, 17쪽.
288) 〈朝鮮史研究會第6回大會の報告〉, 《朝鮮史研究會會報》 23, 1969.4, 1쪽. 대회의 결과는
《조선사연구회 논문집(朝鮮史研究會論文集)》제6집(1969. 6)에 수록되었다.

무엇보다 우리는 **조선사의 타율성 사관의 극복을 기본 과제**로 하고 있다. 더구나 조선사의 내재적 발전이 전근대에도 특히 근현대에서 외적 요인과 깊게 연관되어 있으면서 **때로는 외압에 대한 저항이라는 현상 형태를 주류**로 하고, 그러한 상황 속에서 전개되어온 사실을 무시해서는 안 된다. 그와 같은 **장이 전근대에서는 동아시아**이고, **근현대에서는 세계사 총체**였다.[289] (강조-인용자)

가지무라의 핵심 논조는 전근대사 연구에서도 타율성 사관을 극복하여 내재적 발전에 입각해 새로운 조선사상을 만들어내야 하며, 그때 역사상의 공간은 한반도를 넘어 '동아시아'여야 한다는 점이다. 그가 말하는 동아시아란 한중일로 한정되는 오늘날의 동북아시아라고 말할 수 있는 공간이겠지만, 한국고대사를 이해하는 기본 관점으로 '지역사'를 제시하는 주장이 이채롭다.[290] 조선사연구회원들의 고민은 《조선사연구회 논문집》 제7집(1970. 6)에서 '고대 동아시아에서의 일조관계(古代東アジアにおける日朝關係)'라는 특집으로 구체화하였다.[291]

근대사 연구에서 가지무라의 논조는 '외압에 대한 저항'을 '주류'로 하는 역사상의 정립으로 구체화하였다. 그에게 있어 조선인의 반외세 반봉건투쟁은 조선인의 주체적 움직임으로서 내재적 발전의 정수였다. 그는 조선사의 주체로서 조선인의 저항을 역사화할 때 일제가 조선인의 생활 상태를 어떻게 조건 지었는가, 그리고 계급 간의 역동적 역학관계까지 반드시 고려할 필요가 있다고 보았다. 그래서 그는 조선근대사의 기본적인 전개 과정을 크게 세 단계, 즉 농민을 중심으로

---

289) 梶村秀樹, 〈1969年度大會プランについて〉, 《朝鮮史研究會會報》 24, 1쪽.

하는 반제반봉건투쟁 과정(1860년대~1894)→부르주아적 가치의 실현을 향한 부르주아민족주의운동의 전개(1895~1919)→노동자와 농민을 주체로 하는 사회주의 반제투쟁의 전개(1919~1945)로 구분하였다.[292] 결국 내재적인 조선사의 독자적이고 체계적인 역사상을 구축하려는 가지무라의 노력은 조선 후기의 자본주의 맹아→반외세반봉건투쟁의 좌절과 식민지화→민족해방투쟁→해방 후 남한의 민중운동과 북한의 사회주의 국가 건설이라는 역사상으로 나타났다. 가지무라는 이를 구체적으로 방증하려는 노력의 일환으로 1967년 일본의 탄압 정책과 만주 지역 항일무장투쟁의 상관성을 설명하고, 1970년 오

290) 그런데 1969년 6월 조선사연구회의 《조선사연구회 회보(朝鮮史研究會會報)》 제24호가 간행된 이후 약 1년 6개월이 지난 1970년 12월에 와서야 제25호가 간행되었다. 매년 4~5회씩 간행하던 회보를 오랜 기간 발행하지 못한 이유를 정확히 알 수 없지만, 1968년 12월 간행된 《조선연구(朝鮮研究)》에 게재한 하타다의 부적절한 발언을 둘러싼 갈등이 1970년 1월까지 이어진 것과도 무관하지 않았을 것이다. 하타다가 일본에서의 조선 연구는 '특수부락'적인 것이라고 말해 차별 논쟁이 벌어졌기 때문이다. 하타다, 가지무라, 미야다, 사토 가쓰미(左藤勝巳)가 쓴 반성문을 《조선연구》에 발표하는 등의 과정에서 정신적인 타격을 받는 사람들이 나타났다. 이 일을 계기로 미야다가 연구소를 떠났다. 하타다도 적극적으로 활동하지 않았다. 남은 사람은 조선사 연구자 가지무라 히데키와 사쿠라이 히로시를 포함해 4명뿐이었다. 이는 1970년 시점에 이탈자들의 조선사에 대한 태도가 친북적 성향에서 벗어났음을 의미한다. 연구소는 이즈음부터 조선인에 대한 차별어와 차별 발언을 적발하는 활동을 벌이는 데 치중하였고, 한일문제와 조일문제를 연구나 운동의 영역에서 다루지 않고 주로 평론의 대상으로 취급하였다. 和田春樹, 〈第3章 日本朝鮮研究所を考える〉, 和田春樹·高崎宗司, 《檢證 日朝關係60年史》, 67·68쪽. 결국 일본조선연구소와 조선사연구회의 활동이 겹치면서 상승효과를 내던 한일회담반대운동 때와 달리, 두 단체는 1970년대 들어 각자의 길을 갔다.

291) 藤間生大, 〈'魏志倭人伝'の官について - '魏志東夷伝'に関連して〉; 坂元義種, 〈倭の五王 - その遺使と授爵をめぐって〉; 鬼頭清明, 〈7世紀後半の國際政治史試論 - 中國·朝鮮三國·日本の動向〉; 鈴木靖民, 〈日羅關係と遺唐使-森克己氏の高說をめぐって〉; 西川宏, 〈日本帝國主義下における朝鮮考古學の形成〉.

292) 梶村秀樹, 〈朝鮮民族解放鬪爭史と國際主義(1971)〉, 《梶村秀樹著作集 第4卷 朝鮮近代の民衆運動》, 明石書店, 1993, 13~18쪽.

지영의 《동학사》(平凡社)를 번역하였으며, 1970년대 들어 신간회, 갑산화전민사건 등 민중운동에 관한 글을 발표하였다.[293] 가지무라의 노력은 강좌파 주류가 이해하는 일본사적 맥락, 달리 말하면 19세기는 봉건적 생산양식이 지배적이었고, 개항을 통해 타율적으로 세계자본주의에 편입되었으며, 한중일 3국 가운데 전제적 국가권력이 성립한 일본만이 자본주의화에 성공했다는 내재적 발전론에 대한 조선사 연구자로서의 비판적 응답이기도 하였다.

조선사연구회의 분화, 스에마쓰 야스카즈의 거리 두기

그런데 제7회 대회와 논문집 명단을 보면, 당시 일본에서 한국고대사를 연구하고 있는 현역 연구자 가운데 최고 권위자이자 조선사연구회의 발기인인 스에마쓰 야스카즈가 빠져 있다. 조선사연구회를 둘러싼 1968년경의 환경 변화에서 주목해야 할 두 번째 사항이 바로 이것이다.

앞서도 언급했지만, 스에마쓰는 1966년 11월 출판된 《조선사 입문》에 원래는 필자의 한 사람으로 포함되어 있었다. 하지만 이 책에 그의 글은 없다. 대신에 이노우에 히데오(井上秀雄)가 쓴 '전근대 III-고조선·진국·임나·삼국(前近代 III-古朝鮮·辰國·任那·三國)'이라는 글이 있다. 6월의 제1차 필자 회의 때 결정된 사항과 책의 목차를 비교해보니, 스에마쓰가 담당한 주제만 필자가 바뀌었다. 1966년 8월 규슈대학에서 받은 위궤양 수술의 여파 때문일 것이다.

더 주목해야 할 변화는 스에마쓰 본인이 작성한 '역사수첩(歷史手

---

293) 《梶村秀樹著作集 第4卷 朝鮮近代の民衆運動》에 수록되어 있다.

帳)' 중에서 1967년의 기록부터 조선사연구회 전국대회에 관한 메모가 없다는 사실이다.[294] 이전까지만 해도 '역사수첩'에는 조선학회와 조선사연구회의 전국대회가 열리는 날짜에 이를 기록한 메모가 있었다. 월례발표회에 관한 메모는 언제부터인지는 모르겠지만 이 이전부터 없었다. 반면에 1967년 '역사수첩'에서 조선학회와 관련한 메모는 여러 곳에서 찾을 수 있다. 1967년 10월 조선학회 전국대회에서 〈세종조라는 시대(世宗朝という時代)〉를 발표하였고, 1968년 1월 간행된 《조선학보》 제46호에 이를 수록하였다. 이런 점을 감안하면 스에마쓰가 조선사연구회를 탈퇴하지는 않았지만 활동을 접음으로써 연구회와 거리두기를 시작했다고 볼 여지는 충분하다. 1967~1968년 즈음부터 개인적인 건강 문제에다가 이러한 상황들이 겹치면서 스에마쓰와 조선사연구회 사이에 틈이 벌어지기 시작했다고 볼 수 있을 것이다.

스에마쓰의 이러한 체험은 한일국교정상화 이후 한일 간 과거사를 극복하고 역사 화해를 이룩하는 문제를 놓고서 조선사연구회와 선택 지점이 달랐기에 그 틈새를 좁히지 못했을 것이다. 오히려 한일 간 과거사 청산 내지는 역사 화해의 방식에서 생각이 달랐던 스에마쓰로서는 자신의 역사관과의 틈새를 확신하거나 선택을 더욱 재촉했을 것이다. 이는 틈새가 나타난 시점으로부터 7, 8년 정도 지난 1970년대 중반경에 이르렀을 때 스에마쓰가 했던 생각을 통해 짐작할 수 있다.

스에마쓰는 1975년 3월 가쿠슈인대학에서 퇴직하였다. 71세였던 그해 12월 국제기독교대학 비상근 강사로 의촉되어 1976년까지 강의

---

294) 역사수첩(歷史手帳)은 가쿠슈인대학 동양문화연구소에 소장된 '스에마쓰 야스카즈 연보(末松保和資料)'의 하나다.

하였다. 그가 강의를 위해 1975년 12월부터 작성한 노트 가운데 하나가 '조선사(일)의 (1) I.C.U.(朝鮮史(一)の(1) I.C.U.)'이다. 노트라고는 하지만 메모장 크기여서 주요 내용을 명조식으로 작성한 경우가 대부분이었다. 그 노트에 다음과 같은 내용이 있다.

> 결론) ‒ 조선인의 원한(회한)[朝鮮人の怨恨(悔恨)] 병행선(영구)[竝行
> 　　　線(永久)]
> 　　　‒ 일본인의 반성과 부채(日本人の反省と負債)
> 　　　승부 끝에 생긴 장기 말(勝負はてたの將棋の駒)
> 　　　"오월동주(吳越同舟)" 전국: 오왕 부차(戰國: 吳王夫差)
> 　　　　　　　　　　　　　　　월왕 구천(越王句踐)　　　　×
> 　　　과거의 **청산**(過去の淸算) ← 과거의 **확인**(過去の確認)
> 　　　↓ 평등한 연구 참가 자격(平等の硏究參加資格)[295] (강조‒스에
> 　　　마쓰)

　　이를 해석해보면, 스에마쓰는 한일 간의 화해가 영원히 평행선을 달릴지 모른다고 생각하였다. 그가 생각하는 과거사 청산 방식은 연구 참가 자격을 평등하게 하여 과거의 역사를 확인하는 작업을 꾸준히 벌이는 노력이었다. 이는 조선사연구회를 주도하는 사람들의 현실 참여적인 움직임이 커지고 일본의 침략사에 대한 비판의 수위가 시간이 갈수록 높아지고 깊어지며 친북한 성향의 역사관이 드러나는 흐름, 그리고 메이지 100년 사관처럼 일본의 과거사와 역사인식을 정면

---

295) 《朝鮮史(一)の(1) I. C. U.》, 1975. 12, 12·13쪽. 소장처 번호: 11(箱番號)-7(親)-1(枝).

에서 비판하는 태도와 명백히 다른 입장이었다.[296] 또한 스에마쓰에게 정치한 논증은 단순한 실증 만능이 아니라 실증 경쟁을 통해 과거사를 극복하는 방법이기도 했던 것이다. 스에마쓰의 방식은 1960년대 한국의 한국사 학계에서 다수가, 특히 문헌고증사학이 자신의 과거 행위를 합리화하거나 연구 방법의 부재라는 비판을 피하는 방법의 하나이기도 하였다.

그의 방법은 당대의 현실과 거리를 두고, 자신의 과거를 방문하여 다시 기억하고, 식민주의 역사인식을 생산한 이론과 정신의 메커니즘을 따져보는 비판적 실증과 관점을 거부하는 접근이다. 그래서 1960~1970년대에 그가 쓴 글을 보면, 일본의 조선 침략을 비판하는 문제의식을 드러내어 자신의 실증과 연결한 글은 찾기가 어렵다.[297] 또 자신의 동학들이 현실과 교감하며 직접 행동으로 따져 물으려 한 움직임과도 거리 두기를 하였다.

그래서였을까. 스에마쓰 개인이 작성한 연보나 후학이 작성한 연보 어디에도 일본조선연구소에서의 활동을 소개하지 않았으며, '고문'

---

296) 그렇다고 그가 사람들과의 왕래를 완전히 단절했다는 뜻은 아니다. 그의 역사수첩을 보면 1968년 1월 10일 신국주, 1970년 8월 20일과 27일 박종근과 만나는 약속이 있음을 기록하고 있다. 신국주는 조총련 관련자가 아니었지만, 박종근은 관련자였다.

297) 스에마쓰 야스카즈와 대비되는 하타다 다카시는 북한에서 분국론이 제기되었을 때 "일본 근대역사학이 성립했던 것은 바로 일본의 조선 침략의 시기이고, 그것은 일본 역사학에 깊은 상적(傷跡)을 남기고 있음을 부정할 수 없다"고 말하고, 그것이 전후 역사학에도 꼬리처럼 이어지고 있다는 문제의식을 드러내며 일본 학계의 전통적 견해를 검토할 필요성을 제기하였다(〈朝鮮民主主義人民共和國における古代日朝關係史の研究〉, 《歷史學研究》 284, 歷史學研究會, 1964, 50쪽). 나카쓰카 아키라(中塚明)도 청일전쟁 전후에 형성된 광개토왕릉비의 비문, 특히 임나에 대한 해석에 대해 1970년까지 근본적인 비판을 하지 않고 정설처럼 수용하고 있다고 지적하고, 근대 일본사학사를 "근본적으로 재검토"할 필요가 있다고 주장하였다(〈近代日本史學史における朝鮮問題〉, 《思想》 561, 岩波書店, 1971, 78·79쪽).

을 역임했다는 단순한 언급조차 나오지 않는다. 그것은 모든 연보들을 망라하여 현재까지 가장 풍부하게 정리했다고 볼 수 있는 동양문화연구소의 〈스에마쓰 야스카즈 연보(末松保和氏年譜)〉도 마찬가지다. 조선사편수회의 촉탁으로 근무했던 경력과 한국을 방문한 경험(1973. 9~10)까지 기술하고 있지만 일본조선연구소와 관련한 내용은 일체 나오지 않는다.

그렇다고 스에마쓰를 수구적 역사학자라고 볼 수 없다. 자신이 끝까지 적극적으로 몸담았던 조선학회가 "결코 진보적이지 않고" "보수적"이지만, "그 보수를 반성하면서 새로운 방향을 스스로" 찾아가는 "이 분위기가 학회를 단순히 보수 일점으로 끝나지 않게 하고, 오랫동안 발전하는 이유이지 않을까"라는 관점을 갖고 있었기 때문이다.[298] 스에마쓰는 자신과 조선학회를 꾸준히 새로운 경향을 찾아가는 보수로 규정한 것이다. 그가 현실에 안주하지 않고 무엇인가 새로운 연구에 몰두하며 꾸준히 학문 활동을 벌이는 행동 패턴을 평생 지속한 이유의 하나도 이 때문이었을 것이다.

그래서 스에마쓰 야스카즈는 조선사연구회를 출입하지 않던 즈음인 1967~1974년에 '논문'으로 분류할 만한 글을 발표한 적이 없지만, 1967년 10월《이조실록(李朝實錄)》56책을 완간한 이후부터《조선연구문헌목록 단행서편(朝鮮研究文獻目錄 單行書篇) 상·중·하》(1970), 《조선연구문헌목록 단행서편·편저자명 색인(朝鮮研究文獻目錄 單行書篇·編著者名索引)》(1970),《조선연구문헌목록 논문기사편(朝鮮研究文獻目錄 論文記事篇) Ⅰ·Ⅱ·Ⅲ》(1972)을 간행하고,《동문선(東文選)》,《경국

---

298) 末松保和,〈25年をかえりみて(第27回[朝鮮學會]大會記念)(座談會)〉,《朝鮮學報》83, 天理: 朝鮮學會, 1977, 217쪽.

대전(經國大典)》,《속대전(續大典)》 등 '학동총서(學東叢書) 4-9, 11, 12' 시리즈를 간행하였다.[299] 이 기간 그의 중심 활동 공간은 조선학회와 함께 가쿠슈인대학 동양문화연구소였다고 해도 지나치지 않다. 후학은 그가 연구소에서 했던 사료 간행을 두고 "정혼(精魂)을 기울인" 활동이며 "사료에 대한 진지한 태도가 유감없이" 드러난 활동이라고 평가하였다.[300] 당시만 해도 스에마쓰처럼 조선사의 사료를 정리하는 활동을 왕성하게 벌인 한국사 연구자를 한국과 일본 어디에서도 찾아보기가 쉽지 않았던 현실을 감안하면, 그의 꾸준한 움직임은 경성제국대학 교수 시절부터 50여 년 동안 지속해온 매우 독보적인 활동이었다고 볼 수 있겠다. 스에마쓰는 매우 성실한 식민주의자, 보수주의자였던 것이다.

이렇듯 스에마쓰가 자신을 새로운 변화를 추구하는 보수로 자리매김하고 있을 때, 앞서 보았듯이 조선사연구회는 1966년 제4회 대회를 고비로 조선사를 사회구성체론에 따른 발전단계설을 바탕으로 주체적이고 내재적인 발전의 관점과 태도 속에서 풀어가려는 사람들의 결집체로 색깔이 강화되기 시작하였다. 이러한 역사 연구 태도는 당대의 일본 및 한일관계와 과거의 침략사 사이에 괴리된 현실을 놓고 끝없는 고뇌를 동반하였다. 그래서 학문적으로 접근하면서도 역사와 현실에 대한 발언을 강화해갔다. 그 과정에서 한 차례 고비가 있었다. 1967~1968년경을 전후로 조선사연구회의 안과 밖에서 분화가 일어

---

299) '학동총서'는 이미 이전에 《세종실록지리지》(1957), 《고려사절요》(1960), 《삼국유사》 (1964), 《삼국사기》(1964)를 간행한 바 있었다. 자료를 '총서'로 기획하는 활동은 경성제국대학 때 '규장각총서(奎章閣叢書) 1-9'를 발간한 경험의 연속이라고 볼 수 있겠다.

300) 中尾美知子, 〈末松保和先生を偲んで〉, 《東洋文化研究所所報》 20, 學習院大學東洋文化研究所, 1992. 8, 6쪽.

나며, 조선사연구회의 연구 활동 중심이 세계사의 보편적 발전 법칙과 조선사의 독자성, 그리고 내재적 발전과 외압 사이의 연관을 더 깊이 고민하는 사람들의 결집체로서 성격을 강화했던 것이다. 이는 계급투쟁설을 중심으로 조선사의 특수성을 점차 강조해갔던 북한 학계와 다른 길을 선택했음을 확실하게 드러낸 것이었다. 동시에 한반도와 관련한 역사 문제 및 역사인식을 둘러싸고 조일관계를 우선시하고 친북적이었던 태도에 어떤 변화가 일어나기 시작했음을 의미한다.

이와 관련해 주목해야 할 움직임의 하나가 1969년 4월 최서면(崔書勉) 원장을 중심으로 발족한 친한단체 도쿄한국연구원(東京韓國研究院)이라는 존재이다. 최서면은 이 연구원을 발족할 당시부터 우방협회가 총독부 관료들이 모여 여차하면 자신들의 존재감을 내보이려고 하는 사람들의 집단이고, 일본조선연구소의 경우 한국인 학자가 참가하지 않았을 뿐 아니라 발표할 기회조차 없었다고 보고, 이들과의 차별점을 분명히 하였다.[301]

연구원은 한일관계의 과학적 연구와 도서문헌자료 수집, 그리고 "전전(戰前) 한국 연구의 성과를 흡수하면서도 그것을 금후 어떻게 발전시킬 것인가"라는 과제를 해결하기 위해 인재를 획득하고《한(韓)》이라는 월간지를 간행하는 등 출판 활동을 벌인다는 목표를 내걸고 발족되었다. 이렇듯 연구원은 1945년 이후 '한국 연구의 성과를 흡수' 하겠다고 표방하였는데, 이 점을 통해 식민주의 역사학의 역사인식에 대해 조선사학의 정립을 내세운 조선사연구회와 결을 달리했음을 알 수 있다. 최서면은 연구원의 외연을 넓히고자 1970년 3월 28일부터

---

301) 최서면 구술, 심규선 역,《한일관계 막후 60년 최서면에게 듣다》1, 나남, 2020, 182쪽. 234~236쪽.

매년 김옥균연구회를 개최했고, 1972년 9월부터 정례연구회를 개최하여 한국과 일본에서 한국학을 하는 학자들을 초빙하였다. 일본조선연구소를 탈퇴한 와타나베 마나부는 1973년 12월에, 하타다 다카시는 1974년 4월과 1979년 10월에 각각 정례연구회에서 발표하였다. 또한 와타나베는 제3차 교육과정 때 발행된 국정 국사교과서를 편역하여 《한국의 중학교 '국사' 교과서(韓國の中學校'國史'教科書)》(圖書文獻センター, 1977)를 간행하였다.[302]

---

302) 이상 도쿄한국연구원의 목적과 연구회에 관해서는 〈東京韓國硏究院10年史略〉,《韓國硏究院創立10周年記念論集 東アジアの思想と文化》, 東京韓國硏究院, 1980 참조). 연구 발표와 관련해 덧붙이자면, 도쿄한국연구원이 친북에서 이탈한 일본인 조선사 연구자는 끌어들였지만 재일조선인 조선사 연구자는 끌어들이지 못한 듯하다. 조총련을 이탈한 강재언을 비롯해 재일조선인 조선사 연구자가 최소한 1980년까지는 연구원의 두 연구회에서 발표한 경우가 없었기 때문이다. 1970년대 재일조선인 조선사 연구자들이 유지한 정치적 태도의 폭을 간접적으로 확인할 수 있는 대목이다. 도쿄한국연구원은 또한 도서문헌자료 수집에서 큰 성과를 거두어 한국에서 여러 번 크게 주목받았다. 예를 들어 안중근이 옥중에서 한문으로 집필한《안응칠 역사(安應七歷史)》의 일역본인《안응칠 자전(安應七自傳)》을 1969년에 발견했고, 임진왜란 때 왜군에 승리한 전투를 소상하게 기록한 승전비인 북관대첩비는 1978년 야스쿠니 신사에서 발견했으며, 오늘날 한국의 역사교과서에 꼭 나오는 '혼일강리역대국도지도'(1402년 제작)를 발견하였다(최서면 구술, 심규선 역,《한일관계 막후 60년 최서면에게 듣다》1, 252~261쪽. 295~301쪽.

3부

경합하는 학술장과
'주체적·내재적 발전' 연구의 연속 분화

1장 1970년대 들어 관제적 공공 역사인식이 등장하다

한국사 연구 성과의 응집

주체적이고 내재적인 발전 과정으로서 한반도의 역사와 문화를 이해하려 노력한 한국사 학계가 도달한 성과는 1970년을 전후로 개인과 그룹 차원에서 응집한 결과물로 나오기 시작하였다.

국사편찬위원회는 1970년 그동안의 연구 성과를 집대성하고 체계화할 단계에 이르렀다고 보고 '한국사'를 편찬하기로 결정하였다. 이 때 주목되는 점은 국사편찬위원회 스스로 "민족의 역사와 문화의 성장 발달"에 주목하는 한국사, "민족 주체성에 입각하여 내재적 발전을 부각"하는 한국사, 모든 연구 성과를 "종합하고 체계화"하는 한국사를 편찬 목표로 제시했다는 점이다.[1] 이 세 가지 목표는 1960년대부터 진행된 한국사 연구의 새로운 경향을 흡수하겠다는 의도를 명백히 드러낸 것이다. 주체적이고 내재적인 발전에 입각한 연구를 체계화하려는

---

1) 국사편찬위원회 위원장, 〈'한국사' 간행 취지〉, 《한국사 1-고대 한국의 선사문화》, 국사편찬위원회, 1973. 공개적으로 밝히지 않았지만, 박정희 정부가 《한국사》 편찬을 추진한 또 다른 이유의 하나는 북한에서 통사 책인 《조선전사》의 간행을 추진하고 있었기 때문이다.

움직임이 한국사 통사의 발행으로까지 이어지지는 못했지만, 행정과 재정이 뒷받침되는 국가기관에서 고대, 고려, 조선, 근대로 시기를 나누고 주제별로라도 성과를 응집하려 했다는 점에서 그 의미가 컸다고 하겠다. 한국사 편찬 사업은 1973년부터 1979년까지 진행되었다.

한국사를 주체적이고 내재적인 발전 과정으로 이해하려는 연구자들이 모인 한국사연구회는 1968년 9월《한국사연구》창간호를 간행하였다. 이 학술지에는 조선 후기와 한말의 사회경제적 변화와 민중의 주체적인 움직임을 해명하는 논문들이 많이 게재되었다. 연구회는 1968년 창간호에 조선 후기 상업 문제를 연구한 강만길, 공납제의 차문섭, 제2호에 조선 후기 도시 상업의 김영호, 농업의 김용섭, 개항기 개화사상을 연구한 한우근이 논문을 발표하여 근대적이고 자본주의적인 모습을 찾아내려는 연구의 흐름을 만들어갔다. 회원들은 1970년 제5호에 개항기 동학농민운동을 연구한 김의환, 1972년 7호에 조선 후기 홍경래의 난을 연구한 정석종, 개항기 인플레이션을 연구한 김준보, 제8호에 개항기 관세권 문제, 외국인 초빙 문제, 지주제를 다룬 김경태, 이현종, 김용섭, 1973년 제9호에 독립협회의 사회사상을 분석한 신용하처럼 연구 주제를 조선 후기에 한정하지 않고 점차 개항 이후로 확장하거나 민중의 움직임에 주목하였다.[2] 이들 논문은 문헌고증사학의 연구 방법을 극복한 대안을 제시하지 못했지만, 주체적

---

2) 창작과비평사는 한국사연구회에서 검증받은 몇몇 연구자를 필자 그룹으로 적극 끌어들였다. 이즈음까지《한국사연구》에 발표한 논문과 연관이 깊은 주제를《창작과비평》에 다시 게재한 논문을 예로 들면 다음과 같다. 김용섭,〈18세기 농촌 지식인의 농정관〉,《창작과비평》3-4, 1968; 강만길,〈이조 후기 상업구조의 변화〉,《창작과비평》24, 1972; 정석종,〈홍경래난〉,《창작과비평》25, 1972; 신용하,〈기획연재, 민중운동사 (2)-독립협회의 창립과 조직〉,《창작과비평》31, 1974.

인 움직임과 내재적 발전 과정을 증명하는 실증 연구를 통해 1960년 대 새로운 한일관계에 "예리하게 반응한" 결과물이었다.[3]

그 가운데 집적된 연구 성과를 정리하여 단행본을 내는 연구자도 나오기 시작하였다. 대표적인 연구자가 김용섭이다. 그는 농업사와 관련한 다양한 주제로 연구를 심화시키고 있었다. 17세기부터 지주제 가 해체되기 시작하는 한편, 상품화폐경제가 발달하고 농업생산력이 높아짐에 따라 영세한 빈농과 몰락한 농민이 급증하는 가운데 임노동 층으로 전락하는 사람도 나타났다고 보았다. 또 소경영 농민이 해체 되는 과정에서 경영형 부농이 출현한 것으로도 분석하였다. 김용섭은 그동안 진행한 농업사 연구를 모아《조선 후기 농업사 연구-농촌 경 제 사회 변동》(일조각, 1970)과《조선 후기 농업사 연구-농업 변동 농 학 사조》(일조각, 1971)를 각각 출판하였다.[4] 그는 서울대 한국문화연 구소가 기획한 한국문화연구총서 제2권으로 조선 후기 농업론을 분 석한《조선 후기 농학의 발달》(1970)을 간행하였다. 당시 한국사 학계 에서 김용섭처럼 특정 주제를 심도 깊게 분석한 연구서를 연속으로 간행한 경우는 없었다. 또한 송찬식도 한국문화연구총서 제10권으로 《이조 후기 수공업에 관한 연구》(1971)를 출판하고, 사옹원(司饔院)의 경주 분원과 시전(市廛)에서 상인자본이 수공업을 지배하고 경영에 참여한 사례를 연구하여 상인 물주의 출현을 설명하였다. 강만길은 상업자본이 시전상인의 공장(工匠)을 통해 수공업을 지배하는 양상을

---

3) 안병직, 〈회고와 전망-근대〉,《역사학보》49, 1971, 70쪽.

4) 김용섭의 연구에 대해 신용하는 정체성론의 극복이란 측면에서, 안병직은 자본주의 맹아 론이란 측면에서 각각 서평하였다(신용하, 〈정체성론의 극복〉,《문학과지성》2, 1970. 11; 안병직, 〈자본주의 맹아론〉,《문학과지성》5, 1971. 9).

실증한 논문들을 모아《조선 후기 상업자본의 발달》(고려대학교출판부, 1973)을 출판하였다.

이들보다 시기가 더 내려오는 개항기를 대상으로 하는 성과도 나왔다. 한우근은 한국문화연구총서 제3권으로《개항기 상업 구조의 변천》(1970)을 간행한 데 이어《한국 개항기 상업 연구》(일조각, 1973)를 각각 발행하여 외국 상인과 일본의 경제 침투의 실상을 해명하고 조선 경제에 미친 영향을 분석하였다. 이광린은《한국 개화사 연구》(일조각, 1969)에서 온건개화파의 활동과 사상을,《개화당 연구》(일조각, 1973)에서 개화 사상가들의 사상과 진화론의 수용 등에 관해 1차 자료를 활용하여 증명하였다. 신용하는 한국문화연구총서 제12권으로 독립협회에 관한 최초의 본격적 연구서인《독립협회의 사회사상 연구》(1973)를 발행하였다.

일제강점기를 다각도로 분석한 종합 기획서도 고려대학교 아세아문제연구소에서 간행하였다. 다섯 권으로 기획된 '일제하의 한국 연구 총서'는 한기언의《일제하의 문화 침탈사》(민중서관, 1970), 조용만의《일제하의 문화 운동사》(1970), 김문식의《일제하의 경제 침탈사》(1971), 조기준의《일제하의 민족 생활사》(1971), 최영희의《일제하의 민족 운동사》(1971)로 구성되었다. 일제강점기의 실상을 침략과 저항 그리고 일상의 측면에서 다양하게 살펴본 최초의 성과라고 말해도 지나치지 않다.

새로운 한국사 연구의 진전을 위해 개별적인 연구와 더불어 공동 연구의 경향도 나타났다. 이우성이 주도한 모임이 그러한 경우이다. 그는 1967~1968년 일본에 머무르며 미야다 세쓰코 등의 도움으로 북한 학계의 성과를 직접 확인하고 대량 복사하여 귀국하였다.[5] 그리고 동아문화연구위원회를 결성하여 "여러 동학들과 만날 적마다 맹아론에 관한 연구 작업을 적극화할 것을 의논하였다."[6] 그는 위원회 멤버들이 별 흥미를 보이지 않자 직접 나서서 김용섭, 김영호, 강만길, 정석종(鄭奭鍾)과 함께 농업 경영, 수공업, 도고상업체제, 사회신분제를 각각 분담하여 집필한《19세기의 한국사회》(성균관대 대동문화연구원, 1972)를 출판하였다.[7] 한국사 학계에서 공동 연구라는 형식으로 시론이나 비평 글이 아닌 학술 논문을 생산한 최초의 사례가 아닐까 한다.

그런데 이렇듯 개별 연구의 구체적인 성과가 꾸준히 나오고 있는 시점에, 식민주의 역사인식에 대한 연구가 발표되거나 학술회의가 기획된 적은 없었다. 1972년 8월《다리》의 '특집: 식민의식은 사라졌는가'라는 기획에서 우리 안의 식민의식을 검토하는 정도였다.[8] 학계의 움직임이 없었기 때문일 것이다. 가령 1970년대까지《한국사연구》에 식민사관을 분석 비판한 논문이 한 편도 발표되지 않았다. 이기백이 1971년《문학과지성》3월호에〈일제시대 한국사관 비판-일제시대의 사회경제사학과 실증사학〉을 발표했는데, 보기 드문 사례라고 말할 수 있다. 1960년대 후반과 비교했을 때 어찌 보면 갑작스럽다고 볼 수 있는 이러한 현상이 나타난 이유는 무엇일까. 1972년 5월 박정희 정부가 조직한 국사교육강화위원회의 위원들이 발언했다는 내용을 요

5) 안병직은 이 복사물을 자유롭게 볼 수 있었다고 회상하였다. 안병직,〈나의 학문 나의 인생〉,《역사비평》59, 2002, 213쪽.

6) 이우성,〈동아시아 지역과 자본주의 맹아론〉(1992),《이우성 저작집》7, 창비, 2010, 461쪽.

7) 그런데 이우성은 연구진으로 정석종 대신 신용하를 언급한 적이 있다. 이우성,〈선비정신을 구현한 역사학자, 이우성〉(1990),《학문의 길 인생의 길》, 역사비평사, 2000, 44쪽.

8) 황성모,〈민족의식과 자유의식〉; 김용덕,〈식민지사관의 변모-8·15 후 한국사학의 발자취〉; 황문수,〈사대의식과 역사의식〉; 현영학,〈종교의 식민지적 상황〉.

약한 보도 기사에서 그 이유를 짐작할 수 있다.

일제 관학자들에 의해 조작된 식민사관은 거의 파괴되었으며 중화 우월사관 역시 상고사의 연구와 역사 실천 단위를 한(韓)민족으로 보면 주체성을 살릴 수 있다는 주장이다. 다만 정체사관의 극복이 충분한 실증의 부족으로 시간이 걸리겠지만 **그보다는 역사 사실의 이념과 작업이 더욱 시급**하다. ……[9] (강조-인용자)

위 인용문은 1970년대 전반기 한국사 학계 관계자들의 두 가지 생각을 드러내고 있다. 하나는 1972년 시점에서 한국사 학계가 적어도 학술적으로는 일본인 식민주의 역사학의 역사인식을 거의 '파괴'했다고 스스로 진단하고 있었다는 점이다. 다른 하나는, 실증으로 식민사관을 극복하겠다는 노력은 꾸준히 계속되어야 할 접근법이지만 당시 현실에서 '더욱 시급'한 일은 '역사 사실의 이념과 작업'이라고 그들이 상황을 진단했다는 사실이다.

물론 당시 한국사 학계가 실증을 통한 식민주의 역사학 비판을 등한시했다는 뜻은 아니다. 가령 손보기는 《한국사연구》 창간호에 〈석장리(石壯里)의 자갈돌 찍개 문화층〉이란 논문을 발표하여 한반도에 구석기가 존재했음을 입증하였고, 그와 관련한 일련의 논문들을 제5, 7, 9, 11, 19호에도 꾸준히 발표하였다.[10] 이들은 실증을 통해 식민주의 역사학을 극복하자는 원칙을 거부하지 않았다. 다만 한국사의 체계화를 당장 시급한 과제로 여겼을 뿐이다. 일의 가벼움과 무거움 또

---

9) 《경향신문》 1972. 5. 26.

10) 손보기는 《진단학보》, 《백산학보》 등에도 비슷한 시기에 꾸준히 글을 발표하였다.

는 우선순위의 측면에서 접근했던 것이다.

　1970년대 전반기에 이르러 한국사 학계의 내부 분위기는 이기백의 진단에서도 확인할 수 있다. 그는 1976년 《한국사 신론 개정판》 '서장'에서 "이제 한국사학은 단순히 식민주의적인 견해를 비판하는 데 그칠 수는 없다"면서 "여러 사실을 독자적으로 체계화하려는 노력"을 기울여 "적극적으로 새로운 경지를 개척해나가야 할 단계에" 이르렀다고 보았다.[11] 식민주의 역사학에 대한 비판보다 한국사의 독자적 체계화가 필요한 시점이라는 것이다.

　그런데 위의 인용문은 주체적이고 내재적인 발전에 입각하여 한국사를 연구하고 있는 사람들을 포함해 당시 한국사 학계의 중요한 인식 틀을 보여주고 있다. 우선 위의 인용문에서 말하는 '식민사관'이란, 필자의 표현대로라면 일본인이 주조한 식민주의 역사학의 역사인식만을 가리킨다. 일제강점기와 현대 한국의 한국인 역사학자에게 내재한 식민사관은 여기에 포함시키지 않고 있다. 결국 식민사관과 비식민사관의 경계를 가르는 기준이 민족이라는 뜻이다. 이렇게 구분하면 일본인 식민주의 역사학의 역사인식을 그대로 수용한 한국인의 식민주의 역사인식은 식민사관이라 부르지 않아도 된다. 김용섭과 이기백 등이 1960년대부터 한국인의 식민주의 역사인식까지를 포함해 사용한 말은 '실증사학' 또는 '실증주의사학'이었다.

　민족을 기준으로 내세운 인식 틀은 '우리 안의 식민사관' 또는 '한국사 학계에 내재한 식민사관'을 학문적으로 비판하기 어렵게 한다. 한국인의 식민사관은 어쩌다 생겨난 예외적인 특수 사관으로 간주되

---

11)　이기백, 〈서장 한국사의 새로운 이해〉, 《한국사 신론 개정판》, 3쪽.

어, 학자들이 한국 근대역사학의 역사에 포함하지 않고 배제하는 인식과 태도를 당연시하게 만든다. 실제 진단학회나 조선인 역사학자 또는 해방 후 문헌고증사학이나 사회경제사학 계통의 학자들에 내재한 식민사관을 하나하나 개별적으로 분석한 글이 《한국사연구》에 없는 현상이 이를 간접적으로 말해준다고 하겠다.

우리 안의 식민사관을 식민주의 역사인식의 범주에 포함하지 않는 접근에 대해 당시에도 의문이 제기되었다. 정창렬은 이만열의 〈일제 관학자들의 식민사관〉(1976)을 해제하는 글에서, '식민주의사학의 범주'를 일제 정책 당국자가 기획하고 일본인 관학자가 서술한 한국사로 한정하는 데 의문을 제기하였다. 그는 "기획의 유무는 물론이고 서술자의 국적 여하가 식민주의사학·민족주의사학의 구별을 가름하는 기준이 될 수는 없을 것이다"라고 하여 국적과 민족을 기준으로 분류하는 방식을 분명히 반대하였다.[12] 일본인이 주조한 식민주의 역사학의 역사인식이 제국주의 세력의 역사인식이고 근대역사학의 일부이듯이, 한국인의 식민사관도 한국 근대역사학의 일부이므로 정창렬의 주장은 타당한 지적이다.

위의 인용문에서 우리가 주목해야 할 또 한 가지는 뒤에서 언급할 국사교육강화위원회 위원들이 '주체성을 살릴 수' 있는 방향에서 '중화우월사관'과 '식민사관'을 대체하려 했다는 기사 내용이다. 내재적 접근 또는 김용섭의 표현을 빌리자면, 내면적 접근은 중화주의 역사관을 극복하는 방법의 하나였던 것이다. 이는 한국인을 한국사의 주체로 한다는 전제가 있지 않으면 성립할 수 없는 관점이자 태도이다.

---

12) 정창렬, 〈해제〉, 이우성·강만길 편, 《한국의 역사인식》(하), 창작과비평사, 1976, 560쪽.

그래서 내재적이란 말에는 주체적이란 함의도 내포해 있다고 볼 수 있다. 그럼에도 일본인이 주조한 식민주의 역사학의 역사인식이 특별히 강조한 한국사의 타율성과 정체성을 강하게 부정하고 한국사의 주체로서 한반도의 역사를 발전적으로 이해하려는 입장에서는 '주체성'을 전면에 내세우는 접근이 어찌 보면 당연했다고 볼 수 있다.

그런데 한국사에서 주체성을 전면에 내세우며 특별히 강조하는 역사인식은 민족을 전면에 내세울 수밖에 없다. 당시까지 한국인은 시련의 한반도 역사를 국가사보다 민족사라는 맥락에서 이해해왔기 때문이다. 그러므로 주체성을 강조할수록 민족만을 부각하고 민족 내부의 모순과 갈등을 묻거나 외면하는 태도를 보일 우려가 있다.

실제로 1970년대 초에 그렇게 현실화하는 흐름도 분명히 있었다. 박정희 정부가 강조한 '주체적 민족사관'이나 이선근이 관제적 민족주의 역사학을 공공연하게 전면화하면서 등장한 국난극복사관이 바로 이런 경우였다. 다음 '항'에서부터 자세히 살펴보겠지만, 두 역사관이 제3차 교육과정 당시 발행된 국정의 중고교 국사교과서를 비롯해 여러 장면에서 합치할 수 있었던 이유의 하나가 여기에 있었다. 반대로 이러한 역사인식을 국수주의, 국가주의라 비판하며 거기에서 탈출할 수 있었던 흐름도 분명히 있었다. 다음 2장에서 살펴보겠지만, 한국 근대역사학을 만든 민족주의 역사학자 신채호가 1923년 집필한 〈조선혁명선언〉에서 민중을 민족사의 주체로 재인식할 수 있는 역사적 근거를 찾아낸 흐름이 있었기 때문이다. 결국 국난극복사관에서 민족사의 주체가 민족이었다면, 후자와 같은 역사인식에서 민족사의 주체는 민족 그 자체가 아니라 민족 속의 민중이었다.

1970년대 초반까지 한국사 학계, 더 좁혀보면 한국사연구회조차 전자에 입각해 역사를 연구하고 역사교육을 말하는 사람이 훨씬 많았다. 앞서 2부 3장에서 보았듯이, 한국사연구회는 〈발기 취지문〉에서 '한국사의 올바른 체계'를 수립하고자 새로운 한국사 인식을 규명하기 위해 노력하겠다고 선언하였다. 그리고 그 일환으로 식민주의 역사인식을 해명하고 비판하며 극복하려고 시도하였다. 그러나 한국사연구회는 한국사 학계의 주류인 문헌고증사학을 포함하여 식민주의 역사학의 역사 연구 방법, 식민지라는 정치성(제도, 구조, 사상), 그리고 그 결과로서의 역사관까지를 검증하지는 않았다. 한국사연구회라는 신진 단체도 한국사의 '올바른 체계'를 정립하기 위한 발본적 접근을 시도하지 않았고, 실증 경쟁 이외에 다른 대안을 제시하지 못한 것이다. 따라서 내적인 자기 점검을 철저히 했느냐는 측면에서 볼 때, 한국사연구회의 활동은 앞서 2부에서 살펴본 1960년대 전반기 조선사연구회 또는 일본조선연구소를 주도한 사람들의 자세 및 가치관과 대조된다고 하겠다. 그 원인의 하나는 1960년대 학술사를 다룬 2부에서도 드러났듯이, 현실의 학문권력에 대한 문제제기 과정에서의 역학관계에 현격한 차이가 있었기 때문일 가능성이 있다. 또 하나는 1970년대를 지배한 박정희의 유신독재권력이라는 학문 외적인 존재, 즉 억압적인 정치 환경에 있었을 것이다.

국사교육강화위원회와 '주체적 민족사관'의 등장

내재적 발전의 맥락에서 한국사를 실증하는 데 집중해가던 학계는 1960년대 말부터 1970년대 초 사이에 국내외 상황이 급변하면서 큰 변수를 맞이하였다. 1960년대 후반 북한이 자신의 무력과 남한의 대중 역량을 결합하여 남조선혁명을 달성하겠다는 전략에 따라 무장공비를 계속 남파하면서 남북한 사이에 군사적 긴장이 급속히 고조되었다. 실제 1966년 50명에 불과하던 남파 간첩이 1967년 543명, 1968년에 이르면 1,247명으로 급증하였다. 남북한 사이의 무력 충돌도 1967년 784건에서 1968년 985건으로 급증하였다. 이에 박정희 정부는 향토예비군을 창설하고 대학에서부터 학도호국단 제도를 다시 도입하는 한편, 국민교육헌장을 제정하여 국가주의적 통제를 강화해갔다. 1969년에는 무리하게 삼선 개헌을 시도하여 장기 집권의 발판까지 마련함으로써 민주주의를 크게 훼손하였다.

한반도에서 군사적 긴장이 고조되고 한국사회가 급속히 군사 동원 체제화하면서 국내 정치는 경직화했지만, 동아시아 국제 정세는 1969년 7월 닉슨 미국 대통령의 괌 선언과 1970년 2월 닉슨독트린을 계기로 양극화에서 다극화로 전환되어가고 있었다. 세계 정세가 흔히 말하는 데탕트, 즉 긴장 완화의 시대에 접어들고 있었던 것이다. 이에 따라 한반도 주변 정세도 급변하여, 1971년 10월 미국이 중국의 유엔 가입을 도와주고, 이듬해 2월 닉슨 대통령이 중국을 방문하는 등 미중 화해가 급속도로 진행되었다. 미중 화해 분위기에 충격을 받은 일본은 중국과 수교를 맺기 위해 바쁘게 움직였고, 그 결과 1972년 9월 미국보다 앞서 중국과 국교를 수립하였다. 또한 미국은 한반도의 안정화가 베트남에서 미군의 '명예로운 철수' 등 새로운 외교 정책이 안착하느냐를 좌우하는 중요한 관건이라 보고 한반도에 조성된 군사적 긴장을 완화하고자 하였다. 미국은 박정희 정부에 남북대화를 종용하는 한편, 1971년 3월 주한미군 제7사단을 철수시켰다.

박정희 정부는 남북한 사이의 군사적 긴장이 고조되는 분위기와 대조적으로, 대외 정세의 급격한 변화에 대응하기 위해 1970년 8·15경축사에서 남북한이 선의의 경쟁을 하자고 북한에 제안하고 이산가족 찾기를 위한 남북적십자예비회담을 추진하였다. 1971년 12월에는 중국이 유엔에 가입한 충격을 이겨내고 북한의 남침 위협에 대비한다는 명분을 내세우며 국가비상사태를 선포하였다. 하지만 진짜 이유는 교련을 반대하고 부정부패를 규탄하는 대학생들의 시위를 억누르기 위해서였다. 1972년에는 남북한 당국자가 비밀리에 상호 방문한 결과, 자주, 평화, 민족 대단결이라는 민족통일 3대 원칙을 명시한 7·4남북공동성명이 발표되었다. 이어서 남북적십자회담이 열리자 많은 사람이 평화통일에 관심을 두기 시작했고, 멀지 않은 시기에 남북이 하나될 수 있다는 기대감을 품기 시작하였다.

그러나 여기까지였다. 박정희 정부는 1972년 10월 비상계엄을 선포한 가운데 헌정을 중단하고 '유신'을 단행하겠다고 선언하였다. 이어 삼권분립을 사실상 무시하고 박정희의 종신 집권을 가능하게 하는 유신헌법을 제정하였다. 그가 유신헌법을 제안한 이유는 다음과 같다.

국가의 안정과 번영 그리고 조국의 평화적 통일을 이룩하여 민족의 활로를 개척해나가는 것은 오늘의 우리에게 부과된 신성한 책무이며 역사적인 사명이다. 최근의 국제 사회는 냉전시대에서 화해의 시대로 양극체제에서 다극체제로 변전(變轉) 격동하는 가운데 우리들을 둘러싼 주변 정세는 우리에게 많은 도전과 시련을 안겨주고 있다. ……

격동하는 정세에 기민하게 대처하고 남북대화의 전개를 최대한으로 뒷받침할 수 있도록 국민의 지혜와 역량을 총집결하고 우리 체제를 효율적으로 정비 강화하는 일이 긴급하게 요청된다.

우리는 또한 현행 헌법하에서의 정치체제가 가져다준 국력의 분산과 소비를 지양하고 이를 조직화하여 능률의 극대화를 기하며 민주주의의 한국적 토착화를 가능케 하는 유신적 개혁을 단행하는 것만이 국가의 안전과 조국의 평화적 통일을 기약하는 유일한 길임을 확신한다.[13]

박정희 대통령은 국제 정세의 변화에 대처하며 남북대화를 뒷받침하기 위해 체제를 효율적으로 정비하고 강화할 필요가 있다는 명분을 내세워 권력을 강화하겠다고 천명한 것이다.

박정희 정부는 12월 27일 유신헌법을 공포하였다. 바로 그날, 북한도 사회주의 헌법을 공포하였다. 북한은 새로운 헌법에서 주체사상과 조선로동당의 독재를 명문화하고 국가주석이라는 직책도 신설하였다. 이후 김일성이 주석에 취임하였다. 남북한의 1인 권력자가 남북대화를 권력 강화에 이용한 것이다.

서로를 직접 대면해본 남북한은, 이즈음부터 체제우월경쟁에서 승리하기 위해 상대를 의식하며 대내외 정책을 입안하는 경우가 더욱 늘어갔다. 유엔을 비롯한 국제 외교 무대에서 치열하게 경쟁했을 뿐만 아니라 각자의 내부 체제를 정비하고 1인 권력을 더욱 강화해갔다. 반대 세력을 억누르는 한편 통치 행위를 정당화하기 위한 이데올로기 작업에도 심혈을 기울였다. 이에 따라 남북관계는 '경쟁과 배제의 (비)대칭적 관계'의 원리에 따라 매우 치열하게 전개되었다.[14] 한국사

13) 시사연구소 편,《광복 30년사-시사자료》, 세문사, 1977, 310·311쪽.

14) 남북관계를 '적대적 공생관계'로 설명하는 틀은 많다. 필자는 고인이 된 김승렬 교수와 함께 '경쟁과 배제의 (비)대칭적 관계'라는 프레임으로 남북관계사와 그 속에서 한국근현대사의 여러 측면을 분석하는 기획을 한 적이 있다. 김승렬·신주백 외,《분단의 두 얼굴: 테마로 읽는 독일과 한반도 비교사》, 역사비평사, 2005.

연구와 교육도 여기에서 자유로울 수 없었다. 아니 매우 억압적으로 규정받았다.

박정희 정부가 급변하는 국제 정세와 새로운 남북관계에 '혼연일체의 태세'로 대응하는 방안으로 제시한 방침 가운데 하나가 '국적 있는 교육'의 강조였다. 그 시작은 박정희 정부가 1971년 12월 국가비상사태를 선포하고, 이듬해 3월 대구에서 '총력안보를 위한 전국교육자대회'를 열어 새로운 교육 방침을 공식화하면서였다. 이 대회에는 국무위원, 시도지사, 교육감, 77개 대학의 총·학장을 포함하여 모두 8,000여 명이나 동원되었다.

박정희 대통령은 제1회 선국교육자대회에서 북한의 위장된 평화 전선과 무력 적화 통일의 위협이 증대하고 있다고 주변 정세를 진단하였다. 이어 외국의 교육 형태를 모방하고 추종하는 데서 벗어나 "국가 현실을 정확히 인식하고 올바른 국가관에 입각한 교육을 지향할 때"라며 한국의 현실에 알맞은 교육의 국적을 되찾아야 한다고 연설하였다.[15] 박정희 대통령이 생각하는 '국적 있는 교육'이란 1977년 신년 기자회견에서 밝힌 내용에서 확인할 수 있다.

질문: …… 이 기회에 교육 문화 분야의 지원 방향에 대해서 말씀해 주시면 감사하겠습니다.

답변: 여러분이 잘 아시는 바와 같이, 우리나라 교육의 목표는 국가가 지향하는 방향과 시책에 합치하는, 또는 국가 건설에 적극적으로 기여할 수 있는, 국가 사회가 필요로 하는 유용한 인재를 양

---

15) 《동아일보》, 1972. 3. 24.

성하는 데 있습니다.

이러한 교육을 우리는 국적 있는 교육이라고 합니다. 가르치는 교사나 배우는 학생이나 가르치고 배우는 목적이 뚜렷해야 하겠다는 것입니다······ 16

박정희 대통령은 국가가 필요로 하는 유용한 인재를 육성하는 교육을 국적 있는 교육이라고 단정하였다. 반면에 개인의 자유와 권리를 강조하는 '시민교육', '세계시민교육'은 국적 없는 교육이었다.17 이 관점에서 보면 한국의 현실을 극복하는 데 지성과 정열을 기울이지 않고 추상적인 세계인의 환상에 빠진 대학인은 참다운 한국인이 아니었다. 국적이 있고 없고를 가르는 박정희식 교육관은 1945년 미군정이 들어오면서 시작된 시민 양성 교육으로서의 사회과 교육의 정신을 부정하는 인식이었다.

박정희 대통령은 1973년 제2회 전국교육자대회에서도 국가가 필요로 하는 유용한 인재를 육성하기 위해 먼저 대한민국의 과거와 현실을 올바로 인식하고 미래를 올바로 파악해야 한다며 국적 있는 교육의 '실천 방향'을 제시하였다. 이를 위해서는 민족사관, 즉 "우리 민족의 과거와 현재를 올바로 보는 눈"을 바탕으로 "대한민국의 민족사적 정통성을 올바로 인식"해야 한다고 보았다. '민족사적 정통성'이 있는 주체적 민족사관을 정립하는 일이 그가 생각하는 국적 있는 교육의 "핵심"이었다.18

16) 〈연두기자회견(1977. 1. 12)〉, 《박정희 대통령 연설문집(1977. 1~1977. 12)》 14, 대통령 비서실, 49쪽.

17) 이경숙, 《유신과 대학》, 역락, 2019, 74쪽.

박정희 대통령이 말하는 주체적 민족사관이란 민족의 전통과 국가의 자주성을 지켜온 민족 주체상을 의미하였다.[19] 그가 말하는 국가의 자주성이란 국난극복의 역사 그 자체이며, 민족의 전통이란 '우리 것'을 말하며 유교적 가치는 그중 핵심이었다. 원래 박정희는 전통이란 봉건적으로 낡은 것이어서 없애야 할 대상이며 근대화의 장애물로 간주했고, 그래서 유교를 배척하였다.

하지만 한일기본조약을 거치며 민족적 위기의식에 대한 여론이 달아오르고 근대화 추진 과정에서 문제점들이 드러난 데다 북한과 군사적 긴장이 고조되자, 박정희 대통령은 전통에 대한 시선을 새롭게 조정하였다. 특히 1968년 국민교육헌장 선포는 그 변곡점이었다고 말해도 지나치지 않다. 그는 전통 안에 "우리 민족의 문화적 독창성과 예지가 충만해" 있다고 보았다.[20] 그래서 그는 대륙문화를 흡수하여 독창적이고 고유한 민족문화로 창조함으로써 '주체성을 선양'한 사례로 성리학을 들었다. 성리학이 "우리 민족의 탁월한 창조적 사고력을 충분히 과시해준 많은 예 중의 하나"라는 것이다.[21] 박정희 대통령이 유교를 긍정적으로 본 이유의 하나는 근대화, 즉 산업화 정책을 밀어붙

---

18) 〈전국교육자대회 대통령 각하 치사(1973. 3. 23)〉, 《교육연구》 6-5, 1973, 5, 21쪽.

19) 문교부, 《문교 40년사》, 문교부, 1988, 352쪽.

20) 박정희, 《민족의 저력》, 광명출판사, 1971, 274쪽.

21) 박정희, 《민족의 저력》, 260쪽. 박정희 정부의 이러한 유교관에 호응하여 주자학적 중화주의에 토대를 두고 존명배청(尊明排淸)한 행위를 민족적 주체성이라 말하는 사람도 있었다. 이에 대해 이이화는 북벌론자들에게 의식을 지배하고 명분에 제공한 논리는 참된 주체성과 거리가 먼 사대주의와 모화사상(慕華思想)이었다고 비판하였다(이이화, 〈북벌론의 사상적 검토〉, 《창작과 비평》 37, 1975). 이이화는 같은 연장선상에 이항로(李恒老)와 전통 유림이 벌인 척사위정론과 운동도 민족주의와 거리가 멀다는 비판적 태도를 견지하였다(이이화, 〈척사위정론의 비판적 검토-화서 이항로의 소론을 중심으로〉, 《한국사연구》 18, 1977).

이는 과정에서 파생되는 물질주의의 병폐를 만회하는 정신문화로 유교문화를 지목했기 때문이다. 유교문화를 전통문화로 간주한 박정희 정부는 1970년대 중반경에 이르러 충효의 유교적 가치를 국가이념으로까지 간주하였다.[22]

결국 박정희 대통령에게 민족 주체상이란 '우리 것'과 국난을 극복하는 자주성을 지키는 것 그 자체였다. 주체적 민족사관은 이를 한국 역사에서 드러내는 기본 관점이었다. 때문에 1970년대 초반에 국제 정세가 급속히 변화했을 때, 동요하지 않고 전통과 자주성을 지키며 자주, 자립, 자위의 3대 목표를 추진해야만 민족 주체상, 달리 말하면 주체적 민족사관에 입각한 역사의식을 정립할 수 있다고 말하였다.[23]

한편, 박정희 정부의 이데올로그로 국적 있는 교육의 지표를 마련하는 사령탑이었던 박종홍 대통령 특별보좌관은, 국적 있는 교육의 시행에 필요한 주체적 민족사관에 대해 박정희 대통령과는 다른 측면에서 정의하였다.

민족사관은 과거에 대한 인식의 태도임을 넘어서 **결단과 행동에 힘이 되는 민족의 저력을 재발견함**이요, 미래로 끌려가는 것이 아니라 슬기와 용기를 다하여 **우리 자신의 것으로 새로 만듦으로써 과거의 현재를 뜻있게 빛내는 창조의 기반**인 것이다.[24] (강조-인용자)

---

22) 이하나, 〈유신체제기 '민족문화' 담론의 변화와 갈등〉, 《역사문제연구》 28, 2012, 57·58쪽.

23) 중앙대학교 부설 한국교육문제연구소, 《문교사 1945~1973》, 중앙대학교 부설 한국교육문제연구소, 1974, 503쪽. 1973년 1월 박정희 대통령이 문교부를 연두 순시할 때 한 발언이다.

24) 박종홍, 〈주체적 민족사관〉, 《국민회의보》 3, 1973. 11, 41쪽. 통일주체국민회의에서 발행한 잡지다.

박종홍에게 민족사관이란 국난을 극복한 과거의 민족사를 똑바로 인식하고 미래를 창조하는 자산으로 만드는 역사인식이었다. 박정희가 제2회 전국교육자대회에서 말한, 과거와 현실을 올바로 인식하고 미래로 나아가는 실천 방향과 일치하는 언급이다.

박종홍은 민족적인 것이 "계급을 초월한 채 깊이 그의 뿌리를 우리의 생활 속에 내리고 있는 근원적"인 것이므로 계급투쟁사관보다 민족사관이 더 정통이라 주장하였다.[25] 그는 북한이 말하는 주체사관과 구별하는 논리도 전개했는데, 주체적 민족사관에서 말하는 '주체'는 계급이 아니라 민족이었다. 그 주체가 반만 년의 긴 역사 속에서 민족 주체성을 수호하고 확립하기 위해 노력한 결과 대한민국을 수립하였다고 주장하였다. 이에 비해 북한은 역사를 계급투쟁의 역사로 보며, 그것을 바탕에 둔 주체사상의 주체란 조선로동당 그리고 더 "나아가 김일성 개인을 주체로 하는 자주"를 말한다고 보았다.[26] 따라서 박종홍이 보기에 민족사의 주인인 대한민국이 북한 정권보다 민족사적 정통성이 더 있었다.

북한과 비교해 민족사적으로 우월하다는 역사인식은 학교 교육의 제도를 정비하는 데서 구체화하였다. 박정희 정부는 주체적 민족사관을 정립한 국적 있는 교육을 학교 교육에 정착시키기 위해 교육 과정을 개편하고 국사교육을 강화하는 정책을 추진하였다.

박정희 정부는 1972년 5월 11일 영남대학교 이선근 총장을 위원장으로 하고 역사학자 13명, 공무원 4명을 위원으로 하는 국사교육강화

---

25) 박종홍, 〈주체적 민족사관〉, 《국민회의보》 3, 42쪽.
26) 박종홍, 〈주체적 민족사관〉, 《국민회의보》 3, 46쪽.

위원회(國史敎育强化委員會)를 문교부 산하에 조직하였다.[27] 정부는 위원회에 중고교의 교과 구성, 국사교육 내용의 체계화, 국사 교사 양성과 학습 지도, 국사의 대중화 또는 사회운동화를 중점적으로 연구해 달라고 요청하였다.[28] 또한 정부는 역사학 관련 14개 학술 단체를 역사 연구 학회로 통합하고 국사 연구를 중심으로 하는 한국학센터를 설치하며 국사 연구에 대한 연구비 지원을 대폭 늘리겠다고 밝혔다.[29]

하지만 국사교육강화위원회의 역사학자들을 비롯해 학계는 국사교육을 강화하고 연구를 지원하는 취지에는 동감하면서도, 학회를 하나로 통합하고 한국학센터를 설치하면 학문의 자유와 독립을 침해할 수 있다며 그 계획에 반대하였다.[30] 또한 위원회는 중학교 과정에서 국사 과목을 사회과에서 독립, 신설하고 대학에서 국사를 교양필수과목으로 하는 방안을 정부에 제안하였다.[31] 주체적이고 내재적인 발전에 주목하는 한국사 연구를 선도해온 김용섭, 김철준, 이광린, 이우성, 한우근 위원 등이 국사교육을 강화한다는 정부 측의 방향과 의견을 같이한 것이다.

위원회 위원들은 국사교육 강화 방향에 대해서도 '주체적 민족사관의 정립'이라는 박정희 대통령의 주장과 큰 차이를 두지 않았거나, 그 구체적인 실체를 제대로 짚어보지 못했던 것 같다. 5월 22일에 열린 6

---

27) 《경향신문》 1972. 5. 11. 위원장: 이선근, 위원: 김성근, 고병익, 이기백, 한우근, 이광린, 이우성, 김철준, 김용섭, 강우철, 이원순, 최창규(이상 대학교수), 이현종(국사편찬위원회), 박종홍, 장동환, 한기욱, 박승복(이상 청와대). 경향신문에는 이광린이 빠져 있다.

28) 《경향신문》 1972. 5. 11.

29) 《동아일보》 1972. 5. 18.

30) 《동아일보》 1972. 5. 18.

31) 《동아일보》 1972. 7. 5.

인의 소위원회는 민족을 주체로 내세우는 국사교육을 강화하기로 했기 때문이다.[32] 소위원회가 "역사의 실천 주체를 민족으로 잡은 이유는 현실 문제를 해결할 민족적 철학 및 규범을 역사에서 찾고 통일 후에 생길 사관(史觀) 문제 등에 대비"하기 위해서였다.[33]

당시 소위원회 위원들이 민족을 주체로 내세우는 국사교육을 강화해야 한다고 본 이유는 "주체와 발전 이론의 역사 연구에서 오늘의 상황을 비추어볼 때 발전론보다는 주체론의 입장을 강조할 때"라는 연구와 현실에 관한 판단과 연관이 있었다. 그래서 그때까지 도달한 연구 성과를 토대로 해서라도 사관 정립부터 서둘러야 한다고 보았다.[34] 소위원회가 말하는 발전론이 역사발전단계론을 뜻하고 주체론이 민족 주체성을 의미한다면, 소위원회의 결론은 사회경제적 맥락보다는 민족을 주체로 하는 정신사의 측면에 더 큰 비중을 둔 역사 연구와 역사 교육으로 이어질 수밖에 없었을 것이다. 일제강점기로 좁히면 항일운동사에 중점을 두어야 한다는 뜻이고, 한국사 전체로 말하면 국난극복의 역사를 중심으로 구성하고 가르쳐야 한다는 뜻이 된다. 한국사의 주체적이고 내재적인 발전 과정을 연구하고 가르쳐온 연구자들 대다수가 적어도 1970년대 초반까지만 해도 박정희 정부와 협조적인 관계였던 이유를 말해준다. 동시에 국사교육강화위원회는 소위원회와 전체회의를 열어 여러 정책을 정부 측에 제시하고 검토하였으나, 이는 위원회가 기본적으로 박정희 정부의 교육 정책을 정당화하는 기구에 불과했다는 평가에서 자유로울 수 없는 이유를 설명해준다.[35]

---

32) 소위원회는 위원장 강우철 이외에 김철준, 이광린, 이원순, 최창규, 한우근 6인이었다.

33) 《경향신문》 1972. 5. 26.

34) 《경향신문》 1972. 5. 26.

실제 1972년 7월 5일 문교부가 국사교육강화위원회의 건의를 바탕으로 마련한 국사교육 강화 방안의 '일반 목표'를 보면 이를 쉽게 납득할 수 있을 것이다.

> 학생들로 하여금 1) 민족사관을 바탕으로 국가 사회 발전에 주체의식을 가지고 참여케 하며 2) 민족의 발전과 각 시대의 특성을 이해시키고 3) 민족 중흥의 이념 구현을 위해 스스로 국가에 헌신하게 하며 4) 문화유산의 계승과 외래문화 수용의 태도를 기르고 5) 민족의 미래에 대한 통찰력을 기르도록 하는 데 주안점을 두고 있다.[36]

문교부가 밝힌 일반 목표는 박정희 대통령이 제1회 전국교육자대회에서 말한 국적 있는 교육이 요구하는 주체적 민족사관을 정립한 한국인상에 딱 부합하는 국사교육을 지향하겠다고 공개 선언한 것이나 마찬가지이다.

박정희 정부는 국사교육강화위원회라는 장치를 빌려 새로운 역사교육 정책을 전 방위적으로 추진해갔다. 국민학교 5, 6학년용 국사교과서를 국정으로 편찬하고, 국사를 사회과에서 분리하여 독립 교과로 만들었다. 당시 청와대는 국사교육을 도덕 및 국어 교육과 함께 "민족적 가치관 교육의 중핵"의 하나로 간주하고 있었다.[37] 박정희 정부는 국사교육을 강화한다며 중학교 2, 3학년을 대상으로 매주 2시간씩, 고

---

35) 자세한 내용은 장영민, 〈박정희 정권의 국사교육 강화 정책에 관한 연구〉, 《인문학연구》 34-2, 2007 참조.

36) 《매일경제》 1972. 7. 5.

37) 〈보고번호 제73-328호 대통령 비서실 보고서(1973. 6. 9)-국사교과서의 국정화 방안 보고〉. 도덕, 국어도 중핵 과목이었다.

등학생을 대상으로 6단위씩 역사교육을 실시하였다.[38] 1973학년도 대학입시부터 국사를 독립된 필수시험과목으로 전환하였고, 대학의 일반교양에서 국사교육을 강화하기 위해 교양필수과목에서 세계문화사를 빼는 대신 국사를 포함하였다.[39] 1973년 6월 역사교과서 발행제도를 검인정제에서 국정제로 전환하고 9개월 만에 국정 역사교과서를 완성하였다.[40] 박정희 정부가 국정제를 시행한 명분은 "주체적 발전적 사관의 객관화"를 통해 "주관, 학설의 다기성을 지양"하고 일관성 있는 교육을 시행함으로써 '민족적 가치관'을 확립한다는 데 있었다.

박정희 정부는 새로운 한국사교육을 시행한 제3차 교육과정을 중학교의 경우 1973년, 고등학교의 경우 1974년부터 각각 적용하였다. 이때 제작한 국정 국사교과서는 국민교육헌장의 이념을 구현하는 데 기본 방향을 두고 세 가지 중점 사항, 즉 국민의 자질을 함양하고, 인간 교육을 강화하며, 지식과 기술 교육의 쇄신을 구체화하는 정책의 결과물이었다. 특히 국민으로서의 자질을 함양하고자 박정희 정부나 국사교육강화위원회가 말하는 민족 주체의식 내지는 주체성을 강조한 내용을 담았다. 달리 말하면 민족 주체성을 갖춘 국민은 국적 있는 교육이 추구할 새로운 한국인상이었다. 박정희 정부가 제3차 교육과

---

38) 1단위는 50분을 기준으로 한 학기당 17회를 이수하는 수업량이다. 6단위 수업을 학년 단위로 편성했는지 여부는 학교의 재량이었으므로 쉽게 말하기 어렵다.

39) 손인수, 《한국 교육운동사 III – 1970년대 교육의 역사인식》, 문음사, 1994, 37쪽.

40) 〈보고번호 제73-328호 대통령 비서실 보고서(1973. 6. 9)-국사교과서의 국정화 방안 보고〉. 문교부 편수국에서 만들어 대통령에게 보고하는 보고서에 첨부된 '중·고교 국사교과서 국정화'에서 인용하였다. 유신정권이 국사교과서를 직접 발행한 이유는 교육의 측면보다 정부 시책을 교육에 효율적으로 반영하려는 정치적 목적과 단순한 행정 업무의 편의 때문이었다. 김한종, 〈해방 이후 국사교과서의 변천과 지배이데올로기〉, 《역사비평》 15, 1991, 76쪽.

정의 국사교과서에서 구현하려는 모든 교육 활동의 포괄적 배경도 여기에 있었다.[41]

민족 주체의식을 한반도의 역사 속에서 구체적으로 드러내고 국민에게 주입하는 임무를 담당한 교과서는 특히 중고교 국사교과서였다. 가령 1974년부터 사용한 《중학교 국사》는 "우리 민족의 발전 과정을 주체적인 입장에서 파악시키고, 민족사의 정통성에 대한 인식을 깊게 하며, 문화 민족의 후예로서의 자랑을 깊이 하게 한다"를 첫 번째 '일반 목표'로 내세웠다.[42] 한국사 인식에서 주체성과 정통성을 적극 강조한 것이다.

가령 한국사의 주체적인 발전 과정을 교과서에 적극 반영한 예는 그때까지 한국사 학계에서 두드러진 성과를 낸 조선 후기와 개항기의 서술에서 확인할 수 있다. 제3차 교육과정에 따라 발행된 1974년판 교과서를 개정한 1979년판 교과서[43]는 조선 후기의 사회경제적 변동에 관한 '개요'를 다음과 같이 언급하였다.

농업에 있어서는, 농업 기술이 발달하고 상업적 농업이 일어남으로써 부농이 성장하고, 독립 수공업이 발달하면서 상인과 판매 경쟁을 벌이는 사례도 나타났다. 상업에 있어서도, 큰 자본을 가진 도고 상인이 출현하였으며, 대동법 실시 이후로는 공인 자본의 등장, 화폐 유통의 촉진 등의 현상이 일어났다.

---

41) 정세문, 〈새 교육과정과 국적 있는 교육에의 지향〉, 《교육연구》 6-3, 1973. 3, 49쪽. 정세문은 문교부 수석편수관으로 재직 중이었다.

42) 〈문교부령 제325호(1973. 8. 31 개정 공포) 중학교 교육과정〉, 《초·중·고등학교 사회과·국사과 교육과정 기준(1946~1997)》, 교육부, 2000, 287쪽.

43) 1974년판 《국사》 교과서와 부독본인 《국난극복의 역사》를 합쳐 새로 쓴 교과서이다.

이와 같은 산업경제구조의 변화는 계층 분화를 촉진시키는 동시에, 신분 이동을 활발하게 만들었다. 그러나, 양반 문벌의 정치적 지배권이 강력한 상황 속에서의 신분 이동에는 일정한 한계가 있어서, 사회적 진통은 더욱 커지고 있었다.[44]

1979년판 교과서는 김용섭의 경영형 '부농', 송찬식의 '광작(廣作)'이라는 용어 등을 사용하며 그동안 한국사 학계에서 연구한 조선 후기 상품화폐경제의 동향과 관련한 사회경제적 변화까지 반영하였다. 이러한 교과서 서술의 변화는 주체적이고 내재적인 발전 과정의 맥락에서 연구한 성과를 적극 수용한 결과였으며, 제2차 교육과정 때 발행된 역사교과서에서는 볼 수 없는 내용이었다.

주체적 한국사에 관한 1979년판 교과서의 새로운 서술은 개항기 서술 부분에서도 확인할 수 있다. 이에 따르면, 조선은 실학의 발전을 근대문화의 성장으로까지 이끌지 못했던 역사적 현실 속에서 개항을 할 수밖에 없었다. 이후 청일전쟁과 러일전쟁을 거치며 붕괴하고 일본의 식민지로 전락하였다. 그런데 19세기를 넘기면서 민족적 각성이 근대의식을 고조시키고 민족주의를 정립시켜, 20세기 초의 항일운동과 식민지 지배하 독립운동의 방향을 결정하였다.[45]

이렇듯 제3차 교육과정의 국사교과서는 1876년 개항 이후 한국근대사의 구성을 일본과 열강에 의해 가로막힌 현실과 여기에 적극 대응했던 움직임들을 중심으로 배치하고, 그러한 움직임을 민족의 주체적 선택으로 서술하였다. 달리 말하면 학생들에게 항일운동사 내지는

---

44) 국사편찬위원회, 《고등학교 국사》, 국사편찬위원회, 1979, 175쪽.

45) 국사편찬위원회, 《고등학교 국사》, 222쪽. '단원 개관'을 참조하였다.

반침략투쟁사 중심으로 한국근대사를 인식하도록 한 것이다.

민족 주체성을 강조한 한국사상은 한국인의 뇌리 속에 자리 잡은 열등감 등을 어느 정도 해소시켜주었다. 그 과정이 극적이었음은 소설가 박태순의 회고를 통해 확인할 수 있다. 1942년생인 박태순은 1950년대 후반부터 1960년 전반기 사이에 서울에서 중고교와 대학을 나왔다. 그는 중고교 시절 역사수업 시간을 돌아보면서, 당시 일본의 침략과 지배를 받은 것에 분통을 터뜨리며 못난 조상을 탓했다고 회상하였다. 그런데 현재, 즉 1970년대 중반경에 이르니 "정반대로 전부 미화시켜가지고, 이렇게 위대하고 그랬는데 지금 너희들은 뭐냐는 식"이라고 말하며 180도 전도된 역사 이미지와 국적 있는 교육이 말하는 역사인식에 대해 꼬집었다.[46]

이처럼 한국사를 주체적이고 내재적인 발전 과정으로 이해하려는 흐름의 하나는, '민족' 자체를 전면에 내세우고 주체성을 지키는 한국사로 재구성하면서 국적 있는 교육이라는 명분 아래 국가(정부)의 행위를 역사적으로 정당화하는 움직임이었다. 이러한 경향은 유신정권이 주도하는 역사교육정책에 포섭되어 유신체제를 역사적으로 정당화하는 데 활용되었다. 1970년대 들어 관제적 공공 역사인식이 광범위하면서도 급속히 퍼져갔던 배경도 여기에 있었다.

임시정부정통론의 체계화와 관제적 공공 역사인식

민족 주체성을 강조하는 국사교과서의 기술과 더불어, 제3차 교육과

---

46) 〈좌담회: 민족의 역사, 그 반성과 전망〉, 《창작과비평》 41, 1976 가을호, 34쪽.

정 시기 역사교육에서 빼놓을 수 없는 새로운 강조점은 민족적 정통성에 관한 서술이다. 그만큼 제3차 교육과정 시기 국사교과서가 이전과 비교했을 때 눈에 띄게 강조한 부분이 민족 '정통성'이었다.

유신체제 시기에 민족 정통성을 유별나게 강조한 움직임은 1970년대 들어 남북한 사이에 매우 치열하게 전개된 우월성 경쟁과 연관이 깊다. 이는 내가 상대방보다 우수하다는 측면을 적극 강조하면서도, 자신이 상대방보다 그렇지 못한 부분은 감추고 상대방의 맹점을 적극적으로 들추는 서술로 이어졌다. 더 나아가 이념적 측면보다 민족 정통성을 내세운 접근은, 민족이 하나로 단결하여 국난을 극복한 자랑스러운 민족사를 재구성하는 한편, 반민족적 집단에 대해 직접 기술하여 역사적 응징을 가하는 방향으로 이어졌다. 선택적 배제의 역사가 작동한 것이다.

그래서 1974년판 국정 교과서와 달리 1979년판 개정《고등학교 국사》교과서에는 일제강점기 사회주의운동 계열에 대한 적대적 서술이 처음 등장한다. 이에 따르면 사회주의운동 계열의 대두가 "우리나라 독립운동에 큰 암영을 던졌"으며, 그들 내부의 분파투쟁은 "식민지 통치에 신음하는 사회적 조건과 항일 독립을 추진하는 민족적 과제를 교묘히 틈타 만연되었다." 사회주의운동 계열의 반민족적인 활동으로 6·10만세운동과 광주학생운동 때 "도리어 민족 분열의 상처만 만들"었다며 이 계열을 항일운동의 분열을 조장한 세력으로 낙인찍었다.[47] 유신정권은 주체적 민족사관의 기조 위에서 사회주의운동 계열이 일제강점기 '민족'을 분열시킨 반민족 세력이었다고 국사교과서에 직접

47) 국사편찬위원회,《고등학교 국사》, 280쪽.

드러냈던 것이다. 이는 유신정권이 단일한 존재인 민족의 이름으로 내부의 편차와 다양성을 분열 행위로 낙인찍으며, 무조건 대동단결해야 한다는 역사인식을 정당화했음을 의미한다.

그전까지만 해도 사회주의운동 계열의 활동은 역사교과서에 서술하지 않음으로써 배제의 원리를 작동해왔다. 당시 중학교 국사교과서는 이러한 서술 기조를 유지했는 데 비해《고등학교 국사》에서는 적대적 시선을 주저 없이 드러내며 직접 거론한 것이다. 이는 반민족적 분열 세력인 사회주의운동 계열이 참가한 권력체가 김일성의 북한 정권이었음을 시사하여 학생들에게 비판적인 태도를 갖도록 유도하는 역사인식이다.

민족과 역사의 이름으로 반(反)북한 인식을 심어주는 역사교육은 또 다른 도덕적 잣대를 역사에서 빌려와 여기에 첨가하였다. 북한의 김일성이 진짜 김일성의 항일투쟁 경력을 사칭했다는 '가짜 김일성론'이 제3차 교육과정 시기에 활발해졌기 때문이다. 저술 준비 과정에서 한국 중앙정보부의 지원을 받은 이명영(李命英)의 연구가 대표적인 보기일 것이다.[48] 그는 1974년 박사학위논문으로 자신의 가짜 김일성론을 뒷받침하는 주장을 펼친 뒤 책으로 간행하였다.[49]

그렇다고 주체적 민족사관을 구체화한 제3차 교육과정 때 발행된 국정 국사교과서가 민족문제에 대해 일관된 태도를 보였다고 보기는

---

48) 한홍구, 〈가짜 김일성설과 한국현대사〉,《민족발전연구》6, 서울 중앙대학교 민족발전연구원, 2002.

49) 이명영,《재만 한인 공산주의운동 연구》, 성균관대학교출판부, 1975. 가짜 김일성론을 설파한 이명영의 대표적인 연구서는 다음 두 권이다. 이명영,《김일성 열전-그 전설과 신화의 진상 규명을 위한 연구》, 신문사사, 1974: 이명영,《북괴 괴수 김일성의 정체-4인의 김일성에 관한 연구》, 민족문화사, 1975.

어렵다. 사회주의운동 세력이 민족을 분열시킨 반민족적 집단으로 언급된 1979년판 《고등학교 국사》 교과서에는 반민족적 집단인 친일파 또는 친일파 청산 문제가 전혀 언급되어 있지 않았기 때문이다. 오히려 '민족문화의 수호'라는 주제를 다루면서, 조선학운동에 대해 일절 언급하지 않은 채 "일본인 학자들의 한국 연구에 자극을 받아, 이병도, 조윤제, 손진태 등을 중심으로 조직되어 《진단학보》를 발행하면서 국학 연구를 북돋웠다. 그러나 조선어학회 탄압에 뒤이어 그 활동도 중지당하였다"고 기술되었다.[50] 이병도와 진단학회를 민족문화를 수호한 사람과 단체이자 일본에 탄압당한 존재인 양 기술하여 슬쩍 집어넣었던 것이다. 이는 2부 3장에서 보았듯이 이병도가 홀로 주장하는 진단학회의 이미지가 국정교과서에 그대로 반영된 결과였다.

그러나 이러한 서술과 달리 진단학회는 일본 경찰에 의해 활동을 중지당하지 않았고 알아서 자진 해산하였다. 1960년대 한국사 학계에서 진단학회를 민족사학에 포함해야 할지를 놓고 의견이 엇갈렸지만, 진단학회는 이병도가 주장하는 대로 저항을 위해 결성된 단체라기보다 조선인 사회와 일본인 사회의 경계에 선 단체였다. 더구나 민간단체에서 간행한 책이기는 하지만, 이병도는 《친일인명사전》(민족문제연구소, 2009)에 친일파로 등재되어 있다. 이렇게 보면, 박정희 정부 스스로 '국적 없는 교육'을 실시하여 '주체적 반민족사관'을 조장한 것이다. 정권이 내건 슬로건과 정책 목표를 스스로 부정하는 행위가 가능했던

---

50) 국사편찬위원회, 《고등학교 국사》, 217쪽. 식민지기 진단학회 전체에 대한 이미지와 이병도에 대한 평가는 구분해서 볼 부분도 있고 하나처럼 설명해야 할 부분도 있다. 조선학운동이 진행되는 와중에서의 진단학회의 학술적 위치와 이병도의 역사인식에 대해서는 신주백, 《한국 역사학의 기원》, '3장 조선학이라는 학술장과 '태도로서의 역사학'' 참조.

이유는 반공민족주의 분위기 속에서 거리낌 없이 가치 전복을 자행해
도 문제가 되지 않았던 유신독재체제가 버티고 있었기 때문이다.

아무튼 박정희 정부는 '국적 있는 교육'을 1970년대 학교 교육의 핵
심 기조로 제창하고 민족을 전면에 내세우며 국가주의를 조장하였다.
박정희 정부는 국가주의를 정당화하기 위해 반공산주의적 입장 그리
고 이보다 더 구체적인 대상으로서 반(反)북한 대결 의식을 국민에게
주입하고자 힘썼다. 다른 한편으로는 임시정부 정통론을 더욱더 체계
적이고 세련되게 정립하면서 국민 교육 차원에서 적대와 배제의 역사
인식을 강화해갔다. 박정희 정부는 제3차 교육과정 교과서를 통해 대
한민국임시정부가 독립운동의 최고 지도부였다는 내용으로 항일운동
의 정통적 계보를 처음으로 체계화하였다.[51] 그리고 그동안 제대로 다
루지 않았던 만주 지역의 민족운동을 계보에 포함하여 북한 김일성의
항일무장투쟁에 대한 대항역사로 자리매김하였으며, 한국광복군을
'독립전쟁'이라는 이름으로 독립운동의 계보상 마지막에 위치시켰다.
이제 이 부분에 대해 좀 더 상세히 살펴보자.

앞서도 언급했듯이, 국가가 직접 통제하는 국정 국사교과서는 이
전과 비교해 민족사적 정통성을 특히 강조하였다. 고등학교 제3차 교
육과정(1974~1981)의 '현대 사회' 부분은 학생에게 "민족사의 정통성
을 계승한 대한민국의 성격과 그 사명을 인식하게 하고, 민족 중흥을
위한 줄기찬 노력에 적극 참여하려는 의욕을 가지게 한다"는 데 목표

---

51) 자세한 내용은 신주백, 〈한일 중학교 역사교과서에서 식민지 지배에 관한 서술의 변화〉,
     한국학중앙연구원 한국문화교류센터 편,《민족주의와 역사교과서》, 에디터, 2005, '제4
     장 3절'; 〈역사교과서에서 재현된 8·15, 망각된 8·15〉, 정근식·신주백 편,《8·15 기억
     과 동아시아적 지평》, 선인, 2006, '제4장'; 〈한국사 학계의 만주·만주국에 관한 집단기
     억-만주 표상의 변화를 중심으로〉,《만주연구》 28, 2019, '제III~IV장' 참조.

가 있었다.[52] 그래서 제2차 교육과정 때의 현대사 부분이 '(8) 민주 대한의 발달', '③ 민족의 해방과 독립', '④ 대한민국의 발달' 등의 순서인데 비해, 제3차 교육과정의 현대사 부분은 '(1) 대한민국의 정통성', '(2) 민족문화의 새 과제'로 구성되어 박정희 정부의 역사적 정통성을 현대사의 첫머리에서 명확히 하였다. 다만 8·15 관련 내용은 1968년 경부터 바뀌고 있던 내용과 특별한 차이를 발견할 수 없다.[53]

8·15와 관련하여 국사교과서의 변화를 명확히 확인할 수 있는 교과서는 1975년에 발행된 《중학교 국사》이다. 이 책의 현대사 부분인 'XIV. 민족의 해방과 대한민국의 수립'의 첫 번째 절은 제목이 '1. 민족의 해방과 국토의 분단'인데, 그중 '(1) 민속의 해방'의 일부를 인용하면 다음과 같다.

이러한 민족의 영광은 일제에 대한 우리 민족의 억세고 줄기찬 투쟁이 가져다준 선물이었다. 일제 36년간에 걸쳐 온 민족이 오로지 민족의 자유와 조국의 광복을 위해서 독립운동을 계속한 나머지 해방의 기쁨을 보게 된 것이다. 그러나 우리나라의 해방은 우리의 힘만으로 이루어진 것이 아니라, 미국을 비롯한 연합군의 승리로 일본이 항복함으로써 해방을 맞게 된 것이다.[54]

---

52) 〈문교부령 제350호(1974. 12. 31 제정 공포) 고등학교 교육과정〉, 《초·중·고등학교 사회과·국사과 교육과정 기준(1946~1997)》, 교육부, 440쪽.

53) 오히려 "얄타 밀약"을 들어 미·소의 진주와 군정 실시 등을 언급한 내용은 이전의 검정 교과서보다 객관적인 서술이라고 볼 수 있다. 또 1920년 6월에 있었던 봉오동전투가 처음 언급된 점이 새롭다(문교부, 《인문계 고등학교 국사》, 1974, 212쪽, 224쪽).

54) 문교부, 《중학교 국사》, 1975, 245·246쪽.

제1, 2차 교육과정의 역사교과서처럼 국정 국사교과서는 8·15에 이르는 과정의 두 축인 연합군의 승리와 한국인의 항일운동에서 '민족해방'의 원인을 찾았다. 그런데 인용문을 보면, 강조점을 바꾸어 후자를 전자보다 전면에 내세우고 있다. 민족 주체성을 강조하며 주체적 민족사관을 확립하려는 박정희 정부의 입장을 반영한 결과일 것이다.

민족 정통성을 강조하는 경향은 일제하 항일운동사를 '5. 3·1운동과 임시정부의 수립', '6. 국내외에서의 독립투쟁', '7. 민족의 문화투쟁'에서 16과 1/2쪽이라는 많은 분량을 할애하여 서술하고 있는 점에서 확인된다. 국외의 항일투쟁에 관해서도 지사의 의열투쟁을 언급하는 정도에 머무르지 않고, 임시정부의 다양한 활동을 구체적으로 언급하고 있다. 뿐만 아니라 독립군의 봉오동전투와 청산리전투, 전투에 참가한 대한독립군단의 활약, 참의부·정의부·신민부의 활약으로 나누어 자세하게 서술하는 등 만주 지역의 항일투쟁을 크게 보강하여 새롭게 서술한 경향이 특히 눈에 띈다. 이러한 변화는 북한이 조선현대사의 시작점에서 김일성의 항일무장투쟁을 중심으로 항일운동사를 서술하고 있는 점과도 깊은 연관이 있을 것이다.

임시정부와 만주 지역 민족주의운동 계열의 항일운동에 관한 서술에서 특히 눈에 띄는 점은, 단순히 사실을 많이 나열하는 데 그치지 않고 서로 연결하는 논리와 평가이다. 먼저 임시정부에 대한 적극적인 평가부터 인용해보자.

> 5. 3·1운동과 임시정부의 수립
> …… 대한민국임시정부의 수립은 우리 민족이 일본 침략에 대항하여 국가체제를 갖추고 독립운동을 벌이기 위한 조치로서, 나라 잃은 우리

민족에게 새로운 용기를 주고 독립운동의 방향을 뚜렷이 제시했으며, **독립운동을 총지휘**하게 된 것이다.

  6. 국내외에서의 독립투쟁
  (1) 대한민국임시정부의 활동[55] (강조-인용자)

  이처럼《중학교 국사》에는 임시정부가 일제강점기 항일운동을 '총지휘'했다고 명시되었다. 임시정부가 '항일운동의 최고 지도부였다'는 언급은 역사교과서에서 처음 등장한다. 우리는 임시정부를 이 시점에 이렇게 떠운 정치적 의도에 주목할 필요가 있다. 임시정부 총지휘론은 대한민국이 항일운동에서 북한보다 역사적 정통성이 더 있을 뿐 아니라 최고 지도부를 계승한 국가이며 박정희 정부가 그 대한민국의 정부라는 사실을 드러냄으로써, 역사적 정통성 측면에서 김일성 정권에 비해 우월하다는 점을 내세우려는 정치적 목적이 앞선 주장이다.

  《중학교 국사》는 임시정부의 위상을 이렇게 과대평가한 가운데 '6. 국내외에서의 독립투쟁' 단원에서 2와 1/2쪽 분량으로 '(3) 독립군의 봉오동 전투', '(4) 청산리 전투', '(5) 대한독립군단의 활약', '(6) 참의부, 정의부, 신민부의 활약'으로 나누어 만주 지역 독립운동사를 설명하였다. 많은 분량을 할애하여 내용을 자세히 설명했다는 점에서 이전과 달랐다고 말할 수 있겠지만, 그보다 더 주목해야 할 현상은 민족주의운동 계열로 계통화하는 논리가 체계적으로 다듬어졌다는 점이다. 교과서에는 "국내에서 일본군의 맹렬한 공격에 밀린 의병들은 새

---

55) 문교부,《중학교 국사》, 230쪽.

로운 독립운동 기지를 찾아 만주로 이동"하여 이를 건설하고 신흥무관학교를 설립하여 독립군 간부를 양성하였다고 나온다. 여기서 말하는 독립운동 기지란 어떤 것일까.《고등학교 국사》는 다음과 같이 설명하였다.

> **독립운동 기지란 서북 간도와 연해주에 한민족의 집단적 거주 지역**을 만들어 **항일 독립운동의 거점**을 이룩하는 것이었다. **그곳에서** 산업을 일으켜 경제적 토대를 마련하고 청소년을 모아 근대교육과 군사훈련을 시켜, 해외에 있는 **우리 한민족을 조직화, 무장화시켜 독립전쟁을 수행**하려는 것이다.[56] (강조-인용자)

인용문에서 알 수 있듯이, 사실상 공백이나 다름없던 1910년대 만주 지역 민족운동사를 독립운동 기지라는 측면에 초점을 맞추어 설명함으로써 1910년 망국을 전후한 민족운동사를 매끄럽게 연결할 수 있게 하였다. 1960년대까지만 해도 학계에서 자리 잡지 못했던 신흥무관학교도 독립운동 기지라는 측면에서 역사적 의미를 부여받고 만주 지역 민족운동사의 일부로 안착할 수 있었다. 이는 논리적 완결성의 측면에서 볼 때, 만주 지역 민족운동사를 임시정부 정통론 속에 제대로 위치시키지 못했던 그때까지의 어려움을 '독립운동 기지'와 '독립전쟁'이라는 시각을 활용하여 극복했음을 의미한다. 달리 보면 민족운동사를 중심으로 만주에 대한 기억을 재구성하려는 국가의 기억 관리가 본격화했음을 뜻한다.

---

56) 문교부,《인문계 고등학교 국사》, 206쪽.

그러면서 만주 지역 항일운동을 전체 민족운동사에서 다음과 같이
자리매김하였다.

　　만주사변이 일어나자, 한국독립군 사령관 이청천과 중국 호로군 사
령관의 합의로 한·중 연합군이 조직되어 일본군과 만주군을 상대로 싸
워 큰 전과를 올렸다. 그러나 일본군의 대륙 침략으로 독립군은 중국 본
토로 옮겨가서 광복군에 흡수되어 항일투쟁을 계속하였다.
　　항일의병의 전통을 계승한 독립군은 우방의 후원으로 광복을 맞는
그날까지 조국의 독립을 위하여 줄기차게 싸웠다. 우리가 일제의 사슬
에서 벗어나 광복을 맞은 것은 이와 같이 자주 정신에 의한 독립투쟁을
한 결과이며, 또한 연합군의 승리는 우리에게 계기를 마련해주었다.[57]

국정 국사교과서는 만주 지역 항일운동 세력이 1910년 이전 국내
에서 줄기차게 저항했던 의병투쟁 세력의 전통을 계승하였고, 1931년
만주사변 이후 무장투쟁을 벌이다 '광복군에 흡수'된 것으로 역사를
체계화하였다. 만주사변 이후 만주 지역에서 독립운동은 불가능했다
고 인식하고 가르쳤던 제2차 교육과정의 역사교과서와 확연히 다른
서술이다.[58]
반면에 북만주에서 활동했던 한국독립군과 달리 같은 시기 남만주

---

57) 문교부, 《중학교 국사》, 235쪽.
58) 신석호, 《인문계 고등학교》, 광명출판사, 1968, 236쪽. 신석호는 고려대학교 사학과의 중
　　심 리더였고, 해방 직후부터 오랫동안 국사편찬위원회를 책임졌던 역사학자였다. 1974
　　년판 《인문계 고등학교 국사》가 사용되기 직전인 1973년 판본까지도 마찬가지 내용이
　　있었다.

일대에서 투쟁한 조선혁명군에 관한 언급이 전혀 없다. 같은 민족주의 운동 계열인데 언급하지 않은 이유의 하나는 조선혁명군에 관한 특별한 연구가 부족했던 현실과 연관이 있을 수 있다. 다른 하나는 독립군의 정통성 계보와 관련 있을 것이다. 후자의 이유라면, 이청천 등 한국독립군 관계자들이 만주에서의 무장투쟁을 끝내고 1933~1934년경 중국의 본토 지역으로 이동하여 결국에는 대한민국임시정부에 합류하고 한국광복군 창설의 주역이 되었던 역사의 흐름과 연관이 있지 않을까한다. 또한 현실의 적대 세력을 대상으로 역사 배제의 원리를 적용한 결과, 같은 공간에서 같은 시기에 항일운동을 벌였던 1920~1930년대 사회주의운동 계열에 대해서는 아무런 언급을 하지 않았다. 자칫 북한의 김일성이 벌인 항일무장투쟁과 연결될 수 있고, 북한 정권의 역사성을 긍정할 여지를 남길 수 있기 때문이었을 것이다.

이처럼 박정희 정부는 만주 지역의 민족주의운동 계열이 벌인 항일운동을 임시정부 정통론의 체계에 편입하여 위치시켰다. 항일운동사에서 국내외 무장투쟁 계열의 흐름을 이전에 비해 새롭고 풍부하게 정리하고, 한국광복군으로 이어지는 계승성까지 강조함으로써 임시정부 정통론을 강화한 것이다. 이는 주체사상을 내세우며 김일성이 활약한 만주 지역 항일무장투쟁사만을 항일운동의 정통으로 간주하는 북한의 역사인식에 대응하여 논리 구조의 완성도를 높인 결과였다. 동시에 북한의 역사인식을 반민족적이라는 프레임에 가두는 반면, 민족을 더욱 강조해 적대적 배제를 정당화함으로써 반사이익을 얻으려는 과정이었다. 남북관계사의 측면에서 볼 때, '경쟁과 배제의 (비)대칭적 관계'의 전개가 가장 치열했던 1970년대에 관제적 공공 역사인식을 둘러싼 프레임 짜기도 그중 하나였던 것이다.[59]

이선근의 관제적 민족주의 역사학과 국난극복사관

국사교육강화위원회의 활동과 결정 사항은 한국사 학계에 분명한 파장을 몰고 오거나 미묘한 간극을 확인하는 계기가 되었다. 왜냐하면 주체적이고 내재적인 맥락에서 한국의 역사를 새롭게 연구하고 교육하려는 한국사 학계의 흐름상 국사교육강화위원회의 취지와 접점이 있기도 했지만, 그렇다고 해서 그들이 정부가 주도하는 역사 서술과 역사교육에 대해서까지 동의했다고 볼 수 없었기 때문이다. 더구나 이제부터 검토할 관제적 공공 역사인식으로서 국난극복사관에 대해 선뜻 동의하기를 주저하는 사람도 있었기 때문이다. 1970년대 들어 민중을 역사의 주체로 상정하는 역사인식이 급속히 확산되어간 흐름이 대표적인 예일 것이다. 이는 1973년 한국사연구회 내부에서 국정 국사교과서 집필 참여 문제를 둘러싸고 일어난 갈등에서 표면화했는데, 다음 2장에서 설명할 예정이다. 지금은 앞서 언급한 박정희 정부의 관제적 공공 역사인식을 뒷받침한 관제적 민족주의 역사학의 국난극복사관을 살펴보자.

앞서 확인했듯이, 주체적 민족사관을 정립하는 데 이용할 국정 국사교과서는 1972년 3월 제1회 전국교육자대회에서 박정희 대통령이 국적 있는 교육을 제창하면서 구상되기 시작한 교육 정책의 결과물이다. 이 대회에서 이선근 영남대학교 총장은 〈국난극복과 교육자의 사명〉이란 주제로 특별 강연을 하였다. 주체적 역사의식과 애국심으로 무장한 국민만이 총력 안보를 이룩할 수 있다는 것이 강연의 요지였다. 강연

---

59) 남북관계사와 그 속에서 한국현대사를 이해하는 이러한 접근법에 관해서는 김승렬·신주백 외,《분단의 두 얼굴-테마로 읽는 독일과 한반도 비교사》, 역사비평사, 2005 참조.

내용 중에는 대학과 지식인, 학자를 대상으로 하는 발언도 있었다.

> 특히 바람 따라 물결 따라 자기의 국적이 어느 나라에 속했는지, 자
> 기의 조국이 동양인지 서양인지 스스로 분간 못하고 말로만은 민주주의
> 의 대변자인 채 혹은 '홍익인간'의 사도인 채 떠들면서 국경을 넘나들다
> 가 자취마저 감추고자 하는 일부의 지성인, 학술인이라고 하더라도 우
> 리들은 우리들의 열과 성을 기울여서 깨우쳐줌으로써, 빨리 반성하고
> 조국의 품에서 총화 단결하여 훌륭한 동지가 되고 훌륭한 전우가 될 수
> 있도록 힘써야 되겠습니다.[60]

이선근의 발언은 국적을 분명히 하고 조국에 충성하라는 요구나 다
름없는 지적이다. 조국을 우선하는 그의 인식은 강연을 위해 지어낸
창작어가 아니었다. 국민교육헌장의 심의위원으로 참여하기 이전인
1967년 한 잡지에 기고한 글에서도, 그는 쥐를 잡겠다고 독을 깨서는
안 되듯이 아무리 귀한 것을 위한다고 해도 그것이 조국보다 차원이
높을 수는 없다고 주장하였다.[61] 조국에 대한 신념 어린 그의 주장은
국민교육헌장을 제정할 때 '우리는 민족 중흥의 사명을 띠고'에 이어
'이 땅에 태어났다'를 고집하여 추가한 데서도 확인할 수 있다.[62] 국
민에게 국토에 대한 신념을 심어주어 애국심을 조장할 필요가 있다고
생각했기 때문이다.

이선근은 자신의 주장을 시대적 상황 논리인 안보위기론과 연결 지

---

60) 이선근, 〈국난극복과 교육자의 사명〉,《새교육》 24-5, 1972. 5, 51쪽.

61) 이선근, 〈긍정이냐 부정이냐〉,《정경연구》 3-10, 1967. 10, 5쪽.

62) 이선근, 〈우리 민족의 이념과 진로〉,《공군》 13-6, 1973. 12, 79·80쪽.

어 정당화하였다. 가령 1968년 1·21사태 직후 작성한 글에서 다음과 같은 문장으로 글을 시작하였다.

> 난국과 민족정신
>
> 우리 민족은 오늘날 사상 어느 때보다도 난국에 직면하고 있다. 국토가 양단된 지 20여 년이 되었어도 통일의 길은 요원하며, 더욱이 금년 들어서 북괴가 휴전 후 볼 수 없었던 노골적인 남침의 야만적 행위를 자행함으로써 우리들에게 어느 때보다도 정신무장 강화의 절실함을 요구하고 있다.[63]

이선근이 말하는 위기론의 실체는 북한의 남침 위협이었다. 그가 이 글을 쓸 당시는 북한의 대남공세로 남북한 사이에 군사적 긴장이 고조되고 있을 때였다. 그래서 사람들에게 더 설득력 있게 다가왔을 주장이다.

그런데 그는 이전에도 그랬지만 이후에도 계속 안보위기론을 주창하였다. 1971년 12월 국가비상사태가 선포된 때에도 그랬고,[64] 1972년 8월 평양에서 제1차 남북적십자회담이 열리는 때를 맞추어 작성한 글에서도 그러했으며,[65] 10월 유신을 정당화하는 글에서도 안보위기론과 대동단결을 주장하였다.[66] 반면에 민주주의가 억압당하고 개인

---

63) 이선근, 〈3·1독립정신과 동학사상〉,《자유공론》3-3, 1968. 3, 68쪽. '특집: 민족정신 무장의 지표'라는 기획에 실은 글이다.

64) 이선근, 〈국난극복의 지도자상-역사적 측면에서 본 오늘과 내일〉,《세대》108, 1972. 7, 74쪽.

65) 이선근, 〈새 역사의 전환점에서-역사의 교훈과 대동단결〉,《세대》111, 1972. 10, 62쪽, 69쪽.

의 인권이 침해당하는 현실에 대해서는 일언반구도 없었다.

이선근은 역사학자답게 안보 위기를 극복하는 길을 항상 역사적으로 설명해왔다. 제1회 전국교육자대회 때 강연한 〈국난극복과 교육자의 사명〉에서도 마찬가지였다. 여기에서 그는 대한민국 헌법의 전문에 명시되어 있다며 3·1정신을 '건국이념'으로 간주하였다.[67] 그가 말한 3·1정신이란 3·1운동 당시 종파, 성별, 계급, 노소와 나이를 넘어 민족이 대동단결한 정신적 지표를 가리킨다.[68] 한마디로 3·1운동이 총화 단결의 역사적 자산이라는 것이다.

이선근은 3·1운동의 '주동 세력'이 3대 종교의 합동체이기는 하지만, 그중에서도 주도권을 가진 세력은 자금과 인적 요소를 고려할 때 "천도교임이 분명하다"고 생각하였고 정신의 측면에서도 그러하다고 보았다. 그가 보기에 3·1정신에 내포한 주요 사상은 기독교의 자유민주주의 사상과 동학, 즉 천도교 사상이다. 후자의 경우 인내천을 내세운 '민족 고유의 사상'이라는 점에서 3·1정신과 연결 지어 다음과 같은 역사인식을 드러냈다.

동학사상의 창안자인 최수운(崔水雲) 선생은 불교에서도 유교에서도 흡족한 진리를 찾지 못했거니와, 당시 전파되기 시작했던 가톨릭에서도 만족할 만한 진리를 발견하지 못했었다. 이와 같은 **동학사상의 배경과 근원은 멀리 화랑도정신에 소급**된다. 이것은 역사의 정설이다. 그리고 **화랑도정신이란 삼국통일의 정신**이다.

---

66) 이선근, 〈역사적으로 본 10월유신〉, 《국민회의보》 2, 1973.7, 38쪽.

67) 이선근, 〈국난극복과 교육자의 사명〉, 《새교육》 24-5, 50쪽.

68) 이선근, 〈3·1독립정신과 동학사상〉, 《자유공론》 3-3, 73쪽.

이와 같은 **민족통일의 정신이 동학사상을 통해 이어져 내려와 3·1정신에까지 면면히 흘러내려온 것**이다.[69] (강조-인용자)

이선근이 "자주 독립 통일 정신"인 화랑도정신과 동학사상을 연결지어 설명한 근거는, 민중 속에 뿌리내리며 자란 동학이 어느 한 종교나 종파에 속하지 않으면서 여러 종교의 장점을 취했을 뿐 아니라 "그 근원 사상이며 뼈대인 화랑도정신"을 살로 삼았다는 데 있었다. 그러다 보니 동학사상은 "편협된 위치에서 하나의 한정된 세계를 본 것이 아니라 전체 우주를 본" 사상이라는 것이다. 그는 동학사상의 이러한 정신이 중국의 안위를 걱정하고 동양 평화와 세계 평화 그리고 인류의 행복을 촉구한 3·1독립선언서에도 반영되어 있다고 주장하였다.[70] 결국 이선근은 민족 고유 사상이 통일정신을 구현한 화랑도정신, 민족 고유 정신이지만 편협하지 않은 동학사상, 대동단결을 실현한 3·1정신으로 이어진다고 보았다.

이처럼 이선근에게는 모두를 망라할 수 있는 사상과 대동단결한 행동을 구현한 정신이 3·1정신이자 건국 정신이었다. 그에게 반민족적인 북한과 전체를 훼손하는 개인주의는 3·1정신에 위배되는 것이었다. 그는 자신이 말하는 3·1정신으로 박정희 정부의 반공민족주의와 국가지상주의를 정당화하였다. 이선근의 역사인식은 저항 담론을 통치 담론으로 전복시켜 개인의 희생만을 정당화하고 민주주의의 훼손을 합리화하면서 관제적 공공 역사인식과 접점을 찾았다는 점에서,

---

69) 이선근, 〈3·1독립정신과 동학사상〉, 《자유공론》 3-3, 71쪽.
70) 이선근, 〈3·1독립정신과 동학사상〉, 《자유공론》 3-3, 72쪽.

이 시기 관제적 민족주의 역사학의 전형을 보여준다고 하겠다.

1970년대 관제적 민족주의 역사학이 드러내고 싶어 했던 역사인식의 원형을 극명하게 확인할 수 있는 교재가 이선근의 영향 아래 제작된《중·고등학교용 시련과 극복》(문교부, 1972. 이하 《시련과 극복》)과 이선근 개인이 "50여 성상(星霜)" 동안 배우고 발표하고 강의한 내용을 응집한《한민족의 국난극복사》(휘문출판사, 1978)이다.[71] 두 책에 수록된 내용을 통해 국난극복사관에 대해 좀 더 구체적으로 살펴보자.

《시련과 극복》은 "북한 괴뢰가 호언하는 무력 적화 통일 위협"에 "국민적 총화 태세를" 갖추기 위해 작성된 교재이다.[72] 달리 말하면 정신적 기반을 닦아 북한의 남침이라는 국난을 막기 위해 구상된 교재로, 민족을 위기 극복의 주체로 전면에 내세웠다.

《시련과 극복》은 민족을 혈연공동체이자 문화공동체로 정의하며, 국가를 구성하는 국민과 구별하였다. 그러면서 혈연공동체인 단일 민족 국가라는 인식에서 "우리는 대한민족이다"라는 문장으로 민족정기에 관해 언급하며 글을 시작한다.[73] 이 교재는 혈연공동체라는 원초적 민족주의를 저변에 깔고 있으며, 민족정기의 계승, 즉 민족 주체성의 확립이란 민족의 일치된 가치관을 확립하는 데 달려 있다는 인식을 역사적으로 해명하려는 의도에서 제작되었다.[74]

그런데 여기서 말하는 '대한민족'이란 한반도에 거주하는 모든 사람을 가리키지 않는다. 최소한 반민족적 집단으로 간주하고 있는 북

---

71) 이 책의 〈머리말〉, V쪽을 인용하였다.

72) 《중·고등학교용 시련과 극복》, 10쪽.

73) 《중·고등학교용 시련과 극복》, 12쪽.

74) 이선근,《한민족의 국난극복사》, 22쪽. '제1장 한국민족'의 '총설'에 언급된 내용이다.

한 정권은 배제된다. 사실 대한민족이란 말은 해방 직후부터 한반도에 거주하는 한국인 전부를 가리키는 용어로 사용해왔는데, 분단체제가 고착되는 과정에서 분단 현실을 반영하는 용어로 의미가 바뀌어왔다. 식민지 시기에만 해도 《동아일보》 창간사[75]에 등장하는 '조선민족'이란 말이 일본(인)과 대척 지점에 있는 조선인 전체를 가리키는 용어로 사용되었다. 그러다가 해방이 되고 좌우 대결이 격화하면서 보수우파 진영은 조선민족보다 대한민족이란 용어를 더 애용하였다. 대한민족청년단, 대한민족의용단 같은 단체가 그러했고, 김준연 등이 관여하며 임시정부를 지지한 대한국민총회에서 1945년 12월 "본 총회는 대한 전 국민의 이름으로써 대한민속의 즉시 녹립을 연합 4개국에 요청함"이라고 결의하였을 때도 그러했다.[76] 따라서 대한민족이라는 말은 초역사적인 단일 민족이라는 인식에서 출발하면서도 그 자체에 배제의 원리를 내재하고 있었다.

특히 혈연이 아니라 이념에 따라 배제의 원리가 작동하였다. 가령 《시련과 극복》은 '6·25사변과 민족 단결의 과시'라는 대목에서 "조국은 다만 애국하는 국민의 확고한 단합에 의해서만 지켜지는 것임을 우리 국민은 체험하였다"고 교훈을 언급하였다.[77] 조국과 국민 그리고 민족을 같은 의미로 사용하면서 공산당을 거기에 모두 대입하였다. 민족과 국가를 동일선상에서 놓고 편리하게 치환해 사용하는 접근법으로, 개념을 뒤섞어 사용한 흔적 이 교재 곳곳에 보인다.

《시련과 극복》은 고조선이 대륙의 '한'과 충돌하였을 때부터 '5·16

---

75) 〈주지(主旨)를 설명하노라〉, 《동아일보》 1920. 4. 1.
76) 《동아일보》 1945. 12. 10.
77) 《중·고등학교용 시련과 극복》, 260쪽.

혁명과 근대화 작업'까지 사실상 한국사 전 시기를 다루었다. 외부로 부터의 침략에 어떻게 대응했고 위기를 어떻게 극복해왔는가에 초점을 두고 서술하였다. 침략과 대응, 말 그대로 시련과 극복의 역사를 언급한 교재였다. 그러다 보니 내부의 분열이나 반란, 투항과 변절 같은 숨기고 싶은 부분은 서술을 회피하였다. 가령 임진왜란 때 왜군의 침략을 대비하지 못한 조선 내부 사정이나 한양을 버리고 신의주로 피란을 간 선조의 행동에 관한 반성적 서술이 없다. 이러한 태도는 역사적 사건이 일어난 내적 원인을 인식하지 못하게 한다. 모든 책임을 외부로 떠넘기는 역사인식만을 배양시킬 뿐이다. 비판적 성찰을 방해하는 서술은 피지배층의 희생만을 강조하면서 지배층의 책임을 회피하고 그들을 중심으로 극복의 역사를 기술하는 방식으로 이어진다. 그래서 이 교재에는 이선근이 '우리 민족의 자아 발견'으로까지 치켜세운 반제 반봉건적 성격의 동학혁명에 관한 기술이 없다.[78]

이에 비해 의병에 대해서는 11쪽이란 분량을 할애하여 상세하게 언급하고, 의열단과 한인애국단 단원의 의열 투쟁은 "우리 민족의 정신적 거울이 되어 민족정신을 떨쳐"주었다고 치켜세웠다. 반면에 1920~1930년대 농민운동과 노동운동처럼 국내에서 전개된 사회운동 성격의 다양한 민족운동에 대해서는 일언반구도 없었다. 이는 국난극복을 위해 "우리는, 국가가 곧 나요 민족이 곧 나라라는 것을" 개개인이 스스로 깨닫고 "각자가 분발하여 서로 애국 애족하는 마음을" 가질 필요가 있다는 인식과 깊은 연관이 있었다. 달리 말하면 각 개인이라는 존재

---

78) 이선근, 〈동학혁명과 우리 민족의 자아 발견〉, 《신인간》 312, 1973. 12. 《중·고등학교용 시련과 극복》, 28쪽의 민족문화의 수호 부분에서 동학운동에 관해 간략히 언급하기는 한다.

가 "국가와 민족의 분신"이고 "운명 공동체의 한 구성원"임을 깨닫고 국민 총화, 국가 총력에 나서야 국난을 극복할 수 있다는 것이다.[79] 마치 천황을 위해 삶과 목숨을 기꺼이 내다받친 행위를 미화했던 황국신민화정책 시기의 '멸사봉공'식 주체화 전략을 그대로 옮겨놓은 것이다.[80] 이는 식민의 언어와 전략을 따와 자신들의 논리를 정당화하는 전개 방식이라고 볼 수 있겠다. 결국 《시련과 극복》은 개인의 자유와 행복의 희생을 당연시하도록 학생들에게 암시하면서 개인보다 민족과 국가를 우위에 두는 국가주의적인 역사인식을 주입하려는 교재였다.

그런데 이 교재는 대한민국임시정부와 여타 항일운동과의 관계를 제대로 실명하지 못하였다. 항일운동이 국난극복사에서 매우 중요할 텐데도 그렇다. 그 이유의 하나는 이선근 자신이 1919년 3·1운동 이후의 역사를 제대로 언급할 준비가 되어 있지 않았기 때문일 것이다. 그는 1978년의 《한민족의 국난극복사》에서도 3·1운동까지만 서술하였다.

대신에 《시련과 극복》은 임시정부를 설명하는 부분에서 "1919년 이후 우리 민족의 독립 투쟁의 핵심 조직이었다"고 의미를 부여하였다. 이는 1975년판 《중학교 국사》에서 임시정부가 '독립운동을 총지휘'했다는 자리매김으로 자가 발전하는 인식의 단초를 제공했을 가능성이 크다고 볼 수 있을 것이다.

이렇듯 《시련과 극복》은 일제강점기 항일운동사에 관해 제2차 교육과정까지의 교과서들이 제대로 제시하지 못했던 몇 가지 사항을 명

---

79) 《중·고등학교용 시련과 극복》, 267쪽.
80) 이상록, 〈이선근의 국난극복사관과 제3차 교육과정기 국사교육의 냉전사적 재해석〉, 《청람사학》 28, 2018, 51쪽.

확히 언급하였다. 가령 한말 의병운동이 해외 무장독립운동으로 계승되었고, 1920년의 봉오동전투와 청산리전투를 비롯하여 참의부, 정의부, 신민부의 결성 그리고 1933년까지 한국독립군이 무장투쟁을 벌였다는 내용까지를 3쪽에 걸쳐 언급하고 있다.[81] 특히 만주 지역 민족주의운동 계열의 항일운동을 이처럼 상세하게 서술한 경우는 그때까지 없었을 뿐만 아니라, 한국광복군으로까지 연결 지어 설명하는 시각은 당시로서는 새로운 인식이었다. 이는 이선근이 국적 있는 교육 방침을 선포한 제1회 전국교육자대회에서 행한 특별 강연 때 화랑도정신과 의병정신이 3·1운동 이후 "독립군, 광복군을 탄생시켰고, 오늘 현재 우리 국군의 정신적인 모체"가 되었다고 했던 인식과 상통한다.[82]

민족 수호 내지는 국난극복사의 연속성 또는 계승성을 체계화하기 위한 노력은 1970년대 초반 시점의 관제적 민족주의 역사학과 무관하게 이미 사회적으로 형성된 공감대를 반영한 결과이기도 하다. 가령 동아일보사는 1969년 3·1운동 50주년을 기념하여 《신동아》에 '광복의 증언' 시리즈를 기획하였다. 네 번째 순서로 '만주 독립군의 활동'을 기획했는데, 편집 후기에서 그 의미를 다음과 같이 설명하였다.

만주 독립군은 일제의 강점 기간 만주에서 항전하던 민족의 군대이다. 이의 연원은 구한국군, 의병에서 찾을 수 있고 또 이의 계승은 광복군과 건국 후의 국군으로 이어진다. 이런 관점에서 만주 독립군의 의미를 되살리려는 것이 이번 시리즈의 주안점이다.[83]

---

81) 《중·고등학교용 시련과 극복》, 231쪽.
82) 이선근, 〈국난극복과 교육자의 사명〉, 《새교육》 24-5, 50쪽.

무장독립운동의 계승성에 관한 관점은 앞서 보았던 1974년판, 1975년판과 1979년판 중고교 국정교과서에도 반영되었고, 오늘날까지도 대한민국에서 통용되고 있다. 주체적 내재적 발전의 한국사 인식을 적극 흡수하여 관제적 공공 역사인식을 창출한 박정희 정부의 민첩함은 여기에서도 확인할 수 있다. 이렇게 민첩함이 통할 수 있었던 배경에는 한국사 인식의 식민사관을 극복하고 민족의 주체적 역사로 이해한다는 '민족 주체성'을 둘러싸고 민족과 주체라는 측면에서 서로 넘나들 수 있는 인식의 접점이 있었다. 그들이 공유한 핵심은 한국사의 주체를 '민족 자체'에서 찾아야 한다는 인식이었다.

그런데 같은 시기에 민족과 주체를 말하면서도 주체적 민족사관이나 국난극복사관과 다르게 한국사를 이해하고 박정희 정부의 역사 정책에 이의를 제기하는 사람들이 있었다. 다음 2장에서 또 다른 공공 역사인식의 형성 과정과 내용을 살펴보자.

83) 〈편집후기〉,《신동아》 58, 1969. 6, 480쪽. 이 기획 때 네 편의 글이 실렸다. 윤병석, 〈만주 독립군의 편성〉; 이종석, 〈일군대대를 섬멸한 봉오동의 결전〉; 이범석, 〈시산혈하의 청산리전역〉; 원의상, 〈신흥무관학교〉.

2장 민중을 재인식하고 분단을 발견하다

'주체적 민족사관'에 대한 비판과 신채호의 민중 인식 발견

민족사의 주체를 민족 자체에서 찾지 않고 민족의 대다수를 차지하는 '민중'에서 찾으려는 인식도 주체적 민족사관과 국난극복사관이 유통되기 시작한 즈음에 태동하였다. 이제 그 경과를 따라가면서 민족과 민중이 민주를 매개로 접합해가는 과정을 살펴보고, 그러한 흐름 도중에 역사적으로 민중을 민족적 존재로서 도출해낸 인식을 확인해보자.

앞서도 보았듯이 주체적 민족사관은 국제 정세의 급변과 북한의 침략 위협이라는 위기 상황에서 국난을 극복해온 민족의 역사를 올바로 인식하기 위한 역사관이라고 했지만, 한국 역사 속에서 민족 내부의 계급·계층 간 모순에 주목하지 않고 민족을 위해 개인의 희생을 일방적으로 요구하는 역사관이었다.

박정희 정부가 1972년을 전후해 이러한 역사관을 정립해야 한다고 했을 때 공개적으로 비판적 시선을 보내는 한국사 연구자는 없었다. 앞서도 보았듯이 이선근처럼 선봉에서 이를 논리화하여 정부의 국난극복사관 정립에 관여한 사람도 있고, 그 취지에 공감하여 국사교육

강화위원회의 위원으로 참여한 사람도 있었다. 뒤에서 자주 언급할 강만길조차도 1970년대 중후반경 발표한 사론에서까지 '주체적 민족사관'이란 말을 주체적 내재적 발전이란 맥락에서 자연스럽게 사용하였다.[84]

주체적 민족사관과 이에 근거하여 국사교육을 강화하려는 움직임을 비판하는 주장은 오히려 한국사 학계 바깥에서 먼저 제기되었다. 서양사를 전공한 김영모는 계급이란 지배와 복종 또는 대립된 사회구조를 의미하는데 꼭 노동자와 자본가 계급만을 의미한다고 보는 관점을 비판하며, 민족 내부에도 모순이 있어 대립과 갈등이 존재한다는 '민족적 갈등사관'에 기초하여 사회과학적 방법론을 적절히 이용해야만 참된 한국의 사풍과 사학을 성립시킬 수 있다고 보았다. 그렇지 않으면 한국의 정통 사학인 "개별적 실증주의사학"은 "정치적 기류와 학문적 풍토"에 따라 사풍이 흔들릴 수 있다고 경고하였다.[85] 한국 사상사에 높은 관심을 둔 철학자 신일철은 작금의 국사교육이 한국 민족의 주체적 전개를 세계사와 동아시아의 전통 속에서 파악하지 않고 관(官)에서 공식화한 단선적인 역사상을 심어주려 하고 있다고 비판하며 '국사교육의 관학화'를 우려하였다.[86]

---

84) 예를 들어 강만길이 1979년에 발표한 〈국사학의 주체성 문제〉에서 1960년대 한국사 학계의 성과를 설명하는 도중에 '식민사관의 극복과 주체적 민족사관의 수립'이 1차적 과제였다고 언급하였다. 《분단시대의 역사인식》, 창작과비평사, 1978, 57쪽.

85) 김영모, 〈역사 연구와 사회과학〉, 《문학과지성》 11, 1973. 봄, 123쪽. 127·128쪽. 《문학과지성》의 특징과 당시의 억압된 현실을 고려할 때, 그의 비판은 매우 우회적인 지적이었음을 염두에 둘 필요가 있다.

86) 신일철, 〈한국사의 사상 빈곤-국사교육의 관학화를 우려한다〉, 《씨올의 소리》 25, 1973. 8, 26~33쪽.

한국사 학계에서도 주체적 민족사관에 대한 의문이 제출되었다. 주체적 민족사관이라는 용어는 평소 대화에서 사용했을 수 있지만, 그 역사관은 한국사 학계가 연구하고 논의하는 과정에서 나온 역사인식이 아니었다. 그래서 학자에 따라 그것에 대한 정의가 조금씩 다를 수밖에 없었다. 가령 강진철은 주체적 민족사관이란 "개념의 내용이 어떤 것인지 솔직히 말해서 잘 알 수가 없"지만 "'민족의 자주적, 자율적, 능동적인 존립성'과 같은 의미라고 해석"했다. 또 한영우는 "민족주의를 역사의식의 전제로 해서 만든 사관"이라고 정의했으며, 김용덕은 "식민지 사관의 대립 개념"이라 말하였다.[87]

물론 민족사관이라는 용어는 이때 처음 나온 개념이 아니었다. 더구나 위에서 언급한 세 학자의 말을 종합하면, 민족사관을 민족주의 사관으로 해석해도 틀리지 않는 이해였다. 한국사 학계는 1960년대 들어 한국사의 내재적 과정을 주체적이고 발전적인 맥락에서 추적하는 한편, 일본인 식민주의 역사학을 비판하며 이것과 대칭적으로 존립했던 한국인의 역사학을 정립하기 시작했기 때문이다. 이 과정에 참여한 사람들 스스로도 민족사학의 정립을 말했을 정도였다.

민족사학을 말하는 역사학자들 사이에서는 한국 근대역사학을 성립시킨 핵심 인물로 박은식(朴殷植)과 신채호가 자연스럽게 부각되었다. 2부에서 보았듯이 특히 신채호가 주목받았다. 김용섭은 신채호와 박은식이 한국의 '민족사학'을 정립했다고 규정하였고,[88] 국사교육강

---

87) 강진철, 〈주체적 민족사관과 국사교육〉, 《새교육》 24-6, 1972. 6, 12 · 13쪽; 한영우, 〈주체적 민족사관과 역사적 교육〉, 《새교육》 24-7, 1972. 7, 85쪽; 김용덕, 〈주체적 민족사관과 국사교육〉, 《새교육》 24-8, 1972. 8, 41쪽.

88) 김용섭, 〈우리나라 근대역사학의 성립〉, 이우성 · 강만길 편, 《한국의 역사인식》(하). 이 글은 1970년 《한국현대사》 6(신구문화사)에 수록되었다.

화위원회 위원장에 취임하는 이선근도 민족사관을 확립한 사람은 신채호라고 보았다.[89] 그는 단재 신채호 전집 편찬위원회를 책임지며 1972년《단재 신채호 전집》(상·하)(을유문화사)을 간행하였다. 그리고 박은식의《한국독립운동지혈사》와《한국통사(韓國痛史)》가 연이어 번역되었다.[90]

두 사람의 대표 저서들이 이즈음 연이어 간행된 배경의 하나는 박정희 정부가 주체적 민족사관을 바탕으로 국적 있는 교육을 실현하겠다는 의지를 천명하고 추진한 데 있었다. 주지하듯이 두 사람은 항일을 행동으로 나타내면서도 한국사를 연구하여 민족정기를 바로 세우고자 당대의 저항 담론을 생산했던 대표적인 행동파 역사학자였다.

박정희 정부는 저항 담론을 주도적으로 생산하고 역사화한 사람을 전복적으로 활용하여 지배담론을 만드는 데 동원하였고, 그 역사관을 주체적 민족사관이라 불렀다. 그것을 주조하는 데 적극적이고 능동적으로 참가한 사람이 이선근이라면, 의도했든 하지 않았든 그보다 더 젊은 한국사연구회의 일부 회원들이 바람잡이 역할을 했다. 그렇지만 주체적 민족사관의 이해를 둘러싸고 공유 가능한 인식의 지평이 서로 달라서 함께 했던 기간은 1970년대 초반경까지였다. 이후 신재호의 민중론에 새로운 관심이 모아지면서 그는 현실에 달리 소환되었기 때문이다.

---

89) 이선근,〈우리 민족사관은 누가 확립하였나-'단재 신채호 전집'을 간행하면서〉, 단재 신채호 전집 편찬위원회 편,《단재 신채호 전집》(상·하), 을유문화사, 1972.

90) 신용하의 구술(2021. 10. 22)에 따르면, 1972년판 전집 간행은 천관우, 홍이섭 등이 주도한 결과물이었다. 이후 신채호 전집은 1977년 형설출판사에서 개정판이 나왔고, 2007년과 2008년에 독립기념관 한국독립운동사연구소에서 목차집을 포함 10권 분량으로 간행되었다.《한국독립운동지혈사》는 김정기와 이현배의 공역으로 1973년 일우문고에서,《한국통사(韓國痛史)》는 이장희의 번역으로 1974년 박영사에서 출판되었다.

학계 밖에서도 주체적 민족사관에 비판적인 시선이 있었다. 특히 1971년 비상계엄을 선포하고 1972년 유신체제를 등장시킨 박정희 정부에 대해 비판적이었던 민주화운동 그룹의 움직임에 우선 주목할 필요가 있다. 하나 된 민족만을 강조하는 주체적 민족사관은 그들이 새롭게 고민하기 시작한 통일 이후의 현실과 잘 맞을 것 같지 않았기 때문이다.

1970년대 민주화운동에 적극 참여한 사람들은 1970년 11월 전태일 분신사건, 1971년 8월 광주대단지사건을 계기로 민중이 역사의 주체임을 재발견하였다.[91] 1972년 7·4남북공동성명에서도 민족적이고 자주적인 평화통일 원칙이 천명되었지만, 그들은 이후 본격화한 민간 차원의 통일 논의에서 민중을 통일문제, 즉 민족문제와 결부시켜 사고하기 시작하였다. 그리고 민중과 통일의 관계를 고민한 사람들은 박정희 정부의 민주주의 억압에 비판적 태도를 취하였다. 아래의 인용문을 통해 이를 확인해보자.

7·4성명의 배경

민족통일로 향한 몸부림에 하나의 전기가 될 충격적인 일이 7월 4일 일어났습니다. 이것은 갈라진 남과 북에서 동시에 발표된 공동성명입니다. 이 성명이 민족통일에 가지는 뜻을 분명히 하고 **이를 우리의 것으로 민중의 것으로 전진시키기 위하여** 그 배경을 밝힐 필요가 있습니다. 지

---

91) 황병주에 따르면 1960년대 초반까지만 해도 민중은 지배층의 용어이자 저항 진영의 집단주체로 호명되었지만, 1965년 민중당 창당 이후 피지배층 일반을 가리키는 용어로 전유되었다. 그러나 여전히 계몽주의적인 태도가 일반적이었다. 황병주, 〈1960년대 비판적 지식인 사회의 민중 인식〉, 《기억과 전망》 21, 2009.

난날 민족해방의 기쁨이 민족분단으로 뒤바뀐 쓰라림을 다시는 되풀이하는 미련을 범하지 않아야 하며, 국제적 세계사적 조건을 주체적으로 극복하며 다시는 조건이 우리를 결정하지 않고 우리가 변화한 조건을 우리의 자결(自決)의 계기로 바꾸어야 하기 때문입니다.[92] (강조-인용자)

위의 인용문은 '민족통일의 구상'이란 토론회에서 영남일보 논설위원으로 재직하고 있던 김도현이 발표한 발제문인데, 이후 여러 사람이 발언하였다. 그 가운데 해방세대 역사학자를 대표한다고 볼 수 있는 천관우가 토론회 자리에서 제기한 '복합국가론'에 주목할 필요가 있다.

둘째는 **복합국가란 뭐냐** 하는 건 제가 말씀할 필요도 없이 우리 역사상에서 여러 가지 예를 보고 있는데, 여기서 말하고자 하는 복합국가라는 것은 아주 막연하지마는 양쪽이, **남쪽은 남쪽대로 북쪽은 북쪽대로 그대로 가지고 그러면서도 뭔가 하나의 국가로서의 덩어리를 형성하고**, 아마 처음에는 결함(원문대로 임. '결합'이 맞는 것 같음-인용자)이라든가 좀 약한 것이 될 가능성이 많겠지마는 그런 걸 하나 만들어놓고 **점차 시간을 뒤가면서** 양쪽에서 대화와 교류를 통해서 혹은 국제 정세 혹은 세계 사조의 변화 이런 것을 통해서 기다려가면서 **점진적으로 이해할 것은 하고 이해 못할 것은 못하고 그러면서 단일 국가를 추진해가는 그런 방안이다.** 이렇게 막연히 말씀했습니다.[93] (강조-인용자)

그러면서 천관우는 복합국가를 건설하는 과정에 민중이 주체가 되

---

92) 김도현, 〈7·4남북공동성명과 민족 재통합의 제 문제〉, 《씨올의 소리》, 1972. 8, 27·28쪽. 발표와 토론회는 7월 31일에 있었으니, 7·4남북공동성명 직후라고 말해도 좋겠다.

어 참여해야 하며, 민주적인 세력이 어떻게 규합하느냐에 따라 민중의 결집 양상이 달라질 것으로 보았다. 민족과 민중 그리고 민주를 연관 지어 통일 과정을 설명한 것이다. 염무웅도 민족문학에 대한 초기 논의에서 "근대적 의미의 민족 개념이 민주 및 민중 개념과 결합되어야" 한다고 선진적으로 제기하였다.[94] 이러한 흐름은 박정희 정부가 '국적 있는 교육'과 주체적 민족사관의 정립을 강조하는 한편 남북대화를 통해 한반도 주변의 급변하는 국제 정세에 대응하려는 움직임에 대응하여, 민주화운동 세력이 민족, 민주, 민중을 하나의 고리로 엮어 사고하는 삼민(三民) 이념을 1970년대 초에 제기하는 데까지 이어졌음을 의미한다.

그런데 통일문제, 즉 민족문제를 민중, 민주와 연계시키는 민주화운동가들 사이의 선진적인 논의, 특히 민주주의문제와 민족문제를 풀어가는 과정에서 민중이 어떤 위치에서 어떤 역할을 수행해야 하는지에 대한 논의가 박정희 정부에 비판적이었던 사람들 사이에서 그즈음

---

93) 〈민족통일의 구상-민족통일을 위한 토론회〉,《씨올의 소리》, 1972. 8, 44쪽. 천관우의 복합국가론은 1972년 7월 20일 민주회복국민협의회가 주최한 '남북공동성명에 관한 공청회'에서 처음 등장하였다. 복합국가론의 내용에 대해 위의 자료보다 좀 더 자세한 설명은 《창조(創造)》 1972년 9월호에 수록된 〈민족통일을 위한 나의 제언〉을 참조할 필요가 있다. 첨언하자면, 이후 장준하도 복합국가론을 주장하였다(장준하, 〈민족주의자의 길〉,《씨올의 소리》, 1972. 9, 62·63쪽).

복합국가론은 백낙청의 분단체제론의 학문적 연원을 찾을 수 있는 이론일 뿐 아니라, 연방제와의 차이 등을 함께 비교 검토해볼 필요가 있을 만큼 우리의 정신적 자산으로 가치가 있다. 언론인이자 정치인 출신인 이부영은 복합국가론의 내용이 한국사회에서 거의 주목받지 못하고 남북한 통일 논의의 역사에서 그 가치를 제대로 인정받지 못하는 현실을 안타까워하며 처음으로 자리매김을 시도하였다(이부영, 〈천관우 선생의 '복합국가론'을 다시 생각한다-한반도 평화통일론에서의 자리매김을 위하여〉, 천관우 선생 추모문집간행위원회,《거인 천관우》, 일조각, 2011).

94) 염무웅, 〈민족문학, 이 어둠 속의 행진〉,《월간중앙》 28, 1972. 3.

까지 제대로 자리를 잡았는지는 의문이다. 백낙청의 다음과 같은 발언에서 당시의 지적 분위기와 한계를 확인할 수 있다.

돌이켜보면 민중문학론은 70년대 초의 문단에서 민족문학론이 본격화되기 전에 이미 제기되었다. 그러나 가령 신경림 씨의 〈문학과 민중〉(1973)이나 필자 자신의 〈문학적인 것과 인간적인 것〉(1973)에서는 **민중문학을 말하면서도 분단 현실에 대한 구체적인 성찰에는 이르지 못했으며**, 김병걸, 신경림, 염무웅 제씨의 농민문학론들(1970~1972)과 〈민족의 노래 민중의 노래〉(1970)를 비롯한 김지하의 일련의 작업에 이미 **민족적인 것과 민중적인 것의 결합을 노리고 있었지만, 분단체제의 인식이라는 면에서는 역시 미흡한 것이었다.** 다른 나라 민중이 아닌 한국의 민중이 살고 있는 삶은 **그들이 8·15와 더불어 남북으로 갈라진 나라의 민중임을 감안하지 않고서는 올바로 이해할 수 없기 때문에,** 애초에 민중문학론을 펼치던 이들 자신도 민족문학론의 전개에 자연히 힘을 기울이게 되었다.[95] (강조-인용자)

백낙청이 당시로서는 흔하지 않은 '분단체제'라는 말을 사용했지만, 그의 회고에 따르면 남한의 민중과 남한의 민주주의에 분단을 개입시켜 사고하는 움직임은 1970년대 초반경까지도, 박정희 정부에 비판적이었던 당대 엘리트 지식인들 사이에서조차 아직은 생소한 모습이었다. 더구나 이들은 분단문제에 민중을 어떻게 접목해야 할지 대안 논리를 아직까지 만들지 못한 상황이어서, 결국에는 국수주의적

---

95) 백낙청, 〈80년대 민족문학론의 전망-1970년대를 보내면서〉, 《민족문학과 세계문학》 II, 창작과비평사, 1985, 55쪽. 1980년 발표한 글이다.

문학론으로 인식되고 있던 민족문학론을 쉽게 말할 수 없었다.

그럼에도 불구하고 민중을 민주, 민족과 연계해 사고하려는 움직임이 유신정권에 반대하는 민주화운동과 연동하여 이어지는 가운데, 삼민의 존재를 동시적이고 연계적으로 이해하려는 인식 또한 확장되어 갔다. 당시 민중 인식의 확장적 특징을 다룬《한국 민중론》(한국신학연구소, 1984)의 기획을 주도한 안병무는 1970년대 초반 민중에 대한 분위기를 다음과 같이 회고하였다.

> 민중에 관해서 말한 역사는 훨씬 전으로 소급되겠으나 **다방면에서 집중적으로 관심을 표명한 것은 70년대 초반부터**라고 생각된다. 문학, 역사학, 사회과학 등이 이에 적극적으로 참여했고 마침내 신학도 이에 가담했다.
> 이런 현상은 강단이나 책상 위에서의 사변에서 온 것이 아니라, **민중의 현장과 그로부터 오는 소리에 자극된 결과**였던 것이다.[96] (강조-인용자)

민중에 대한 관심과 인식의 확대는 현장의 자극을 받아 여러 방면에서 동시다발적인 움직임이 있었기에 가능했다는 뜻이다. 이러한 관심과 인식의 확대가 역사인식에서 갖는 의미는 "역사의 주체자를 묻는 행위"로서 과거처럼 지배층이 역사를 이끌어간다고 보지 않고, 역사의 실체인 민중을 사실상의 주체로 "우리 역사를 이어온 맥(脈)"으로 간주한다는 데 있다.[97] 1970년대 초반경부터 민중이 역사의 주체라는 역사인식이 뿌리내린 것이다.

---

96) 안병무, 〈머리말〉, 한국신학연구소 편,《한국 민중론》, 한국신학연구소, 1984, 5쪽.

97) 안병무, 〈머리말〉, 한국신학연구소 편,《한국 민중론》, 5·6쪽.

이들이 역사적 자산으로서 신채호를 주목하는 시선은 인식상의 자연스러운 흐름이었다. 신채호의 〈조선혁명선언〉은 민중의 생동하는 실체를 역사에서 진지하게 찾으려고 노력하는 과정에서 발견한 옥석이었다. 이를 처음 해석한 사람은 경제사학자인 안병직(安秉直)이었다.

안병직의 문제의식은 한국민족주의의 결함을 다른 시선으로 보는 과정에서 시작되었다. 그는 한국민족주의가 기본적으로 반제 의식은 강한데 반봉건 의식이 약한 결함이 있다고 지적하는 의견에 동의하며, 신채호나 한용운의 민족주의 사상도 마찬가지 한계가 있었다고 보았다. 당시는 식민지였기에 민족 독립, 달리 말하면 대외 문제의 해결이 가장 중요했기 때문에 불가피했다는 지적에도 동의하였다. 하지만 안병직은 대외 문제가 대내 문제를 매개로 발생하므로 대내 문제의 해결을 무시할 수 없으며, 대내 문제를 어떤 방식으로 해결해야 하는가는 전혀 별개의 문제라고 보았다. 신채호에 대한 그의 평가가 새로웠던 지점이 바로 여기에 있었다. 그래서 안병직은 신채호가 "민족 문제 해결에 있어서 올바른 방안을" 주지 못했지만, 대내 문제에 주목하게 함으로써 "우리들에게 우리가 살고 있는 시대적 성격이 어떤 것인가를 다시금 생각하도록" 해주었다고 평가하였다.[98]

안병직이 말한 대로 신채호는 민족문제를 해결하기 위한 선행 조건으로 대내 문제에 주목하였다. 신채호가 대내 문제 해결의 주체, 역사 발전의 추진 주체로 지목한 존재가 민중이었다. 안병직이 보기에 신

---

98) 안병직, 〈단재 신채호의 민족주의〉, 이우성·강만길 편, 《한국의 역사인식》(하), 471·472쪽. 원문은 1973년 《창작과비평》 겨울호(30호)에 실린 글이다. 이 논문은 10년이 지난 후인 1984년에 안병무가 기획한 《한국 민중론》에도 다시 수록될 정도로 민중론에 관한 논의의 역사에서는 중요한 의미를 차지한다.

채호는 민중을 다음과 같이 파악하였다.

신채호가 말하는 '민중'은 프롤레타리아·반프롤레타리아와 소부르
조아지의 연합인 것 같다. 신채호는 또 예속 자본가나 일본제국주의에
복무하는 봉건계급은 민족혁명의 대상으로 삼았지만 그렇지 않은 자본
가나 지주는 민족혁명의 대상으로 삼지 않았다.[99]

안병직은 신채호가 민중을 하층계급의 연합으로 보았다고 분석하
였다. 그리고 신채호가 독립 이후에 세울 국가 형태를 "근로계층과 애
국적 자본가층의 연합국가"로 상상했을 것으로 추측된다고 적극적으
로 분석하였다.[100] 신채호가 민중을 계급연합의 존재로 보고, 그들을
중심으로 국가를 건설하지만, 민족모순에 대한 태도를 기준으로 삼는
계급연합국가를 상상했다는 것이다.

안병직의 신채호 인식에 대해 해제를 쓴 정창렬은 그가 신채호의
역사관을 '매우 개성적'으로 파악했다고까지 평가하였다. 왜냐하면
안병직의 평가에 따르면, 신채호는 개별적 인간의 주관적 희망이나
행동과 관계 없이 역사에는 객관적 법칙이 있다고 인식하였고, 민중
을 그 역사운동의 중심 주체로 '발견'하였기 때문이다. 그래서 정창렬
은 해제에서 "이러한 파악은 한국 근대사학의 발전을 체계적으로 이
해함에 있어서 하나의 기준을 제시하였다"고 높이 평가하였다.[101] 안
병직은 신채호의 역사학이 민족만을 내세운 역사학을 말하지 않았다

---

99) 안병직, 〈단재 신채호의 민족주의〉, 이우성·강만길 편, 《한국의 역사인식》(하), 466쪽.

100) 안병직, 〈단재 신채호의 민족주의〉, 이우성·강만길 편, 《한국의 역사인식》(하), 466쪽.

101) 정창렬, 〈해제〉, 이우성·강만길 편, 《한국의 역사인식》(하), 560쪽.

고 평가한 점에서 1960년대의 인식, 특히 이선근이 주도한 신채호 전집이 편찬될 즈음까지의 신채호 인식과 달랐다.

정창렬의 평가처럼 이후 민중론을 적극 수용하는 사람들에게 안병직의 신채호 인식은 지대한 영향을 끼쳤다고 볼 수 있다. 왜냐하면 민중을 계급연합으로 보려는 시각은 이때부터 점차 다듬어지기 시작해서 노동자와 농민을 중심으로 하는 계급연합론으로 이어지고, 거기에 바탕을 둔 민중사학론이 1980년대 중반경에 등장하는 흐름으로 이어진다고 볼 수 있기 때문이다. 또 역사 발전의 중심에 민중이란 주체가 있다는 인식은 한국사 전 과정을 민중을 중심으로 재해석할 수 있는 여지를 남거놓았다. 특히 일제강점기 민족문제인 독립문제와 해방 후 핵심 민족문제인 분단 극복 문제에 대해 민중을 주체로 풀어가려고 사고할 수 있는 역사적 논거를 제공하였다.

이처럼 안병직의 해석은 매우 새로운 데다 선구적이었다. 그래서 1970년대 초반에서 중반으로 넘어가는 시점에 발표된 그의 글은 주체적 민족사관 또는 국난극복사관에 잠식되어 있던 민족사 이해와 교육에 새로운 시각을 제시했다고 볼 수 있겠다. 신채호에 대한 재해석이 가능했던 배경의 하나는 관제적 공공 역사인식과 결을 달리하는 역사인식을 펼칠 수 있는 학술장이라는 새로운 가상 공간이 형성되고, 이전과 다른 민중론이 거기에 접목한 데 있었다.

한국사연구회의 균열과 민족사의 주체로서 민중의 등장

주체적 민족사관의 정립을 내세운 박정희 정부와 보조를 맞춘 한국사연구회의 움직임과 어긋나는 현상이 공개적으로 드러나기 시작한 시점은 국정교과서를 둘러싸고 갈등이 일어난 1973년 하반기경부터였다. 이제 그 경과를 살펴보자.

국사교육강화위원회의 보고를 받은 문교부는 이후 국사과의 분리 독립과 주체적 민족사관을 내세워 국난극복사관을 구현한 국정교과서를 발행하겠다고 선언하였다. 이어 문교부는 국사교육강화위원회에 참가한 위원 가운데 김철준, 한영우, 이현종과 국사편찬위원회의 윤병석, 그리고 강진철, 차문섭 등을 동원하여 9개월 만에 중고교 국사교과서를 뚝딱 만들어냈다. 윤병석의 회고에 따르면, 국정의《중학교 국사》는 고대사를 강진철, 조선시대사를 차문섭, 근대사를 이현종이 집필하였고,《고등학교 국사》는 고대사를 김철준, 조선시대사를 한영우, 근대사를 윤병석이 집필했으며, 현대사는 집필자가 없어 문교부 편수관이 썼다. 초고 집필 때는 문교부에서 필자들에게 간섭하지 않았지만, 교정 단계에서 필자의 동의를 구하지 않고 일방적으로 내용을 바꾸었다. 그런 과정에서 친일파에 관해 언급한 초고의 내용도 사라졌다.[102]

그런데 위의 필진 중에는 1973년 당시 내재적인 발전에 따라 한국사를 연구하는 연구자의 결집체인 한국사연구회의 간사들이 유독 많았다. 제3대 대표간사인 김철준 서울대 교수는《고등학교 국사》의 대표 필자였고, 한영우 서울대 교수는 총무간사였다.《중학교 국사》의 필자인 국사편찬위원회의 이현종은 연구간사였다. 그래서 교과서가 공개되자 한국사연구회 내부에서는 갈등이 일어날 수밖에 없었다. 결

---

102) 〈국사편찬위원회를 거친 직원들의 회고-윤병석(인터뷰 2005. 7. 26)〉,《국사편찬위원회 65년사 자료편》, 국사편찬위원회, 2012, 205·206쪽. 한국사 연구자 가운데 1945년 이후의 한국현대사를 전공하고 있다고 말할 수 있는 사람은 없었다.

국 대표간사의 사퇴를 요구하는 '악역'을 맡은 강만길은 그 과정을 다음과 같이 회고하였다.

한국사연구회는 창립 당초부터 역사학회 쪽과의 관계가 원활치 않았으며, 그쪽 국사학자들은 교과서 국정화에 거의 참가하지 않았는데, 한국사연구회 쪽은 대표간사까지 참가했으니 마치 한국사연구회가 박정희 유신정권의 국사교과서 국정화를 뒷받침한 것처럼 되어버렸다.

누군가가 이 문제를 거론하고 **대표간사를 비롯한 국정교과서 집필에 참가한 간사들의 책임을 물어야겠는데, 같은 대학 같은 학과에 있는 사람은 하기 어려울 것 같고, 결국 내가** 간사회에서 대표간사의 사임을 요구하는 악역을 담당할 수밖에 없었다.[103] (강조-인용자)

물러난 김철준, 한영우, 이현종, 김용섭은 국사교육강화위원회 위원이기도 했는데, 이것이 한국사연구회 차원에서 공식적으로 문제가 된 적은 없었다. 반면에 국정교과서 집필은 내부적으로 큰 갈등을 동반하였다. 두 가지 일에 동시에 참여했음에도 한 가지 사안만 문제되어 갈등이 일어난 이유를 통해 한국사연구회와 박정희 정부가 공유할 수

---

103) 강만길,《역사가의 시간》, 203쪽. 김철준은 1972년 12월 2년 임기의 대표간사로 선출되었다. 그리고 1973년 12월 22일자로 연세대학교 이종영 교수가 김철준에 이어 대표간사로 선출되었다. 이임한 간사는 김철준, 한영우 이외에 섭외간사 강만길, 연구간사 김용섭, 이원순, 이현종이었다. 강만길은 1975년 12월 이종영의 후임으로 대표간사에 선출되어 2년간 봉사하였고, 그 후임인 김용섭이 1979년까지 대표간사를 역임하였다. 한국사연구회 홈페이지에 있는 '연혁'을 보면 매년 열린 정기총회에 관해 소개하고 있는데, 1975년 12월 정기총회 때까지의 활동에 대해서는 아무런 소개가 없다(http://www.hanguksa.org/sub1/sub1_3.asp). 국정교과서 집필과 관련한 내부 갈등과 관련이 있을 것이다.

있는 지점과 그렇지 않은 지점을 명확히 확인할 수 있다. 강만길의 발언을 통해 한국사연구회 회원 가운데는 국정화에 동의할 수 없는 사람이 있었음을 알 수 있는데, 양측이 공유할 수 없는 근본적인 지점이라고 할 수 있겠다. 반면에 양측이 공유한 지점의 핵심은 내재적인 발전의 맥락에서 한국사를 이해하고 역사교육에 반영해야 한다는 부분이었다. 그렇다고 민족주의를 공유했다고까지 단정하기는 무리이다. 민족주의란 홀로서기를 할 수 있는 이념이 아니기 때문이다. 가령 내재적 발전이 성립하는 핵심 전제는 식민주의 역사인식의 극복이고, 그것을 반일민족주의라고도 볼 수 있다.

그런데 국정 국사교과서에는 일본의 침략 과정이 서술되어 있지만, 그렇다고 교과서의 서술 기조가 반일민족주의 태도를 수미일관했는가는 따져보아야 한다. 앞서 인용한 국정교과서 집필에서 마지막 순간에 필자의 의견이 무시되고 친일파 서술이 사라진 과정에 대한 윤병석의 회고가 이를 증명한다. 아무튼 양측이 공유하고 공유하지 않은 지점이 무엇인지를 확인하기 위해서는 국정 국사교과서를 비판적으로 분석한 글을 살펴보는 접근도 하나의 방법이다.

그러면 이제 1974년 《창작과비평》 봄호(31호)의 '특집 '국사' 교과서의 문제점'에 실린 강만길 등의 글을 중심으로 살펴보자.[104] 강만길의 〈사관과 서술체제의 검토〉는 네 꼭지의 분석문 가운데 총론 성격의

---

104) 잡지의 편집위원 측은 신문이나 잡지에는 국정교과서에 대해 단편적이고 지엽적인 논평만 있어 본격적으로 검토된 적이 없다고 '편집후기'에서 진단하고, 이번 특집이 "최초의 본격적인 논평이 될 것"이라고 자부하였다. 다만, 근대 부분의 논평을 담당한 이종영 교수의 원고가 마감 날짜까지 연기하며 기다렸지만 입고되지 않아 빠졌다고 밝혔다. 《창작과비평》 32, 413쪽, 564쪽. 고대는 김정배, 고려는 이우성, 조선 전기는 이성무, 조선 후기는 송찬식이 담당하였다.

글이면서도 본인이 전문으로 연구하고 있던 조선 후기 및 독립운동과 관련한 부분에 대해 세세한 분석을 담은 글이기도 하다.

강만길은 정부가 국정교과서 발행으로 역사교육의 책임을 짊어지게 되었으며, 이는 정권의 역사적 성격과 위치까지 나타낸다고 글의 서두에서 짚었다. 교육사와 정치사 부분에서 국정교과서 발행이 갖는 의미를 짚어낸 것이다. 그래서 그는 후세의 학자들 가운데 국정교과서를 통해 이 시기의 시대적 성격을 추출할지도 모른다는 데서 "어떤 두려움마저 느끼게 한다"고 부담을 토로하였다. 그러면서도 글의 맨 끝에서 자발적이고 뿌리 깊은 진정한 애국심 교육은 국정교과서보다는 "다소의 부작용이 있더라도" 한국사 학계 일반에 맡기는 쪽이 바람직하다며, 역사교과서를 국정제보다는 검정제로 발행해야 한다는 소신을 밝혔다.[105] 이는 1974년 제1학기부터 막 적용하기 시작한 국정제를 부정하고 국정교과서를 비판함으로써 박정희 정부가 주체적 민족사관 정립을 위한 핵심 정책으로 밀어붙이고 있던 국난극복사관을 드러내놓고 비판하고 민중에 주목하라고 문제제기를 했다는 데 의미가 있다.[106]

그런데 강만길이 국정제를 부정한 중요한 이유의 하나는 '주체적 민족사관의 정립'과 '애국심 함양'이라는 박정희 정부의 역사교육 지

---

105) 강만길, 〈사관과 서술체제의 검토〉, 《창작과비평》 32, 414쪽. 이 글은 《분단시대의 역사인식》에 수록되어 있다. 이하 강만길의 국정교과서 비판 내용은 이 글을 압축했으므로 별도의 각주를 달지 않겠다.

106) 사실 국정제에 대한 비판과 부정은 강만길보다 조선 후기를 분석한 송찬식의 다음과 같은 마지막 언급이 더 강렬하였다. "따라서 우리는 이번 국정교과서를 폐기할 뿐만 아니라 국정교과서제도 자체의 개혁을 희망하는 바이다." 송찬식, 〈조선 후기〉, 《창작과비평》 32, 456쪽.

향점 자체를 부정한 데 있지 않았다. 그가 보기에 강요된 애국심은 뿌리내리지 못할 뿐 아니라 창조적이지도 않으며 방향과 방법이 잘못되었다. 배우는 사람의 처지에서 민족에 대한 애착심과 친근감은 영광을 미화하기보다 영욕을 같이한 진실한 역사에서 생겨나기 때문이다. 그래서 강만길은 그에 대한 해법으로 민족 내부의 모순이나 갈등을 드러내라고 말하였다. 앞서도 언급한 김영모의 '민족갈등사관'과 같은 주장인 것이다. 그러면서 강만길은 드러내는 과정에서 "민중 세력의 역할 등을 덮어버리지" 말라고 제기하였다. 왜냐하면 민중이 역사에 참여하여 이루어진 결과를 언급함으로써 사회 구성원들에게 애국심이나 민족적 유대의식을 느끼게 하는 편이 정책적 선전과 집행보다 더 효과적이기 때문이라는 것이다.

사실 강만길이 말하고 싶어 한 핵심적인 비판 지점과 국정제 부정은 민족적 유대의식을 강화하여 애국심을 기르자는 취지에서 간행된 국정교과서가 '주체적 민족사관'을 제대로 구현하지 못했다는 데서 출발하였다. 그는 "부끄러운 부분이건 자랑스러운 부분이건 막론하고 우리 민족 스스로의 의지와 책임에 의하여 이루어진 사실"을 찾아내고 의미를 분명히 할 때 주체적 민족사관을 수립할 수 있다고 주장하였다. 하지만 국정교과서의 서술 기조는 그 반대였을 뿐 아니라 지배계층의 역사적 역할만을 강조함으로써 오히려 민족의 단결을 촉구하는 데 역효과를 초래했다고 보았다. 그는 비판할 때 국난극복사관이나 국난극복이란 말을 사용하지 않았지만, 예를 들어 동학농민군의 개혁정신을 외면한 점, 명과의 관계를 자주외교라고 강조한 점, 그리고 실학이 발달한 내재적 요인을 등한시한 점 등을 비판하였다. 앞서 1장에서 보았던 관제적 공공 역사인식인 국난극복사관의 특징을 국정 국사교과서가 그대로 구현했음을 시사한다고 하겠다.

더구나 강만길이 국정 국사교과서의 서술 내용을 문제 삼은 또 다른 이유는 한국사 학계에서 그동안 달성한 연구 성과를 무시한 채 과거의 서술 수준에서 벗어나지 못하거나, 심지어 식민주의 역사학의 타율성 사관을 그대로 반영하였기 때문이다. 그의 비판에 따르면 그동안 학계가 식민사관을 극복하며 주체적이고 내재적인 성과들을 생산해왔는데, 국정교과서의 일부 서술은 이를 아예 부인하거나 전체적인 서술 기조가 지배층의 부패와 반역사적인 자세를 합리화시켜주었다. 그러다 보니 3·1운동은 일본의 반성이나 외국의 호의를 기대하여 일어난 독립운동인듯이 기술되어 있다면서, 이러한 역사교육이 수체적 민족사관을 세우는 길인지 의문을 제기하였다.

그런데 국정교과서의 서술 내용을 비판하는 한국사연구회 회원들과 관제적 공공 역사학을 말하는 국난극복사관이나 주체적 민족사관을 내세우는 사람들은 모두 민족 또는 민족애를 전면에 내세웠다는 점에서 근본적인 격차가 없었다. 다만 어떤 내용을 기술하고 가르쳐야 하는가에서 의견이 갈렸다. 그 중심에 민중에 대한 편차가 자리하고 있었다.

강만길의 주장에서 확인할 수 있듯이, 1970년대 초반 시점에 민족사의 진정한 주체를 민중에게서 찾아야 한다는 역사인식이 본격적으로 제기되고 있었다. 그가 말한 민중은 조선 후기의 경우 광범위한 피지배대중이었다. 사실 민족사에서 피지배대중으로서 민중의 주체적인 역할에 주목하는 역사의식을 가진 사람은 강만길만이 아니었다. 앞서 살펴본 안병직도 1973년 가을에 발표한 신채호에 관한 논문에서 그동안 여러 연구자가 발표한 글들과 달리 신채호의 역사인식에서 민중을 주목하였다.[107] 이때의 민중은 반민족적인 인사를 제외한 광범위한 조선인 대중이었다.

역사에서 민족과 민중을 연계하여 사고하려는 관점과 태도는 민중과 연결된 민족문학론, 민족경제론의 등장으로 이어졌다. 당시 《창작과비평》의 편집기획을 주도하고 있던 백낙청은 국수주의적 문학론과 다른 민족문학론을 제기하면서 민중과의 관계를 처음으로 언급하여 자신의 민중관을 드러냈다.

민족문학이란 그 어느 시기에건 민족 구성원의 대다수를 이루는 민중을 외면할 수 없지만 우리나라의 경우 항일 민족운동의 시발점이 종래 지도계급의 이념적 실천적 파산기와 겹침으로 민족문학이 민중에 바탕을 두어야 할 필요성이 더욱 가중되었다.[108]

1974년 시점에 백낙청은 민족문학이 민중에 바탕을 두어야 할 이유로 19세기의 한국적 상황을 들었다. 그는 양반이란 지도계급이 이념적이고 실천적으로 파산한 그 시점에 민족 구성원의 대다수를 차지하는 민중이 일본제국주의의 침략에 대항하는 항일 민족운동을 시작했다고 진단하였다. 양반에게 민족 주권의 수호를 기대할 수 없는 상황에서 "민중 스스로가 이 과업을" 떠맡았다는 것이다.[109] 그는 민중을 자기 주도적 역사 변혁의 주체, 즉 민족의 생존권과 주권을 지키

---

107) 안병직, 〈단재 신채호의 민족주의〉, 《창작과비평》 29, 1973. 가을.

108) 백낙청, 〈민족문학 개념의 정립을 위해〉, 《민족문학과 세계문학-백낙청 평론집》 I, 창작과비평사, 1978, 129쪽. 이 글은 1974년 7월 《월간중앙》에 발표되었다. 원래 제목은 〈민족문학 개념의 신 전개〉였다.

109) 백낙청, 〈민족문학 개념의 정립을 위해〉, 《민족문학과 세계문학-백낙청 평론집》 I, 130쪽.

고 시민혁명의 완수를 스스로 담당할 주체로 설정하였다.[110] 결국 그에게 있어 민중은 더는 계몽의 대상이거나 역사의 주체라는 관념적인 언설로 포장된 존재가 아니라 민족모순을 스스로의 주체적 힘으로 넘어서려는 존재였다. 백낙청은 민족문학론이 민중에 바탕을 두어야 하는 역사적 이유를 이렇게 찾음으로써 국수주의적 문학론이라는 오해에서 벗어날 수 있다고 진단하였다.

민중을 민족문제 해결의 주체로 주목하는 시선은 1970년대 당시 한국경제가 직면한 문제점을 극복하는 주체로 민중에 주목하는 논리로도 발전하였다.[111] 경제학 전공자인 박현채는 다음과 같은 내용의 민족경제론을 제기하였다.

> 우리는 민족경제라는 개념을 국민경제라는 개념과 구분하여 쓰고자 한다. …… 우리가 개념 지으려는 민족경제는 범세계적인 자본운동의 과정에서 한 민족이 민족적 순수성과 전통을 유지하면서 그에 의거 생활하는 민족 집단의 생활 기반이다. 이것은 순수 경제적인 자본운동의 측면에서는 국민경제에 포괄되는 하위개념이다. 민족주체적인 관점에서는 국민경제보다 높은 상위개념이다.[112]

한국사 학계는 이미 1960년대에 '민족사학'이라는 개념을 도입하여 한국사의 역사인식을 점검했는데, 1973~1974년 시점에 이르러 한국

---

110)   백낙청, 〈민족문학 개념의 정립을 위해〉, 《민족문학과 세계문학-백낙청 평론집》 I, 131쪽.

111)   박현채, 〈민중의 생활과 경제성장-경제발전 과정에서 소외된 민중〉, 《세대》 130, 1974. 5.

112)   조용범, 《후진국 경제론》, 박영사, 1973, 167쪽. 저자는 각주에서 식민지 지배가 민족경제를 축소하고 소멸하는 과정이라고 언급하며 민족경제의 개념을 정의하였다.

문학과 한국 경제학에서도 민중과 접목한 민족문학론과 민족경제론이 제기된 것이다.

세 학문 분야에서 말하는 민중은 피지배대중이었다. 민족보다는 범위가 좀 좁지만, 그에 버금갈 만큼 광범위한 존재였다. 지배층과 반민족적인 인사를 제외한 불특정 다수의 대중을 가리켰기 때문이다.

한국사의 역사적 존재이자 주체로서 민중에 대한 새로운 인식은 관점과 태도로서 주체적이고 내재적인 발전의 맥락에서 한국사를 연구하는 사람들의 분화를 야기하였다. 국정교과서를 둘러싼 한국사연구회 내부의 균열이 그 분화를 추동했다면, 민족과 민중을 접목하는 역사인식은 그 분화를 견인하는 촉진제였다고 볼 수 있겠다.

한국사에서 분화를 견인하는 촉진제를 부정하거나 비판적인 태도를 보이는 사람들은 국난극복사관을 주조한 관제적 민족주의 역사학과 친연성을 보이는 방향에서도 활동하였다. 국난극복사관의 결정판이라고도 말할 수 있는 1979년판 국정교과서의 간행에 관여한 김철준, 한영우, 이현종 등이 여기에 해당한다고 볼 수 있겠다. 이들을 강단 민족주의 역사학이라 말할 수 있을 것이다.

이에 비해 '관점과 태도로서 주체적이고 내재적인 발전'에 입각하여 한국사를 인식하려는 흐름 가운데 유신정권과 대립각을 세우는 사람들은 민중의 역사적 역할에 더욱 주목하면서 현실에 개입하는 학문 자세를 드러냈다. 이들은 《창작과비평》이라는 담론 공간에서 이후 자신들만의 역사인식을 공유하고 대안적 공공 역사인식을 다듬어가며 관제적 민족주의 역사학 및 강단 민족주의 역사학과 경쟁하였다. 변혁의 주체라는 측면에서 민족, 민주, 민중을 연결 지어가는 이들의 움직임에 큰 변곡점의 하나를 제공한 계기는 '분단의 발견'이었다.

'분단시대'의 자각과 '비판적 한국학'의 제기

1973~1974년 즈음 비판적 지식인 사이에 민족과 민중을 연결 짓고 여기에 유신정권의 민주주의 문제까지 동시에 사고하는 흐름이 형성되었다. 민족사의 주체로 민족 자체보다 민족 속의 민중에 더 주목하기 시작한 것이다. 그 시기인 1974년, 한국현대사에서 그리고 1970년대의 현실에서 '분단'을 발견하고 그것을 학문과 현실의 영역에 끌어들이기 시작한 사람은 강만길이었다.

강만길은 1945년 이후부터 통일된 민족국가를 수립한 어느 시기, 즉 민족통일을 달성한 어느 때까지를 사학사적 측면에서 본다면 '분단시대 사학'이라 말할 수 있다고 보았다. 그는 통일된 민족국가를 수립하는 그때까지의 국사학이 나름 독특한 의미가 있을 것이라면서, 분단시대 사학이란 용어를 빌려 분단 문제를 역사학자의 연구 자세와 연구 방향에 끌어들여야 한다고 문제를 제기하였다.[113]

그 계기는 강만길이 천관우의 《한국사의 재발견》(일조각, 1974)에 대한 서평을 쓰면서였다. 서평의 제목에 '실학론'이 들어가 있지만, 이 글의 실질적인 핵심은 필자를 포함해 여러 선행 연구가 주목해온 '분단시대 사학'론, 즉 분단의 발견이었다. 그가 이처럼 분단문제를 제기할 수 있었던 지적 자극은 천관우의 책에서 가장 중심적인 글인 〈한국사학을 어떻게 볼 것인가〉와 연관이 있었다.[114] 이 글은 1972년 3월에 발표되었지만, 천관우가 공식적으로 몇 가지 중요한 문제를 제기하고

---

113) 강만길, 〈실학론의 현재와 전망-천관우의 《한국사의 재발견》을 읽고〉, 《분단시대의 역사인식》, 263쪽. 《창작과비평》 34호(1974. 겨울)에 수록된 글이다.

114) 원래 1972년 3월 발행된 《지성》에 실린 글이다.

있어 주목된다. 그리고 뒤에서 언급할 강만길과 이기백의 현재성 논쟁 때 양측 모두 인용하는 글인 데다, 앞서 살펴본 천관우의 복합국가론과도 내면적 연관이 깊다고 보기 때문에 간략히 소개하고자 한다.

천관우는 절실한 요구에 의해 쓰인 역사, 뚜렷한 사관, 개성 강한 역사 쓰기가 지금 한국사학에 필요하다고 진단하고, "나와 우리의 입장, 현재의 입장"을 일반화하면서도 "미시적 고증과 함께 거시적 동찰(洞察)"을 담아낸 글을 써야 한다고 주장하였다. 그는 지금 한국사 학계가 반성해야 할 점은 민족사관의 문제보다 실증 위주의 사풍을 반성해야 한다고 하면서, 해방 후 그때까지 명저와 역저라고 할 만한 개성 있는 사서가 나오지 못한 이유 가운데 하나로 "실증 정밀에만 치중해온 데서 온 부작용"을 들었다.[115] 그러면서 그는 다음과 같이 지적하였다.

학문을 위한 학문인가, 사회를 위한 학문인가, 다른 학문은 모르나 **적어도 오늘날의 한국 사학은** 이러한 설문에 응할 겨를도 없이 **사회의 간절한 물음에 무엇인가 대답하지 않으면 안 될 처지에 놓여 있다.** 한국 사학자 자신은 학문을 위한 학문에 스스로 만족하고 있고 싶더라도 사회의 요구는 한국 사학으로 하여금 그러한 만족에 도취하고 있기를 허용하지 않는다고 해도 좋다.[116] (강조-인용자)

강만길이 위 인용문을 역사학의 현재성이란 측면에서 받아들인 접근은 어찌 보면 당연한 해석이었다고 하겠다. 천관우는 위의 인용문

---

115) 천관우, 〈한국사학의 반성〉, 이기백 · 차하순 편, 《역사란 무엇인가》, 문학과지성사, 1978, 346 · 347쪽.

116) 천관우, 〈한국사학의 반성〉, 이기백 · 차하순 편, 《역사란 무엇인가》, 348쪽.

에 바로 이어 실증 위주의 사풍을 반성해야 한다고 다시 언급하고, "거시적 역사 서술이 좀 더 많이 나와야 하겠다"고 말하면서 글을 끝 맺었다.[117] 천관우가 말하는 거시적 역사 서술이 필요하다는 주장에서 한국현대사를 바라보는 인식 틀로 '분단시대'를 제시한 강만길의 문제제기는 어찌 보면 자연스러운 도출 과정이었다. 달리 말하면 천관우는 거시적 역사 서술의 필요성을 말할 때 꼭 전근대 시기로만 한정하지 않았다.

현재성과 거시적인 역사인식의 틀이 필요하다고 주장한 천관우는 1972년 이 글을 발표한 몇 개월 뒤인 7월에 남과 북이 각각 존립하면서도 하나가 되는 '복합국가론'을 제기하였다. 7·4남북공동성명 발표 직후에 열린 토론회에서 제기했다는 상황적 요인까지 고려한다면, 그는 자신의 평소 역사인식에 매우 충실한 주장을 제기한 것이다. 그래서 강만길이 이 맥락의 의미를 짚어내며 1945년 이후부터 당시까지 한반도의 역사를 분단시대로 명확히 정의하고, 역사학의 현재적 책무를 《창작과비평》이라는 공론장에서 적극적으로 주장하였다고 볼 수 있겠다.

분단시대를 극복하기 위한 민족통일을 역사적 과제로 담당해야 하는 민족사학을 제창한 강만길의 문제의식에 큰 흥미를 가진 사람이 《창작과비평》의 백낙청이었다. 민중과 민족을 연결 지어 생각하기 시작한 백낙청은 강만길의 발언에 동조하며 민족문학의 시대 가운데 '분단시대'를 살고 있는 우리가 분단시대의 어느 단계, 어느 지점에 와 있는지를 해명해야 한다며 민족문학사의 관점에서 분단시대의

---

117) 천관우, 〈한국사학의 반성〉, 이기백·차하순 편, 《역사란 무엇인가》, 348쪽.

문제의식을 수용하였다.[118] 그러면서 민족문학은 민주 회복을 목전의 과제로 하고 있으며, 이 과제를 달성했을 때 비로소 인권을 존중하는 사회 질서 속에서 분단시대 민족문학의 다음 단계 작업에 착수할 수 있다고 전망하였다.[119] 백낙청은 민주주의와 분단 극복 사이의 상관성을 설명함으로써, 1970년대 중반 시점에 민족문학이 처한 위치와 지점을 해명하려 했다고 볼 수 있겠다.

그렇다면 1974~1975년경에 이르러 백낙청과 강만길 등《창작과비평》관련자들이 민중을 민족문제 해결의 주체로 재인식하고 분단을 발견하여 현재를 분단시대로 규정할 수 있었던 배경은 무엇일까.

유신체제 반대운동은 1973년 10월 서울대 문리대 학생들이 시위를 벌이고 여기에 자극을 받은 유신 반대 세력이 12월부터 '개헌청원백만인서명운동'을 전개하면서 시작되었다. 박정희 정부는 긴급조치 제1, 2호로 이들의 움직임을 제압했지만, 학생운동 세력은 1974년 4월 전국민주청년학생연맹의 이름으로 '민중 민족 민주 선언'을 작성하였다. 선언문은 유신 세력이 "반민주적 반민중적 반민족적 집단"이라 명시하고 "민중적 민족적 민주적 운동"을 전개하여 정치적 민주화와 더불어 노동자 서민 대중의 생존권을 보장하고 민족적 자립경제를 확립하도록 요구하였다.[120] 정치 문제만이 아니라 민중의 경제 문제와 민족경제 문제까지 언급하며 삼민(三民)의 민주화운동 논리를 공식화한 것이다.

---

118) 백낙청, 〈민족문학의 현 단계〉,《창작과비평》35, 1975. 봄, 38쪽.
119) 백낙청, 〈민족문학의 현 단계〉,《창작과비평》35, 46쪽.
120) 기쁨과 희망 사목연구원,《70~80년대 민주화운동의 증언, 암흑 속의 횃불》1, 기쁨과 희망 사목연구소, 1996, 221~223쪽.

이어서 1974년 10월 동아일보 기자들이 언론 자유를 지키기 위해 〈자유언론실천선언〉을 발표하면서 정부의 통제에 저항하는 언론자유 수호운동이 확산하였다. 12월에는 민주화운동 세력이 민주회복국민 회라는 연합체를 결성하여 조직적인 반유신운동을 벌이기 시작하였 다. 박정희 정부는 여기에 대응하여 1975년 2월 유신헌법 찬반에 관 한 국민투표를 시행하고 형식적 합법성을 획득하였다. 그리고 4월에 베트남이 공산 통일되자, 5월에 긴급조치 가운데 가장 포괄적이고 강 력한 규제 내용을 가진 제9호를 선포하여 유신헌법을 비방하지 못하 게 하고 침묵을 강요하는 등 언론·출판·집회·결사의 자유를 근간으 로 하는 정치적 민주주의를 근본적으로 부정하였다.

억압당하는 침묵 속에서 1976년 3월 1일 명동성당에서 열린 3·1절 제57주년 기념식 때 재야 정치 세력은 '민주구국선언'을 발표함으로 써 새로운 돌파구를 마련하였다. 그 핵심 내용을 간추리면 다음과 같다.

1. 이 나라는 민주주의 기반 위에 서야 한다. **민주주의는 대한민국의 국시**다. ……
   2. **경제입국의 구상과 자세가 근본적으로 검토**되어야 한다.
   경제발전이 국력 배양에 중요하다는 것을 우리는 잘 안다. …… 그런 데 현 정권은 경제력이 곧 국력이라는 좁은 생각을 가지고 모든 희생시 켜가면서 경제발전에 전력을 쏟아왔다. ……
   3. **민족통일은 오늘 이 겨레가 짊어진 최대의 과업**이다. 국토 분단의 비극은 남과 북에 독재의 구실을 마련해주고, 국가의 번영과 민족의 행 복과 창조적 발전을 위해서 동원되어야 할 정신적 물질적 자원을 고갈

시키고 있다. …… **'민족통일'의 첩경은 민주 역량을 기르는 일이다.**[121]

(강조-인용자)

민주구국선언은 두 가지 점에서 특별히 주목할 필요가 있다. 하나는, 민주화운동 세력이 대한민국의 국시를 민주주의로 공식화함으로써, 1961년 5·16군사쿠데타 때 쿠데타 세력이 반공을 국시로 내건 '혁명공약'과 정면으로 배치되는 이데올로기를 비로소 제시했다는 점이다. 다른 하나는, 민주화운동 세력이 궁극적인 목표점을 이제까지 주장해왔던 민주화보다 더 미래적인 통일이라고 천명하고, 민주와 통일의 관계를 설정했다는 점이다.

민주구국선언은 민주화운동 세력이 무엇을 비판하고 있는지, 그러면서 대안으로 통일과 민족, 민주, 민중을 어떻게 연관시키고 있는지를 가장 압축적이고 종합적으로 정리한 주장이다. 이는 유신체제를 지지하는 세력과 이를 반대하는 민주화운동 세력 간의 결정적 간극, 즉 막연하지만 어떤 통일국가를 만들 것이며 어떤 과정과 방법을 가지고 도달할 것인가에 대한 인식의 차이가 공식화했음을 의미한다. 달리 말하면 관제적 담론과 민주적 담론 사이에 경합하는 공공영역이 본격적으로 형성되기 시작함으로써 '경합하는 공공성'이라는 시선에서 이 시기를 이해할 수 있게 되었다.

그런데 분단을 발견하고 분단시대를 자각하려는 지적 노력은 이러한 시대 흐름과 맞물려 나타났지만, 곧바로 공감대를 확보할 수는 없었다. 사실 거창한 학문적 이론을 들이대지 않더라도 보통 사람이라

---

121) 기쁨과 희망 사목연구원, 《70~80년대 민주화운동의 증언, 암흑 속의 횃불》 2, 기쁨과 희망 사목연구소, 1996, 66~69쪽.

면, "지금 남북이 분단돼 있다는 사실이야 누구나 아는 일이지만, 이 시대를 굳이 '분단시대'라고 일컫는 것이 가장 타당한 것인가"라는 의문을 자연스럽게 품을 수 있었다. 더 나아가서 "그렇게 이름을 붙인다고 할 때 우리는 이 시대 우리 민족의 역사를 어떻게 파악하는 것인가"라는 의문을 제기할 수 있었다.[122] 그런데 학계의 경우만 보더라도, 당시까지 한국의 사회과학계는 분단된 한반도의 남쪽, 즉 '남한'을 거의 자족적(自足的)인 사회 단위로 은연중에 설정하고 연구를 진행해오고 있었다. 또한 학문적 전통을 조금이나마 갖고 있던 경제학계의 학자들도 대부분 이때까지 보편과학의 이름으로 남한만의 자족적인 사회의 역사적 과제에 대답하려고 노력해왔다.

더구나 강만길이 분단시대의 사학을 말하고 민주화운동 세력 사이에 분단시대라는 문제의식이 퍼져나가고 있던 즈음에, 남과 북이 하나의 민족으로 역사 과정을 거쳐 형성되었다는 인식을 요구하는 분단시대의 역사인식과 반대 방향으로 제3차 교육과정이 진행되고 있었다. 앞서 1장에서 보았듯이 제3차 교육과정은 남한만의 완결되고 독립된 사회처럼 보려는 태도와 인식을 학교 교육을 통해서도 재생산하였다. 가령 중고교의 국정교과서는 해방 후 좌우 대결, 분단 정부 수립, 그리고 한국전쟁과 관련해서만 북한이라는 존재를 언급하였다. 그러면서 국토와 민족의 통일을 민족 최대의 역사적 사명으로 제시하고, "자유와 민주주의를 근본으로 하는 민족정신에 의한 사상적 통일을 기해야 한다"고 언급하였다.[123] 북한의 역사와 남북한 관계의 전개 과정을 교과서에서 생략된 채 적대적 상대인 북한 자체를 이성적으로

---

122) 〈좌담회: 분단시대의 민족문화〉, 《창작과비평》 45, 1977. 가을, 3쪽. 사회를 맡은 백낙청의 발언이다.

고려하지 않고 민족의 이름으로 흡수통일 해야 한다고 말했을 뿐이다. 국정 국사교과서는 민족을 언급하였지만 그 민족은 감성적인 '대한민족'이며, 현실의 북한 사람과 북한 체제를 소거한 채 남한의 역사만을 언급하며 통일을 말한 교재였다.

국정 국사교과서는 북한사 자체를 기술하지 않은 채 현실에서 적대 집단인 북한과 싸워야 하는 남한의 학생에게 앉아서 통일을 기다릴 수 없으니 통일을 앞당기기 위해 피나는 노력을 아끼지 말아야 한다며 통일을 특별히 강조하였다. 그러면서 "구국을 위해 헌신하는 훌륭한 전통을 이어받은" 학생들은 비상시에 "목숨을 걸고 구국의 대열에 앞장섰던 선배 학도들의 장한 기상과 전통을 또한 우리 것으로 만들어야" 한다고 요구하였다.[124] 관제적 민족주의 역사학은 국난극복사관을 통해 '북한 괴뢰'의 남침 위협과 통일을 내세워 학생들에게 일방적 희생을 요구하고 그것을 정당화하는 데까지 논리를 연장하였다. 이와 달리 분단시대를 자각한다는 맥락은 남과 북이 하나라는 시각과 태도에 입각하여 북한의 실체에 주목하며 남북한 주민 개개인이 존중받는 사회로 나아가야 한다는 함의를 내포하고 있었다.

그럼에도 한국사회에서 분단시대는 낯선 말이었고, 그에 따라 분단의 학문화라는 문제의식은 싹틀 수조차 없었다. 하여 관제적 공공 역사인식에 저항하고 경합하는 대항 지식의 일부인 '분단시대란 무엇인가'에 대해 우선 공감대를 형성하고 확산시킬 필요가 있었다. 1977년 7월 《창작과비평》의 '분단시대와 민족문화'라는 이름의 좌담회는 그

---

123) 문교부, 《중학교 국사》, 267쪽. 고등학교 국사의 한국현대사 부분은 중학교 교과서보다 더 간략하니 새삼 언급할 필요가 없다고 본다.

124) 문교부, 《중·고등학교용 시련과 극복》, 261쪽.

러한 고민의 산물이었다. 토론에 참가한 사람들의 발언 속에서 왜 분단시대인가를 추려보면 다음과 같다.

강만길: …… 그래서 지금 우리가 당면한 문제는 우리 민족 구성원 전체로 하여금 20세기 초반에 시작됐던 **우리의 불행한 역사가 아직도 끝나지 않고 계속되고 있다는 생각을 좀 더 철저히 가지게 해야 하며,** 그때 비로소 불행한 역사 속에서 벗어날 수 있는 길을 마련할 수 있을 것 같다.

김윤수: 역사학자도 정치학자도 아닌 입장에서 소박하다면 소박하게 이 문제를 이야기할 수밖에 없겠는데, **우선 지금이 분단시대요 우리가 분단시대에 살고 있다고 말할 때 이 규정은 남북이 하나의 나라, 하나의 민족이라는 사실을 무엇보다도 명확하게 인정할 수 있게 해주며** 한 나라가 그것도 우리 민족의 의사에 반해 두 쪽으로 갈라진 것이므로 **어떻게든지 하나로 합쳐져야 한다는 점에서 통일의 당위성도 그만큼 선명해지는 것** 같습니다.

임형택: '분단시대'로 우리가 살고 있는 오늘을 파악하려는 강 선생님의 의도에는 전적으로 동감입니다만, 분단시대란 용어는 통일을 강구하는 민족의 의지가 적극적으로 표현되어 있지 않아서 좀 불만인 느낌도 있습니다. 단, 보다 적절한 말이 떠오르지 않으므로, 오늘의 **민족 현실을 투철하게 인식하기 위해서는 이 말을 써야겠으나** 분단 그것을 극복하고자 하는 민족의 의지를 아주 강조해서 써야 할 것 같아요.

이영희: 우리가 만약에 통일을 관념적인 것이라고 하면서 통일에의 지향을 거부하거나 여기에 대한 진정한 노력을 하지 않는다면 **전쟁으로 해결하려는 형태가 찾아올 위험이 더욱 커진다**는 말씀입니다. 이 **국**

가사회의 비정상과 일그러짐이 영원히 풀리지 않는다는 것은 두말할

것도 없고요.[125] (강조-인용자)

네 사람의 발언을 거칠게 요약하자면, 분단시대라는 용어는 남북한
모두가 하나의 민족인데 분단된 현실에 처해 있고 그것이 우리의 일
상에 미치는 영향이 지대하므로, 우리가 자각하여 평화통일을 달성하
지 않는 한 분단의 질곡에서 벗어날 수 없다는 철저한 문제의식을 내
장하는 데 유용한 개념이라는 것이다.

한국현대사의 특징을 분단시대로 특정하고 남과 북을 하나로 보려
는 시각은 신라와 발해를 하나의 시대로 묶어 보려는 역사인식으로
도 나타났다. 강만길이 분단시대 역사학을 제창한 글을 발표한 다음
호인 《창작과비평》 1975년 봄호(35호)에 성균관대학교에서 고려시대
를 연구하는 국문학자 이우성이 신라와 발해가 남북에서 대립한 시대
를 '남북국시대'라 부르자고 제안하였다. 그는 남북국시대라는 말 자
체가 누구에게나 익숙한 용어는 아닐 뿐 아니라 역사학자들 대다수도
사용을 거부하거나 주저하는 명칭이라고 진단하였다. 그럼에도 그는
신라 사람들은 발해를 가리켜 북국(北國), 발해 사람들은 신라를 가리
켜 남국(南國)이라는 말을 사용했다고 신라의 문헌에 나올 정도로 그
시대 사람들이 이미 사용한 명칭이라고 주장하였다.[126]

남북국시대라는 시대성을 규정한 용어는 '통일신라'라는 명칭을 사
용하기를 거부하는 역사인식을 내포하고 있다. 이 용어의 사용은 일
제강점기 식민주의 역사학과 연관성이 있으며 해방 후에는 냉전의 한

---

125) 〈좌담회: 분단시대의 민족문화〉, 《창작과비평》 45, 5쪽, 7~10쪽.

126) 이우성, 〈남북국시대와 최치원〉, 《창작과비평》 35, 1975. 봄.

반도 버전인 분단체제와 반공민족주의에 편승하고 그것을 조장하면서 학문권력을 장악한 이병도 등 문헌고증사학의 고대사 이해를 부인하는 역사인식을 드러낸 행위이다. 반면에 문헌고증사학은 통일신라를 주로 설명하고 발해는 부수적으로 언급한다. 1979년판 중고교 국정 국사교과서가 이를 잘 보여준다. 심지어 관제적 민족주의 역사학을 대표하는 이선근의 경우 발해 자체를 거의 언급하지 않았다.[127]

강만길의 분단시대, 이우성의 남북국시대라는 말이 내포한 역사인식, 즉 남과 북을 하나의 역사와 틀로 이해하자는 시각은 1970년대 중반 시점에 한국의 현실에 매우 유용한 새로운 역사인식을 사회에 제공하였다. 당시 《창작과비평》 편집위원 가운데 한 사람이었던 염무웅의 다음 회고에서 이를 확인할 수 있다.

> 1970년대 들어와서 1972년에 남북공동성명이 있잖아요? 그와 거의 동시에 유신체제가 시작하는데, 이런 현실을 역사적인 차원에서 설명하고 인식하기 위한 노력으로 남북국시대 또는 분단시대 개념이 등장하게 되었다고 생각합니다. **남북의 현실을 하나의 큰 틀로 보자는 시각**이 생겨난 거라고 할 수 있는데, **이로써 통일운동도 더 확실한 이념적 뒷받침을 얻게 된 게 아닌가 싶어요.** 물론 민족주의가 가질 수 있는 위험은 세계사가 명백히 보여주는 건데, 그런 위험에도 불구하고 **우리의 분단 현실에서는 민족이란 전(前)시대적 공통기억을 호출하지 않고서 남북을 묶어서 생각하기 어려운 측면**이 있고, …… **한시적으로라도 민족이라는 과도기적 매개항을 활용**하지 않을 수가 없다. 제 생각에는 1970년

---

127) 이택휘, 〈이선근〉, 《한국사 시민강좌》 46, 2010, 196쪽.

대 창비 필자들 대부분이 이런 점에 암묵적으로 동의하지 않았나 싶어
요.[128] (강조-인용자)

《창작과비평》의 주도자들에게 남과 북을 하나로 보는 시각은 매우 새롭고 신선한 것이었다. 그들은 용어에 내포된 문제의식을 공유하고 확산시키기 위해 좌담회를 비롯해 다양한 기획을 시도했다.[129] 편집위원인 백낙청은 민주 회복을 과제로 설정한 시점에 민족과 민중을 접목하고 분단시대라는 문제의식을 수용하면서 자신의 시야를 민족문학과 통일문제를 연계해 논설로까지 나아갔다. 그는 "통일의 사상을 근본으로 삼는" 분단시대의 민족문학이야말로 "민족의 슬기를 집약하는 예술이요 세계적인 수준을 내다보는 문학이다"라고 규정하였다.[130] 이러한 관점은《창작과비평》1978년 가을호(49호)에 게재된 〈좌담: 내가 생각하는 민족문학〉이란 주제의 토론에서도 그대로 드러났다. 그는 좌담회를 정리하는 맨 마지막 멘트에서, 우리의 모든 문제가 분단의 극복이라는 특정한 문제에 집중적으로 얽혀 있어 통일문제를 제쳐놓고 제3세계의 민중과 민족문학을 논해보았자 추상적인 이야기에 머물 수밖에 없음이 제3세계와 다른 점이라고 언급하였다.[131] 강만길

---

128) 〈김병익·염무웅 대담: '창작과비평' '문학과지성'을 말한다(2014. 2. 5)〉, 서은주·김영선·신주백 편,《권력과 학술장-1960년대~1980년대 초반》, 혜안, 2014, 332·333쪽.

129) 《창작과비평》이 분단시대에 착목하여 한국사와 한국사회를 새롭게 해석하려고 노력한 것은 일본인 연구자들에게도 주목을 끌었다. 和田春樹·高崎宗司 共編,《分斷時代の民族文化-韓國(創作と批評)論文選》(社會思想社, 1979)이 바로 이 경우이다. 책 제목은 〈좌담회: 분단시대의 민족문화〉(1977. 봄)를 번역 수록하면서 그대로 옮겨온 것이며, 이 밖에 백낙청, 염무웅, 노재봉, 강만길, 송건호, 박현채, 박태순의 글이 수록되어 있다.

130) 백낙청, 〈분단시대 문학의 사상〉,《씨올의 소리》, 1976. 6.

131) 〈좌담회: 내가 생각하는 민족문학〉,《창작과비평》49, 1978. 가을, 52쪽.

의 사론집《분단시대의 역사인식》을 같은 해 8월에 출판한 창작과비평사의 움직임도 우연은 아닐 것이다.[132]

《창작과비평》의 편집진은 여기에 머물지 않고 분과학문별로도 좌담을 기획하였다. 교육학의 경우 〈좌담회: 분단 현실과 민족 교육〉(1978년 여름호), 사회학의 경우 이효재의 〈분단시대의 사회학〉(1979년 봄호)을 발표하고, 여성학 내지는 여성운동의 경우 〈좌담회: 오늘의 여성문제와 여성운동〉(1979년 여름호)이라는 기획 주제 속에서 분단시대라는 시대적 문제의식을 공유하고 확산시켜갔다. 심지어 〈오늘의 경제 현실 경제학〉(1979년 겨울호)이라는 주제의 좌담회를 조직하여 좌담하던 도중 "분단 상태가 자원 이용, 인구 및 산업 입시, 투사 효율 등 여러 분야에서 경제적으로 소망스럽지 못하다"는 정도로 '분단의 경제적 성격'에 대해 간단히 짚어보기도 하였다.[133] 학계와 대중 사이에 분단시대라는 용어가 급속히 퍼져나간 때도 1978, 1979년 즈음이었다고 볼 수 있겠다.

자신과 남한 그리고 북한이 분단시대에 처해 있음을 받아들이는 연구자 중에는, 분과학문의 새로운 모색을 시도하는 차원에서 연구 대상과 방법을 명확히 제시하는 움직임도 있었다. 여성사회학자인 이효재가 제기한 '분단시대 사회학'이 여기에 해당한다.

이효재는 새로운 사회학을 언급하기 이전에 '분단시대 한국학'의 과제를 아래와 같이 제기하였다.

---

132) 편집진조차 "우리 시대의 민족사적 의의를 이처럼 깊고 평이하게 밝혀준 책도 아마 찾기 어려울 것이다"라고 극찬하며 자신감을 드러낸 책이다. 〈편집후기〉,《창작과비평》49, 1978. 가을. 잡지에 쪽이 표시되어 있지 않다.

133) 〈좌담: 경제 현실과 경제학〉,《창작과비평》54, 1979. 겨울, 162쪽.

…… 앞날의 공동체적 과제는 무속적인 일시적 푸닥거리 굿거리가 아니라 새 역사 창조를 위한 실천적 노력으로 우리 민중과 민족의 한을 풀어나가야 할 것이다.

이런 의미에서 **분단시대의 한국학은 분단 상태에서 발생하는 민중의 한스러운 삶이 어느 정도로 우리를 비인간화하고 있느냐에 대한 문제의식을 가지고 그 현실을 파악해야 한다.** 종교학, 정신분석학, 민속학, 심리학, 문학, 사회학 등 한국 사회와 문화를 연구하는 각 연구 분야에서 한에 사로잡혀 있는 인간들의 비뚤어진 심성, 왜곡된 의식 상태, 편협한 사상 및 가치관, 서로 불신하고 파괴하는 행동과 인간관계 등 진정으로 인간답지 못한 사회문화적 현실을 객관적으로 파헤쳐 우리의 자화상(自畫像)을 직시할 수 있게 해야 한다. …… 이렇게 우리의 있는 현실을 객관적으로 제시하고 이해할 때 우리가 처한 이 시대적 상황, 사회적 구조가 우리를 어느 정도로 비인간화하고 있는가를 깨닫게 될 것이다.[134] (강조-인용자)

그러면서 이 시대의 한국 사회학은 "분단이라는 역사적 사실이 이 시대 사회구조의 성격을 어떻게 특징지었으며, 이로써 형성된 우리의 의식 상태, 가치관 및 인간관계나 사회 행동, 즉 모든 사회적 현실이 우리에게 무엇을 의미하는가를 연구"해야 한다고 과제를 제시하였다.[135] 민중의 삶 자체를 좌우한 분단의 구조적 요인을 분석하도록 촉구한 것이다. 그러면서 그것을 분석할 방법론으로 양적 조사 방법에만 머물지 말고 참여자로서의 객관적 이해 방법, 역사적 접근 방법,

---

134) 이효재, 〈분단시대의 사회학〉, 《창작과비평》 51, 1979, 253쪽.

135) 이효재, 〈분단시대의 사회학〉, 《창작과비평》 51, 253쪽.

문학사회학적 방법 등 다양한 모색을 해야 한다고 제기하였다.[136]

이처럼 1970년대 중반경에 제기된 새로운 한국학이란, 민중을 민족사의 주체로 인식하고 분단시대를 자각하는 통일 지향적인 태도와 실천 지향적인 학문, 즉 '비판적 한국학'을 말한다. 이때 가장 먼저 분단을 발견한 한국사 분야는 새로운 한국학을 모색하는 중추일 수밖에 없었다.

---

136)   이효재, 〈분단시대의 사회학〉,《창작과비평》 51, 257쪽. 1980년대 들어 이효재의 문제 제기를 받아들인 논문들이 사회학 분야에서 조금씩 나오기 시작하였다. 이효재, 〈민족 분단과 가족문제〉,《분단 현실과 통일운동》, 민중사, 1984; 김진균·조희연, 〈분단과 사회 상황의 상관성에 관하여-분단의 정치사회학적 범주화를 위한 시론〉, 변형윤 외,《분단시대와 한국사회》, 까치, 1985.

3장 한국사 학계의 거듭된 분화

균열 지점의 재확인, 정치성과 민중

분단을 발견하고 민중을 재인식하며 실천적 학문을 지향하려는 흐름
이 한국사 학계에서도 나타났다. 아니, 오히려 새로운 한국학의 흐름
이 형성되는 바탕이었고 촉매제였다고 말할 수 있다. 관점과 태도로
서 주체적이고 내재적인 발전의 맥락에서 한국의 역사와 문화를 보
려는 분위기를 선도하던 움직임이 그러한 흐름의 바탕이었다면, 다른
분과학문에 비해 앞서서 민중의 역사에 주목하고 분단시대의 학문하
기를 제창한 접근이 그러한 경향의 촉매제로 작용했기 때문이다.

　민중을 민족사의 주체로 재인식하려는 움직임은 1970년대 중반경
우리 역사에서 민중을 구체적으로 확인하려는 노력으로 나타났다.

　한국근현대사 속에서 민중에 대한 학문적 자리매김을 본격적으로
처음 시도한 사람은 정창렬이었다. 그는 1811년 홍경래의 난으로부
터 1930년대 노동자·농민운동까지를 한국의 민중운동이 근본적으로
지향한 근대적 민족국가를 수립하려는 '한국 민중운동사'였다고 정의
하였다.[137] 그는 개항 이후 사상의 흐름을 개화사상, 위정척사사상 그

리고 동학사상으로 나누고, 동학사상의 평등주의와 근대자본주의에 대한 반침략의식을 품고 있거나 그러한 의식을 지향한 농민이 주체적 실천과 실력으로 현실화하려는 의식체계를 민중사상이라 정의하였다.[138] 그는 1976년《창작과비평》의 좌담회에서도 근대민족의 형성을 주체적으로 담당할 세력으로 광범위한 민중을 주목하자고 주장하였다. 그에 따르면 서구와 달리 고전적 자본주의가 성립하지 않았던 한국사에서 개항 이후 주요 역사적 과제는 민족적 결집, 민족의 형성, 근대민족으로서의 자기 형성이었다. 이 과제를 수행할 담당 주체는 서구의 국민국가 형성을 책임졌던 부르주아지와 달리 '광범한 민중'이었다.[139] 정창렬도 민족사의 주체로서 민중에 주목한 것이다.

민중을 중심으로 한국근대사를 이해하려는 노력은《창작과비평》편집위원회가 독립협회와 의병운동을 '민중운동사'의 맥락에서 기획한 논문을 연재한 데서 짐작할 수 있다.[140] 이유는 알 수 없지만, 1970년대 초반기까지 민중은 학문적으로 정리된 적이 없었으므로 기획이 계속될 수 없었을 것이다. 그럼에도 역사 속의 민중에 주목하려는 사람들 사이에서는 민족사의 주체로서 민중에 주목하고 민족과 민중의 관계를 설정하는 움직임도 있었다. 그것은 민족과 민중을 대립관계로

---

137) 정창렬, 〈한국 민중운동사〉, 정창렬 저작집 간행위원회 편,《정창렬 저작집 II-민중의 성장과 실학》, 선인, 2014. 이 글은《한국 문화사 신론》(1975)에 수록되었다.

138) 정창렬, 〈개화사의 반성과 정향-근대민족으로서의 자기 확립을 위하여〉, 정창렬 저작집 간행위원회 편,《정창렬 저작집 III – 민족문제와 역사인식》, 39~41쪽. 이 글은 〈개화사의 반성과 정향-개화와 자주의 시련사를 재평가한다〉라는 제목으로《월간중앙》1976년 1월호에 게재되었다.

139) 〈좌담회: 민족의 역사, 그 반성과 전망〉,《창작과비평》41, 43쪽.

140) 예를 들어 다음과 같은 글들이다. 신용하, 〈민중운동사(2)-독립협회의 창립과 조직〉, 1974. 봄; 김의환, 〈민중운동사(3)-의병운동〉상·하, 1974. 여름·가을.

파악하지 않고, 민족 구성원의 대다수를 차지는 민중이라는 입장 그리고 한국사에서 민족모순과 사회모순을 해결하는 주체로서 민중을 이해하려는 움직임이었다.

민족과 민중을 이렇게 보려는 태도가 내포하는 의미는 주체적 민족사관론자들의 신채호에 대한 이해와 대비시켜보면 명쾌하게 확인할 수 있다. 주체적 민족사관을 강조하는 사람들은 신채호의 저항주의 역사학에만 주목한다. 민족이라는 주체가 역사 앞에서 가지는 자주에의 의지와 능력만을 주목한다. 신채호가 독립운동의 일환으로 역사를 연구했다는 점과 역사 발전에서 민중의 역할에 특별히 주목했던 점에는 제대로 시선을 주지 않는다.[141] 그들은 식민사관에 의해 훼손된 5,000년간의 주체적이고 단일한 민족사를 복원하는 역사인식을 '주체성의 다리', 즉 '주체사관'으로 인식한다.[142] 결국 이런 관점에서 보면 식민지화의 내적 원인은 설명할 수 없게 되며, 모든 책임을 일본의 제국주의적 침략으로 떠넘길 수 있다. 1, 2장에서 누차 언급했지만 내적 성찰을 가로막는 국난극복사관의 병폐적 특징이 여기에 있다.

국난극복사관으로서 주체적 민족사관을 내세우는 사람의 역사인식은 역사학계의 주류 학문권력으로 자리 잡은 문헌고증사학처럼 학문과 시대의 연관성, 달리 말하면 정치성을 따지지 않고 자세와 가치관도 문제 삼지 않은 태도로 이어졌다. 또한 우리 안의 역사인식에는 눈을 감고 일본인 식민주의 역사학의 역사인식만을 비판적으로 분석하

---

141) 최창규,《한민족 근대화 정치론–민족사의 정통성과 통일민족사의 새 좌표》, 사문학회, 1975, 98~108쪽. 서울대학교 교수인 최창규는 국사교육강화위원회 위원이자 7인의 소위원회 위원으로도 활동하였다.

142) 최창규, 〈우리들의 민족사-사관과 그 몇 가지 문제점〉,《수도교육》 35, 1978. 5. 서울시 특별교육연구원에서 발행하는 잡지였다.

는 내재적 발전의 한 흐름, 즉 관제적 민족주의 역사학과도 뚜렷하게 경계 짓기 어려운 측면이 있다. 1970년대 들어 세 경향이 매우 중첩되는 시기가 있었다고 볼 수 있겠다.

예를 들어 한국사연구회의 대표간사로 있으면서 국정교과서 집필에 참가한 김철준 서울대 국사학과 교수의 경우가 있다. 앞서도 언급했지만 한국사연구회는 "유신독재정권의 어용학회가 아님을 선명히" 할 필요가 있어서 그에게 대표간사직에서 물러날 것을 요구하였다.[143] 김철준은 유신정권이 권력을 강화하며 민주주의를 부정하는 정책의 하나인 국정제라는 역사 정책을 추진하자 여기에 호응하여 집필에 참여하였고, 한국사연구회의 대표간사직을 그만둔 이후에도 국난극복 사관을 구현한 역사 정책에 보조를 맞추었다. 가령 그는 신채호가 민족문화의 근대적 발전 방향을 제시했다고 평가하면서도, 신채호의 역사관에서 매우 중요한 민중 인식에 대해서는 아무런 언급이 없다. 민족의 강인성, 문화의 종합성과 융합성을 한국문화의 총체적 특징으로 언급하면서도 민중은 언급하지 않았다.[144] 주체적 민족사관론자들처럼 민족은 언급해도 민중은 말하지 않은 것이다. 그의 사례는 주체적이고 내재적인 발전의 맥락에서 한국사를 이해하려는 어떤 경향과 관제적 공공 역사학과의 경계 짓기가 쉽지 않음을 보여준다.

결국 앞서 언급한 김철준의 사례에서 알 수 있듯이, 1970년대 중반경을 고비로 내재적 발전에 따라 한국사를 연구하는 사람들 사이에

---

143) 강만길, 《역사가의 시간》, 203쪽.

144) 김철준, 《한국 문화사론》, 지식산업사, 1979, 39쪽, 320쪽. 이해를 돕기 위해 미리 언급하자면, 김철준은 같은 문헌고증사학으로 분류할 수 있는 이기백이 갖고 있던 민족의 주체로서의 민중에 대한 시야조차 거두고 있었다.

나타난 구별 짓기의 경계는 유신정권의 역사 정책에 대해 어떤 태도를 보이느냐의 문제, 즉 정치성의 문제였다. 1970년대 초반경만 해도 민중에 대한 이해와 태도의 차이가 내부의 경계를 가를 만큼 큰 요인은 아니었다. 오히려 이보다 더 전면에 등장한 주제 또는 논점은 분단시대에 관한 태도와 관점의 차이였다. 한국사 학계에서 민중에 대한 이해의 차이는 아직 분단의 발견과 역사학의 현재성에 묻혀 있었다. 이를 집중 고찰해보자.

강만길이 발언한 '분단시대 사학'은, 예를 들어 장준하가 통일문제와 복합국가에 대해 말하며 '분단체제'라는 용어를 사용했던 것처럼,[145] 우연히 일회성으로 또는 지나가는 듯이 사용한 용어가 아니었다. 강만길은 1975년 5월 전국역사학대회의 주제 발표에서 다음과 같이 주장하였다.

자료 1: 해방과 함께 민족과 학문이 모두 분단되었고 그것은 아직 계속되고 있다. 분단이 이루어진 때부터 민족의 통일이 달성될 앞으로 어느 시기까지의 역사학은 **'분단시대 사학'**으로서의 일정한 제약성을 벗어나지 못할 것이다.

자료 2: 앞에서 역사 발전이란 곧 각 시대마다의 역사 담당 주체 세력의 확대 과정이라 말하였지만, 민족의 통일을 위한 지도원리로서의 **근대 내셔널리즘은 시민계급의 사회계층이 주체가 된 국민주의적 내셔널리즘이 아니라** 그 주체세력이 민족 구성원 전체로 확대된, 우리가 말한 **민족주의적 내셔널리즘이 되어야** 할 것이다.[146] (강조-인용자)

---

145) 장준하, 〈민족주의자의 길〉, 《씨올의 소리》, 1972. 9, 62쪽.

강만길은 우리가 살고 있는 이 시대가 '분단시대'임을 제기하고 역사학의 현재성을 강조하였다.[147] 자료 1에 따르면, 그는 분단이 우리의 삶에서 일상적으로 작동해왔다는 문제의식 속에서 1945년 이후 한국현대사의 특징으로 분단시대를 부각해야 한다고 생각하였다.

그리고 한국근현대사 속에서 볼 때 분단시대의 주체는 재구성되어야 한다고 자료 2에서 언급하고 있다. 강만길이 말하는 민족 구성원 전체라는 주체의 중심에는 민중이 자리 잡고 있었다. 이는 전국역사학대회에서 토론자로 나선 이기백의 질문에 대한 대답에서 확인할 수 있다.

질문: …… 마지막 단계의 소위 가장 바람직한 장래의 역사학이라고 그렇게 얘기한 민족주의적 민족사학은, 내용으로 볼 때에 차라리 가령 '민중사학(民衆史學)'이라고 한다든가 하는 것이 오히려 아무에게도 오해를 받지 않는 그런 내용의 것이 되지 않을까 이렇게 생각합니다. …… **역사학은 현실의 문제들에 의해서 좌우되는 학문이 아니라, 보다 높은 위치에서 현실을 비판하는 학문**이라고 생각합니다. 그렇지 않으면 역사학은 현실에 아부하는 곡학(曲學)으로 타락할 위험성이 많습니다.[148]

답변: 민족사의 발전단계를 3단계로 (구분하여 보고-인용자) …… **우리의 민족적 현실과 연관하여 통일문제를 결부시켜 생각해보려 한 것입니다.** 민족적 의미가 시대에 따라 변한다는 생각을 바탕으로 하여 입론

---

146) 강만길, 〈민족사학론의 반성-광복 30년 국사학의 반성과 방향〉, 《분단시대의 역사인식》, 25쪽, 37쪽. 애초 1975년 제18회 전국역사학대회에서 발표된 원고를 《역사학보》 68호(1975)에 수록한 것이며, 《창작과비평》 39호(1976. 봄)에 재수록되었다.

147) 현재성을 둘러싼 논점은 다음 '항'에 '분화의 가속화, 분단시대 국사학의 현재성 논쟁'에서 언급하겠다.

한 것입니다. 제가 말씀드린 **민족주의적 내셔널리즘 사학을 '민중사학 (民衆史學)'이라 부르는 것이 좋겠다는 말씀에는 어느 정도 동감**입니다만 그렇게 하기 위해서는 전 단계에 대한 명명도 재고되어야 할 것 같습니다.

마지막으로 역사학과 현실 문제와의 관계, 그리고 역사학의 구성 문제와 아카데미즘의 문제입니다. 이 문제는 그야말로 **학문관(學問觀)의 차이**에서 오는 것이라 생각됩니다. 저의 생각으로는 특히 **국사학은 그 국가 내지 민족의 현실 문제를 떠나서 혹은 그것을 외면하고는 그 존립 기반을 잃는 것**이라 믿어집니다. ……149 (강조-인용자)

그런데 민중에 대한 강만길의 답변은 그때 갑자기 이루어진 것이 아니었다. 1974년 분단사학을 제창하고 1975년 이기백이 토론과정에서 문제제기한 민중사학에 '어느 정도 동감'한 강만길에게는 그때 이미 내면에 민중이 들어와 있었다. 그는 조선 후기 상업자본의 발전을 내재적 발전의 맥락에서 해석한 성과들을 모아 간행한 자신의 저서에서 "피지배대중의 생활상을 밝히는 일에 전념하고 싶"어서 역사학 연구에 뛰어들었다고 밝혔다.150 그래서 그는 지배계층에 한정되지 않고 민족 구성원 대다수를 구성하는 민중에 주목하고, 민족이 분단된

---

148) 강만길, 〈광복 30년 국사학의 반성과 방향-'민족사학'론을 중심으로〉,《역사학보》68, 1975, 124쪽. 125쪽.

149) 강만길, 〈광복 30년 국사학의 반성과 방향-'민족사학'론을 중심으로〉,《역사학보》68, 126쪽.

150) 강만길, 〈머리말〉,《조선 후기 상업자본의 발달》, 고려대학교출판부, 1973. 강만길의 역사 연구에서 조선 후기 내재적 발전의 역사를 1차로 집대성한 책이라고 볼 수 있겠다. 그는 이 책으로 고려대학교에서 1975년 박사학위를 취득하였다.

분단시대에 필요한 역사의 주체로 민중을 설정할 수 있었다. 그가 보기에 실학자의 주류를 이룬 사람은 민중의 편에 선 최초의 지식인이자 근대 지향적인 사상가였고, 실학사상은 본질적으로 민중의 이익을 옹호하고 그 생활 조건을 개선하는 데 목적이 있었다. 그런데 분단시대 이후의 실학자는 "지배받는 자의 편에 서서 그 권익을 옹호한 진보적이고 양심적이며 역사의 바른 노정 위에 선 사상가, 민중에게서 진정한 민족의 주체를 구하면서 민족 내부의 모순을 타개하기 위한 이론 정립에 앞장선 사상가로 부각될 수 있을 것"으로 내다봤다.[151]

강만길은 민중을 피지배자 일반이라는 폭넓은 층으로 범주화하고 있는데, 실학자의 주류는 그 범주에 포함하지 않았다. 이 짐에서는 이기백도 비슷하였다. 민족의 주체라는 측면에서도 강만길과 이기백은 큰 차이가 없었다. 이기백은 지배세력의 지배 대상인 민중이 어느 시대에나 사회의 대다수를 차지하는 기층세력이었고 "직접 생산을 담당하는 자였기" 때문에 그들 없이는 사회 자체가 존립할 수 없다고 보았다. 또한 이기백은 근대 들어 민중이 직접 사회의 지배세력으로 등장하여 발전해가고 있다는 시각을 갖고 있었다. 그에 따르면, 민중은 동학운동, 독립협회운동을 거치며 민족국가건설운동에 참여하였고, 3·1운동 등을 통해 민족운동의 주동 세력이 되었으며, 해방 후에는 4·19혁명에서 알 수 있듯이 정치 참여를 더욱 발전시켜가고 있었다.[152]

그러나 이기백의《한국사 신론》은 4·19혁명 이후의 역사를 언급하

---

151) 강만길, 〈실학론의 현재와 전망〉,《분단시대의 역사인식》, 274·275쪽.《창작과비평》34호(1978. 겨울)에 실린 글이다.

152) 이기백, 〈종장 한국사의 발전과 지배세력〉,《한국사 신론 개정판》, 455·456쪽.

지 않았다. 역사학과 현실의 관계에 대한 그의 견해 때문인지는 모르겠지만, 민중이 분단시대에도 한반도의 미래를 책임지는 민족의 주체인지에 대해 그가 불분명한 태도를 보인 결과일 것이다. 동시에 전국역사학대회 토론 과정에서 언뜻 드러나듯이 현재성에 대한 거부 반응의 결과일 것이다. 달리 말하면 이 지점이 분단시대에도 민중이 민족의 주체로서 미래의 통일문제를 담당해야 한다는 강만길과 입장이 갈리는 대목이다. 강만길이 현재의 문제에 개입하여 역사를 이해하고 현실을 비판적으로 보아야 한다는 의견이라면, 이기백은 현재의 문제와 일정한 거리두기를 하며 현실을 비판해야 한다는 견해, 즉 문헌고증사학의 역사인식 태도와 같은 입장이었다. 물론 1975~1976년경의 시점에서 볼 때 두 역사학자에게는 최소한의 공통분모가 있었는데, 주체적 민족사관에 입각하여 제작되는 중고교 국정교과서 집필에 참가하지 않았다는 점이다. 둘 다 국난극복사관으로서 관제적 공공 역사인식과 거리 두기를 하고 있었다.

분화의 가속화, 분단시대 국사학의 현재성 논쟁

그런데 관제적 공공 역사인식과 거리두기를 하고 있던 이기백과 강만길 사이에서도 이후 역사학과 현재성의 관계를 놓고 생각의 차이가 뚜렷해졌다. 왜냐하면 분단문제의 일상성을 제기하고 민중의 편에서 민족문제를 해결하자는 강만길의 사론은, 역사학의 현재성과 학문적 실천성을 분리하지 않으려는 태도와 연결되어 있을 뿐만 아니라 이후 더 구체적이고 체계적으로 정리되었기 때문이다.

앞서 인용문에서 확인했듯이 발언 자체만으로는 문맥을 이해하기 쉽지 않지만, 역사학은 현실의 문제'보다 높은 위치에서 현실을 비판하는 학문'이어야 한다는 이기백과 다른 태도로 학문하기를 밝힌 강만길은, 1년 후인 1976년 사학사적 측면에서 자신의 논지를 더욱 명확히 문장화한 〈국사학의 현재성 부재 문제〉라는 글을 발표하였다.

강만길이 말하는 한국사의 현재성이란 "역사가가 연구하거나 서술하는 모든 시대의 역사 속에 '현재의 요구와 상황'이 반드시 반영되어야 하는" 경우를 말한다. 그래서 그는 '현재'도 역사학의 가치 평가의 대상이 되어야 한다고 보았다. 더 나아가서 현재에 투영되지 못하거나 현재와 연관성이 없는 역사학은 20세기의 역사학으로 역할을 제대로 하지 못하는 경우라고까지 강경하게 말하였다.[153]

강만길은 현재성이 부재한 사례로 일제강점기의 '실증사학', 즉 필자의 용어로 한다면 문헌고증사학을 들었다. 문헌고증사학이 민족이 처해 있는 현재의 요구와 그다지 연관이 없는 과거의 사실만을 연구 대상으로 삼고 순수 역사학을 내세우며 현재와 가까운 시기에 대한 연구와 평가를 기피했다고 비판하였다.[154] 이기백이 말한 현실보다 더 높은 위치에서 현실을 비판하는 역사학이어야 한다는 발언에 대해서도 방어하기 위한 논리가 아니었을까 한다. 또한 강만길은 해방 이후 문헌고증사학이 학문권력을 장악하며 초래한 현재성 부재의 사례로 독립운동사 연구를 들기도 하였다. 그는 식민지에서 해방된 민족으로서 독립운동사 연구를 전담하는 연구기관 하나도 제대로 갖추고 있지 못하고, 독립운동사를 독립된 교과목으로 채택하고 있지도

---

153) 강만길, 〈국사학의 현재성 부재 문제〉, 《분단시대의 역사인식》, 38쪽. 강만길이 1976년 12월 《한국학보》 제2권 4호에 발표한 글이다.

154) 강만길, 〈국사학의 현재성 부재 문제〉, 《분단시대의 역사인식》, 38·39쪽. 41쪽.

못하며, 반민족적 사실을 규명하는 데도 철저하지 않았다고 비판하였다.[155] 또 연구자들이 자신의 연구 활동에만 집중하고 역사교육을 정책당국에 맡긴 채 방관해온 과정이 국사교육에서 현재성이 없는 보기라고 지적하였다.[156]

그러면서 강만길은 한국사 학계가 짊어져야 할 학문의 책임으로 "분단시대의 극복", "진정한 의미의 민족국가 수립 문제", "인간 해방을 위한 새로운 단계로서의 올바른 근대화의 문제"를 들었다. 그는 민족사회에서 가장 절실한 이들 문제를 학문 외적인 문제라 하여 외면한다면 문헌고증사학이 범했던 오류를 되풀이하는 것이라 지적하였다.[157]

이에 대해 이기백은 1978년에 발표한 〈한국사 이해의 현재성 문제〉라는 글을 통해 강만길의 주장을 직접 거론하며 비판하였다. 그는 역사학이란 현재의 시점에서 과거를 돌아보는 데서 성립하는 학문이라고 정의하였다. 그럼에도 현재성에 대한 촉구가 과거의 사실을 연구 대상으로 하는 역사학의 기본적인 성격까지 포기하게 만들어 역사학을 철학, 경제학과 같은 학문으로 변질시켜서는 안 된다고 주장하였다.[158] 그는 과거의 사실을 연구하는 역사학에서 현재란 역사가 발전해가는 일정한 과정이나 일정한 단계로서 현재를 말한다고 보았다. 그래서 이기백은 역사 발전 과정에 대한 전반적인 이해, 달리 말하면 일반화 또는 체계화가 이루어져야 현재를 올바로 이해할 수 있다고

155) 강만길, 〈국사학의 현재성 부재 문제〉, 《분단시대의 역사인식》, 44쪽.

156) 강만길, 〈국사학의 현재성 부재 문제〉, 《분단시대의 역사인식》, 48쪽.

157) 강만길, 〈국사학의 현재성 부재 문제〉, 《분단시대의 역사인식》, 43쪽.

158) 이기백, 〈한국사 이해의 현재성 문제〉, 《한국사학의 방향》, 일조각, 1978, 143쪽. 《문학과지성》 32호(1978. 여름)에 수록된 글이다.

본 것이다.[159]

　이기백이 보기에 강만길의 주장은 현재의 문제를 강조하는 데 그치지 않고 구체적인 현재의 문제와 연결 지어가면서 한국사를 연구해야한다는 데 특징이 있다고 보았다.[160] 그래서 그는 그렇게 연구하면 현재와 거리가 먼 시대를 연구하는 데 문제가 있다고 지적하였다. 특히나 강만길이 주장하는 각 시대의 시대정신을 찾고 되새기는 역사 연구, 가령 20세기 전반기는 민족해방의 달성, 후반기는 민족통일의 달성이라는 시대정신을 반영한 고대사, 중세사, 근대사 연구란 무엇이고 어떻게 구체화하는가에 대한 설명이 없다고 지적하였다.[161] 그러면서 이기백은 식민지시대와 분단시대는 시대구분의 기준이 다르다고 밝혔다. 또 후삼국시대를 떠올리며 분단시대를 민족분열의 시대로 이해할 우려도 있는데, 그러면 분단시대를 더욱 잘 이해하는 길인지 의문을 제기하였다. 더 나아가 현재와 가까운 시기에 관한 연구가 현재를 이해하는 데 도움이 될 수도 있지만 반대의 경우도 있다고 지적하고, 후자의 경우 오히려 한국사 전체의 체계적인 이해를 방해한다고 비판하였다. 아마 이기백으로서는 '거슬러 올라가는 역사' 분석과 이해를 가장 경계했을지 모르겠다.

　그러면서 이기백은 결론적으로 "정확한 역사적 사실에 뒷받침된 한국사의 발전에 대한 체계적 인식을 제시하는 것이 한국사학의 임무"이며, 여기에 바탕을 둔 학문적 권위로 발언해야 한다고 보았다. 그도 역사학의 현재성에 대해 원칙적으로 부정하지 않는다는 점에서는

---

159)　이기백, 〈한국사 이해의 현재성 문제〉, 《한국사학의 방향》, 150쪽.

160)　이기백, 〈한국사 이해의 현재성 문제〉, 《한국사학의 방향》, 147쪽.

161)　이기백, 〈한국사 이해의 현재성 문제〉, 《한국사학의 방향》, 148쪽.

강만길과 같았지만, 역사학에서 현재의 사실을 곧바로 과거의 사실과 직결시켜 생각할 수 없다는 견해였다. 이기백은 현재와 과거를 직결시키면 역사학이 독립된 학문으로서 권위를 지키기 어렵다고 보았다.[162]

그런데 현재성을 둘러싼 이기백의 강만길 비판은 초점이 어긋났다. 한국사 연구에 현재의 요구 및 상황을 투영시켜 현재성 부재를 극복해야 한다는 강만길의 주장 자체가 오해를 불러일으킬 수 있지만, 현재와 '직결된 과거사 연구'만이 의미 있는 행위라는 뜻은 아니었다. 강만길의 글에서 많은 분량을 들여 설명한 내용은 식민지라는 현실을 외면하고 분단시대라는 현실을 외면했을 뿐 아니라 그러한 현실들에 매몰된 역사학, 즉 주로 문헌고증사학을 비판하는 차원에서의 '현재성'이었다. 이처럼 현재성을 강조한 이유는 민족독립과 민족통일이란 과제를 실현하기 위한 실천성의 회복을 말하기 위해서였다.[163] 그런데 이기백은 이와 관련한 반비판은 전혀 시도하지 않았다. 그러면서 강만길도 인용한 천관우의 《한국사의 재발견》(일조각, 1974)의 일부 내용을 소개하며 한국사를 전체적이고 체계적으로 이해해야 한다고 했지만, 결국 그의 주장은 실증 연구에 충실해야 한다는 것 그 이상도 이하도 아니었다.

이기백이 이와 같이 언급하고 나서 두 달이 지난 1978년 8월에 강만길은 《분단시대의 역사인식》(창작과비평사)을 출판하였다.[164] 그는

---

162) 이기백, 〈한국사 이해의 현재성 문제〉, 《한국사학의 방향》, 147쪽. 151·152쪽.

163) 강만길과 이기백의 논쟁 과정을 보면, 강만길은 전근대 한국사의 현재성에 대한 이기백의 비판에 대해 해명을 한 적이 없고, 이기백은 문헌고증사학의 현재성 문제에 대한 강만길의 비판을 직접 해명한 적이 없었다.

164) 이 책의 서평은 안병직, 〈서평: 현실 인식과 역사인식〉, 《문학과지성》 34, 1978. 겨울 참조.

'책머리에'에서 "지금의 국사학은 분단 현실을 전혀 외면한 국사학과 더욱 나쁘게도 분단체제를 긍정하고 그것을 정착 지속시키는 데 이바지함으로써 오히려 빗나간 현재성을 찾는 국사학만" 있다[165]고 우려를 표하면서 아래와 같이 매우 직접적인 표현을 써가며 이기백 등의 태도를 비판하였다.

분단 현실을 외면하는 국사학은 **그것이 학문적 객관성을 유지하는 길이라 할지 모르지만**, 우리의 생각으로는 그것은 **학문적 객관성과 학문의 현실 기피성이 혼동된 것이며**, 분단체제를 긍정하고 지속하는 데 이바지하는 국사학은 **학문의 현재성을 가진 것이 아니라 분단 현실에 매몰되어버린 학문**이 아닌가 한다.[166] (강조-인용자)

강만길이 '책머리에'에서 밝힌 핵심은 학문의 객관성과 현실 기피성을 구별해야 하고, 분단을 용인해서는 안 된다는 데 있다. 그가 이처럼 자신의 생각을 더욱 분명하게 정리된 형태로 언급한 이유는 1975년 전국역사학대회 때의 발표문과 1976년에 발표한 국사학의 현재성 문제 등에 대해서 받은 여러 문제제기에 분명히 답할 필요가 있다고 판단했기 때문일 것이다. 1978년에도 〈분단시대 사학의 성격〉이란 글을 발표하여, 분단시대 사학론에 대해 총론적이면서도 좀 더 정제된 형태로 자신의 견해를 구체화하였다.[167]

---

165) 강만길, 〈책머리에〉, 《분단시대의 역사인식》, 4쪽.
166) 강만길, 〈책머리에〉, 《분단시대의 역사인식》, 5쪽. 그는 네 쪽밖에 되지 않는 글에서 '분단체제'라는 말을 열 차례 언급하였다.
167) 이 글은 1978년 8월에 출판된 《분단시대의 역사인식》에 수록된 14편의 글 가운데 총론 격에 해당한다.

강만길은 해방 이후부터 통일민족국가를 이룰 때까지의 역사에 대해 '분단시대'라는 개념 이외에는 사용하지 않았다. 그 이유에 대해, 분단체제를 기정사실로 하면서도 거기에 안주하지 않고 청산하는 방향을 모색하는 데 본질적인 목적을 두기 위해서라고 밝혔다.[168] 그러면서 분단시대 역사학의 문제점을 '현실 유리'와 '현실 매몰'로 나누어 분석하였다.

그가 말하는 현실 유리란 다음과 같은 비판 지점을 가리켰다.

> 분단시대의 국사학이 **식민사학론의 극복을 최대의 과제로 삼았던 사실은** 일제강점기의 실증사학이 문헌고증적·역사지리학적 연구에 주로 탐닉하였던 것과 비교하면 일단의 **방법론적 진전이 있었다**고 말할 수 있으나, **그들이 처했던 역사의 현장(現場) 문제를 외면함으로써 민족사회의 현실 문제와 유리된 역사학이 되었다**는 점에 있어서는 같은 평가를 받을 것이 아닌가 하는 생각이 있는 것이다.[169] (강조-인용자)

위의 주장은 분단을 발견하고 민중을 역사의 주체로 간주하는 강만길이 1970년대 중반경의 시점에서 1960년대 한국사 학계의 새로운 움직임인 주체적이고 내재적인 발전 과정으로서 한국사 연구가 내포한 한계를 지적한 언급이다. 즉 국사학이 일제 강점으로부터 해방된 민족의 역사학으로서의 현재성 이외에 분단된 민족의 역사학으로서의 현재성도 고려했어야 하는데 간과했다는 것이다. 그러다 보니 한국사 학계의 새로운 움직임이 "분단 현실 이외의 영역, 주로 식민사학

---

168) 강만길, 〈분단시대 사학의 성격〉, 《분단시대의 역사인식》, 15쪽.
169) 강만길, 〈분단시대 사학의 성격〉, 《분단시대의 역사인식》, 18쪽.

론을 비판하는 영역에서 하나의 안식처를 구하고" 있다고까지 비판하였다.[170] 이는 강만길식 표현을 빌리자면 분단체제라는 안식처 속에 국사학을 매몰시켜버린 경우이다.

강만길이 해방 이후의 국사학, 즉 분단시대 국사학의 역사를 현재성의 측면에서 정리한 데 따르면, 우선 식민사학론을 극복하고, 이어 자연스럽게 주체적 민족사관을 수립하는 문제와 연결되었으며, 더 나아가서 "분단시대의 정치 현실·문화 현실과 연결되면서 분단체제적 현실에 매몰되어"갔다.[171] 그가 말하는 현실에 매몰된 국사학이란 전체 민족사적 위치를 올바로 인식하지 못하고 분단체제의 유지와 연장에 이바지하는 어리석은 행위를 의미한다. 국가주의적 민족론 단계에 머물러 분단체제의 연장을 이론적으로 뒷받침하는 수준 정도여서 비민족적이고 반역사적인 속성을 극복하고 통일민족국가를 지향하는 민족주의론을 수립하는 데 방해되는 국사학을 말한다. 당시의 논의 지형으로 치자면 관제적 민족주의 역사학이 여기에 해당한다고 하겠다. 또한 강만길이 말하는 현실에 매몰된 국사학이란, 진정한 주체사관은 민족의 과거보다 현재와 미래에서 찾아야 하는데, 이를 거부하고 복고주의 사론을 펼치며 민족주체사론이라고 떠드는 국사학이었다.[172] 박정희 정부가 말하는 주체적 민족사관으로서 국난극복사관과 민족문화육성정책을 의식한 발언일 것이다.

강만길은 현실에서 유리되고 매몰된 분단시대의 국사학이 제자리를 찾기 위한 대안으로, 복고주의와 영웅주의 사론을 비판하면서 분

---

170) 강만길, 〈분단시대 사학의 성격〉,《분단시대의 역사인식》, 19쪽.
171) 강만길, 〈분단시대 사학의 성격〉,《분단시대의 역사인식》, 19·20쪽.
172) 강만길, 〈분단시대 사학의 성격〉,《분단시대의 역사인식》, 20·21쪽.

단시대 사학의 방법론을 수립하는 방향을 제시하였다. 또한 통일민족 국가의 수립에 공헌할 수 있는 사실을 연구하는 한편, 통일 지향적 민족주의론을 정립할 필요가 있다고 제시하였다.[173]

강만길이 통일 지향적 민족주의론을 수립해야 한다고 공식적으로 언급한 2년 뒤인 1980년, 양병우는 '서울의 봄'이 시작되기 직전에 이기백처럼《문학과지성》을 통해 이 주장을 거칠게 비판하였다.[174] 그는 강만길의 주장이 구체적인 논지 전개 없이 학문 외적인 의견을 말하는 데 불과하고 역사학에서 경계해야 할 가치 판단을 끌어들였는데, 이러한 이론 수립이 국사학의 과제일 수는 없다고 보았다. 또 문헌고증사학을 비판하려면 실증의 오류나 해석의 결함을 드러내고 방법이나 해석을 내놓으며 구체적으로 극복해야 하는데, 강만길의 주장은 그렇지 못했다고 지적하였다.[175] 결국 양병우의 강만길 비판은 역사학의 현재성을 부정할 뿐 아니라 그것을 강조하다보면 따라올 수밖에 없는 실천성도 부인하였다. 그러면서 입장 대신에 연구 자체를 비판하고 극복해야 한다며, 결과적으로 문헌고증사학과 그 학문이 오랜 기간 옹호해온 실증 경쟁을 대안으로 제시하였다.

그러나 역사 현상에 대한 평가도 가치 판단이므로 역사가의 가치관이 반영된 언급 자체가 부적절하다고 할 수 없다. 역사의식 또는 시대의식을 반영한 사론(史論)도 필요하며, 그래야만 역사가가 대중의 역사 갈증을 풀어주는 데 기여할 수 있다. 또한 실증 경쟁만이 문헌고증

---

173) 강만길,〈분단시대 사학의 성격〉,《분단시대의 역사인식》, 22쪽.

174) 양병우,〈'통일 지향 민족주의'사학의 허실-강만길 교수의〈분단시대 사학〉극복론에 대하여〉,《문학과지성》39, 1980. 2.

175) 그러나 '사론(史論)' 성격의 글에 이런 잣대를 적용하기는 무리가 아닐까 한다.

사학을 극복할 수 있는 유일한 방법은 아니며 '관점과 태도'를 어떻게 하는가도 중요하다는 경험을 1960년대 한국사 학계의 새로운 움직임이 보여주었다. 강만길의 역사 비평은 주장의 함의에 비해 짧은 글이었다. 하지만 한국현대사 연구는 차치하고 일제강점기를 강의하기도 벅찼던 1970년대 대학의 현실에서, 역사의식을 반영한 문제의식과 학자가 지녀야 할 자세를 학문의 현재성이란 이름으로 제기한 글이었다. 시대의식을 분단시대라는 이름 짓기로 처음 드러낸 글이었으며, 문제제기의 글이자 방향성을 말한 글이었다. 1980년이라는 혼돈과 전환의 시기에 양병우가 왜 2년이 지난 시점에 짧은 분량의 역사 비평을 강도 높게 비판했는지 알 수 없지만, 그의 글은 문제를 제기한 시점도 관점도 내용도 있는 그대로 받아들이기 쉽지 않은 반비평이었다.

이처럼 강만길은 자신을 비판한 논자들과 달리 1974년을 지나며 《창작과비평》이라는 잡지와 이를 발행하는 출판사에 의해 조성된 가상의 학술 담론 공간인 학술장에서 자신의 학문관을 분단시대라는 문제의식에 맞추어 정립해갔다. 그것은 관제적 공공 역사학이나 관제적 민족주의 역사학의 국난극복사관과 거리를 두고, 문헌고증사학을 고수하려는 강단 민족주의 역사학에 대항하는 역사지식체계를 수립하려는 통일 지향적인 민족주의 역사학, 달리 말하면 대안적 공공 역사학이 형성되고 있는 흐름의 하나였다.

대안적 공공 역사학은 민중을 민족사의 주체로 인식하고, 나아가서 1970년대 후반으로 갈수록 민중에 대해 역사의 주체라는 시각에서 더 구체적이고 전략적으로 사고하는 인식을 드러내면서 변혁의 주체로 상정하는 경향을 점차 강화해갔다. 동시에 분단시대의 국사학이 무엇을 어떻게 해야 하는가를 정립하는 과정에서 자기 내용성을 채워갔다. 현재성을 강조하는 새로운 흐름은 곧 현실 문제와의 접촉 과정에서 실천성을 강조하는 움직이기도 하였다. 이는 일제강점기 민족의 현실을 묵과할 수 없어 독립운동의 일환으로 역사를 연구했던 신채호 등 민족주의 역사학의 전통이 되살아났음을 의미한다.

분단시대라는 현재성의 강조는 1960년대 한국사 학계의 식민주의 역사인식에 대한 비판 작업이 내포한 한계를 직시할 수 있게 하였다. 현재성에 주목한 태도는 일본인의 식민주의 역사학을 혹독하게 비판하면서도 우리 안의 식민성에 시선을 두지 않았던 당시 논의의 한계점에 주목할 수 있게 하였다. 1960년대 당시 한국사 학계는 일제강점기 관학이 주도한 식민주의 역사학을 격렬하게 비판했지만, 그 비판 뒤에 숨어 한국인 학자와 단체에 대한 비판적 검토를 거의 시도하지 않았다. 결과로서 자신의 역사관을 살펴보는 데 필요했던 개인 단위의 분석이나 주제별 분석을 하지 않았고, 조선사편수회와 같은 대상을 찾아 분석하는 노력을 하지 않았다. 그것은 민족문제 뒤에 안식처를 마련하고 숨는 격이었다. 그래서 국내의 정치권력 및 학문권력의 시선과 직접 마주하면서 진행해야 할 한국인의 식민사관에 대한 비판적 점검을 생략하는 접근은 관제적 민족주의 역사학을 등장시킨 내적 기반의 하나였다.

식민지시대처럼 분단시대라는 현재성의 자각은 관제적 민족주의 역사학의 국수주의 경향을 쉽게 포착할 수 있게 하였다. 특히 민중을 주체로 한 통일 지향의 역사인식을 강조하면서 더 그러하였다. 그래서 주체적이고 내재적인 발전에 따라 한국사를 연구하고 가르치는 사람들 사이에 불분명했던 경계선을 선명하게 만들었다. 경계선이 선명해지는 과정은 서로 다른 학문관 사이의 경합 과정이었다. 경합은 짧은 한순간의 불꽃이 아니라 여러 측면에서 계속 이어졌다. 새로운 공공 담론을 담아내면서 경합관계, 즉 관제적 공공 역사인식과 민주적 공공 역사인식, 또는 민주적 공공 역사인식 내부에서의 경합관계를 형성한 가상공간은 바로 학술장이었다. 1970년대 중반경 들어 계간지가 본격적으로 학술장으로서의 기능을 수행하였으며, 그 역할은 1980년대를 넘어 1990년대에도 지속되었다. 계간지로는《창작과비평》과《문학과지성》의 대칭적 관계가 대표적인 보기이다. 이제부터 '경합하는 학술장'이란 시선으로 두 잡지와 역사학의 관계를 살펴보자.

창비와 문지, 민주적 공공성을 둘러싸고 경합하는 학술장

강만길과 이기백의 현재성에 관한 학문관의 차이, 달리 말해서 현실과 학문의 관계에 대한 관점과 태도의 차이는 한국 근현대 역사학의 역사, 즉 사학사를 정리하는 과정에서도 드러난다.

일찍이 김용섭은 한국의 근대역사학을 '민족사학',[176] 사회경제사학, '랑케류의 실증사학'으로 분류하였다. 그러면서 식민사관을 극복하고 새로운 한국사관을 정립하기 위해서는 한국사의 서술 내용뿐만 아니라 역사 연구자의 태도와 가치관도 중요하다고 언급하였다.[177] 예를 들어 태도와 가치관을 달리하면, 조선 후기 사회는 침체한 어두운 사회가 아니라 봉건제에서 벗어나고자 약동하는 앞날이 보이는 사회였다. 학문하는 태도와 가치관을 중시한 점에서는 강만길도 같았다.

---

176) 김용섭 자신이 작은따옴표를 사용하고 있다.
177) 김용섭, 〈한국·일본에 있어서의 한국사 서술〉,《역사학보》31, 146쪽.

민족주의사학과 사회경제사학이 "민족적 현재의 요구에 한층 더 충실히 봉사하려" 했다면, 문헌고증사학은 민족의 현재적 요구에 무관심하거나 그것을 드러내려 하지 않았기 때문에 철저한 실증이 무엇을 위해 필요한지, 그리고 무엇을 증명하는 것이었는지 불분명했다고 비판하였다.[178] 1980년대에 이르면 강만길은 문헌고증사학을 반식민주의 역사학의 범주에서 제외하는 내용의 논문을 발표한다.[179] 문헌고증사학은 '민족사학'이 아니라는 의견을 돌려 말한 것이다. 앞서 1장에서 언급한 제3차 교육과정의 중고교 국정교과서가 '민족문화 수호'라는 부분에서 문헌고증사학의 상징적 단체인 진단학회를 포함한 내용과 배치되는 견해이다.

이에 비해 이기백은 민족사학이라는 개념은 극히 모호하여 학문적으로 적당하지 않다며 민족주의사학이라는 용어를 사용하였다.[180] 그는 강만길과 달리 최남선, 이광수를 민족주의사학의 일부로 포함시켜

---

178) 강만길, 〈국사학의 현재성 부재 문제〉, 《분단시대의 역사인식》, 41쪽.

179) 강만길, 〈일제시대의 반식민사학론〉, 한국사연구회 편, 《한국 사학사의 연구》, 을유문화사, 1985. 그런데 이만열은 '실증주의사학'을 반식민사학에 포함하여 한국 근대역사학의 대상과 영역이 넓혀지고 방법론을 심화시켰다고 보았다(이만열, 〈근대사학의 발달〉, 한국사연구회 편, 《제2판 한국사 연구 입문》, 지식산업사, 1987, 570쪽).

180) 이기백, 〈근대 한국사학의 발전〉, 《한국사학의 방향》, 72쪽. 《근대 한국사 논선》(1973)에 발표된 글이다. 그런데 이기백은 1960년대에 발표한 사론에서 신채호와 최남선을 '민족사학'이라는 이름으로 분석하였다. 〈민족사학의 문제-단재와 육당을 중심으로〉는 《사상계》 1963년 2월호에 수록되었는데, 역사학회가 편집한 《한국사의 반성》(1969)에도 게재되었다. 민족사학을 민족주의사학으로 고쳐 불러야 한다는 이기백의 생각은 1970년대 후반에 이르러 다시 바뀐 것 같다. 민족주의사학의 역사관인 민족사관은 한국사를 민족 중심으로 이해하는 한국민족사관으로 보겠다는 뜻이다. 이렇게 되면 식민주의사관까지도 민족사관에 포함시켜야 하므로 적절한 용어는 아니다. 그래서 그는 민족사학, 민족사관의 개념이 모호하다고 말한 것이다. 이기백, 〈회고와 전망 총설〉, 《역사학보》 104, 1983, 137쪽.

설명하였다.[181] 또한 문헌고증사학이 개별적인 사실에 지나치게 집착함으로써 개개의 사실 위에서 일반적인 의미를 구체화하지 않았다고 문제점을 지적하였다.[182] 그러나 그는 김용섭과 강만길처럼 태도와 가치관까지 문제 삼지는 않았다. 일본인의 식민주의 역사인식을 비판하고 이를 극복하여 관점과 태도로서 내재적 발전에 따라 새로운 한국사관을 정립하는 데 함께 노력했던 이들 사이에, 자기 학문의 역사성에 대한 이해의 차이가 드러난 것이다.

이처럼 주체적이고 내재적인 발전 과정의 맥락에서 한국사를 연구하려는 새로운 흐름이 1970년대 중반경에 이르러 분화하였다. 국정교과서 집필에 참여하는 문제, 즉 유신체제를 인정하고 국가주의 역사인식과 타협하느냐의 문제를 놓고 한 차례 균열이 있었다. 관점과 태도로서 주체적이고 내재적인 발전의 맥락에서 한국사를 연구하는 사람들 가운데 일부는, 관제적 공공 역사인식을 추구하는 움직임과 분명하게 경계선을 긋지 않은 사람들의 역사인식에 비판적인 태도를 보이며 거리두기를 함으로써 국가주의적 역사인식에 빠지지 않고 박정희 정부와 거리를 두며 민주적 공공성을 지향하였다.

이후 일어난 더 큰 근본적인 분화는 분단과 민중을 학문의 영역으로 수용하는 문제, 근대 사학사에 대한 이해의 차이, 그리고 현재성과 역사 연구의 관계 등을 둘러싸고 연이어 생겨나는 차이를 복합적으로 확인하면서 일어났다. 한국사 학계 내에서 민주적 담론을 공유하고

---

181) 이기백은《민족과 역사》(일조각, 1971)에서는 '민족사학'을 민족주의사학으로 고쳐 수록하였다(〈민족주의사학의 문제〉; 〈민족주의사학의 발전〉).

182) 이기백, 〈근대 한국사학의 발전〉,《한국사학의 방향》, 72·75쪽; 〈사회경제사학과 실증사학의 문제〉,《민족과 역사》, 1971, 71쪽. 뒤의 글은《문학과지성》3(1971. 봄)에 〈일제시대 한국사관 비판-일제시대의 사회경제사학과 실증사학〉으로 발표되었다.

있던 흐름이 몇 가지 중첩된 차이를 계기로 분화해간 것이다.

양측은 대학에서의 학파를 거점으로 사론을 제기하지 않고, 아카데미저널을 지향한 종합 계간지《창작과비평》과《문학과지성》을 거점으로 각자의 사론을 펼쳐갔다. 역사학 분야에서 두 흐름을 대변하는 책이 앞서 계속 언급한《한국의 역사인식》(상·하)(창작과비평사, 1976. 11)과《역사란 무엇인가》(문학과지성사, 1976. 8)였다. 김영호의 서평에 따르면, 두 책은 주체적이고 내재적인 발전 과정으로서 한국사 연구와 교육을 추구한 사람들 내부에 존재했던 두 경향, 즉 '민족주의사학'[183]을 계승하고 심화 발전시키려는 경향과 민족주의에 사로잡히지 않고 지적인 폭을 확대하고 과학적 높이를 추구하는 자유주의사학이라는 경향이 추구한 역사인식을 각각 드러낸 기획서였다.[184] 실제 두 책을 책임 편집한 사람도 두 잡지에 역사학 관련 글을 적극 게재한 이우성, 강만길(《한국의 역사인식》)과 이기백, 차하순(《역사란 무엇인가》)이었다.[185] 이는 1970년대 한국사 학계에 사론을 발신하고 역사 비평을 주도했던 두 종합 계간지가 핵심적인 공론장 역할을 했기 때문에 가능하였다.

그런데 종합 계간지가 공론장에서 발언하고 싶어 하는 연구자를 끌어들였다면, 대학의 현실은 그들을 대학 바깥으로 내몰았다. 1970년대 중반에 들어서면 대학의 행정은 마치 군대처럼 하향식 시달과 능

---

183) 김영호는 이 개념의 정확한 범주를 언급한 적이 없지만, 문맥상으로 볼 때 민족사학과 같은 개념은 사용하지 않았을 것이다.

184) 김영호, 〈역사인식의 두 조류〉, 《문학과지성》 28, 1977. 여름, 319쪽.

185) 두 책에 글을 수록한 사람들이 각각 동일한 견해를 밝혔다고는 말할 수 없다. 가령 천관우의 경우 《역사란 무엇인가》에는 맨 마지막에 〈한국사학의 반성〉이 실려 있고, 《한국의 역사인식》(상), 제1부에는 〈한국사 연구 백년〉이 수록되어 있다. 이기백과 김철준의 글도 양쪽에 모두 실려 있다.

률을 높이는 방향으로 이루어졌다. 학원의 자유와 정치적 민주주의 실현을 요구하는 대학생들의 민주화 시위는 계속되었다. 학자인 교수들은 시위 진압 참여나 문제학생의 동태를 월별로 보고하는 정보원 역할까지 강요받았다. 유신정권은 이에 비판적이거나 비협조적인 교수는 파면하였다. 1974년 12월 《창작과비평》의 핵심 편집인으로 활약하고 있던 백낙청이 서울대학교에서 파면되었고, 1975년 7월 도입된 교수재임용제에 따라 해직 교수가 대량으로 나왔다.[186] 《창작과비평》의 편집인 염무웅, 《전환시대의 논리》라는 시대의 양심서를 쓴 이영희, '민중적 민족주의'를 주창한 한완상, 《한국 민중론》을 기획한 안병무 등도 이때 해직되었다. 《창작과비평》은 이들이 학문적으로 연계하는 거점이었다. 결국 1970년대 한국인의 역사인식과 관련한 대안적 학술 담론은 대학의 사학과나 학회보다 대학 밖의 학술장으로 기능한 월간지와 계간지를 발신 공간으로 삼았다.

국사학의 현재성을 둘러싼 강만길과 이기백의 다른 생각에서도 확인할 수 있었듯이, 《창작과비평》과 《문학과지성》은 두 사람이 각각 발언하는 공간이었다. 강만길은 한국사연구회와 다산연구회를 대외적 연구 활동 공간으로 삼으면서 《창작과비평》을 중심으로 분단시대 사학론에 대해 발언을 계속해갔다. 이에 비해 이기백은 한국사연구회의 발기인으로 참가했지만 이후 활동을 하지 않고 역사학회를 주요 연구 활동 공간으로 삼으면서 《문학과지성》 등에 사학사 관련 글을 발표하

---

186) 서울대학교 교수민주화운동 50년사 발간위원회, 《서울대학교 교수민주화운동 50년사》, 서울대학교, 1997, 91~98쪽. 대학교수의 해직은 대표적인 직접 통제 수단인 재임용제도를 악용한 경우가 대부분이었다. 1976년 재임용 탈락한 416명의 교수는 국공립대 전체 교수의 4.7퍼센트, 사립대 교수의 4.5퍼센트를 차지하였다. 강명숙, 《대학과 대학생의 시대》, 서해문집, 2018, 270~274쪽.

며 학문적 발언을 이어갔다.

그런데 두 사람이 역사학의 현재성 문제를 둘러싼 생각의 차이를 풀어놓기 위해 각각《창작과비평》과《문학과지성》을 선택한 이유는 단순히 개인의 차이나 우연 때문이 아니었다. 1960년대 후반 들어 자본주의 맹아를 적극적으로 주장하며 몇 편의 논문도 발표한 바 있는 김영호는 두 계간지의 움직임에 대해, 민족사학의 확충과 현대화를 더욱 적극적으로 추진하려는 움직임이 있는가 하면, 민족사학의 해악을 비판하며 좀 더 자유롭고 개방적인 견해를 밝히는 움직임이 특히 서양사 학계에서 일어나 전자의 입장과 날카롭게 대립하는 양상을 보여준 경향도 있었다고 정리하였다.[187]

김영호의 분류대로라면, 1970년대 초중반 한국사 학계의 움직임 중에서 필자가 관제적 민족주의 역사학으로 분류한 움직임도 전자의 움직임에 속할 여지가 있다. '민족사학의 확충과 현대화'라는 폭넓은 뉘앙스에 포함할 수 있기 때문이다. 그래서 전자의 움직임에는 식민사관을 극복하고 새로운 한국사관을 확립해야 한다는 총론적인 성격의 공감대를 형성하고 있던 당시 한국사 학계의 대다수 연구자가 동참하거나 묵인하였다고 보아도 무리가 없을 것이다. 그럼에도 김영호가 쓴 글이 위에서 언급한 두 권의 기획서가 드러낸 역사인식의 '두 조류'를 설명하는 비평문이라는 점을 고려하면, 전자는 주로《창작과비평》에 투고하는 사람들의 역사인식을 가리킨다고 볼 수 있다.

두 권의 기획서 자체가 출판사나 편집 기획자들이 지향하는 역사인식을 드러내려 했다는 데서 알 수 있듯이, 양 계간지는 1970년대 중

---

187) 김영호, 〈역사인식의 두 조류〉,《문학과지성》28, 311쪽.

후반경 한국사를 둘러싼 역사인식의 두 조류를 담아 발신하는 학술장의 거점이었다. 달리 말하면 두 잡지는 1970년대를 거쳐 간 인문사회과학자들에게 당대 한국사회를 대표하는 '대학 밖의 공론장'을 제공하였다. 현실적으로 대학의 연구소나 학회가 특정한 담론을 생산하고 이끌어가는 상황이 아니었음을 고려할 때, 1970년대는 두 계간지가 당대의 학술 담론도 생산하고 논쟁을 이끌어가는 학술장도 만들고 재편했던 '계간지의 시대'였다고 말해도 지나치지 않다.

두 계간지의 관계를 고려할 때 1970년대를 통으로 이해해서는 안된다. 1970년대 초반만 하더라도 필자들이 두 잡지 중 어느 하나를 선택하여 투고하거나, 잡지 측이 필자들을 신택하여 청탁하는 경우는 드물었다. 가령 강만길과 이우성이 《문학과지성》에 글을 발표하고, 이기백이 《창작과비평》에 글을 투고할 때도 있었다.[188]

1974년경을 고비로 두 잡지의 편집 방향에 경계선이 선명해지기 시작하였다. 이는 1974년 들어 백낙청이 민중과 접목한 민족문학론을 제기하고, 강만길이 분단시대 역사학을 제기하며 민족문제에 주목한 흐름과 깊은 연관이 있었다. 이후 《창작과비평》은 국수주의로 흐르지 않는 열린 민족주의를 말하고 민족사관과 민중사관에 입각한 역사인식을 드러내는 글에 지면을 많이 할애하였다. 반면 《문학과지성》은 이에 대한 비판을 일관되게 기획하였다.[189] 그 변곡점은 1974년 《문학

---

188) 이기백, 〈원광〉, 《창작과비평》 3-2, 1968. 여름; 이기백, 《《삼국유사》의 사학사적 의의〉, 《창작과비평》 41, 1976. 가을; 이우성, 〈한국 유교에 관한 단장-신유학과 사대부와의 관계를 중심으로〉, 《문학과지성》 5, 1971. 가을; 강만길, 〈실학사상과 정책 반영〉, 《문학과지성》 14, 1973. 가을.

189) 이 시기 《문학과지성》의 동향에 관해서는 송은영, 《《문학과지성》의 초기 행보와 민족주의 비판〉, 《상허학보》 43, 2015. 봄, 29~37쪽 참조.

과지성》봄호와 여름호에 각각 실린 진덕규(陳德奎)의 〈민족주의의 전개와 한계〉와 길현모(吉玄謨)의 〈민족과 문화〉였다.[190] 두 사람의 글은 한마디로 압축하면 민족주의의 허구성을 비판하고 경계해야 하는 이유를 제시한 비판문으로,《문학과지성》의 편집진이 민족주의에 관해 《창작과비평》과 다른 시각을 드러내도록 방향을 잡는 데 영향을 준 글이다.

진덕규는 민족주의가 전체주의와 야합할 수도 있고 민주주의와 결합하거나 사회주의도 수용할 수 있다고 보았다. 그러면서 신생 국가의 민족주의는 민족 통합과 경제발전의 도구로 이용되면서 민주주의의 발전을 가로막는다고 비판하였다. 길현모는 독일-일본-한국으로 이어지는 민족정신론의 계보를 정리한 이후, 박정희 정부의 민족주의가 문화의 고유성과 순수성을 숭상한다는 명목으로 국적 없는 문화를 배척하고 맹목적인 복고를 정당화하며, 민족의 고유성과 우수성을 무조건 절대 영역으로 만들려 한다고 분석하였다.

길현모의 글은 당시 박정희 정부가 추진하고 있던 민족문화 정책에 대해 매우 날 선 메스를 탁월하게 들이댄 비판이었다.《문학과지성》 편집진이 1973년《월간중앙》1월호에 이미 실린 글을 '재수록'한 데는 나름대로 이유가 있었던 것이다. 편집진이 재수록한 이유를 밝힌 다음과 같은 문제의식을 통해, 1970년대 후반으로 갈수록 더욱 선명해지는《문학과지성》의 지향, 달리 말하면《창작과비평》의 편집 방향과 차이를 만든 밑바탕을 확인할 수 있다.

---

190) 《문학과지성》15, 1974. 봄;《문학과지성》16, 1974. 여름.

그 문화가 창조적이며 개성 있는 것이 되기 위해서는 강요된 획일주의와 맹목적인 애국주의를 탈피해야 한다고 우리는 믿는다. 그것은 폐쇄적인 우리의 정신 풍토에 횡행하는 전단적인 구호를 거부하는 것이며, **특수성이란 이름으로 자유로운 사유법을 억제하려는 맹목적인 힘을 부정하는 것**이다. …… 오늘의 우리 문화를 이끌어가는 **관 주도형의 고식적인 현상**을 고통스럽게 바라보면서 길현모 씨의 탁월한 논문 〈민족과 문화〉를 재수록하는 이유도 여기에 있다.[191] (강조-인용자)

《문학과지성》 편집진이 생각하기에 문화는 개방적이고 보편적 가치를 지향하면서 이를 보장해주는 자유로운 질문과 사고를 통해서만 존재할 수 있었다. 앞서 김영호가 언급했던 두 경향 가운데 하나로 민족사학의 폐해를 냉철히 비판하면서 더 자유롭고 개방적인 태도를 보이는 움직임에 해당하는 생각인 것이다. 첨언하자면, 오늘날에도 유의미한 주장이 아닐까 한다.

물론 길현모가 가장 크게 염두에 두고 비판한 대상은 《창작과비평》이 아니었다. 길현모의 〈민족과 문화〉는 박정희 정부가 1972년 들어 국적 있는 교육을 표방하며 주체적 민족사관을 정립하겠다고 나선 데다, 1973년 10월 문화의 달[192]을 맞아 발표한 '문예중흥 5개년계획'의 청사진[193]을 계기로 민족문화의 진흥과 발전에 대한 여러 논의가 활성화하면서 국수주의적인 경향이 나타나고 있는 분위기에 대해 정면

---

191) 〈이번 호를 내면서〉, 《문학과지성》 16, 264쪽.
192) 1972년 10월 문화의 달을 기념하는 첫 번째 행사가 있었다.
193) 이 계획의 내용과 해설은 권용태, 〈민족문화 중흥의 방향과 그 과제〉, 《입법조사월보》 72, 1973. 12; 〈문예중흥 5개년계획 개요〉, 《문예진흥》 1, 1974 참조.

으로 대응한 비판문이었다.

당시 유신정권은 정신문화 중심의 전통문화를 현대적으로 변용하여 '민족문화'를 창조적으로 계승하겠다는 정책 의지를 바탕으로 문예를 중흥하려는 전략을 수립하였다. 이는 경제개발 5개년계획의 문화판이자 문예 영역에서의 근대화 전략이라고 말할 수 있겠다.[194] 길현모와 진덕규의 민족주의 비판은 관제적 문예 중흥 전략인 민족문화 육성론에 본질적인 의문을 제기했다고 볼 수 있다.

길현모와 진덕규의 연이은 민족주의 비판문은《문학과지성》편집진이 민족주의의 본질적 한계를 꿰뚫고 그것과 거리두기를 하는 방향으로 움직여가는 데 방향타 역할을 하였다.《문학과지성》편집진은 1974년 즈음부터 '민족'이란 이름이 붙여진 다양한 논의들과 선을 그어가며 자신만의 태도와 접근법을 다듬어갔다.[195]

이는 분단시대 사학과 민족문학론을 제기하며 개방적이고 진보적인 방향에서 민족주의 담론을 강화해가는《창작과비평》의 논조에 대한 비판적 견제를《문학과지성》편집진이 본격화했다는 의미이기도 하다. 왜냐하면《창작과비평》의 필자들은 민중이 역사의 주체가 되어 분단을 극복하려는 문화가 진정한 민족문화이며,[196] 민족문화를 육성하는 과정을 소외된 민중이 주체성을 회복하는 과정이자 인간해방의 과정으로 간주하면서, 유신정권의 민족문화 육성론을 비판하였기 때문이다.[197] 그들은 민족문화를 '반유신운동으로서 민주화운동'이자 통

---

194) 이하나, 〈1970~1980년대 '민족문화' 개념의 분화와 쟁투〉,《개념과 소통》18, 2016, 183쪽.

195) 송은영,《문학과지성》의 초기 행보와 민족주의 비판〉,《상허학보》43, 37쪽.

196) 강만길, 〈좌담회: 분단시대의 민족문화〉,《창작과비평》45, 1977. 가을.

일운동의 하나로 바라보았다는 점에서, 민족 공동체를 재구성하려는 원대한 포부에서 민족문화의 역할을 찾았다고 볼 수 있겠다. 달리 말하면 그들에게 민족문화 창조 과정은 민족문제를 푸는 과정이었다.

따라서 《창작과비평》과의 차별성이란 측면에서 볼 때, 《문학과지성》만의 태도와 접근법이 더욱 선명해지는 시점은 1978~1979년경이었다. 《창작과비평》 역시 이즈음에 자신의 입장과 태도를 더욱 선명하고 새롭게 제창하였다.

창작과비평사는 1978년에 《분단시대의 역사인식》, 《한국의 역사인식》을 간행하고 '좌담: 분단 현실과 민족 교육'(13-2, 여름호), '인간 해방과 민족문화운동'(13-4, 겨울호) 등을 세세하며 민족주의 역사인식과 분단시대를 연계하는 논리를 강화해갔다. 그러면서 강만길의 책, 박현채의 민족경제론 관련서, 한완상의 민중과 지식인에 관한 책에 대한 서평도 진행하였다. 이 과정에서 그들의 문제의식을 집대성한 '민중적 민족주의'와 '비판적 한국학'이란 신조어가 등장하였다.

그러자 《문학과지성》 측은 1979년 봄호에서 '특집: 민족·민족문화·분단 상황'을 기획하고 민족주의와 민족문학론, 분단의식에 대해 다양한 측면에서 검토하였다. 편집진은 '3·1만세운동 60주년'을 맞이하여 이러한 주제로 특집을 마련한 이유를 다음과 같이 밝혔다.

민족주의의 특징과 그 전개 과정들에 관한 검토에서 민족이라는 이념과 그 실체 사이의 관계를 반성하고, 민족과 분단, 민족과 문학이라는 테마에 의해 그 **복합적인 의미를 열어놓기 위해서**이다. **민족이란 이념**

---

197) 백낙청, 〈인간 해방과 민족문화운동〉, 《창작과비평》 50, 1978. 겨울.

은 그것이 어떤 계층이나 분야의 전유물일 수 없는 것처럼, 신비화되어서도 안 되며 구호화되어도 안 된다. 바로 이러한 사실을 의식하고 그 새로운 인식의 길을 여는 것은 오늘의 지적 삶을 위해서, 그리고 오늘의 모멸적인 정신 풍토를 극복하기 위해서 우리가 게을리하지 않아야 할 것이다.[198] (강조-인용자)

《문학과지성》측은 힘과 지배를 추구하는 민족주의를 거부하고 보편적 질서와 가치, 그리고 개인의 창조적 자유를 존중하는 사회를 지향하였다.《문학과지성》측이 개인의 창조적 자유를 강조하는 이유의 하나는 민족이 아무리 통일성을 목표로 한 집단이라 하더라도 자유를 지향하는 개인으로 구성된 집단이기 때문이었다.[199] 더구나 그 민족이 혈연관계라는 동질성을 갖고 있지만 30년이 넘도록 그것의 내용물을 충족시킬 수 있는 현실적 조건을 마련하지 못한 채 오히려 언어, 문화와 가치관 등에 격차를 더욱 키우고 있어, "거리의 접근, 격차의 지양 문제"가 더 "깊이 배려되지 않으면 안 될 것이다"고 보았다.[200]

그렇다고 해서 앞서 인용한 길현모의 글은 '제1차 문예중흥 5개년 계획'을 직접 거명하며 비판하지 않았으며, 관련 용어나 문장조차 인용하지 않았다. 하지만 그러면서도 자신의 논지를 정확히 밝혔다. 이것이《문학과지성》측이 현실에 개입하는 방식이었다.《문학과지성》을 창간하고 이끌어갔던 두 사람의 발언을 통해 길현모식의 화법, 달리 말하면《문학과지성》식의 화법에 관해 확인해보자.

---

198) 〈이번 호를 내면서〉,《문학과지성》35, 1979. 2, 13쪽.

199) 〈이번 호를 내면서〉,《문학과지성》35, 12·13쪽.

200) 김병익, 〈분단의식의 문학적 전개〉,《문학과지성》35, 98·99쪽.

김치수: ……《문학과지성》은 **정치적 민주주의를 지향**한 점에서《창작과비평》과 다를 바 없지만, 자유와 평등 가운데 어디에 더 큰 비중을 두느냐 하는 점에서 차이를 보인다. 특히 **문학이 정치나 이데올로기로부터 자유롭고 자율적이어야** 인간을 억압하는 모든 것의 정체를 밝힐 수 있고 비판과 견제의 역할을 할 수 있다는 입장을 지킨《문학과지성》은 **정치적·사회적 현실에 대한 문학의 적극적인 참여를 주장한《창작과비평》과 차별화**되었다.[201]

김병익:《문학과지성》이 **오히려 더 애용한 것은 '민중'보다 대중, 민중문화 대신 대중문화**였고 혹은 적극적인 개념으로 수용하기를 바란 것은 **시민과 시민문화**였는데, 그것은 사회과학적 내포를 분명히 가지고 있을 뿐 아니라 **우리 사회의 발전이 귀착할 자리가 대중과 시민의 것이지 그 정체가 모호한 민중일 수 없음을 예상한 때문이다.**[202] (강조-인용자)

그래서 역사학 분야의 경우,《문학과지성》이 역사를 어떻게 봐야 하는가, 한국사 서술은 무엇이 잘못되었는가보다 어떻게 잘못되었는가, 어떻게 지향해야 하는가의 측면에서 메타비평적인 관점을 견지했다면,《창작과비평》은 어떤 사실에 대한 규명과 역사적 연구에 집중하며 운동으로서의 역사학을 지향하였다. 실제 발행된 두 잡지의 1970년대 필진 가운데 한국사 연구자로는 강만길이 가장 많은 7편의 글을《창작과비평》에 발표했고, 이기백 역시 가장 많은 6편의 글을《문학과지성》에 발표하였다. 강만길은 역사 비평에 관한 글도 실었지

---

201) 김치수,《문학과지성》의 창간〉,《문학과지성사 30년 1975~2005》, 문학과지성사, 2005, 43쪽.

202) 김병익,《기억의 타작-도전한 작가 정신을 위하여》, 문학과지성사, 2009, 190쪽.

만 조선 후기 상업을 해명한 실증 논문도 게재했으며, 이기백은 오로지 한국사학사 관련 글들을 게재하였다.

이처럼 강만길과 이기백의 학문관 차이는 두 계간지의 서로 다른 지향과도 밀접히 연계되어 있었다. 민족 담론에 대한 생각의 편차도 그중 하나였다. 《창작과비평》에 관계한 사람들은 1970년대 후반 들어 민족과 분단, 민주, 민중을 접목하여 자신들의 생각을 더 정교하고 깊이 있게 다듬어갔다. 민중적 민족주의이란 말은 1970년대 후반에서 1980년대 초반 사이에 있었던 그러한 움직임을 가장 압축적으로 드러낸 용어이다. 이제 그 시점에 도달한 민중에 대한 생각과 변화를 추적해보자. 미리 첨언하자면, 민중론의 변화와 다양함에 대한 이해는 1980년대 중후반 한국사 학계의 새로운 분위기를 선도한 민중사학의 등장 과정을 이해하는 데도 필요하다.

실천을 강조한 '민중적 민족주의'와 세력 배치론의 등장

1970년대 중반경의 시점에서 관점과 태도로서 주체적이고 내재적인 발전의 맥락에서 한국사를 연구하는 사람들 사이에 학문관과 분단 인식을 놓고 뚜렷한 분화가 진행되었지만, 민중에 대한 이해의 차이가 아직 전면에 드러나고 있지는 않았다. 그 이유 중 하나는 광범위성이라는 말에 함축되어 있듯이 민중 개념의 다양성 또는 경계의 모호함 때문이었다. 혼란이라고 말할 수도 있었다. 《창작과비평》측은 그런 와중에 민중에 대한 입장을 꾸준히 드러냄으로써 당대의 논의를 주도하였다.

사실 1970년대 유행어의 하나였던 민중이란 말은 학문의 축적 과정에서 확산된 개념이 아니었다. 앞서 2부에서 확인했듯이 정치사회적 현실이 민중에게로 시선을 돌리게 했다면, 민주화운동 세력은 당면한 현실 문제를 해결하는 역사의 주체로 민중을 지목함으로써 1960년대와 다른 함의로 그것을 재발견하였다. 민중은 학문적 개념이 아니라 사회적이고 정치적인 필요에 따라 주목받은 개념이었다. 그러므로 민중이라는 용어에 내포된 함의가 무엇인지에 대해 아직 체계적으로 정립되어 있지 않았다. 그것은 1976년 11월《월간 대화》, 4년이나 지나 1980년 7월《신동아》에 기획 특집 기사로 수록된 글들에서도 쉽게 확인할 수 있다.[203]

1976년 11월《월간 대화》의 기획 특집 '역사와 사회 그리고 민중'에 실린 좌담회의 제목은 '민중의 개념과 그 실체'였다. 자연히 좌담회의 도입 부분에서 '시민, 대중, 공중, 민중, 서민, 백성의 개념'에 대해 다루었다. 이 자리에서 안병직은 특권계급과 대립관계에 있는 다수의 비특권층이 민중이며, 그들은 자신이 역사를 이끌어가는 하나의 주체라고 주장할 수 있는 존재라고 정의하였다.[204] 그는 자각한 민중이 목적 지향적인 존재임을 말한 것이다.

---

203) 두 잡지의 기획을 예로 든 것은, 민중에 관해서만 집중 검토하는 특집기획(《신동아》기획에 9명이 집필에 참여)이고, 참가자들의 발언을 통해 민중에 관한 다양한 생각을 확인할 수 있을 뿐 아니라 시점상 1970년대 중반과 후반의 전반적인 동향을 점검할 수 있을 것 같았기 때문이다. 그렇다고 1980년대 중후반에 민중은 누구인가의 문제가 정리되었다는 뜻은 아니다. 이즈음에는 민족민주운동의 영향력이 확대되는 과정에서 민중민주의론도 등장하였다. 그러자 민중민주주의는 인민민주주의와 같은 주장이 아닌가라는 이념 공세도 있었고, 민중은 누구인가에 대해 다시 검토하는 움직임도 한쪽에서 일어나기도 하였다(〈좌담: 민중민주주의란 무엇인가〉,《신동아》347, 1988. 8; 〈특집: 민중과 정치 대논쟁-민중은 누구인가〉,《월간조선》107, 1989. 2).
204) 〈좌담회: 민중의 개념과 그 실체〉,《월간 대화》71, 1976. 11, 66·67쪽. 좌담회에는 송건호, 안병직, 한완상이 참여하였다.

좌담회의 마무리에서 한완상은 민중의 특징을 다음과 같이 규정하였고, 잡지의 편집진은 그 발언의 일부를 좌담회 제목의 옆에 그대로 인용하였다.

민중은 역사와 사회적 상황에 따라 이렇게도 저렇게도 될 수 있다는 것을 지금까지 얘기했습니다만, 저도 민중이 나아갈 수 있는 방향은 크게 두 갈래라고 생각합니다. 한편으로는 사회과학에서 말하는, 비합리적으로 사고하고 위험스런 비민주적인 운동을 일으킬 수 있는 대중으로도 나아갈 수 있고, 또 한편으로는 건설적으로 비판하고 합리적으로 사고하는 공중(公衆) 쪽으로도 갈 수 있습니다.[205]

안병직이 내린 민중의 정의는 1970년대 중반경 《창작과비평》에 참여하고 있었던 사람들을 생각하면 특별히 새로운 주장은 아닌데, 한완상을 비롯한 좌담회 참가자들이 생각하는 민중의 유동성에 대한 정의는 주목할 필요가 있다. 왜냐하면 뒤의 4장에서 확인하겠지만 1980년대 중후반경의 민중 인식 가운데는 역사의 전면에 나서서 투쟁한 민중만을 주목하고 그들의 역사를 기술해야 한다고 하면서 민중운동사를 곧 민중사처럼 치부했던 민중사학이 존재했는데, 이것과 확연히 다른 사고방식이 1970년대 중후반경에 존재했기 때문이다.

1980년 7월 《신동아》의 기획 특집에 따르면, 그 시점에서도 민중을 하나로 정의하기가 쉽지 않았다. 행정학을 전공하는 안병영(安秉永)은 민중을 '실천적 개념으로서 민중'이자 '비판적 행동의 주체로서의 민

---

205) 〈좌담회: 민중의 개념과 그 실체〉, 《월간 대화》 71, 64쪽, 82쪽.

중'으로 규정하였고, 철학자 황문수(黃文秀)는 '잠재적 힘을 가진 잠재적 집단'으로 '가진 것이 없는 사람'들이라고 정의하였다.[206] 비슷하면서도 실천성에서 큰 차이가 있는 정의라고 할 수 있겠다. 이와 또 다른 정의를 시도한 사람은 한국사 연구자인 박성수(朴成壽)이다. 그는 "민족이란 말은 본시 민중이란 뜻이었다"며 '민족과 민중은 같은 것'이라고 보았다.[207] 심지어 유재천은 "우리 민중의 말과 문화"나 "민중의 동질성을 잇는 문화의 젖줄"이라는 표현에서 말하는 민중도 민족에 가까운 개념이라고 볼 수 있으며, "전통 민중문화와 근대화와의 사이에도"라고 말할 때의 민중은 공동체 사회의 구성원이라는 의미가 강하게 내포되어 있다고 보았다.[208]

1980년에 들어서도 여전히 민중에 대한 다양한 정의가 이루어지고 있었지만, 1970년대 민중론에서 대다수의 관점은 권력 엘리트로부터 소외된 피지배계층 일반을 민중이라고 한다는 점이다.[209] 그러면서도 민중과 비민중의 경계선과 민중의 특징에 대해 다양한 정의가 있었던 것이다.

민중의 광범위함, 결국은 혼란스러움 때문에 한국사 속에서 민중을 민족사의 주체로 구체적으로 드러내고 자리매김하는 접근이 무척 어려웠다. 분단시대의 학문하기를 선도적으로 제기한 강만길도 그의 사론집에서 역사의 주체로서 민중과 분단시대 역사학의 관계를 정리한 단독 비평문이 없었다. 앞서 보았듯이, 그는 민중의 처지에서 현실 문

---

206) 안병영, 〈역사의 주체로서의 민중〉; 황문수, 〈민중의 역설성〉, 《신동아》 191, 1980. 7.

207) 박성수, 〈한국사에 나타난 민중운동〉, 《신동아》 191, 124쪽.

208) 유재천, 〈70년대의 민중에 대한 시각〉, 《신동아》 191, 121쪽.

209) 유재천, 〈70년대의 민중에 대한 시각〉, 《신동아》 191, 122쪽.

제를 다룬 학문을 실학이라고 규정했고 민중이 변혁의 주체라는 데도 동의했지만, 1978년에 발행한 《분단시대의 역사인식》에는 한국근현대사 속에서 민중을 구체적으로 어떻게 자리매김해야 하는지 뚜렷이 언급한 글이 없다. 오히려 그 책에는 독립운동의 역사적 성격을 통일 민족국가수립운동의 맥락에서 해석하여 민족을 전면에 내세운 글이 있을 뿐이다.

강만길이 분단시대를 전면에 내세운 《분단시대의 역사인식》을 발행한 바로 그해에 사회학자 한완상과 경제학자 박현채도 민중의 개념화를 체계적으로 시도하였다.

한완상은 1978년 2월에 발표한 〈민중과 지식인〉이란 글에서 민중의 성격을 다음과 같이 규정하였다.

> **나라 안의 입장에서 보면 민중은 대부분이 억압당하고, 수탈당하고, 차별받는 피지배자들이다.** …… **지배 엘리트가 통치수단과 생산수단을 거의 독점하다시피 하여 국민 위에 군림할 때 그 국민은 곧 민중이 된다.** 이때 국민은 통치수단과 생산수단을 공유(共有)할 수 없다. 공유(公有)할 제도적 장치가 없거나 설령 겉으로 보기에 그러한 장치가 있다 하더라도 그것이 어디까지나 형식에 지나치지 않기 때문에 국민은 민중이 되고 만다. 그들은 **부당하게 정치적으로 억압**당하게 되고, **경제적으로 수탈**당하게 되고, **사회적으로 소외**당하게 된다.[210] (강조-인용자)

한완상은 '광범한 민중'론을 기본 시각으로 하는 기존의 민중론을 계승하면서도 명확히 범주화하는 한편에서, 매우 특징적인 두 가지 주장을 제기하였다. 민중이 계급을 포괄하는 좀 더 넓은 외연을 가지고 있으므로 경제적 불평등의 시각에서 이해하는 계급과 다르며, 지식인을 그 범주에 포함하였다. 또한 그는 민족의 중심인 민중의 이익과 권익을 처음부터 보장하는 민족주의, 즉 '민중적 민족주의'가 필요하며, 이 방향에서 통일을 추진해야 한다고 보았다.[211] 한완상이 생각하는 민중적 민족주의란 "민중이 결정 과정에서 소외되어버린 꼭두각시나 조종당하는 객체"가 아니라 "결정 과정에 힘 있게 참여하는 주체가 되는 체제"를 말한다. 그는 이러한 체제에서만이 "바람직한 민족주의와 민주주의가 만나게 된다"고 보았다.[212] 한완상이 민주주의를 매개로 민중과 민족주의의 연결고리를 이론적으로 제시한 것이다. 그럼에도 그의 민중적 민족주의에서는 전략과 전술을 고려한 세력 배치론의 맥락을 읽을 수가 없다.

이러한 민중론의 영향을 받아서인지 모르겠지만, 강만길도 1980년에 이르면 《분단시대의 역사인식》(1978)에서와 달리 민주주의를 매개로 민족과 연결 지으며 민중이 한국근현대사 속에서 어떻게 자리매김할 것인가에 대해 뚜렷한 태도를 정립하였다. 이는 4·19의 민족사적의미를 짚은 아래의 글에서 확인할 수 있다.

---

210) 한완상, 《민중과 지식인》, 13쪽.

211) 한완상이 안병직처럼 비자본주의적인 발전을 전망했는지는 알 수 없다.

212) 한완상, 《민중과 지식인》, 275쪽. 이 책에 있는 한완상의 전체적인 글에서 민중적 민족주의는 부각된 주제가 아니다. 안병무가 책의 서평 주제를 민중적 민족주의로 잡았다 (안병무, 〈서평: 민중적 민족주의〉, 《창작과비평》 49, 1978. 가을). 물론 민중적 민족주의라는 말은 한완상이 사용하기 이전부터 회자되던 용어였다. 한완상의 책이 발행되기 이전인 1977년 여름호에서, 앞서 인용한 김영호의 글을 통해 확인할 수 있다. 그는 강만길의 〈민족사학론의 반성〉을 소개하며 지금은 민중을 중심으로 하는 통일 지향적인 민족주의적 성격이 요구되는 분단시대라고 말하고, '민중적 민족주의'가 신채호의 민중 개념 및 손진태의 균등 개념과 논리적으로 어떤 관계인지 궁금하다고 말하였다. 김영호, 〈역사인식의 두 조류〉, 《문학과지성》 28, 316쪽.

갑오농민전쟁이 **반봉건운동과 반외세운동이 결합**됨으로써 개화시대 민중운동의 정점을 이루었고 3·1민족운동은 **민주주의운동과 항일운동이 결합**함으로써 식민지시대 최대의 민중운동이 될 수 있었던 것과 같이, **4·19민족운동은 민주주의운동이 민족통일운동으로 발전한 분단시대 민중운동의 거대한 출발점**을 이룬 것이다.[213] (강조-인용자)

이렇듯 강만길도 1980년대 초반에 이르러 민주주의를 매개로 민족과 민중을 연계하여 한국 근현대 민중운동사를 해명하였다. 박현채도 1978년 12월에 발표한 글에서 오늘날 한국의 민중이 당면한 자기 과제로 민주주의, 평화, 민족과 통일, 인권을 제시하였다.[214] 그는 이처럼 광범위한 문제를 감당해야 하는 민중이 역사 과정을 거쳐 아래와 같이 정의되었다고 본다.

민중이란 정치권력이라는 관점에서 본다면 **피지배 상태에 있는 사람들**이고, 경제 활동이라는 관점에서 본다면 한 사회에 있어서 **주로 사회적 생산의 직접 담당자**로 되면서 노동의 산물의 소유자로 되지 못하고 **노동의 산물에서 소외된 사람들**이며, 사회적 지위라는 관점에서는 지도되는 저변(底邊)에 있는 사람들, 즉 **피동적인 성격을 지니는 사람들(서민 또는 대중)이라는 측면**을 지니고 있다. 다른 측면에서는 정치권력에 대해서 저항하고 기존의 권력에 대항하는 정치운동에 참여하고 있는 사람들, 노동조합이나 농민조합에서의 활동을 통해 직접적 생산자로서의

213) 강만길, 〈4월혁명의 민족사적 맥락〉, 《한국 민족운동사론》, 한길사, 1985, 85쪽. 1980년에 쓴 글이다.
214) 박현채, 《민중과 경제》, 정우사, 1978, 26쪽.

여러 조건의 개선에 노력하는 사람들, 그리고 지역 기타의 사회적 제 집단에서 저변의 소리를 대표하고 있는 사람들, 즉 **능동적 성격을 갖는 사람들(인민 또는 서민)이라는 두 개의 측면을 동시에 갖는 역사적 집단**이라고 이야기된다.[215] (강조-인용자)

박현채는 민중을 소외된 사람과 소외를 회복하기 위해 움직이는 사람으로 구분하였다. 한완상이 민중을 즉자적(即自的) 민중과 대자적(對自的) 민중으로 구분한 접근과 내용적으로는 같다.[216] 두 사람은 지식인을 민중의 범주에 포함시켰으며,[217] 대자적 민중 또는 소외를 극복하려는 민중이 1812년 홍경래의 난에서부터 시배체제에 적극 저항하기 시작했다고 본다.[218]

그런데 박현채는 한완상과 달리 구체적인 사회경제적 조건에 따라 민중의 구성과 성격을 파악할 필요가 있다고 보았다. 어찌 보면 한완상과 별 차이가 없는 주장일지 모르지만, 그는 자본주의사회에서 민중의 주된 구성으로 노동자, 농민, 소상공업자, 지식인을 들고, 노동자계급의 능동성이 보장되었을 때만 민중이 주체적이고 능동적으로 되며, 민족의식 → 계급의식 → 민중의식으로 발전할 수 있다고 보았

---

215) 박현채,《민중과 경제》, 8·9쪽.

216) 한완상,《민중과 지식인》, 21쪽.

217) 1976년 11월 시점의《월간 대화》에 게재된 대담 때는 민중과 지식인의 관계만을 이야기하는 수준이었다. 이기백은 직접 생산자를 민중으로 보았고 강만길은 실학 지식인의 실천적 행위에 주목했지만, 두 사람은 지식인을 민중이라고 말하지 않았다.

218) 박현채,〈민중과 경제〉,《민중과 경제》, 21쪽. 한국신학연구소가 편집한《한국 민중론》에도 수록된 글이다. 박현채의 민중운동사 인식은 정창렬이〈한국민중운동사〉(정창렬 저작집 간행위원회 편,《정창렬 저작집 II-민중의 성장과 실학》)에서 홍경래난부터를 언급했던 연구와 무관하지 않을 것이다.

다.[219] 노동자계급의 중심성을 강조한 것이다. 마르크스-레닌주의는 자본주의를 극복하는 데 필요한 원칙의 하나로 노동계급의 헤게모니를 전제하는데, 박현채는 여기에 근거했다고 추측할 수 있는 민중론을 말한 것이다. 박현채식 민중론은 세력 배치론이라고도 말할 수 있고, 현실 문제를 해결하기 위한 전략전술을 반영한 운동론이기도 하다.

민족사의 주체는 민중이라는 시선이 등장하고, 이어서 민족, 민주, 민중이라는 삼민을 연동시킨 역사인식이 심화하는 가운데 민중적 민족주의가 제기되었는데, 박현채의 민중론은 이를 전략전술의 운동론 차원에서 공개적으로 체계화하려고 처음 시도한 주장이다. 1980년의 시점에도 한쪽에서는 민중이란 누구인가를 놓고 '무리(衆)'와 관련 지어 다양한 개념화를 여전히 시도하고 있는데, 다른 한쪽에서는 역사의 주체라는 관념적 언어에 변혁의 주체라는 실천적 의미를 부여하고 현재와 미래를 바꿀 세력으로 자리매김을 시도한 주장이 병존하고 있었다.

《창작과비평》이나 박현채 모두 민중을 매우 목적 지향적인 실천적 존재로 보았다는 점에서 공통된다. 민중적 민족주의라는 말을 본격적으로 사용하기 시작하는 그 순간 변혁론의 시선과 사고가 그대로 투영되어 나타난 것이다. 민족민주운동이 진행되는 1980년대 중반경에 이르면, 민중적 민족주의는 한국사 학계에서는 신진 소장 연구자들이 내건 민중사학론으로, 노동 현장에서 노학연대를 실행하던 사람들 사이에서는 노동계급을 중심으로 하는 민중연대론으로 구체화하였다.[220]

이러한 흐름을 염두에 두고 1978년경으로 돌아가 보자. 한완상과

---

219) 박현채,《민중과 경제》, 20쪽.

박현채 등은 민중론을 체계화하면서 민족, 민주, 민중의 관계, 즉 민주주의를 매개로 민중과 민족의 관계를 설정하기에 이르렀다. 달리 말하면 민중을 주체로 민주주의를 실현해가며 분단이라는 민족문제를 극복해가는 데 따른 이론적 정합성이 어느 정도 이루어졌던 것이다.

분단을 발견하고 민중을 새롭게 호출하는 과정에서 학문의 현재성이라는 책무가 제기되면서, 우리 사회의 구체적 현실에 관심을 갖는 새로운 학문하기가 하나의 흐름을 형성하였다. 학문의 본래적 기능인 비판적 기능도 회복하여갔고, 학자이면서 실천성도 함께 갖춘 사람도 늘어갔다. 그것은 실학-조선학-국학-한국학-비판적 한국학으로 이어지며 학문의 현재성에 주목하고 실천 지향적인 문제의식을 드러내는 전통이 여전히 살아 있었음을 의미한다.

한국의 역사와 현실을 민주, 민족과 분단, 민중의 관점에서 해명한 《한국민족주의론》 I·II·III(창작과비평사, 1982, 1983, 1985)의 출판은 1978년경 등장한 비판적 한국학의 결과물이다. 제1권은 1945년 이전을 '역사 속의 민족주의'라는 이름, 현대사는 '분단시대의 민족주의'라는 타이틀로 각각 4편의 논문을 수록하였다. 제2권 역시 한국현대사에서 민족문제와 연관 있는 9편의 논문을 수록하였다. 그리고 제3권은 '민중적 민족주의'라는 부제를 달고 동학농민전쟁부터 1970년대까지를 9편의 논문으로 다루었다.

특히 제3권은 한국근현대사에서 민족으로 사는 삶과 민중이 어떻

---

220) 한완상은 자신이 말하는 민중이란 총체적으로 소외된 피지배자를 가리킨다는 점에서 경제적 시각에서만 민중의 성격을 파악하려는 마르크스주의와는 다르다는 입장이었다 (한완상, 〈민중론의 제 문제〉, 한국신학연구소 편, 《한국 민중론》, 263쪽). 한완상의 글은 1979년 9월 《현존(現存)》에 발표되었다. 박현채 또는 1980년대 민중사학을 표방한 신진 연구자들과 다른 주장이다.

게 구조적으로 연관되는지를 알아보기 위해 기획된 책이었다.[221] 박현채는 1984년 발표한 글에서 민중 개념의 네 가지 전제 가운데 두 번째 전제를 "변화하는 주요 모순에 대응하는 확정되지 않은 개념"이라고 했다. 민중을 전략적이고 운동적인 개념으로 본 것이다.[222] 박현채와 함께 기획을 책임진 정창렬도 민중에 대한 시선에서 마찬가지였다. 그는 제3권의 '책머리에'에서, 한국근현대사 속에서 파악된 민중은 여러 계급·계층이 연합한 운동체이며, 주체적 존재로서 민중은 특정한 역사적 조건 밑에서만 형성되는 유동적인 역사의 산물일 뿐만 아니라 경제적 사회구성체 속에 존재하며 모순관계에 따라 변동하는 객관적 사회적 실체라고 밝혔다.[223] 그는 이 기획을 통해 변혁 주체로서의 민중의 실체를 한국근현대사 과정에서 구체적으로 추적하여 민족사 속의 민중의 의미를 과학적으로 해명하고자 하였다. 그에게 민중은 변혁과 반변혁의 정세 변화와 연관된 정치적이고 운동적인 개념인 것이다.

달리 보면 두 사람이 말하는 역동적인 민중론은 민중의 구성 내용이 모순관계에 따라 바뀌어가고 민중 내부에서의 갈등도 존재한다고 인정하는 이론이었다. 실제 정창렬은 1920년대 중후반 국내 민족운동을 설명하면서 그러한 주장을 명확히 한 때도 있었다. 다음 문장이 이

---

221) 집필에 참여한 필자들 중에는 1970~1980년대 대학과 대학원을 다닌 신진 연구자로 이후 한국사 학계에서 눈에 띄게 활약하는 사람들이 있었다. 박찬승, 〈동학농민전쟁의 사회·경제적 지향〉; 주진오, 〈독립협회의 경제체제 개혁 구상과 그 성격〉; 김도형, 〈한말 의병전쟁의 민중적 성격〉. 세 사람은 1989년 창립되는 한국역사연구회 회원으로도 활약하였다.

222) 박현채, 〈민중과 역사〉, 《한국자본주의와 민족운동》, 한길사, 1985, 11쪽.

223) 정창렬, 〈책머리에〉, 박현채·정창렬 편, 《한국민족주의론-민중적 민족주의》 III, 창작과 비평사, 1985, 10~13쪽.

를 증명해준다.

(비타협주의적 민족주의 세력과 민족적 사회주의 세력이 맺은 동맹관계
에 참여한 각 계층은-인용자) 각기 독자적인 세계상을 가지고 있었고, 특
히 노동자와 농민은 조직의 구심점을 가지게 되었으며, 그들의 투쟁도
지구성과 일상성을 가지게 되었다는 점이다. 이렇게 계급으로서의 독자
성을 가지면서도 당시의 민족 현실이 요구하는 역사적 과제에 대응하여
하나의 광범한 연합 세력을 이룬 것이 이 시기의 민중의 특징이었다.[224]

이렇듯 정창렬이 민중의 범주에 포함된 집단의 내부 편차를 인정하
고 노동자와 농민층의 중심성을 인정했다면, 비슷한 시기에 이만열은
조금 다른 민중론을 제기하였다. 그는 한국사를 민족사로 파악하기
위해서는 왕조사관 이외에도 "현재의 계급사관에 의해 인식하려는 자
세를 지양"해야 가능하다고 보았다.[225] 그에게 있어 계급사관은 계급
투쟁을 강조함으로써 민족의 내부를 분열시켜 민중을 중심으로 하는
민족사의 형성을 방해하는 역사관이다. 이는 민족 구성원 내부의 모
순관계를 주목하지 않는 손진태의 신민족주의 역사관과 같은 맥락에
있는 역사인식이다.
이만열과 같은 역사인식은 앞서 언급한 '민족이 곧 민중'이라는 박
성수의 주장과 상당히 유사하다. 1980년대 초반의 시점에 한국사 학

---

224) 정창렬, 〈백성의식·평민의식·민중의식〉, 한국신학연구소 편,《한국 민중론》, 176쪽.
1982년에 발표된 글이다.
225) 이만열, 〈민중의식 사관화의 시론〉, 한국신학연구소 편,《한국 민중론》, 215쪽. 1981년
에 발표된 글이다.

계에 이러한 유형의 민중론이 만만치 않게 존재했다는 의미이다. 두 사람 사이에 편차가 있을 수는 있겠지만, 이들에게 민중은 한국사의 모든 과정에 존재한 피지배층을 가리킨다. 앞서 언급한 이기백의 1976년도 《한국사 신론 개정판》에서도 이미 이를 확인할 수 있었다.[226] 반면에 정창렬은 계급계층의 연합적 존재로서 민중에 주목하며 민중을 자본주의적 모순관계, 즉 근대의 산물로 간주하였다. 그는 18세기 중엽에서 1876년 사이에 민중의식이 없는 민중이 형성되었으며, 민중이 민중의식을 획득한 시점을 동학농민전쟁 즈음으로 간주하였다.[227] '민중통사설'과 '민중근대설' 사이에서 후자의 입장을 더욱 선명하고 구체적으로 다듬어가는 과정에서 유통된 언어가 계급계층의 연합설에 기초한 '민중적 민족주의'였던 것이다.

민중적 민족주의로부터 자양분을 이어받으며 계급계층의 연합을 세력 배치론의 측면에서 더욱 선명하게 정리하고, 당시 성장하고 있던 민족민주운동과의 실천적 연대를 지향한 역사인식을 표방한 사람들은 '민중사학'을 제창하였다. 이들은 1980년대 중반경부터 한국사 학계에서 새 바람을 일으키며 논쟁을 양산하였다. 민중사학은 한국사의 시대적 과제를 주체적으로 해결하려는 행위자들로 민중사를 재구성해야 한다는 취지에는 공감하였다. 그럼 이제 민중사학의 등장 과정과 그것을 추구한 단체들의 움직임을 민족민주운동의 동향을 고려하며 추적해보자.

---

226) 그는 1990년의 신수판(新修版), 1999년의 '한글판'에서도 마찬가지 입장을 고수하였다. 강만길도 이기백처럼 전근대 시기에 민중이 있었다는 입장이다.

227) 정창렬, 〈백성의식·평민의식·민중의식〉, 한국신학연구소 편, 《한국 민중론》, 158쪽.

4장 비판적 계승으로서 '민중사학'의 등장

과학으로서 역사학과 실천을 강조한 민중사학의 등장

민중사학을 내건 사람들은 1984년 12월 '민중 중심의 역사 연구, 서술과 그 성과의 대중화'를 내걸고 망원한국사연구실을 결성하였다.[228] 민중사학을 표방하는 주체들이 처음 결집한 것이다.[229] 이들은 민중이란 "식민지·반식민지사회에서 형성된 역사적 산물로서 민족모순·계급모순 등 중첩된 모순의 담지자이면서 동시에 해결의 계급연합적

228) 망원한국사연구실은 한국사 연구자들이 서울대와 인접한 망원동에 모여 연구한다고 해서 붙인 이름이다. 망원한국사연구실의 역사와 관련한 기억은 필자를 포함해 사람에 따라 다를 수 있다. 현재까지 이 연구실과 관련하여 공식적으로 정리된 기록은, 1988년 9월 한국역사연구회, 11월 구로역사연구소(1993년 역사학연구소로 개명)가 각각 분화하여 출범한 경과를 정리한 두 단체의 기록일 것이다. 이세영, 〈한국역사연구회 30년사-한국역사연구회 창립을 회고하며〉(http://www.koreanhistory.org/6584 20190830); 〈역사학연구소 연혁〉(http://www.ihs21.com/modules/doc/index.php?doc=history2&___M_ID=23 20190830).

229) 민중사학의 역사는 《민중사를 다시 말한다》(역사비평사, 2013)에 수록된 허영란, 〈민중운동사 이후의 민중사〉; 이용기, 〈민중사학을 넘어선 민중사를 향하여〉; 배성준, 〈민중사학의 역사를 재구성하기 - 역사학 비판의 관점에서〉; 배경식, 〈민중과 민중사학〉, 《논쟁으로 본 한국사회 100년》, 역사비평사, 2000 참조하였다.

주체"라고 정의하였다. 계급연합한 민중이란, 독자성이 보장되고 계급의식이 확립된 계급들이 "공동의 적에 공동의 이해로 나아갈 때"를 말한다고 명확히 하였다. 막연히 피지배층 일반을 가리키는 민중통사설과 맥락이 다른 것이다. 해결의 주체로서 민중을 강조한 민중론에서 민중은 "주체적으로 상부구조를 타파·해결해나가는 운동체"로 규정되었다. 또한 변혁의 주체로서 민중은 자본주의적 관계가 보편화된 이후의 산물인 대자적 계급인식을 획득한 역사적 산물이었다.[230]

망원한국사연구실은 자신들의 민중관을 《한국 민중사》(풀빛, 1986)에서 공개적으로 드러냈다. "민중적 입장에서 한국사를 정리하고자 한" 필진은 "현재 한국사회에서 민중이란 신식민지하에서 민족해방의 주체로서, 노동자계급을 중심으로 하여 농민, 도시 빈민, 진보적 지식인 등을 포괄하는 개념"으로 정의하였다. 필자들이 말하는 역사 발전의 원동력으로서 '생산 대중'이란 역사 과정에서 형성되므로 특정한 사회체제나 역사의 발전 단계에 따라 구체적인 구성은 다르며,

---

230) 〈"민중사학"의 정립을 위하여 – 망원연구실 1985년 월례발표회를 정리하여〉, 1985. 11. 9, 6·7쪽. 타이핑된 내부 인쇄물로 12쪽 분량이다. 망원한국사연구실이 창립되고 민중사학이 표방될 즈음, 이들의 지적 세계에 영향을 끼친 지식 가운데 하나가 제3세계론과 종속이론이다. 이 이론은 1980년대 들어 대학가에서 급속히 전파되었으며, 각 대학의 신문을 통해 지상논쟁이 벌어지기도 하였다. 가령 서울대 사회과학대학 학도호국단이 1983년 봄 '창조적 지성을 지향'하겠다며 창간한 《사회대 평론》의 특집이 '제3세계와 저개발'이었다. 근대화론을 비판하며 등장한 이론의 하나이기도 한 종속이론은 제3세계가 제1세계의 주변에 위치하는 종속된 구조의 실상과 역사적 과정 그리고 발전 방안을 모색한 이론이다. 하지만 종속이론가라고 지칭되는 사람들 사이에 의견이 매우 분분한 데다, 한국사회에 적용할 수 있는 이론인지에 대한 회의적 시각이 시간이 갈수록 늘어나면서 1980년대 중반경 대학가에서 급속히 사라졌다. 특히 종속이론 자체가 외재적 요인을 분석 단위로 한다는 점에서 내재적 발전을 계승한 민중사학론자들에게 지지를 받기가 쉽지 않았던 데다, 한국경제가 저발전 상태에 머무르지 않고 계속 성장을 지속함에 따라 설명력을 상실할 수밖에 없었다.

오늘날에는 노동자를 중심으로 농민, 빈민 등으로 구성된 존재를 가리켰다.[231] 이처럼 《한국 민중사》는 한국사를 상부구조와 하부구조의 관계 속에서 보려고 집필된 책이었다. 그에 따른 구조적인 모순을 그냥 계급연합이 아니라 노동자계급을 중심으로 계급연합을 달성하여 해결한다는 입장이었다.

망원한국사연구실과 비슷한 문제의식을 가지고 출범한 단체로는 1986년 2월에 결성된 역사문제연구소가 있다. 역사문제연구소는 한국사 이외의 정치학, 사회학, 문학 등의 연구자와 학계 바깥에서 한국 근현대사에 깊은 관심을 두고 있던 사람들이 모여 '역사 대중화'를 내세우며 결성했다는 점에서 망원한국사연구실, 그리고 이후 민중사학을 표방하며 창립된 한국사 단체들과 달랐다.[232] 또한 1987년 4월에 출범한 한국근대사연구회는 "연구자의 투철한 현실 인식에 기초한 학문적 실천"의 일환으로 역사 연구를 수행하겠다고 목표를 내세웠다. 이 단체는 1985년 5월 서울대학교 대학원 국사학과 출신자들이 결성한 근대사연구회가 모태였다.

물론 구성원 간 또는 단체 사이에 내부적인 편차가 있기는 했겠지만, 1980년대 중반경의 시점에 통칭하여 민중사학을 표방한 주체들이 여러 조직을 만들고 공개적으로 자기 모습을 들어낼 수 있었던 기반

---

231) 한국민중사연구회 편, 〈서설: 바람직한 우리 역사 이해를 위해〉, 《한국 민중사 I-전근대 편》, 풀빛, 1986, 19·33쪽.

232) 역사문제연구소의 설립 과정은 이이화, 《역사를 쓰다》, 한겨레출판, 2011, 191~203쪽 참조. 정석종, 이이화, 임헌영, 박원순, 서중석, 윤해동, 우윤, 반병률, 한상구 등이 초창기에 중심적으로 활동하였다. 역사문제연구소는 설립 취지에 맞추어 한국사 또는 한문 강독과 관련한 다양한 대중 강좌를 열거나 잡지 《역사비평》(1986~)을 간행했으며, 역사비평사를 통해 《한국근현대 연구 입문》(1988), 《해방3년사 연구 입문》(1989), 《민족해방운동사 쟁점과 과제》(1990) 등을 간행하였다.

은 무엇이었을까. 민중사학을 표방한 사람들은 '사학사적' 맥락에서 다음과 같은 이유를 들고 있다. 긴 문장이지만 인용해보겠다.

분단체제론의 정비 과정에서 진보적 이념과 역사관은 단절의 위기에 처하게 되나, 60년대 이후 4·19, 6·3 이후 **민족의 재발견**과 아울러, 사학계에서는 **식민사학의 비판이 보다 본격화**되고, **민족사학이 복권**되며 **일부 사회경제사학의 방법론이 다시 살아나게 되었다.**

70년대 파쇼적 탄압과 통합에도 불구하고 사회 현실과 근현대사에 대한 많은 서적이 출판되는 사상 문화적 토양에서, 우리 역사에 대한 인식은 심화된다. **민족의 실체로서 민중이** 문학적 어휘의 수준을 넘어 **사회과학·역사과학에서의 개념으로 논의되기 시작**하고, 현대 한국사회를 **분단시대로 규정**하기에 이른다.

80년대 **5월항쟁을 계기로** 사회 현실의 객관적 구조와 역사 주제에 대한 인식이 보다 심화된다. 즉 제국주의에 대한 인식이 심화되고, 자유주의적 정치 집단과 이데올로기의 허구성이 폭로되고, **민중의 혁명적 잠재력이 확인**되었다. 이러한 것을 배경으로 하여, 70년대 학생운동의 분위기에서 성장한 소장 이론가와 사회과학자들의 노력에 힘입어, 이제 **민중은 개념적 차원에서 이념적 차원으로 정비**되게 된다. 이리하여 민중은 민족과 민주화, 제국주의와 신식민지, 자본주의와 계급, 기본모순과 주요모순 등과의 **과학적 관련이 탐구**되게 된다. **이러한 사회 현실과 변혁에 대한 인식의 제고는 한국근현대사, 나아가 한국사 전반에 대한 새로운 이해를 요구하고 있으며, 그것에 대한 대응으로 "민중사학"을 제시하고 있다.**[233] (강조-인용자)

민중사학은 1970~1980년대에 성장한 소장 연구자들이 한국사회를 '과학적'으로 탐구하고 민족민주운동에 기여하고자 변혁의 주체인 민중을 중심으로 한국사 전반에 대한 새로운 이해를 추구한 움직임을 가리킨다.

　　1980년대 들어 단체를 결성하며 등장한 한국사 분야의 신진 연구자들은 1970년대 중후반경 대학과 대학원을 다니면서, 유신독재와 전두환 독재에 반대하는 민주화운동 및 1980년 '서울의 봄'과 5·18광주민주화운동을 직간접으로 체험한 사람들이었다. 1980년대 학생운동을 비롯해 민주화운동의 성장과 함께 한 사람들도 많았다. 그래서 이들은 자신의 학문 활동을 민주화운동의 일익으로 간주하는 데 주저하지 않았으므로 "변혁운동에 기여하는 학문, 대중의 정서에 밀착할 수 있는 학문체계의 수립이라는 구체적이고 직접적인 과제를 제기하였다"는 점에서 1970년대까지의 연구자들과 다른 자세로 연구에 뛰어들었다.[234] 그러니 신진 소장층 연구자들을 중심으로 만든 학회는 조직 자체가 현실과의 밀접한 연관성 속에서 운영될 수밖에 없었다.

　　실제 신진 연구자들의 등장은 주체적 내재적 발전에 입각하여 '사회주의적 전망을 내면화'한 1960년대 한국사 연구의 일부 흐름[235]이 1980년대 들어 망원한국사연구실이라는 단체의 결성으로 이어지고

233) 《'민중사학'의 정립을 위하여-망원연구실 1985년 월례발표회를 정리하여》, 1985. 11. 9, 5·6쪽.

234) 편집부, 〈시론: 80년대 한국사 연구의 반성과 90년대의 과제〉, 《역사와 현실》 3, 1990. 5, 4쪽. '역사와 현실'은 한국역사연구회에서 발행하는 계간 학술지이다. 당시 비판적인 신진 소장층 연구자들이 등장하는 경향은 한국사 학계에서만 형성된 움직임이 아니었다. 가령 주류 경제학에 비판적인 신진 연구자들도 1984년 11월 변형윤 교수의 '학현연구실'에 모여 새로운 경제학을 모색하였다. 변형윤, 《학현일지(學峴逸志) 변형윤 회고록》, 현대경영사, 2019, 235쪽.

'민중사학'이라는 이름으로 자신들의 학문적 입장을 분명하게 정립해 가기 위한 출발선상에 섰음을 시사한다. 망원한국사연구실의 등장은 1970년대 분단시대를 극복하는 데 일조하는 역사학을 제창한 분단시대 사학론에서 불분명했던 민족과 민중, 민주의 관계를 재정립하고, 민중을 역사의 주체라고 말하기보다 변혁의 주체로 내세워 문제 해결을 전면화하는 역사학을 지향하는 집단이 형성되었음을 의미한다. 연구 주제라는 측면에서 볼 때, 1960~1970년대에 주체적이고 내재적인 발전의 맥락에서 한국사를 연구하던 학자들은 실학사상과 조선 후기 농업사 및 상공업사 연구에 중점을 두었다면, 신진 연구자들 중에는 근대 민중운동과 한국현대사에 관심을 두는 사람이 많았다. 실제 1980년대 후반부터 두 분야에 관한 이들의 연구는 이전과 비교할 수 없을 만큼 활발하였다. 한국근현대사 분야가 한국근대사와 한국현대사로 구분되고 다른 분과학문의 근현대 부분과도 뚜렷이 분립할 수 있는 바탕도 신진 소장 연구자들의 연구에서 촉발되었다고 말해도 지나치지 않다.

민중사학론을 추구한 연구자들은 주체적이고 내재적인 발전 과정의 맥락에서 긴 흐름의 한국사를 이해하고자 사회구성사 연구에 동의하거나 그것을 추구하는 신진 세대였다. 이들은 선배 연구자들처럼 내재적 발전 과정을 해명하면서도 한국사의 특수성과 세계사적 보편성을 어떻게 연관 지으며 한국사의 인식 체계를 세워야 하는가를 놓고 특별히 고민하였다.[236] 그러한 고민은 한국사 시대구분 문제와 자

---

235) 이영호, 〈'내재적 발전론' 역사인식의 궤적과 전망〉, 《한국사연구》 152, 247쪽, 263쪽. 인용하기는 했지만, 모두가 꼭 '사회주의적 전망'을 갖고 있었는지는 의문이다. 비자본주의적 전망을 막연하게라도 품고 있던 연구자도 있었을 것이기 때문이다.

본주의 맹아 문제에 많은 관심을 두는 움직임으로도 나타났다.

민중사학론자들의 고민에 지적 자극을 준 연구는 국내 연구만이 아니라 일본 조선사 연구자들의 연구도 있었다. 일본에서 발표된 '내재적 발전론'에 입각한 '자본주의 맹아' 연구나 조선 후기에서 개항기로 이어지는 이행기의 역사에 관한 연구, 일본의 침략(지배) 정책과 항일운동에 관한 연구는 한국에서와 달리 아무런 제약도 받지 않고 활발히 진행되었으므로 한국의 연구자들도 그들의 학문 동향을 의식할 수밖에 없었다.[237] 일본 측의 연구 성과를 모아 체계적으로 기획한《봉건사회 해체기의 사회경제구조》(청아출판사, 1982),《갑신갑오기의 근대 변혁과 민속운동》(청아출판사, 1983),《일제하 한국 사회구성체론》(청아출판사, 1986) 등이 대표적인 보기일 것이다. 그 가운데《봉건사회 해체기의 사회경제구조》에 수록된 〈서장, 내재적 발전론의 전진을 위한 방법론적 고찰-일본의 한국사 연구 수용과 관련하여〉라는 글은, 소장층 민중사학론자들이《신 조선사 입문(新朝鮮史入門)》(龍溪書舍, 1981)에 수록된 나카쓰카 아키라(中塚明)의 〈내재적 발전론과 제국주의 연구(內在的發展論と帝國主義硏究)〉 등을 참조하면서 한국사의 주체적이고 내재적인 발전 과정을 사회구성사적으로 해명하려는 고민과 모색을 종합적으로 담아냈다.[238]

---

236) 박찬승, 〈'내재적 발전론'의 재검토와 '복수의 근대' 모색〉,《21세기 한국사학의 진로》, 한양대학교 출판부, 2019, 90쪽.

237) 학계의 역량을 모아 한국사 연구를 종합한《한국사 연구 입문》(지식산업사, 1982)을 보면 알 수 있다.

238) 이에 대해 전후 일본 역사학의 논문을 여과 장치 없이 수용하는 데 따른 부작용을 우려하는 목소리도 있었다. 일본의 사회경제사학은 "아시아적 특질을 재생"하고 있으며, "너무 도식화의 경향을 밟고 있다"는 것이다. 정만조, 〈회고와 전망-조선 후기〉,《역사학보》104, 1983, 227쪽.

사회구성사 측면에서 한국사를 이해하려고 모색하는 과정에서 일본 조선사 연구자의 한국에서의 내재적 발전 연구에 대한 비판도 알려졌다. 가령 안병태는 자본주의 맹아를 추진한 사람들이 경제적 실력자층이기는 하지만 "너무나 소수에 지나지 않았다"며 1884년 갑신정변 이전 시기 조선에서 "봉건적 경제구조가 지배적이었다"고 정리하였다. 그는 이때까지 자본주의 맹아에 관한 연구가 특정한 사실만을 부각하는 '부조적(浮彫的) 수법'에 빠져 "구조 분석에 기초한 구조적 파악"을 하지 못했다고 비판하였다. 그 일례로 김용섭의 '경영형 부농'에 관한 연구를 들었다. 그가 보기에 김용섭은 경영형 부농이 존재한다고 실증했지만, 그것을 하나의 범주로 규정하기는 무리한 실증일 뿐아니라 설령 범주로 상정한다고 해도 그것이 내포하는 이론적 의미도 검토할 필요가 있다고 주장하였다.[239] 구조적인 파악을 강조하는 안병태의 주장은 민중사학론자들뿐 아니라 이들의 선배 연구자들에게도 영향을 주었다.[240]

새로운 한국사 이해를 모색하는 도중인 1987년 6·10민주화운동이 일어났다. 정치적 민주화를 달성한 그즈음 민중사학을 지향한 사람들에게도 몇 가지 변화가 있었다.

첫째, 1984년경부터 민족민주운동 진영에서 시작한 사회구성체논

---

239) 안병태, 《한국 근대 경제와 일본제국주의》, 백산서당, 1982, 43·47·226쪽. 이 책은 1975년 일본평론사에서 간행한 《조선 근대 경제사 연구》의 번역본이다.

240) 편집부, 〈시론: 80년대 한국사 연구의 반성과 90년대의 과제〉, 《역사와 현실》 3, 9쪽. 안병직, 〈조선 후기 자본주의 맹아의 발생〉, 《한국학 연구 입문》, 지식산업사, 1981, 361·362쪽. 자본주의 맹아론에 대한 한국학계에서의 비판은 이영훈이 본격적으로 시작했다고 볼 수 있다(이영훈, 〈한국자본주의의 맹아 문제에 대하여〉, 김태영 외 5인, 《한국학 연구 입문》, 한길사, 1987).

쟁에 학계도 참여했다는 점이다. 이에 따라 사회구성체론에 입각하여 민중을 계급의 측면에서 파악하려는 움직임도 더 활발해졌다.[241] 다음 인용문에서 이를 확인해보자.

> 그런데 현재의 민중사학론에 의하면 현재 한국사회의 민중은 신식민지사회에서 민족해방의 주체로서 노동자계급을 중심으로 하여 도시빈민, 진보적 지식인 등을 포괄하고 있는 개념이다. 이처럼 민족문제를 중심으로 파악된 민중은 민족모순 해결의 주체일 뿐이며, 따라서 그 구성은 일부 매판적 세력을 제외한 모든 민족적 세력(대표적인 예로 민족부르주아지)으로 확대될 수 있나. 그러면서도 노동자계급은 다른 계급·계층과 차별성이 부각되지 못한 채 연대·제휴의 대상으로 파악될 뿐이다. 이것은 기본적으로 민중 재생산의 물적 기초를 해명하지 않았기 때문에, 즉 사회구성론을 결여한 데서 민중 개념 설정에 있어서 주관주의적이며 또한 실천에 있어서 개량주의에 빠질 위험성을 내포하고 있다.[242]

요컨대 이세영의 주장은 민족모순을 중심으로 문제 해결의 방향을 찾는 민중사학론과 달리, 사회구성체론에 바탕을 두고 계급모순에 입각한 민중론으로 재구성하자는 입장이다. 그가 한국역사연구회에서 말한 '과학적'이라는 뜻이 '역사적 유물론'의 연구 방법을 함축한다고 기억했던 이유도 여기에 있었다. 이러한 민중론은 노동자계급 헤게모

---

241) 사회구성체 논쟁 이외에도 1986~1987년 직선제 개헌투쟁과 호헌투쟁을 거치는 과정에서 민족민주운동 진영 내 NL과 PD 진영 사이에 벌어진 전략 논쟁의 영향도 간과할 수 없을 것이다.

242) 이세영, 〈현대 한국사회의 동향과 과제〉,《80년대 한국 인문사회과학의 현 단계와 전망》, 역사비평사, 1988, 89쪽.

니를 전제하는 계급연합론이다.

민중론에 대한 사회구성체론의 영향력이 커지는 과정은 한국사 연구의 시대구분론에 하나의 명분을 제공했다고 볼 수 있다. 세계사적 보편성과 한국사의 특수성을 연계하려는 노력을 정당화하는 영향력의 확장이었기 때문이다. 실제 한국역사연구회가 발간한 《한국사 강의》(한울, 1989)의 집필진은 사회구성체론에 의한 세계사 시대구분론이 "지금까지의 각종 시대구분법에 비해 가장 과학적인 내용을 담고 있으며, 이는 현재에도 유효하다"고 입장을 밝히며 한국사를 고대중세편, 근대현대편으로 구분하고 집필하였다.[243] 이렇듯 민중사학론자들이 사회구성체론을 적극 활용함에 따라, 1980년대 후반에 이르러 한국사의 시대구분에서뿐만 아니라 한국근현대사 연구에서 사적 유물론 체계가 공식적인 하나의 연구방법론으로 자리 잡을 수 있게 되었다.[244]

둘째, 민중사학론자들 사이에 사적 유물론에 입각한 역사인식과 연구방법론을 추구하는 사람이 많아지는 가운데, 1987년 하반기 들어 망원한국사연구실과 한국근대사연구회 사이에 통합 논의가 매우 활발해졌다. 한국근대사연구회 측에서 한국사 전 시기를 망라하는 대중적인 연구자 조직을 결성하자고 제안하면서 통합 논의가 본격화한 것이다. 이에 대해 망원한국사연구실 내에서는 통합에 찬성하는 해소론과 새로운 진보적 연구 단체를 결성하는 데는 찬성하지만 연구자 운동의 전형으로서 연구실을 유지하자는 유지론이 대립하였다.[245] 결

---

243) 한국역사연구회 편, 〈총론: 한국사 인식의 방법과 과제〉,《한국사 강의》, 한울아카데미, 1989, 47쪽.

244) 편집부, 〈시론: 80년대 한국사 연구의 반성과 90년대의 과제〉,《역사와 현실》3, 12쪽.

245) 배성준, 〈민중사학의 역사를 재구성하기-역사학 비판의 관점에서〉, 역사문제연구소 민중사반,《민중사를 다시 말한다》, 113쪽.

국 망원한국사연구실 회원들은 의견 통일에 이르지 못했고, 일부 구성원이 1988년 9월 "과학적 실천적 역사학"을 표방한 한국역사연구회 창립에 참여하였다.[246] 또 다른 일부 구성원은 11월 민중 주체의 입장에서 "민족사를 체계적이고 과학적으로 연구"하고 "사회운동의 과학적 전진에 이바지하고자" 구로역사연구소를 창립하였다.[247]

오늘의 시점에서 보아도 당시의 통합 논의 과정에 대해 여러 의견과 관점 그리고 평가가 있겠지만, 당시 진행된 논쟁 주제들은 크게 보면 급속히 부상하고 있던 진보적 학술운동에 대한 입장이 무엇인가, 이것과 민족민주운동을 어떻게 연계하며 연구를 지속할 것인가, 이를 위해 어떤 연구자 조직을 결성해야 하는가 등등이었다. 이를 달리 압축하면 한국사 분야에서 연구자 대중을 조직하고 현실과의 연계성을 확보하는 데 중점을 두자는 의견과, 운동의 현장성을 강조하며 민족민주운동과의 연대를 구체적으로 강화하여 대중성과 실천성을 확보해야 한다는 입장의 차이였다. 한국역사연구회가 전자의 의견에 동의하는 사람들이 많이 참가한 학회였다면, 구로역사연구소는 후자의 입장을 행동으로 추구한 사람들이 주로 참가한 단체였다.[248]

이처럼 민중사학을 표방하는 구성원들 사이에 민중사학을 어떻게 구체화할 것인가를 놓고 편차가 발생하였다. 그것은 망원한국사연구실에서 한국역사연구회와 구로역사연구소로 분화하는 과정이기도 했다. 여기에 참가한 사람들 모두가 자신이 속한 단체의 민중사학론에

---

246) 여기서 말하는 '과학적'이란, 연구회원들은 거의 의식하지 않았지만 역사적 유물론을 연구방법으로 한다는 의미였다. 이세영, 〈한국역사연구회 30년사-한국역사연구회 창립을 회고하며〉(http://www.koreanhistory.org/6584 20190830).

247) 〈창립선언문-구로역사연구소(현 역사학연구소)를 열면서(1988. 11. 12.)〉(http://www.ihs21.com/modules/doc/index.php?doc=history&__M_ID=23 200424).

동의하고 있었다고 볼 수는 없을 것이다. 그렇다고 단체별로 민중사학론이 하나씩 있었다고 볼 수도 없다. 논쟁은 활발했지만 그만큼 여전히 애매모호하고 다양한 요소가 혼재되어 있었다. 김성보가 1980년대 민중사학론을 세 가지로 유형화했는데, 그중 어느 유형이 특정 단체의 입장이라고 단정하기는 곤란하다.[249]

셋째, 이렇게 민중론이 혼재되어 있었던 1980년대 후반에 한 가지 독특하지만 매우 강력한 흐름이 형성되면서 민중사학론자들을 다시

---

248) 1984년에서 1987년 사이에 민중사학론자들이 주창하는 단체가 결성되고 그들의 영향력이 확대되는 와중에, 이들과 대척점에 선 태도와 역사인식을 가진 새로운 움직임들도 있었다. 1967년에 결성된 한국사연구회는 여전히 존재하고 있었지만, 연구회 자체가 민중사학론자들의 움직임에 대응한 것은 아니었다. 필자가 보기에 민중사학론자들의 움직임에 가장 능동적으로 대응한 움직임은 1970년대 《문학과지성》에 많은 글을 발표한 이기백이었다. 그는 1987년 9월 《한국사 시민강좌》를 창간하였다. 이기백은 '간행사'에 "어떤 사람은 민족을 위한다는 구실 밑에, 어떤 사람은 현실을 위한다는 명분 아래, 한국사를 자기들에게 유리하도록 이용하고" 있다고 지적하였다. 전자는 재야사학자들을, 후자는 민중사학론자들을 가리킬 것이다. 이기백은 이들의 폐해를 극복하고자 연구실과 '시민'을 연결하는 잡지를 발행하여 한국사학이 "진리를 어기면서 어떤 특정 세력의 이익을 위하여 봉사하는 시녀가" 되지 않게 하겠다고 밝혔다(이기백, 〈창간사〉, 《한국사 시민강좌》 1, 1987. 9, iii·iv쪽). 또한 민중사학론자들의 근대사 인식과 다른 역사인식을 추구하고 연구하는 사람들은 1986년 8월 《한국민족운동사연구》를 창간하였다. 이 학회의 인사들과 거의 겹치는 사람들이 근무하는 독립기념관 한국독립운동사연구소도 1987년 7월 《한국독립운동사연구》를 창간하였다.

249) 김성보는 1980년대 민중사학론을 세 부류로 구분하였다. 문화공동체 및 사회운동의 담당 주체로 민중을 파악한 소시민적 민족주의 관점, 사회구성체론에 입각하여 민중을 변동하는 정치경제 속의 계급연합으로 파악한 통일전선론적 관점, 그리고 두 관점을 비판한 도식적 사적 유물론의 대안이 그것이다. 세 번째 관점은 민족모순에 우선을 두어 민중을 초계급적 존재로 파악하는 전자의 문제점과 계급모순을 중심으로 전략전술 차원에서 민중을 이해하는 후자의 관점을 극복하려는 움직임이었다. 김성보, 〈특집 1: 전환시대 민족사관 정립을 위하여-'민중사학' 아직도 유효한가〉, 《역사비평》 104, 1991. 8 참조. 필자가 특집의 제목까지 표기한 이유는, 사회주의가 몰락한 1990년대 들어서도 1960~1970년대 한국사관의 민족적 확립을 내세웠던 '관점과 태도로서 주체적 내재적 발전' 연구의 흔적이 '민족사관'의 '정립'이라는 표현에서 여전히 확인되기 때문이었다.

한 번 뒤흔들었다. 북한바로알기운동이 바로 그것이다.

　직선제개헌과 호헌투쟁을 적극 전개한 NL 진영의 학생운동 세력은 1988년 들어 '조국통일촉진운동'을 전개하였다.[250] NL 진영의 입장에서 보면 평양세계청년학생축전에 참가하는 투쟁도 그 일환이었다. NL 진영은 조국통일촉진운동이 한국 변혁의 기본 축인 '반미자주화운동=민족해방혁명운동'의 공간을 확장시켜줄 뿐만 아니라, 대중성을 튼튼히 해줌으로써 민주화운동을 질적으로 발전시키는 원동력이라고 간주하였다. 또한 분단이념을 무력화시킴으로써 자주화운동과 민주화운동을 활발하게 벌일 수 있는 공간을 만들어준다고 보았다. 북한바로알기운동의 일환으로 북측에서 간행된 출판물이 한국의 인문사회과학출판사를 통해 쏟아져 나오기 시작한 시기가 이즈음부터였다.[251] 북한산 역사 지식이 공공연하게 유통되기 시작한 것이다. 이에 따라 민중사학 내부에서, 좀 더 좁혀서 말하면 한국역사연구회의 회원 사이에서 NL 진영의 역사인식에 영향을 받은 한국사 인식이 자라났다.

민중사학의 근현대사 인식

북한산 역사 지식까지 고려해야 하는 민중사학론자들의 고민을 반영

---

250)　이하에서 북한바로알기운동과 민중사학의 동향에 관해서는 신주백, 〈1980년대 중후반 ~90년대 초 북조선산 역사 지식의 유포와 한국사회·한국사−북괴에서 북한으로, 반쪽에서 전체로 시선의 전환〉,《구보학보》20, 2018, '제2, 3장'을 압축하여 가져왔다.

251)　북한 학계 역사연구물의 이즈음 간행 현황은 각주 253)과 2부의 각주 261) 참조. 마르크스, 레닌의 저작을 번역하여 간행하는 움직임도 거의 비슷한 때부터 활발하게 일어났다.

한 대표적인 저서가 《한국 근대 민중운동사》(풀빛, 1989)이다. 이 책은 망원한국사연구실의 한국 근대 민중운동사 서술 분과 사람들이 위에서 언급한 전환 과정과 겹치는 시점인 1986년 집필에 합의하고 1989년 9월 간행한 개설서이다.

《한국 근대 민중운동사》 필진은 "철저히 민중이 만든 역사를, 민중의 손으로 씌어질, 복원될 역사를 지향하고자 하였다." 민중사학의 중심인 민중운동사는 단순히 운동사, 정치사가 아니라, "한 시대의 모순과 그로부터 지양되는 역사 발전의 총체적 표현이자 발현"으로 간주하였다. 그래서 특정한 세력을 중심으로 내세우지 않고 "민족해방운동 전체를 염두에 두면서 운동론적인 분석"에 치중하려고 하였다. 책을 마무리할 즈음 홍수처럼 쏟아진 북한산 연구 성과에 대해 되도록 "비판적으로 수용하고자 노력"하여 분단 이후의 "학문적 단절을 회복"하는 데 기여할 뿐만 아니라 "일정 정도 안내서 역할"을 자임하였다.[252] 북한산 지식을 전면적으로 수용하기보다 선택적으로 수용하는 학문 태도를 취했던 것이다.

이에 따라 《한국 근대 민중운동사》는 반봉건반침략투쟁과 반일민족해방운동을 중심으로 서술되었다. 이 책과 비교할 만한 책이 이재화의 《한국 근대 민족해방운동사》 I(백산서당, 1986)와 《한국 근현대 민족해방운동사 – 항일무장투쟁사 편》(백산서당, 1988)이다. 세 권의 책이 어떻게 구성되었는지 확인하기 위해 〈표 3-1〉에 주요 목차만을 나열하였다.

이재화의 책이 모두 일제강점기의 저항운동만을 서술 대상으로 했으니 《한국 근대 민중운동사》에서도 그 시기만을 놓고 몇 가지 비교

---

252) 망원한국사연구실 한국근대민중운동사 서술 분과, 〈책을 내면서〉, 《한국 근대 민중운동사》, 풀빛, 1989, 4쪽, 6쪽.

〈표 3-1〉《한국 근대 민중운동사》와 이재화의 책 두 권의 구성 비교

	《한국 근대 민중운동사》	《한국 근대 민족해방운동사》Ⅰ	《한국 근현대 민족해방운동사 - 항일무장투쟁사 편》
목차	1장 봉건사회 해체기의 농민항쟁 2장 제국주의의 조선 침략과 1894년 농민전쟁(1876~94) 3장 식민지화의 위기와 반제민중운동의 발전(1895~1910) 4장 1910년대 민족해방운동의 전개 5장 1920년대 민족해방운동의 발전 6장 민족해방운동의 고양 (1930~45)	제1부 조선 근대 혁명운동의 태동 1장 1910년대 사회경제와 초기 반일운동 2장 3·1민중운동의 전개 3장 두 개의 조선공산당 제2부 조선공산당의 창립과 민족해방운동 4장 일제의 침략 강화와 1920년대 계급관계 5장 마르크스주의의 보급과 노동운동의 성장 6장 조선공산당의 창립과 전개 7장 1920년대 제부문운동의 전개 8장 민족협동전선으로서의 신간회운동 9장 1920년대 민족해방운동에 있어서의 분파주의와 조선공산당의 해산 제3부 민족해방운동의 새로운 고양 10장 20년대 말~30년대초의 사회경제와 노농운동의 새로운 고양	1930년대 민족해방운동의 올바른 이해를 위하여 서장 참민족해방운동의 출발과 발전 제Ⅰ부 1930년대 전반기의 민족해방운동 1장 항일무장투쟁의 개시, 민족해방운동의 새로운 단계로의 발전 2장 1930년대 전반기 국내 민족해방운동의 전개 3장 민족해방운동대열의 통일과 단결 제Ⅱ부 민족해방운동의 전국적 양양 4장 반일민족통일전선의 형성과 민족해방운동의 획기적 발전(Ⅰ) 5장 반일민족통일전선의 형성과 민족해방운동의 획기적 발전(Ⅱ) 6장 중일전쟁 이후 민족해방운동의 계속적인 발전 제Ⅲ부 민족해방운동의 최후 승리 7장 1940년대 전반기 민족해방운동 8장 민족해방운동의 승리와 그 역사적 의의

해보자. 우선《한국 근대 민중운동사》는 그때까지 나온 일제강점기 저항운동에 관한 책에서는 쉽게 볼 수 없었던 구성 체계와 매우 놀라운 내용까지를 갖추고 있었다. 3·1운동의 역사적 의의를 말하며 대한민국 임시정부를 언급하지도 않았고, 민족해방운동이란 개념을 사용하며 국내 항일운동을 중심으로 전개-발전-고양이란 서사를 일관되게 유지하였다. 1970년대 국정교과서에서 반민족적이고 사대적이라 낙인찍혔던 조선공산당을 비롯한 사회주의운동을 매우 적극적으

로 평가하였다. 여전히 색깔을 입혀 바라보는 시각이 강하게 남아 있던 때인데도 신간회에 대해 '민족협동전선'이란 시선을 그대로 드러낸 채 하나의 '절'로 비중 있게 다루었다. 가장 압권은 1930년대 국내에서 전개된 '혁명적 노동·농민조합운동'과 더불어 만주 지역 항일무장투쟁 속에서 김일성이 주도한 재만한인조국광복회까지 드러냈다는 데 있다. 물론 1930년대 중국 관내 지역의 민족운동을 설명할 때 한국광복군까지 서술 대상에 포함시켰다. 이처럼 집필진이《한국 근대 민중운동사》에서 폭넓고 새로운 역사상을 과감하게 드러낼 수 있었던 바탕에는 현실의 민주화운동에 동참한다는 실천적 문제의식이 깔려 있었다. 여기에 더하여 그들은 일본 조선사 연구자들의 연구 성과를 적극 참조했을 뿐만 아니라, 1988년 즈음부터 국내 인문사회과학출판사들이 북한바로알기운동 차원에서 위험을 무릅쓰고 간행한 북한의 연구 성과를 참조하였다.[253]

《한국 근대 민중운동사》가 민족해방운동사를 과감하고 새롭게 기술했지만, 비슷한 시기에 출판된 이재화의《한국 근현대 민족해방운동사 – 항일무장투쟁사 편》은 확연히 달랐다. 이재화는 1980년대 중후반 민족민주운동의 정파로 따지면 NL계열에서 비합법 활동에 참여하고 있던 운동가였다. 그는 매우 실천적 문제의식을 지녔고 저술 활동도 적극적이었다. 예를 들어 1988년 간행된 책을 집필하게 된 이유의

---

253) 《한국 근대 민중운동사》 집필진이 참조했다고 밝힌 북한의 연구 성과로는《조선에서 자본주의적 관계의 발전》(열사람, 1988),《근대 조선 역사》(일송정, 1988),《근현대 조선 경제사》(갈무지, 1988),《조선 문학 개관》 1 (진달래, 1989),《조선 근대 혁명운동사》(한마당, 1988),《조선 경제사》(상) (미래사, 1989)가 있다. 또한《력사과학》에 실린 논문 이외에《김옥균》(사회과학원력사연구소, 1964),《19세기 후반~일제 통치 말기의 조선 사회경제사》(조선로동당출판사, 1959)도 참조하였다.

하나로 "의도적이든 아니든 '항일무장투쟁'에 대해 '조선공산당과 그 재건운동'(적색 노조·농조운동을 여기에 포함하여)을 복권시키려 하고, 해방 이후는 그에 따라 당연히 '남로당'을 복권시키려 하는 일부의 '음모'와 '책동'에 대해 경고하기 위해서이다"라고 밝힐 정도였다.[254]

그런데 이처럼 강렬한 문제의식을 갖고 있던 이재화의 역사인식은 1986년 시점과 달랐다. 〈표3-1〉에 제시한 1986년과 1988년의 책을 비교하면, 《한국 근대 민족해방운동사》의 주장은 북한학계가 마르크스-레닌주의의 역사관인 유물사관에 따라 해석한 민족해방운동사인 《조선 근대 혁명운동사》(1961)의 구성 체계와 유사하다. 그런데 《한국 근현대 민족해방운동사 – 항일무장투쟁사 편》 시점에는 주체사상에 입각한 주체사관에 따라 재해석한 북한학계의 견해를 그대로 따르고 있다. 그 단적인 보기가 1926년 김일성이 주도하여 조직했다는 타도제국주의동맹을 '참민족해방운동의 시원'으로 두고 있는 점이다. 이재화는 관련 내용을 〈표3-1〉에 나오는 《한국 근현대 민족해방운동사 – 항일무장투쟁사 편》의 '서장 참민족해방운동의 출발과 발전'에서 상세히 언급하였다. 북한도 1926년부터를 '주체 1년'으로 부르고 '조선현대사의 시작'으로 간주하고 있다. 결국 3·1운동 → 노동·농민운동 → 만주 지역 항일 무장투쟁을 '민족해방운동의 주류'로 보는 이재화의 주장과 달리, 《한국 근대 민중운동사》의 집필진은 '조선공산당과 그 재건운동'을 종파주의자들의 행동으로 간주하지 않고 역사 속에서 복권시켜 민족해방운동사 속에 포용하였다.

이렇듯 민중이 역사 발전의 주체이자 변혁의 주체라는 시각과 함

---

254) 이재화, 〈머리말〉, 《한국 근현대 민족해방운동사 – 항일무장투쟁사 편》, 백산서당, 1988.

께 통일 지향적인 태도를 드러낸 한국사 학계의 민중론은 북한산 역사 지식을 전적으로 수용하지 않았다. 그렇다고 그 지식을 무조건 배척하지도 않았다. 민중론을 추구한 연구자는 북측의 지식과 상대적으로 거리두기를 하며 한국사 속에 수용하려 노력하였다. 가령 어느 쪽도 배제하지 않고 항일운동사 속에 포함하여 서술하는 움직임도 나타났다.[255]

군이 따지자면, 이러한 시각에서 기획된 책들은 1970년대부터 주체사관에 입각하여 출판된 북한의 역사서보다는 1950~1960년대에 마르크스-레닌주의 역사관인 유물사관에 입각하여 출판된 책에 더 많은 시선을 두었으면서도, 독자적인 서술 체계를 갖추고 북측의 인식과 확연히 다른 내용으로 기술되었다. 비교를 위해 2부에서 언급한 《조선 근대 혁명운동사》의 1919년 이후 서술 부분을 우선 압축하면, '3·1인민봉기'를 고비로 마르크스-레닌주의 깃발 아래 조선의 민족해방운동이 새롭게 발전했는데, 조선공산당의 분파적 해독성으로 1920년대에 운동이 한계에 다다랐다. 그런데 1920년대 말~1930년대 초에 노동운동과 농민운동이 고양되면서 더 높은 단계로 발전할 수 있게 하는 "공산주의적 영도 핵심의 형성이 절실히 요구되었다."[256] 이때 나타난 지도자가 김일성이다. 김일성은 동만주에 있던 혁명근거지를 중심으로 민족해방운동을 보다 높은 단계로 발전시키며 만주 지역에서 항일무장투쟁을 이끌어 조선 해방이란 '위대한 승리'를 이끌었다.

---

255) 이는 독재정권의 공식 역사인식이기도 하고 여기에 밀착해 있던 일부 주류 역사학계의 역사인식, 즉 사회주의운동을 반민족적이고 사대적이라 하여 완전히 배제하고 있던 현실과 명확히 다른 서술 태도이다.

256) 과학원 력사연구소 근세 및 최근세사 연구실 편, 《조선 근대 혁명운동사》, 284쪽.

이러한 내용 전개를 통해 알 수 있듯이, 김일성 중심의 혁명전통 시각은 국내에서 전개된 1920년대 사회주의운동을 비판적으로 기술하거나 1930년대 사회주의운동을 전혀 언급하지 않았다. 역사에서 배제당한 민족해방운동 세력은 이들만이 아니었다. 북한의 혁명전통 시각은 임시정부를 비롯한 민족주의운동 계열과 1930년대 만주 지역 항일무장투쟁에 참가한 조선인 가운데 김일성과 연관이 없는 사람들은 한마디 언급조차 하지 않았다.

하지만 한국사 학계에서 민중사학을 주창한 젊은 연구자들은 북한식 정통과 배제의 원리를 거부하였다. 예를 들어 국내외 사회주의운동 계열의 운동론을 자료로 편역하여 1989년과 1990년에 간행한 신주백의《1930년대 민족해방운동론 연구》1·2(새길),[257] 그리고 한국사 개설서로 1989년에 간행된 한국역사연구회의《한국사 강의》(한울)와 구로역사연구소의《바로 보는 우리 역사》1·2(거름)도 있다.[258] 또한 한국역사연구회에서 개인이 할 수 없는 연구 주제를 공동 연구라는 작업 방식으로 돌파해낸 3·1운동 70주년 기념의《3·1민족해방운동 연구》(청년사, 1989), 1930년대 사회주의운동사 연구반에서 2년여의 작업 끝에 세상에 내놓은《일제하 사회주의운동사》(한길사, 1991)도

---

257) 신주백 편저,《1930년대 민족해방운동론 연구-국내 공산주의운동 자료편》1, 새길, 1989. 12; 신주백 편저,《1930년대 민족해방운동론 연구-만주 항일무장투쟁 자료편》2, 1990. 1.

258) 민중사학을 비판하는 학자들은 이 책들을 가리켜 '한국판 마르크스주의 역사학'이라고 지적하거나, "학문의 연속성을 무시한 채 선학에게 무례하리만큼 도전적"이라고 비판하거나, 사회경제사학의 대용으로 쓰인 용어로서 객관성과 과학성을 지닐 수 없는 역사학이라 보았다. 이기동, 〈민중사학론〉,《현대 한국사학과 사관》, 일조각, 1991, 211쪽; 신복룡, 〈한국 사학사의 위기〉,《한국정치학회보》29(2), 한국정치학회, 1995, 355쪽; 이기백, 〈유물사관과 현대의 한국사학〉,《한국사 시민강좌》20, 일조각, 1997, 25·26쪽.

비슷한 역사인식을 드러낸 결과물이다. 특히 집단적 공동 연구는 기획 단계부터 출판까지 함께하는 작업 방식으로, 민중사학론자들의 활동 방식을 이전 세대들 또는 자신의 지도교수들의 연구 방식과 구분하는 특징 가운데 하나이다.[259] 이 방식은 오늘날까지 하나의 학술문화로 튼튼히 자리 잡고 있다.

1980년대 민중사학론을 대표하는 단체인 한국역사연구회는 1990년대에 들어서며 그때까지 민중사학론이 도달한 공통 지점을 다음과 같이 정리하였다.

과학적 실천적 역사학(인-인용자) 민중사학에서 우리가 현재 도달한 암묵적 합의는 이론적 사상적 수준 등에서는 다양한 편차를 가지면서도 역사에 대한 부르주아적 방법론의 편파성, 주관성, 형식성을 넘어서, **변증법적 역사인식을 기반으로 한다**는 것이다. 변증법적 역사인식에 대체로 동감한다고 할 때, 먼저 그것의 기본적 내용에 대한 확인이 필요하다. 주지하다시피 변증법적 역사인식은 **역사의 본질을** (1) 인류 역사를 사회적 생산의 발전에 의한 **사회제도의 합법칙적 교체 과정**으로 보며, (2) 인민대중을 역사의 창조자로 규정하고, (3) 계급사회 이후 **사회 역사 발전의 중요한 동력을 계급투쟁**이라고 한다.

다음으로 변증법적 역사인식의 방법론은 **역사주의와 당파성의 원칙에 기초**한다.[260] (강조-인용자)

---

259) 이 시기 공동 연구 성과로 빼놓을 수 없는 업적 가운데 하나가 한국역사연구회에서 1894년 농민전쟁 100주년을 기념하여 5개년 연구사업으로 진행한 《1894년 농민전쟁 연구》 1~5(역사비평사, 1991, 1992, 1994)일 것이다.

글의 내용으로 보아 민중사학의 도달점을 가장 진보적으로 평가했다고 볼 수 있겠다. 하지만 여기까지였다. 민중사학론은 더는 이론적으로 다듬어지지 못하였다. 실천적인 구체성도 오래가지 못하였다. 1980년대 민중사학이 추구한 민중론은 1990년대 초반을 지나며 기세가 꺾였기 때문이다.

이때부터 역사 발전의 주체이자 변혁의 주체로 민중을 말하는 사람은 급속히 자취를 감추었다. 오히려 민중의 다양성을 말하는 목소리가 높아갔다. 1987년 6월 평화적 정권교체를 향한 정치적 민주화를 달성한 한국사회가 '민중'을 아우르는 변혁 전망을 상실하고 있는 사이에 '시민'이 사회 개혁의 주체로 떠오르고 있었기 때문이다. 변화를 추동한 요인은 '3저 호황'을 발판으로 한국경제가 세계화에 적응해갔다는 성장의 측면도 있고, 사회주의 국가들의 몰락으로 마르크스-레닌주의가 설 땅이 크게 위축되었다는 충격적인 반전과도 깊은 연관이 있었다. 더구나 굶는 자가 속출하는 북한사회의 충격적인 실상이 드러났을 뿐만 아니라 1994년 김일성 사망 이후 남북관계가 급속히 경직되어갔던 현실의 측면도 무시할 수 없었다. 반면에 서구의 다양한 포스트모더니즘 이론이 한국사회에 유입되면서 지배와 저항이라는 이분법적인 구도로 역사를 바라보던 흐름에 변화가 일어났다. 1987년

---

260) 〈민중사학의 성과와 과제〉, 한국역사연구회 편, 《한국역사연구회 30년사》, 2018, 308·309쪽. 이 글은 1991년 1월 31일~2월 1일에 열린 한국역사연구회 겨울수련회 때 발표된 원고로, 이때까지 간행된 적이 없다. 30년사를 정리하는 과정에서 편집진이 연구회의 컴퓨터에서 찾아낸 문건이다. 필자도 책을 준비하며 문서를 읽는 과정에서 수련회 때 이 발표를 들었던 기억이 어렴풋이 났다. 그때가 한국역사연구회가 민중사학이라는 이름을 내걸고 자기 발언을 한 사실상 마지막 시점이 아니었던가 하는 인상을 필자는 지금도 가지고 있다.

정치적 민주화 이후 집단과 조직의 정체성보다 개인의 자존감을 존중하는 사회문화가 확산되어가고 있었던 상황도 빼놓을 수 없다.

민중사학이 표방한 민중론의 내적 한계도 있었다.[261] 민중론은 1970년대 이래 민중운동의 성장 과정에서 등장하고, 민족민주 세력이 영향력을 확대하는 과정에서 더 밀착하며 강렬하게 제기된 개념이지, 연구의 산물이 아니었다. 사회적 모순을 해결하기 위한 실천의 산물이었다. 1980년대 변혁론은 그 민중을 단일한 주체로 간주하였고, 구조적으로 주조된 유기체 또는 통일적 실체처럼 간주하였다. 그들의 역사에 대한 언급은 과잉 결정되어 만들어진 측면이 있었다.

---

261) 이에 대해서는 각주 229)에 언급된 허영란, 이용기의 연구에서 지적한 내용을 필자 나름대로 정리하였다.

한국 현대사와 주체적·내재적 발전 연구사의
학술사적 의미

이상에서 한국의 역사를 한국인의 자주적인 선택의 연속 과정으로 이해하고자 1950년대에서 1980년대 중후반경까지를 대상으로 한국 현대 역사학이 변모해온 모습을 살펴보았다. 특히 '관점과 태도로서 주체적이고 내재적인 발전'의 맥락에서 한국사를 연구하려는 움직임이 태동, 형성, 분화해온 과정을 분석하고 1980년대 민중사학으로 비판적 계승이 이루어지기까지의 학술사를 고찰하였다.

이 글은 연구 목적인 내재적 발전 연구의 역사를 학술사적으로 해명하기 위해 국경을 넘는 지(知)의 연쇄와 비동시성의 동시성에 주목하면서 그것을 가능하게 했던 동북아 차원의 지적 연계망에 관심을 두었다. 대학과 학회에서 담보하지 못한 학술담론이 형성되는 공간을 학술장이란 가상공간으로 상정하였다. 그곳을 중심으로 한국사 학계의 안과 밖에서 등장하는 담론까지를 포함해 담론 간의 경합 관계를 해명하면서 공공 역사인식의 형성과 분화라는 맥락을 '경합하는 공공성'이란 관점에서 검토해보았다. 1980년대 들어서면서 민중사학이란 특정한 공공 역사인식이 한국사 학계에서 벌어진 논쟁의 중심에 등장하는 과정을 민족민주운동과의 연관성에 초점을 두고 고찰해보았다. 맺음말에서는 본문의 내용을 다섯 부분으로 나누어 요약하면서 그 함의를 되짚어보고, 마지막으로《한국 역사학의 기원》에서 밝힌 한국 현대 역사학의 특징인 식민성, 분절성, 분단성을 중심으로 한국 현대 역사학의 형성기에 한국사 학계가 도달한 지점을 종합해보겠다.

I) 이 글은 '관점과 태도로서 주체적이고 내재적인 발전'의 맥락에서 한국사 연구의 태동, 형성, 분화의 역사를 다루었다. 그 역사적 과정을 간략히 압축하면, 한국전쟁 이후 문헌고증사학이 한국사 학계의 학문권력을 장악하고 관학 이데올로기를 제공하였다. 1950년대 후반 들어 일본과 북한 그리고 서구 학계 등의 동향과 일제강점기 조선학 운동의 혼적에 영향을 받으면서 당시 사용한 용어를 빌리면 '내면적'으로 한국사를 파악하려는 흐름이 태동하였다.

1960년대 들어 한국사 학계에는 문헌고증사학과 다른 경향인 내재적인 발전의 맥락에서 한국사를 연구하는 흐름이 새롭게 안착하였다. 근대화론의 확산과 민족주의 열기 속에서 촉발된 새로운 연구 경향은 1967년 한국사연구회라는 학술공간의 등장으로 이어졌다. 이들은 일본인이 주조한 식민주의 역사학의 역사인식을 비판적으로 재검토하며 조선 후기를 중심으로 연구를 구체화하였다.

1970년대 초반을 지나면서 박정희 정부가 민족의 주체성을 강조하는 한국사 학계의 흐름을 흡수하며 주창한 주체적 민족사관이라는 관제적 공공 역사인식이 관제적 민족주의 역사학의 국난극복사관과 접목하며 하나의 흐름을 형성하였다. 한편, 관점과 태도로서 내재적 발전에 입각하여 한국사를 연구해왔던 그룹 내부에서는 이들과 어떻게 관계를 풀어가야 하는지를 놓고 균열이 일어났다. 일부가 국정교과서 집필 문제 등을 겪으며 강단 민족주의 역사학으로 자리를 잡아가면서 박정희 정부의 관제적 공공 역사인식과 친연성을 유지해갔다.

1970년대 중반경을 지나면서, 민족사의 주체로서 민족 그 자체를 내세웠던 관제적 공공 역사인식과 달리, 현실과 역사에서 민족 속의 민중을 찾아 그들을 주체로 내세우며 민주적 공공성을 추구하던 그룹이 형성되어갔다. 내재적 발전의 맥락에서 한국사를 연구하던 이 흐름은 민중을 재인식하고 분단을 발견했으며 민주를 매개로 민족과 민중을 결합하는 논리를 형성하기 시작한 경향과, 이러한 움직임의 민족주의 인식과 학문관 등에 대해 비판적인 논지를 전개하며 민중과 함께 시민에도 주목하며 상대적 거리두기를 유지하는 경향으로 나뉘어갔다. 두 흐름은 《창작과비평》과 《문학과지성》이란 학술장을 통해 서로의 생각을 드러내고 경합하면서 각자의 공공 역사인식을 다듬어갔다.

《창작과비평》측과 호흡을 같이 하던 흐름은 민중적 민족주의를 매개로 '비판적 한국학'을 내세우며 다른 분과학문과도 연계를 강화해갔는데, 계급연합으로서 민중론을 주장한 흐름은 1980년대 들어 신진 연구자들의 호응을 얻었다. 대학원 과정의 연구자가 주축인 민중사학론자들은 1984년 망원한국사연구실을 조직하여 과학으로서 역사학을 표방하고 연구하는 데 머무르지 않고 민족민주운동과의 연계도 중시하며 실천성을 강조하였다. 이들은 반복된 정례 모임을 지속하는 공동 연구 방식으로 전문성을 심화하고 주목할 만한 연구 성과를 발표하면서 한국사 학계의 한 흐름으로 자리를 잡는 듯하였다.

II) 1950년대 북한과 일본, 한국에서의 한국사 연구는 조선 후기의 자본주의적 변화를 인지하고 그것에 역사적 의미를 부여하기 시작하였다. 이들 사이의 공통점은 한국사를 한반도에 거주하는 사람들의 주체적이고 내재적인 삶으로 바라보고 조선 후기의 자본주의적 변화에 주목하기 시작했으며, 1876년 개항 이후 역사와의 연속과 단절의 문제에도 관심을 갖고 있었다는 데 있다.

하지만 그 출발 과정은 달랐다. 조선 후기의 자본주의적 변화에 가장 먼저, 그리고 가장 집중적으로 관심을 기울인 곳은 북한 학계였다. 처음에 북한 학계는 인민민주주의 국가 수립의 필연성을 증명하는 대전제의 하나인 부르주아 민족의 형성 시기를 해명하고자 조선 후기의 자본주의적 변화에 주목하였다. 하지만 그들은 첫 토론회부터 난관에 봉착하였다. 자신의 작업이 정체성론을 극복하는 과정을 동반해야 한다는 문제의식을 투영해야 한다는 생각이 애초부터 약했기 때문이다. 그것을 극복해야 한다는 사실은 집단적 토론회를 거치는 과정에서 명백히 드러났다. 북한 학계는 이 과제를 풀어가는 과정에서 조선 후기의 사회경제적 변화에 관해 가장 풍부하고 새로운 연구 성과를 산출할 수 있었다. 그런데도 북한 학계는 조선 후기의 자본주의적 변화를 맹아, 요소, 우클라드 등으로 혼용해서 불렀으며, 이들의 관계를 이론적으로 해명하지 못한 상태에서 《조선 근대 혁명운동사》와 《조선통사》(하)를 출간하였다.

재일조선인 연구자들 가운데 북한 학계의 연구를 적극적으로 받아들이고 일본에 소개한 사람은 조총련에서 활동하고 있던 박경식과 강재언 등이었다. 두 사람은 북한 학계가 조선 후기의 자본주의적 변화에 주목하기 이전에 이미 실학과 사회경제적 변화에 대해 식민사관과 다른 긍정적인 의미를 부여하였고, 동학농민전쟁을 내재적이고 주체적으로 접근하여 분석하였다. 두 사람의 연구와 활동은 정체성 사관에 빠진 가운데서도 외세의 억압과 여기에 저항한 조선인의 역사를 보려는 하타다 다카시를 비롯한 일본의 조선사 연구자들에게 영향을 주었다. 이들 역시 정체성론과 타율성론에서 자유롭지 못했지만, 일본에서 조선사를 새롭게 연구하기 위해 조선사연구회를 결성했고 비판적 시각을 확보하고자 북한과 한국의 연구 동향을 적극적으로 점검하며 자기 나름의 역사 영역을 개척하기 시작하였다.

일본에서의 새로운 조선사 연구 동향과 자본주의 이행에 관한 중국 및 서구 학계의 논의에 관심을 두고 있던 한국의 몇몇 연구자들도 한국사를 내재적인 맥락에서 파악하기 시작하였다. 비록 규모가 작고 산발적이었지만 1950년대 후반 한국사학회 등을 중심으로 하나의 흐름을 형성하기 시작하였다. 김용섭 등은 한국의 역사와 현재를 동양 특수담론으로 이해하고 있던 문헌고증사학의 주류적 역사인식을 거부하고, 한국사를 한국인이 주체로 나선 역사로 해석하기 위한 목적으로 조선 후기의 사회경제적 변화에 먼저 주목하였다. 그렇지만 이들도 식민주의 역사인식의 실체를 정확하게 포착하고 자신들의 연구가 이를 극복하는 과정의 일환이라는 점에 의미를 부여하지 못하였다. 이러한 문제점은 1960년대 들어 식민주의 역사학이 발신한 역사인식의 실체가 학문적으로 정리되어가는 한편에서, 1960년의 4·19혁명과 민족주의 열기, 박정희 정부의 경제개발 중심의 근대화 정책 추진, 1965년 한일기본조약의 체결에 따라 고조되어가던 민족적 위기의식까지 구체적으로 직면하면서 극복되어갔다.

이처럼 1950년대 들어 태동하여 내재적인 발전의 맥락에서 시도한 한국사 연구는 동북아시아에서 거의 비슷한 시기에 시작되었으며, 각자 처한 상황에 따라 다른 맥락에서 구체화해갔다.

새로운 관점과 태도는 동북아시아 차원의 비동시성의 동시성이 누적되는 가운데, 한국에서는 역사 연구의 영역을 넘어 사회적 담론의 영역으로까지 확산되었다. 1960년대를 거치며 '수의 이론'과 같은 동양특수담론의 인식 틀을 넘어 주체적이고 보편적인 시각으로 우리 자신의 역사와 현재를 보기 시작하였다.

새로운 인식 틀은 동양적인 것에 매몰되지 않고 한국적인 것을 중심으로 역사와 현재를 능동적으로 사고할 수 있게 만들었다. 더 나아가 1960년대 중후반 '한국학'을 사고할 수 있는 내적인 단초를 제공했다. 이즈음 학술회의 차원에서 본격화한 미국발 지역학으로서 한국학과의 교류는 이러한 단초를 더욱 촉진하였다. 한국학의 단초는 동아시아 냉전체제의 특징인 열진과 분단의 장벽을 넘어 이루어진 지적 교류 속에서 상호 영향을 주고받았기 때문에 형성되어갈 수 있었다. 그래서 동북아시아를 관통하는 비판적 담론의 하나, 즉 동북아시아에서 식민주의 역사학의 역사인식을 넘어서며 새롭게 만들어진 '비판적 공공성'이자 기존의 지배담론에 저항할 수 있는 '경합하는 공공성'이 형성되기 시작한 시점이 1950년대 후반경이었다고 의미를 부여할 수 있을 것이다.

III) 1950년대에 이미 한국사 연구의 수준이 일정한 궤도에 오른 북한 학계는 1960년대 들어 역사 발전의 합법칙성을 해명함으로써 사회주의 국가의 수립을 정당화하고 식민주의 역사인식을 비판할 수 있었다. 이와 달리 본격적인 연구의 출발선상에 서지도 못하던 일본의 비판적 조선사 학계와 극히 소수로부터 새롭게 싹이 트고 있던 한국의 한국사 학계는 여전히 식민주의 역사인식에 포위되어 있었다.

이러한 가운데 북한 및 일본 학계 그리고 중국 및 서구 학계의 자본주의 이행에 관한 논쟁 등의 지적 자극, 4·19혁명 이후의 민족주의 열기, 그리고 로스토와 라이샤워식 근대화론의 유입 등이 맞물리면서 한국의 한국사 학계에서 내재적 발전에 관한 연구가 하나의 흐름을 형성해갔다. 비슷한 시기 일본 조선사 학계에서도 새롭게 조선사 연구를 진행하고 있던 연구자들 사이에 일본의 침략과 지배에 대한 반성적 성찰이 확산하는 흐름이 형성되고 새로운 대안을 모색하려는 북한과 한국 학계의 연구 동향에 지적 자극을 받아 내재적 발전에 관한 연구가 확대되어갔다. 두 곳의 새로운 연구 경향은 특수성으로서 한국사가 세계사적 보편성을 획득하는 과정에 대해 증명하려는 맥락과 맞닿은 관점이자 태도이기도 하였다. 이에 비해 북한 학계의 연구는 사회주의정권 성립의 필연성을 해명하기 위한 일환이기도 했으므로 출발 단계에서부터 유물사관에서 말하는 보편적 역사 과정의 맥락을 놓치지 않았다.

특히 내재적 발전의 맥락에서 한국사(조선사)를 연구하는 흐름은 한일 간 국교를 수립하는 문제와 연동하여 형성되었다. 일본에서는 미일 군사동맹을 강화하고 박정희 군사정권을 지원하는 일본 정권을 비판하는 움직임과 연동하여 비판적 조선사학을 연구하는 흐름이 급속히 형성되었다. 강좌파 주류가 말하는 일본사의 내재적 발전에서 본 일본 예외론이나 '메이지 100년 사관'과의 지적 긴장 속에서 비판적 조선사학의 연구 방향과 관점은 더욱 분명해졌다. 한국에서는 4·19혁명까지 경험한 세대들을 중심으로 민족주의 열기가 고조되는 가운데 빈곤에서 탈출하려는 근대화에 대한 열망이 전 사회적으로 확산되어갔다.

한국사회에 유입된 로스토와 라이샤워식 근대화론은 한국의 한국사 학계에서 근대화와 근대사의 기점을 동일시하면서 '근대' 또는 근대사의 시작점 문제를 고민하게 만들었다. 학계에서 근대의 기점 문제를 둘러싼 논쟁을 일으켰을 뿐 아니라 전통과 근대의 관계를 생각하게 하였다. 주체적 민족의식과 식민사관의 문제, 더 나아가 한국사 시대구분 문제로까지 논의가 확산하도록 자극하였다. 여기에 한일기본조약의 체결과 공업화를 최우선으로 내세운 제3공화국의 근대화 정책에서 영향을 받은 한국사 학계는, 내재적 발전의 맥락을 해명할 연구 주제를 더욱 속도감 있고 폭넓게 확대해갔다.

근대화론을 둘러싼 학계의 논의가 확대되는 과정에서 한국적 맥락을 반영하여 근대화를 추진해야 한다는 의견이 학계에서 지지를 얻어갔다. 한국적 맥락의 근대화론은 1960년대 중반경부터 전통, 민주화, 산업화, 민족주의 사이의 종합적인 연관성을 고려하는 방향으로 근대화 논의가 진행됨에 따라 강조될 수밖에 없었다. 하지만 제3공화국은 산업화, 특히 공업화를 전면에 내세운 근대화 정책을 밀어붙이고 있었다. 그렇다고 박정희 정부와 학계 사이의 관계, 달리 말하면 권력과 학문의 관계가 대결적인 분위기였다고 보기는 어려웠다. 오히려 자신의 전문 지식을 국가 정책에 활용한다는 생각으로 권력에 유착하는 사람이 늘어난 시기였다. 박정희 정부는 역사교육강화위원회나 교수평가단의 운영처럼 지식인 집단을 적극 활용하여 통치 방향을 설정하고 그 목표를 향해 정책을 개발해간 한국 최초의 권력이었다.

한일 간 맥락은 달랐지만 1960년대 들어 전개된 한국과 일본의 새로운 연구는 세계사의 보편적 전개와 일치하는 한국사를 한국인의 주체적인 역사로 묘사하려는 움직임이었다. 서구와 다르지 않다는 점을 증명하려는 매우 민족주의적인 지향을 내포한 출발점은, 정체성론과 타율성론으로 대표되는 식민주의 역사인식에 대한 분석이었고, 그것을 극복하는 방향에서 연구 주제가 설정되었다. 서구 중심주의를 인정하는 전제에서 시작된 주체적이고 내재적인 발전에 관한 연구는, 조선 후기의 자본주의 발생과 개항 이후 일본의 침략 과정에 관한 해명에 집중되었다.

그런데 식민주의 역사인식을 극복하려는 움직임은 일본과 한국에서 달랐다. 일본의 조선사 학계는 구체적인 내용을 하나하나 검토하며 반성적 시각을 확보하고 무엇을 극복해야 하는지를 비판적으로 검증하였다. 일본조선연구소와 조선사연구회를 이끌던 사람들을 중심으로 전개된 집담회는 자기 허물을 스스로 벗겨내려는 끊임없는 노력의 과정이었다.

이에 비해 한국의 한국사 연구자들은 1945년 이전의 관학 아카데미즘을 추구한 일본인 식민주의 역사학자들을 중심으로 한 역사인식에 대해 비판적이었다. 하지만 우리 안에 잠복하며 작동하고 있는 식민사관에 대해 다양하고 구체적인 분석, 예를 들어 연구 방법, 정치 제도와 구조 그리고 정치주의까지를 포함하는 정치성, 분석의 결과로서 '한국사관'을 제대로 분석하지 않았다. 더구나 당시 비판자들이 말하는 식민사관이란 일본인 식민주의 역사학이 주조한 역사인식만을 가리켰다. 한국인 학자가 연구한 결과물은 식민사관의 범주에 포함하여 분석하지 않았다. '식민사관'이라는 명칭 자체의 경계선이 민족이기 때문이었다. 민족을 경계선으로 적용한 구분 방식은 일본인이 주조한 식민주의 역사인식을 근대사학사에서 예외적이고 특수한 역사인식으로 간주하는 태도와 맞닿아 있다. 근대역사학의 범주에 넣지 않는 사고는 1970년대에도 확인되며, 오늘날까지도 여전히 그 잔재가 남아 있다.

식민사관의 권력 기반이자 연구 방법인 문헌고증사학에 대한 1960
년대의 비판적 분석은 김용섭이 가장 체계적으로 시도하였다. 해방 후
한국사 학계가 자기 허물을 규명하고 벗어던지려는 노력을 충분히 했
다고 말하기 어려운 대목이다. 한국과 일본의 한국사(조선사) 학계에서
탈식민의 과정이 현격히 달랐던 것이다. 그 결과는 1970~1980년대 한
국에서 한국사 연구의 한계로 드러났다. 거칠게 말하면, 한국의 문헌
고증사학을 식민주의 역사학의 측면에서 정면으로 직시하지 않은 식
민주의 역사인식 비판은 1970년대 국난극복사관이 등장할 수 있게 하
고 박정희 정부의 유신독재와 결탁하게 만든 내적 요인의 하나였다.
또한 문헌고증사학의 그늘에 가린 한국사 학계는 강만길이 제기한 분
단사학의 역사인식문제를 제외하면 한국사회와 관련한 담론을 적극
생산하지도 못했고 논쟁에 제대로 참여하지도 못하였다.

　내재적 발전에 관한 연구는 서로 다른 맥락에서 시작되었지만 한국
과 일본의 한국사(조선사) 연구자들이 서로 상대를 의식하는 가운데
진행되었으며, 서로에게 큰 자극을 주기도 하였다. 특히 연구 성과는
일본과 한국의 연구자들에게 연구의 방향과 내용의 측면에서 큰 자극
을 주었다. 개인으로 치자면 북한의 김석형, 한국의 김용섭이 진행한
연구를 서로 의식하였다.

　서로를 의식하는 과정에서 유통된 역사 지식은 개인적으로 진행한
경우도 있고 조직적으로 전파된 사례도 있었다. 북한의 연구 성과는
조총련 소속의 특정 조직을 매개로 하여 일본에 전달되었다. 그들의
전달 노력은 의식적인 측면이 있었으며, 그것을 능동적으로 전파하고
자 일본의 조선사 연구자들이 조직적으로 움직인 경우도 있었다. 또
한 한일 간 역사 지식의 교류는 개인의 자발적이고 의식적인 노력의

결과인 경우가 대부분이었다. 일본에 유입된 북한의 역사 지식과 함께 일본 조선사 학계의 연구가 한국에 알려지는 과정에는 개인의 우연한 노력이 크게 작용했다. 이에 비해, 일본의 비판적 조선사 학계는 한국사 학계에 관한 정보를 개인 차원을 넘어 조선사연구회원 사이에 공유하는 노력을 동반하였다. 그들은 스스로 확보해가고 있던 반성적 시각에 대안적인 역사인식을 접목하기 위해 집합적인 노력을 기울인 것이다.

한국과 일본의 연구자들은 상대방의 역사 지식을 알아가는 과정에서 '내면적'으로만 서로를 의식했던 관계를 넘어 비록 개별적이지만 서로의 연구 성과를 직접 파악하고 생각을 확인할 수 있게 되었다. 일본의 조선사연구회를 중심으로 한 일본인 연구자들은 남북한의 성과를 자유롭게 접촉하고 일본사 학계의 연구도 고려함으로써 독자적인 자양분을 만들 수 있었다. 그들은 1960년대 후반경에 이르면 그 내용의 일부를 한국과 북한에 발신하기에 이른다. 한국의 한국사 학계는 북한과 일본 학계의 지적 자극을 받아 고대사와 조선 후기사에서 괄목할 만한 성과를 거두었다. 개항기를 넘어 일제강점기로까지 연구 영역을 확장하며 근대사의 범주를 확립할 수 있었다. 한국사 전체의 시대 구분 문제까지 연구의 시야에 넣을 수 있게 되었다.

그런데 1960년대 후반으로 가면서 북한의 정치 상황이 급변하였다. 북한에서 역사 연구와 활동은 전면적으로 재검토되었고 주체사상에 바탕을 둔 주체사관으로 전환되어갔다. 내재적 발전의 국제적 분화가 일어난 것이다.

1960년대 후반 들어 내재적 발전에 입각하여 한국사를 연구하는 관점과 태도는 한국, 북한, 일본에서 확실히 정착되었다. 식민통치를 합리화한 담론이 만들어내는 공공적 가치, 즉 식민지 공공성을 극복할 수 있는 대안적 공공 역사인식이 형성될 수 있는 분위기가 세 나라에 정착된 것이다. 자본주의 맹아론은 새로운 공공 역사인식을 채워가는 선도적이고 상징적인 담론으로 부상하였다.

맹아론에 대한 관심은 한국사의 보편성에 대한 해명을 지향하는 연구 태도를 갖추게 하였다. 그러한 욕망은 시대구분 문제를 집중 거론하도록 하는 움직임으로 이어졌다. 기획된 학술회의조차 시대구분의 다양성을 확인하는 데 그쳤지만, 그 내용을 들여다보면 한국사 인식에 민족적이고 합법칙적인 인식이라는 이름으로 기계적 시간관념과 발전사관이 침투하는 과정이었다. 또 주체적이고 내면적인 역사 이해를 강조하는 과정은 선진과 후진이라는 위계적 시간의 차이, 서구와 비서구, 보편과 특수 가운데 전자를 만들어진 표준으로 상정하고 발전과 진보의 전범처럼 간주하는 역사인식이 확산하는 과정이었다.

내재적인 발전의 맥락에서 새로운 한국사상을 정립하려는 노력은, 1960년대 말에 이르면 한국사 학계의 일반적 흐름으로 정착하였고 다른 분과학문에도 큰 영향을 미쳤다. 그것을 상징하는 용어가 '한국학'이다. 1960년대 중반 들어 한국 학계에서 한국학이라는 용어가 전파를 탔고, 이후 학문 영역을 범주화하고 내용을 채워나가려는 움직임이 일어나면서 분과학문의 경계를 넘어 시야를 확대하는 노력으로 이어지기 시작하였다. 그러한 노력의 과정에서 1960년대까지의 도달 지점에 《한국의 역사(The History of Korea)》(손보기·김철준·홍이섭, 유네스코 한국위원회, 1970)라는 텍스트가 있었다. 또한 한국사 연구를 새롭게 모색하는 과정은 한국을 대상으로 하는 여타 학문과 함께 '한국학'이란 이름으로 보편적 연계를 꾀하는 과정이었다. 그 도달 지점에《오늘날의 한국학(Korean Studies Today)》(서울대 동아문화연구소, 1970)(한글판은 현암사, 1972)이라는 텍스트처럼 '국학' 아닌 '한국학'이 있었다. 물론 한국사 영어 책의 간행에는 하타다 다카시의 《조선사》를 유네스코 주도로 번역한 일이 자극제가 되었다는 점도 놓쳐서는 안 된다. 일본(인)이라는 존재 자체가 지적 자극제였음은 숨길 수 없는 사실이기 때문이다.

당시의 현실 또는 근대화론에 대한 태도에서 학자 개개인의 내면적인 차이가 있었겠지만, 1960년대 한국사 학계는 개발을 통한 성장이라는 근대화 이데올로기를 기본적으로 수용하고 있어 학술 담론이나 시대 인식 수준에서 경향적 분화가 일어날 정도는 아니었다. 오히려 주체적으로 무엇을 채워가야 할지를 같이 고민하고 제시한 시기였다. 그 고민의 시발점이자 촉진제가 로스토와 라이샤워식 근대화론의 유입과 한일국교정상화가 촉발한 민족적 위기의식이었다. 그리고 고민을 해결해가는 방향에 네이션빌딩의 문제가 있었다. 박정희 정부의 역사교육 구상에 내재적 발전의 맥락에서 한국사를 연구한 학자들이 대거 참여한 이유도 이 지점에서 이해할 필요가 있다. 따라서 1960년대 후반은 국민 만들기 프로젝트가 비로소 제대로 작동하기 시작한 시기였고, 한국사 학계가 이견 없이 여기에 동참한 시기였다.

IV) 1970년대 들어 고도성장에 따른 사회경제적 모순이 표면화하고 정치적 갈등 또한 격화되는 한편, 국제 정세가 데탕트로 전환됨에 따라 남북관계도 급속히 바뀌어갔다. 박정희 정부는 여기에 대응하는 과정에서 주체적 민족사관을 내세웠고, 관제적 민족주의 역사학인 국난극복사관이 여기에 협력하였다. 이들의 역사관은 특수를 매개로 내세워 보편을 추구한다며 민족주의 욕망을 정당화한 근대주의 역사관이었다.

그런데 이들이 추진한 역사 정책에 내재적 발전의 맥락에서 한국사를 연구하던 학자들도 참가하였다. 그들 가운데 일부가 국정교과서 집필에까지 참여함에 따라 내부에서 갈등이 표면화하면서 균열이 발생하였다. 이는 주체적 민족사관의 유신정권이나 국난극복사관을 추구한 관제적 민족주의 역사학과 어떤 관계를 설정해야 하는가를 둘러싼 갈등이기도 했다. 관제적 공공성과 이에 대응하여 형성되기 시작한 민주적 공공성이 경합하며 서로 자신의 공공 영역을 확장하기 위해 경쟁하고 배제하는 관계를 본격적으로 형성하기 시작한 것이다.

이즈음 민주화운동 진영은 민족, 민주, 민중을 연결 지어 반유신독재투쟁에 나섰다. 《창작과비평》을 중심으로 모여든 강만길, 백낙청을 비롯한 학자들은 민중을 재인식하고 분단을 발견하며 자신들만의 역사인식과 시대의식을 다듬어갔다. 내재적 발전에 입각하여 한국사를 연구하려는 움직임 내부에서 분화가 뚜렷하고 심도 있게 진행된 것이다. 그것은 한국사 이해의 차이로 제한되지 않는 것이었고, 국민국가의 완성과 관련해 역사, 현재, 미래를 관통하며 어떤 네이션 빌딩을 할 것인가의 문제였다.

1970년대 중후반에 이르면 분단과 민중의 문제를 자기 학문에 어떻게 내재화할 것인가 등을 둘러싸고 다시 한 번의 분화가 일어났다. 민주적 공공성을 지향하는 사람들 사이에도 다름이 확인되어감에 따라 경합하는 공공성의 두 번째 분화가 일어난 것이다.

그들 가운데 분단을 발견하여 분단시대라는 시대의식을 학문에 내장함과 동시에 민족사의 주체로서 민족 속의 존재이자 당대의 변혁 주체로서 민중을 재인식하려는 사람들이 생겨났다. 새로운 분화는 그들이 민족, 민주, 민중을 사회적 담론화 하며 분단시대의 새로운 한국학으로서 '비판적 한국학'을 내세우면서 확대되었다. 이는 일제강점기에 한반도를 학문의 대상으로 성립한 조선학을 계승하고 국학을 넘어 1960년대의 한국학을 비판적으로 계승하려는 움직임이었다.

비판적 한국학은 일본인의 식민주의 역사인식뿐만 아니라 우리 안의 식민성에도 주목하고 이를 청산해야 한다는 가치관과 자세를 강조하였다. 그래서 문헌고증사학에 대해서도 비판적이었고, 실증 경쟁력의 강화를 극복의 유일한 대안으로 내세우지도 않았다. 비판적 한국학은 학문의 현재성에 충실해야 하며, 민중을 주체로 분단체제를 극복하고 민족통일을 지향하는 미래의 학문을 해야 한다며 통일적 민족주의사론을 제창하였다. 그리고 민중을 역사(민족사)의 주체로 하여 민족주의와 민주주의를 결합하는 민중적 민족주의를 제기하였다.

이에 대해《문학과지성》의 편집진은 정치적 민주주의를 지향한 점에서는《창작과비평》과 다를 바 없었다. 민중과 시민 그리고 분단에도 관심을 두었다. 하지만 맹목적인 애국주의와 강요된 획일주의를 거부했다는 점에서 주체적 민족사관이나 국난극복사관을 추구한 사람들과 결이 달랐다. 동시에 민족주의의 절대성을 거부하고 맹점에 주목하였다. 보편적 가치와 질서 그리고 개인의 창조적 자유를 존중하는 사회를 지향하였다. 한국사회의 정치문제와 사회문제에 문학이 적극적으로 참여하는 데 동의하지 않았다. 문학이 정치나 이념으로부터 자유롭고 자율적이어야 인간을 억압하는 모든 기제에 비판적인 견제가 가능하다고 보았기 때문이다. 그래서《문학과지성》의 편집진은 민중과 민중문화보다 대중과 대중문화라는 말을 더 선호했고, 더 나아가서 시민과 시민문화가 더 유통되기를 바랐다.

두 잡지의 지향점을 역사학의 영역으로 좁혀보면, 일련의 분화 과정은 현실 정치에 대한 태도의 차이에 연유한 측면도 있었다. 또한 역사학을 비롯한 우리의 인문사회과학이 현실과 어떻게 관계를 맺어야 하는지에 대한 학문관의 차이, 분단과 민중을 학문화하는 데 대한 생각의 차이, 문헌고증사학 및 민족사학에 대한 태도와 관점의 차이, 그리고 민족주의에 대한 비판적 태도의 여부 등에 기인한 측면도 중요하였다.

역사학자들은 자신이 품고 있는 생각의 차이를 《창작과비평》과 《문학과지성》 등 학술장을 통해 학문화, 사회화해갔다. 1976년에 기획된 《한국의 역사인식》(상·하)와 《역사란 무엇인가》는 두 종합계간지의 역사관, 학문관의 차이를 드러낸 기획이었다. 개인 차원에서 이를 명확히 드러낸 한국사 학자가 강만길과 이기백이었다. 두 사람의 차이는 개인 차원을 넘어 관제적 공공 역사인식과 거리두기를 하고 있던 민주적 공공 역사인식 내부에서 분화가 일어났음을 의미한다.

두 잡지와 출판사는 자율적인 공공 영역을 만들어가는 공론공간이자 학술장으로 기능하며 대안적인 민주적 공공성을 놓고 서로 경합하였다. 달리 말하면, 이는 1960년대처럼 1970년대에 들어서도 대학보다 대학 바깥의 공론장이 학술담론을 발신하고 학문 후속 세대에 더 큰 영향력을 발휘하는 공공의 공간으로 기능했음을 의미한다. 학문의 전당으로서 대학이 비판적 탐구 역할을 제대로 수행하고 있지 못한 현실에서 대학 밖으로 쫓겨난 연구자들이 두 종합계간지와 지적 연계망을 형성했기에 더 굳건한 공공성과 강력한 영향력을 발휘할 수 있었다. 내재적 발전에 입각한 역사인식을 공유한 사람들이 학연의 경계를 뛰어넘을 수 있었던 이유가 여기에 있었다. 또 1980년대 중반경에 이르러 신진 연구자들이 학교 밖에 망원한국사연구실과 역사문제연구소라는 공간을 만들고, 일상적 연계를 유지하면서 반복적인 학술

모임과 공동 연구라는 새로운 학풍 속에서 자신을 연마할 수 있었던 바탕도 여기에 있었다.

1970년대까지만 해도 비판적 한국학을 추구한 사람들의 대다수는 자본주의적 근대를 긍정하고 자유 경쟁과 공정성을 보장하는 절차적 민주주의를 중시하였다. 그들은 반공을 국시로 내세운 박정희 정부에 대항하여 민주주의를 국시로 내세웠다. 근대화 자체를 불가피하다고 보고 공동체적 연대로 문제점을 극복하자는 입장이었다. 경제개발 자체를 부정하지 않고 박정희 정부와 가치를 공유한 측면도 있었다. 그러면서도 한국경제의 성장 과정에서 예속화를 막고 자립경제를 달성하겠다는 측면에 비판의 초점을 맞추기도 하였다. 그들은 이런 일련의 과정에서 민중의 민족주의를 내세우며 민중이 중심으로 나서야 민주주의를 발전시키고 민족통일에 다다를 수 있다는 관점과 전략론도 갖고 있었다. 경제성장과 민주화를 분단 극복과 연계하는 학문적 태도와 역사인식은 이 시기에 뿌리내린 것이다.

V) 그런데 1970년대에 이미 내재된 흐름이 존재했지만 1980년 '서울의 봄'의 좌절과 5·18광주민주화운동을 고비로 민족, 민주, 민중이라는 이념을 내용적으로 결합하며 이전과 차원이 다른 사회적 담론을 만들어가는 전환점이 마련되기 시작하였다. 이를 역사 연구에 담아내려 했던 신진의 소장 연구자들은 내재적인 발전의 맥락에서 한국사를 이해하려는 선학들의 성과를 인정하면서도 자본주의 맹아를 범주적으로 설정할 수 없다는 비판도 수용하였다. 조선 후기에서 개항기로 이행한 시기의 역사를 구조적으로 파악해야 한다는 문제제기에도 동의하였다. 그들은 민중적 민족주의에 입각한 한국사 연구로부터 영향

을 받으면서도 1980년대 중반을 지날 즈음부터 사회구성체론에 바탕을 두고 민족모순보다는 계급적 관점에서 민중을 이해하려고 하였다.

신진 소장 연구자들은 민중적 민족주의에서 말하는 민중론과 달리 새로운 민중론에 입각하여 한국사를 이해하고 현실 문제를 파악하고자 노동계급을 중심으로 민중 세력을 배치하는 전략론, 그리고 노동자와 농민의 연대를 중심에 두고 계급연합을 추구하는 실천적 사고 속에서 민족민주운동과의 연계성을 매우 중시하였다. 그들은 자신의 역사학을 '민중사학'이라 명명하고 1984년 망원한국사연구실 등을 결성하였다. 계몽 대상의 민중에서 역사의 주체로서 민중, 더 나아가 변혁의 주체로서 민중, 그리고 계급연합의 실체로서 비자본주의적 발전을 이룩할 민중으로까지 민중론이 바뀌어온 종착점이 민중사학이었던 것이다.

민중사학론은 내재적인 발전의 맥락에서 한국사를 연구하며 촉발된 한국학, 그리고 민중을 재인식하고 분단을 발견하며 민중적 민족주의를 제창한 비판적 한국학을 바탕으로 노동계급 중심의 계급연합론을 제창하였다. 민중사학론자들은 일제강점기 조선학으로부터 이어져온 특징인 민족의 현실과 한국사 연구와의 대화라는 학문 전통을 계승하였다. 또한 한국사를 시대구분 할 때, 그리고 한국근현대사를 연구할 때, 사적 유물론 체계를 하나의 공식적인 연구방법론으로 자리를 잡게 하였다. 그들에게는 이것이 과학이었다.

과학으로서 역사학을 표방한 민중사학론은 민족민주운동과의 연계성도 매우 특별히 강조하였다. 그것을 진보적 학술운동이라 부르기도 하면서 연구자 개인에게만 맡기지 않고 학회의 일로써까지 추진하는 등 실천성을 강조한 특징이 있다. 이것이 1967년 창립된 한국사연구회를 비롯한 선행 학회들과 가장 명확히 다른 점이다.

실천성을 강조한 민중사학론자들은 한국사 가운데서도 특히 한국 근현대사 연구에 집중하였다. 그 결과 한국근대사와 한국현대사 분야에서 그때까지 애매했던 다른 분과학문과의 경계가 명확해졌다. 또한 이들은 기획 단계부터 출판까지 집단적 공동작업이란 방식을 적용하여 짧은 시간에 개설서 등 주목할 만한 성과들을 간행하였다. 이를 통해 임시정부정통론 및 김일성 중심의 혁명전통론과는 결이 다른 역사인식을 드러냈다.

하지만 여기까지였다. 세계적인 차원에서 냉전체제가 해체되는 등 사적 유물론에 입각한 역사 연구에 근본적인 의문이 제기될 수밖에 없는 현실이 1980년대 말경부터 동유럽과 소련 등지에서 펼쳐졌다. 보조를 맞추어가려던 민족민주운동도 1990년대 들어 점차 시들해졌다. 민중사학론자들이 말하는 민중론 자체에도 내적인 한계가 있었다. 결국 1990년대 중후반을 지나는 시점에 이르러 민중사학론은 소멸하였다.

Ⅵ)이상의 논의를 바탕으로 필자가 한국 역사학의 역사 제1권으로 간주하고 집필했던 《한국 역사학의 기원》과 연계지어 '한국 현대 역사학의 형성'에서 '관점과 태도로서 주체적이고 내재적인 발전'에 입각한 한국사 연구와 교육이 갖는 의미를 되새겨보며 이 글을 마치고자 한다.

《한국 역사학의 기원》을 통해 필자는 전통의 경학에서 한국의 근대 역사학이 분립해 나왔으며, 식민지라는 압도적 현실에서 식민주의 역사학이 주도하는 역사인식에 길항하며 조선학의 하나로 조선인만의 역사학이 성장하고 버티는 과정을 해명하였다. 그 과정에서 조선인의 역사학은 일본이 소화한 오리엔탈리즘의 하나인 국사, 동양사, 서양사라는 3분과체제를 특징으로 하는 분절성과 일본이 주조한 식민주의 역사학이란 자장에 포섭된 식민성을 내장한 채 1945년 해방을 맞았다고 분석하였다. 그리고 여기에 미국과 소련의 분할점령 아래 확장된 좌우 갈등은 한반도의 분단으로 이어졌고, 한국전쟁은 이를 고착화함으로써 남한의 역사학에 분단성까지 이식되었다고 보았다.

이렇듯 식민성, 분절성, 분단성은 한국 현대 역사학의 세 가지 특징이다. 동시에 이들 특징은 내재적인 발전의 맥락에서 한국의 역사와 문화를 파악하려는 노력으로 극복해야 하는 역사적 과제이다.

하지만 한국 현대 역사학은 한국사, 동양사, 서양사라는 3분과제체가 내면화한 분절성에 문제의식을 갖고 있지 않았다. 3분과체제에 대한 근본적인 의문을 품거나 '지역으로서 동아시아'의 역사에 접근하려는 움직임은 1990년대 들어서야 태동하였다.

식민성 문제는 한국사 학계가 민족의 경계를 넘어 식민주의 역사인식을 비판적으로 극복하려고 가장 많은 노력을 기울인 과제였다. 그 결과 정체성론과 타율성론이란 측면에서 한국 현대 역사학의 식민성 문제는 어느 정도 정리되었다. 그럼에도 문헌고증사학의 뿌리는 강고하여, 우리 안의 식민성을 아직도 정확히 짚어내는 데 방해 작용을 하고 있다. 더 큰 한계는 당시 한국사 학계가 식민주의 역사학을 한국사학사 또는 한국 역사학의 일부이자 거울로 보지 않고 예외적이고 특수한 역사학으로 간주하는 데 머물렀다는 점이다.

마지막으로 짚어야 할 주제가 분단성이다. 한국 현대 역사학은 1970년대에 분단을 발견했고 1980년대 민중사학에 의해 한국사 인식에서 분단문제를 상수화하는 데까지 나아감으로써 분단 극복을 역사학의 과제로 설정할 수 있게 되었다. 그럼에도 '경쟁과 배제의 (비)대칭적 관계'라는 방법 등이 있기는 하지만, 아쉽게도 현재의 시점에서 남북한을 아우르는 한국사 이해는 연구 방법과 역사교육의 측면에서도 완성도를 높이기가 쉽지 않은 실정이다.

아쉽고 안타까운 한계에도 불구하고, 한국 현대 역사학의 형성기에 한국사 학계를 지배했던 최고의 화두인 '관점과 태도로서 주체적이고 내재적인 발전'의 맥락에서 한국사를 자주적으로 이해하려는 노력은 한국사 연구가 식민주의 역사학의 그늘에서 벗어나 독자적으로 발언할 수 있게 되면서 한국인의 한국사로 거듭나는 데까지 이어졌다. 역사학 분야에서만이 아니라 한국학의 영역에서도 마찬가지 영향을 주었다. 더구나 한국인의 내면에 자리 잡은 식민주의 인식으로서 병폐인 열등의식과 낭패감을 극복하는 데도 큰 영향을 주었음은 숨길 수 없는 현재이다. 한국 현대 역사학의 변모가 이룩한 최대의 성과 가운데 하나가 아닐까 한다.

'관점과 태도로서 주체적이고 내재적인 발전'에 입각한 한국사 연구 방법과 문제의식은 1990년대 들어 시대가 바뀌며 다양한 주장으로 대체되어왔다. 필자는 이를 '진화'라고 생각한다. 그래서 다음 과제로 '한국 현대 역사학의 진화'에 관심을 두어볼 생각이다.

참고문헌

1. 자료

《경향신문》
《동아일보》
《력사과학》
《매일경제》
《매일신보(每日申報)》
《문학과지성》
《사상계》
《신동아》
《월간 다리》
《월간 아세아》
《조선민보》
《창작과비평》
《해방신문》

《思想》
《歷史評論》
《歷史學研究》
《朝鮮史研究會論文集》
《朝鮮史研究會會報》
《朝鮮研究月報》
《朝鮮學報》

《朝鮮學術通報》

《朝鮮學會會報》

《朝鮮行政》

〈A씨 증언자료(2010.12.20.)〉

〈강덕상 증언자료(2009.12.3.)〉

〈강덕상 증언자료(2012.7.11)〉

〈서울대학교 문리과대학 부설 동아문화연구소 소개〉,《동아문화》1, 1963.

〈제5대 대통령 취임식 대통령 취임사(1963. 12. 17)〉,《박정희 대통령 연설문집 2-제5대편》,
　　대통령비서실, 1973.

〈대통령 연두교서(1966. 1. 18)〉,《박정희 대통령 연설문집 2 - 제5대편》, 대통령비서실,
　　1973.

《제1회 전국역사학대회 회보》, 1958.

〈전국역사학대회의 연혁〉,《제19회 전국역사학대회(1976. 5. 28~29)》, 1976.

〈중고등학교 국사교육 개선을 위한 기본 방향〉, 1969.

〈취지문〉,《국제정치논총》8, 1969.

〈역사학연구소 연혁〉(http://www.ihs21.com/modules/doc/index.php?doc=history2&___M_
　　ID=23 20190830 검색).

〈전국교육자대회 대통령 각하 치사(1973. 3. 23)〉,《교육연구》6-5, 1973.

〈보고번호 제73-328호 대통령 비서실 보고서(1973. 6. 9)-국사교과서의 국정화 방안 보고〉.

〈문예중흥 5개년계획 개요〉,《문예진흥》1, 1974.

〈연두기자회견(1977. 1. 12)〉,《박정희 대통령 연설문집(1977. 1~1977. 12)》14, 대통령비서
　　실.

〈1950년대 후반 국사편찬위원회를 회고하다-김용섭(2011. 12. 7 면담)〉,《국사편찬위원회
　　65년사-자료편》, 국사편찬위원회, 2012.

〈국사편찬위원회를 거친 직원들의 회고 윤병석(인터뷰 2005. 7. 26)〉,《국사편찬위원회 65년
　　사 자료편》, 국사편찬위원회, 2012.

〈김병익·염무웅 대담: '창작과비평' '문학과지성'을 말한다(2014. 2. 5)〉, 서은주·김영선·신
　　주백 편,《권력과 학술장-1960년대~1980년대 초반》, 혜안, 2014.

〈민중사학의 성과와 과제〉, 한국역사연구회 편,《한국역사연구회 30년사》, 2018.

〈"민중사학"의 정립을 위하여 - 망원연구실 1985년 월례발표회를 정리하여(1985. 11. 9)〉.

〈창립선언문-구로역사연구소(현 역사학연구소)를 열면서(1988. 11. 12)〉.

〈朝鮮史研究會綱領·會則案〉,《朝鮮史研究會會報》7, 1963.

〈朝鮮史研究會第4回大會 準備狀況報告〉,《朝鮮史研究會會報》11, 1966. 7.

《朝鮮史(一)の(1) I.C.U.》, 1975.12, 12~13쪽. 소장처 번호: 11(箱番號)-7(親)-1(枝).

宮田節子, 〈日本朝鮮研究所のあゆみ〉,《朝鮮問題への取り組み.研究をふりかえって》, 2004.

末松保和,《末松保和朝鮮史著作集》1~6, 東京: 吉川弘文館, 1995.

歷史手帳, 1962, 1963, 1964, 1965, 1967, 1968, 1969, 1970.

學習院大學東洋文化研究所 所藏 末松保和資料.

學習院大學東洋文化研究所, 〈末松保和氏年譜〉,《學習院大學東洋文化研究所所藏資料紹介-
　　　末松保和資料》, 學習院大學東洋文化研究所, 1977.

W. W. Rostow, 이상구·강명규 공역,《경제성장의 제 단계》, 법문사, 1961.

W. W. 로스토오, 이상구 역,《반공산당선언-경제성장의 제 단계》, 진명문화사, 1960.

강만길,《역사가의 시간》, 창비, 2010.

강성은, 〈재일조선인사회과학자협회의 연혁에 대하여(2013. 3. 24)〉.

강진철, 〈학창시절과 연구생활을 되돌아보며〉,《한국사 시민강좌》3, 1988.

고려대학교 아세아문제연구소, 〈아세아문제연구소 연혁과 현황〉, 1967. 6.

고병익, 〈근대화의 기점은 언제인가?〉,《신동아》24, 1966.

교육부 편,《초·중·고등학교 사회과 국사과 교육과정 기준(1946~1997)》, 교육부, 2000.

국사편찬위원회 위원장, 〈'한국사' 간행 취지〉,《한국사 1 – 고대 한국의 선사문화》, 국사편찬
　　　위원회, 1973.

국사편찬위원회,《고등학교 국사》, 국사편찬위원회, 1979.

기쁨과 희망 사목연구원, 〈70~80년대 민주화운동의 증언, 암흑 속의 횃불》1·2, 기쁨과 희
　　　망 사목연구소, 1996.

김용덕, 〈국사의 기본 성격; 우리 사회의 정체성을 중심으로〉,《사상계》1-7, 1953. 11.

김용섭,《역사의 오솔길을 가면서-해방세대 학자의 역사연구 역사강의》, 지식산업사, 2011.

김재원, 〈광복에서 오늘까지〉,《진단학보》57, 1984.

김철준, 〈연구생활의 일 단면〉,《한국사 시민강좌》5, 1989.

김효순 지음,《역사가에게 묻다》, 서해문집, 2011.

노용필, 〈삼곡극기(森谷克己)의 식민주의 사회경제사학 비판〉,《한국사학사학보》21, 2010.

단재 신채호 전집 편찬위원회 편,《단재 신채호 전집》(상·하), 을유문화사, 1972.

동아문화연구소, 〈19. 경상비 보조〉,《업적보고서 1961~1962》, 동아문화연구위원회, 1963.

마이론 위너 편저, 차기벽·김종운·김영록 역,《근대화》, 세계사, 1967.

문교부,《문교 40년사》, 문교부, 1988.

문교부,《인문계 고등학교 국사》, 문교부, 1974; 1979.

문교부,《중학교 국사》, 문교부, 1974.

박은식, 김정기, 이현배 공역,《한국독립운동지혈사》, 일우문고, 1973.

박은식, 리장희 역,《한국통사(韓國痛史)》, 박영사, 1974.

박정희,〈한국의 근대화를 위하여-우리나라 민주혁명의 과제〉,《우리 민족의 나갈 길-사회
　　재건의 이념》, 동아출판사, 1962.

박정희,《민족의 저력》, 광명출판사, 1971.

박정희,《박정희 대통령 연설문집 2 제5대편》, 대통령비서실, 1973.

박준규,〈제10장 조국 근대화와 우리의 사명감〉,《근대화 백서》, 대한민국정부, 1971.

박희범,〈제도 변혁과 구조 변혁-경제적 측면에서 본 후진국의 근대화 개념〉,《동아문화》3,
　　1965.

변형윤,《학현일지(學峴逸志) 변형윤 회고록》, 현대경영사, 2019.

배성룡,〈자료: 동양사회 근대화 과정의 추이와 제 문제점〉,《아세아문제연구》7-1, 1964.

서울대학교 교수민주화운동 50년사 발간위원회,《서울대학교 교수민주화운동 50년사》, 서울
　　대학교, 1997.

서울대학교,〈서울대학교 문리과대학 부설 동아문화연구소 소개〉,《동아문화》1, 1963.

시사연구소 편저,《광복 30년사-시사자료》, 세문사, 1977.

신석호,《인문계 고등학교》, 광명출판사, 1968.

신주백 역,〈자료 소개: 하코네 회의 의사록(1960. 8. 30~9. 1)-동아시아에 '근대화론'을 전
　　파한 기점으로서 하코네 회의〉,《한국근현대사연구》80, 2017.

안병직,〈나의 학문 나의 인생〉,《역사비평》59, 2002.

에드윈 O. 라이샤워, 강봉식 역,《일본제국 흥망사》, 양문사, 1959.

에드윈 O. 라이샤워, 이광섭 역,《일본 근대화론》, 소화, 1997.

에드윈 O. 라이샤워·존 K. 페어뱅크, 전해종·고병익 공역,《동양문화사》(상·하), 을유문화
　　사, 1964; 1969.

이광린,〈나의 학문 편력〉,《한국사 시민강좌》6, 1990.

이기백,〈학문적 고투의 연속〉,《한국사 시민강좌》4, 1989(《연사수록(硏史隨錄)》, 일조각,
　　1994).

이기백,《국사 신론》, 태성사, 1961.

이기백,《한국사 신론》, 일조각, 1967.

이기백,《한국사 신론 개정판》, 일조각, 1976.

이병도,〈나의 삼십대-진단학회 통해 학술적 항쟁〉,《신동아》47, 1968.

이병도,〈일제 치하의 학술적 항쟁-진단학회를 중심으로〉,《조선일보》1964. 5. 28(《내가 본

어제와 오늘》, 박영사, 1975).

이병도, 〈회고 40년〉, 《사상계》 3-5, 1955(《두계잡필(斗溪雜筆)》, 일조각, 1956).

이선근, 〈결론〉, 《한국 근대화의 제 문제》, 경희대학교 후진사회문제연구소, 1965, 57쪽. 《한국 근대화의 이념과 방향》, 동국대학교, 1967.

이세영, 〈한국역사연구회 30년사-한국역사연구회 창립을 회고하며〉(http://www.koreanhistory.org/6584 20190830 검색).

이우성, 〈회고와 전망-총설〉, 《역사학보》 39, 1968.

이이화, 《역사를 쓰다》, 한겨레출판, 2011.

정혜경, 〈강재언-일본 땅에서 한국학을 뿌리내리고〉, 《정신문화연구》 80, 2000.

주미애 역, 《심포지엄 일본과 조선-제국 일본, 조선을 말하다》, 소명출판사, 2020.

중앙대학교 부설 한국교육문제연구소, 《문교사 1945~1973》, 중앙대학교 부설 한국교육문제연구소, 1974.

천관우, 〈나의 한국사 연구〉, 《한국사 시민강좌》 2, 1988. 2.

최재석, 《역경의 행운》, 만권당, 2015.

한국사연구회, 〈한국사연구회 창립 25주년 기념 좌담회〉, 《한국사연구》 79, 1992.

〈대담: 인내만이 민주주의를 지킨다(일시 1960. 10. 2)〉, 《사상계》 8-12, 1960.

〈두계 이병도 박사 고희 기념 좌담회 속기록(국립박물관 관장실, 1966. 7. 12)〉, 《진단학보》 29·30합집, 1966.

〈두계 이병도 박사 약력〉, 《진단학보》 29·30합집, 1966.

〈민족통일을 위한 토론회: 민족통일의 구상①〉, 《씨올의 소리》, 1972. 8.

〈연혁〉, 《진단학회 육십년지(誌)》, 진단학회, 1994.

〈제2회 학술토론대회 회보-조선 후기에 있어서의 사회적 변동〉, 《사학연구》 16, 1963.

〈조선에서의 부르죠아 민족 형성에 관한 토론회〉, 《력사과학》, 1957. 1.

〈좌담: 한국학 연구의 반성과 전환점〉, 《정경연구》, 1967. 2.

〈좌담: 경제 현실과 경제학〉, 《창작과비평》 54, 1979.

〈좌담회: 내가 생각하는 민족문학〉, 《창작과비평》 49, 1978.

〈좌담회: 민족의 역사, 그 반성과 전망〉, 《창작과비평》 41, 1976.

〈좌담회: 민중의 개념과 그 실체〉, 《월간 대화》 71, 1976. 11.

〈좌담: 민중민주주의란 무엇인가〉, 《신동아》 347, 1988. 8.

〈좌담회: 분단 현실과 민족교육〉, 《창작과비평》 48, 1978.

〈좌담회: 분단시대의 민족문화〉, 《창작과비평》 45, 1977.

〈좌담회: 역사학회 창립 당시를 회고하며〉, 《역사학보》 75·76합집, 1977.

〈좌담회: 역사학회의 발자취와 진로〉, 《역사학보》 134·135합집, 1992.

〈좌담회: 오늘의 여성문제와 여성운동〉, 《창작과비평》 52, 1979.

최서면 구술, 심규선 역, 《한일관계 막후 60년 최서면에서 듣다》 1, 나남, 2020.

〈토론 지침〉, 《국제정치논총》 8, 1969.

〈토론: 한국사의 시대구분〉, 《신동아》 47, 1968.

〈특집(씸포지움): 한국사관은 가능한가?-전환기에서 본 민족사관(1962. 12. 26)〉.

〈특집: 민중은 누구인가〉, 《신동아》 1980. 7.

〈특집: 민중과 정치 대논쟁 민중은 누구인가〉, 《월간조선》 107, 1989. 2.

〈편집후기〉, 《신동아》 58, 1969.

〈편집후기〉, 《창작과비평》 49, 1978.

〈資料 南朝鮮の歷史學者による日帝時代の朝鮮史硏究批判〉, 《朝鮮硏究月報》 15, 1963. 3. 25.

〈座談會 總力運動の 新構想〉, 《國民文學》 4-12, 京城: 人文社, 1944.

〈海外動向 1955~56年における朝鮮歷史學界の動向〉, 《歷史學硏究》 207, 1957.

旗田巍 外 4人, 〈對談 刊行にあたって〉, 《朝鮮學事始め》, 靑丘文化社, 1994.

旗田巍, 《朝鮮史》, 岩波書店, 1951.

末松保和, 〈古代朝鮮諸國の開國傳說と國姓に就て1~3〉, 《歷史》 1-2, 3, 4, 東京: 史學社, 1948. 2~4.

末松保和, 〈李朝時代の朝鮮〉, 三上次男 外 編, 《世界史大系 8: 東アジアⅡ-朝鮮半島の推移と日本》, 東京: 誠文堂新光社, 1957.

末松保和, 〈日韓關係〉, 東京: 岩波書店, 1933.

末松保和, 〈任那問題の結末〉, 《歷史》 1-7, 東京: 史學社, 1948. 8.

末松保和, 〈戰後八年〉, 《花郞》 1-2, 武藏野: 花郞俱樂部, 1953. 10(朝鮮語版 《花郞》 3-3, 서울: 화랑사, 1953).

末松保和, 〈朝鮮(古朝鮮~王氏高麗朝)〉, 江上波夫 編, 《世界各國史 12-北アジア史》, 東京: 山川出版社, 1956.

末松保和, 〈朝鮮の歷史と民族〉, 《読売評論》 2-9, 東京: 読売新聞社, 1950.

末松保和, 〈朝鮮史1~22〉, 《朝鮮行政》, 京城: 朝鮮總督府, 1937. 9~1939.

末松保和, 〈好太王碑と私〉, 末松保和博士古稀記念會 編, 《古代東アジア史論集》 上, 東京: 吉川弘文館, 1978.

末松保和, 《任那興亡史》, 1949(東京: 大八州出版社, 第1版), 1956(東京: 吉川弘文館, 增訂再版), 1961(東京: 吉川弘文館, 增訂3版), 1965(東京: 吉川弘文館, 增訂4版), 1971(東京: 吉川弘文館, 增訂5版), 1977(東京: 吉川弘文館, 第6刷).

末松保和, 《朝鮮史のしるべ》, 京城: 朝鮮總督府, 1936.

朴宗根,〈朝鮮史研究發展のために__研究會·關係組織紹介(2)-朝鮮史研究會〉,《歷史評論》
　　　158, 歷史科學協議會, 1963.

史學會 編,《日本歷史學界の回顧と展望 16-朝鮮》, 山川出版社, 1988.

水野直樹 編,《朝鮮總督諭告·訓示集成》4, 東京: 綠蔭書房, 2001.

日本朝鮮研究所,〈日本朝鮮研究所設立の經過〉,《朝鮮研究月報》1, 東京: 日本朝鮮研究所,
　　　1962.

日本朝鮮研究所,《日朝學術交流のいしずえ-1963年度訪朝日本朝鮮研究所代表團報告》,
　　　1965.

朝鮮史研究會 編,《復刻 朝鮮史研究會會報》1號(創刊號(1959年)~25號(1970年), 東京: 綠蔭
　　　書房, 2009.

朝鮮史研究會,《朝鮮史入門》, 太平出版社, 1966; 1970.

ARC, *International Conference on the Problems of Modernization in Asia*; REPORT, Korea
　　　University, 1966.

2. 논문 / 저서

강만길,〈광복 30년 국사학의 반성과 방향-'민족사학'론을 중심으로〉,《역사학보》68, 1975.

강만길,〈실학사상과 정책 반영〉,《문학과지성》14, 1973.

강만길,〈이조 후기 상업구조의 변화〉,《창작과비평》24, 1972.

강만길,〈일제시대의 반식민사학론〉, 한국사연구회 편,《한국사학사의 연구》, 을유문화사,
　　　1985.

강만길,〈조선 후기 수공업자와 상인과의 관계〉,《아세아학보》20, 1966.

강만길,《분단시대의 역사인식》, 창작과비평사, 1978.

강만길,《조선 후기 상업자본의 발달》, 고려대학교출판부, 1973

강만길,《한국 민족운동사론》, 한길사, 1985.

강정구,〈진보적 민족문학론의 민중 개념 형성론 보론〉,《세계문학비교연구》27, 2009.

강진철,〈주체적 민족사관과 역사교육〉,《새교육》24-6, 1972.

고길희,《하타다 다카시》, 지식산업사, 2005.

과학원 력사연구소 근세 및 최근세사 연구실 편,《조선 근대 혁명운동사》, 과학원출판사,
　　　1961.

과학원 력사연구소 근세 및 최근세사 연구실 편,《조선에서의 부르죠아 민족 형성에 관한 토

론집》, 과학원출판사, 1957.

과학원 력사연구소 편,《우리 나라 봉건 말기의 경제 형편》, 과학원출판사, 1963.

과학원 력사연구소 편,《조선통사》(상), 평양: 과학원출판사, 1962.

권용태, 〈민족문화 중흥의 방향과 그 과제〉,《입법조사월보》72, 1973. 12.

그렉 브라진스키, 나종남 역,《대한민국 만들기 1945~1987》, 책과함께, 2011.

김경태, 〈광복 30년 한국근대사 연구의 성과와 문제점(1945~1979)〉,《근대 한국의 민족운동
과 그 사상》, 이화여자대학교출판부, 1994.

김경태, 〈해방 후 일본인의 한국사 연구와 그 연구기관〉,《국회도서관보》4-11, 1967.

김광순, 〈마르크스의 '아시아적 토지소유 형태'와 '봉건적 토지국유제'에 관한 제 문제〉,《경
제연구》3, 1964.

김광순, 〈우리 나라 봉건 시기의 토지 제도사 연구와 관련한 몇 가지 문제〉,《력사과학》4,
1963.

김광열 번역 · 공저,《일본 시민의 역사반성운동》, 선인, 2013.

김광진 외,《조선에서 자본주의적 관계의 발전》, 사회과학출판사, 1973.

김도현, 〈7.4남북공동성명과 민족 재통합의 제 문제〉,《씨올의 소리》, 1972. 8.

김도형, 〈한말 의병전쟁의 민중적 성격〉, 박현채 · 정창렬 편,《한국민족주의론-민중적 민족
주의》III, 창작과비평사, 1985.

김병익,《기억의 타작-도전한 작가 정신을 위하여》, 문학과지성사, 2009.

김사엽, 〈일본 학계의 한국학 연구 동정〉,《현대문학》82, 1961.

김석형 · 김세익, 〈'한국사'를 평함(2)-3국~고려시기를 중심으로〉,《력사과학》1, 1966.

김석형 · 장국종, 〈'한국사'를 평함(3)-15~19세기 중엽을 중심으로〉,《력사과학》2, 1966.

김석형, 〈부록: 조선 중세의 봉건적 토지소유 관계에 대하여〉,《조선 봉건시대 농민의 계급구
성》, 과학원출판사, 1957.

김성보, 〈특집 1: 전환시대 민족사관 정립을 위하여-'민중사학' 아직도 유효한가〉,《역사비
평》104, 1991.

김승렬 · 신주백 외,《분단의 두 얼굴-테마로 읽는 독일과 한반도 비교사》, 역사비평사, 2005.

김시태, 〈근대화의 척후병-김옥균론〉,《세대》7, 1963.

김시태, 〈조국 근대화의 새 기수(고균 김옥균론)〉,《세대》22, 1965.

김영모, 〈역사연구와 사회과학〉,《문학과지성》11, 1973.

김영호, 〈역사인식의 두 조류〉,《문학과지성》28, 1977. 여름.

김영호, 〈자본주의 성립 과정은 어떠했는가?〉,《신동아》24, 1966.

김용덕, 〈국사의 기본 성격-우리 사회의 정체성을 중심으로〉,《사상계》1-7, 1953.

김용덕, 〈식민지사관의 변모-8 · 15 후 한국사학의 발자취〉,《월간 다리》3-6, 1972.

김용덕, 〈신라·고려·조선 사회의 단계적 차이성에 대하여〉,《사상계》 3-2, 1955.

김용덕, 〈일인(日人)의 '한국사관' 비판〉,《청맥》 2-8, 1965. 10; 2-9, 1965. 11; 2-10, 1965. 12; 3-1, 1966. 1.

김용덕, 〈주체적 민족사관과 역사교육〉,《새교육》 24-8, 1972.

김용섭, 〈18세기 농촌 지식인의 농정관(農政觀)〉,《창작과비평》 3-4, 1968.

김용섭, 〈동학난 연구론-성격 문제를 중심으로〉,《역사교육》 3, 1958.

김용섭, 〈우리나라 근대역사학의 성립〉,《한국의 역사인식》(하), 창작과비평사, 1976.

김용섭, 〈일본·한국에 있어서의 한국사 서술〉,《역사학보》 31, 1966.

김용섭, 〈일제 관학자들의 한국사관-일본인은 한국사를 어떻게 보아왔는가?〉,《사상계》 117, 1963.

김용섭, 〈정약용과 서유구의 농업 개혁론〉,《창작과비평》 29, 1973.

김용섭, 〈철종조 민란 발생에 대한 시고(試考)〉,《역사교육》 1, 1956.

김용섭,《조선 후기 농업사 연구-농업 변동 농학 사조》, 일조각, 1971.

김용섭,《조선 후기 농업사 연구-농촌 경제 사회 변동》, 일조각, 1970.

김우민, 〈근대화이론과 미국의 지식인들〉,《서양사학연구》 16, 2007.

김원, 〈1960년대 냉전의 시간과 뒤틀린 주체〉,《서강인문논총》 38, 서강대학교 인문과학연구소, 2013.

김의환, 〈민중운동사(3)-의병운동〉(상·하),《창작과비평》 32·33, 1974.

김인걸, 〈1960~70년대 '내재적 발전론'과 한국사학〉, 김용섭 교수 정년 기념 한국사학논총 간행위원회 편,《김용섭 교수 정년 기념 한국사학논총 1-한국사 인식과 역사 이론》, 지식산업사, 1997.

김인수, 〈한국의 초기 사회학과 '아연회의'(1965): 사회조사 지식의 의미를 중심으로〉,《사이 間SAI》 22, 2017.

김정배 책임편집,《북한이 보는 우리 역사》, 을유문화사, 1989.

김정인, 〈내재적 발전론과 민족주의〉,《역사와 현실》 77, 2010.

김정인, 〈식민사관 비판론의 등장과 내재적 발전론의 형성〉,《사학연구》 125, 2017.

김준석, 〈'전국역사학대회'의 과거와 미래〉,《역사학보》 168, 2000.

김진균·조희연, 〈분단과 사회 상황의 상관성에 관하여-분단의 정치사회학적 범주화를 위한 시론〉, 변형윤 외,《분단시대와 한국사회》, 까치, 1985.

김철준,《한국 문화사론》, 지식산업사, 1976, 1979.

김치수, 〈《문학과지성》의 창간〉,《문학과지성사 30년 1975~2005》, 문학과지성사, 2005.

김태식, 〈고대 한일관계 연구사: 임나 문제를 중심으로〉,《한국고대사연구》 27, 서울: 한국고대사학회, 2002.

김한교 외, 〈좌담: 미국 속의 한국학〉, 《세대》 61, 1968.

김한종, 〈해방 이후 국사교과서의 변천과 지배이데올로기〉, 《역사비평》 15, 1991.

노재봉, 〈한국 근대화에 있어서의 갈등(보고)〉, 《국제정치논총》 8, 1969.

다키자와 히데키(瀧澤秀樹), 〈설림(說林) 일본에 있어서의 역사학과 경제사〉, 《역사교육》 33, 1983.

도면회 · 윤해동 편, 《역사학의 세기-20세기 한국과 일본의 역사학》, 휴머니스트, 2009.

도베 히데아키, 〈일본 '전후 역사학'의 전개와 미완의 가치무라(梶村) 사학론〉, 《아세아연구》 55-3, 2012.

라이샤워, 이광섭 역, 《일본 근대화론》, 소화, 1997.

로널드 슐레스키(Ronald Suleski), 김성규 역, 《하버드대학의 동아시아 연구-최근 50년의 발자취》, 현학사, 2008.

리순신, 〈우리 나라 봉건 말기 자본주의 발생 문제에 관한 토론회〉, 《력사과학》 6, 1964.

리지린 · 리상호, 〈'한국사'를 평함-고대를 중심으로〉 《력사과학》 5, 1965.

마이론 위너 편저, 차기벽 · 김종운 · 김영록 역, 《근대화》, 세계사, 1967.

망원한국사연구실 한국근대민중운동사 서술 분과, 〈책을 내면서〉, 《한국근대민중운동사》, 풀빛, 1989.

문정창, 《일본 군국 조선 점령 삼십육년사》 중, 백문당, 1965.

미스이 다카시, 〈전후 일본에서의 조선사학의 개시와 사학사 상(像)-1950~60년대를 중심으로〉, 《한국사연구》 153, 2011.

박성수, 〈한국사에 나타난 민중운동〉, 《신동아》 191, 1980. 7.

박시형, 〈릉비 재발견 이후 일제에 의하여 수행된 제 음모와 그 악랄성〉 《광개토왕릉비》, 과학원출판사, 1966.

박시형, 〈조선에서의 봉건적 토지소유에 대하여〉 《력사과학》 2, 1955.

박시형, 《조선토지제도사》(상 · 중), 과학원출판사, 1960 · 1961.

박영해, 〈우리 나라 봉건 말기 자본주의 발생 문제에 관한 토론회〉, 《력사과학》 4, 1964.

박용운 외 저, 이진한 편, 《강진철 역사학의 이해》, 경인문화사, 2017.

박종홍, 〈주체의식의 형성 과정-근대 한국사상의 추이〉, 《사상계》 12-1, 1964.

박종홍, 〈주체적 민족사관〉, 《국민회의보(國民會議報)》 3, 1973.

박준규, 〈제10장 조국 근대화와 우리의 사명감〉, 《근대화 백서》, 대한민국정부, 1971.

박찬승, 〈동학농민전쟁의 사회 · 경제적 지향〉, 박현채 · 정창렬 편, 《한국민족주의론-민중적 민족주의》 III, 창작과비평사, 1985.

박찬승, 〈'내재적 발전론'의 재검토와 '복수의 근대' 모색〉, 《21세기 한국사학의 진로》, 한양대학교 출판부, 2019.

박찬흥, 《《조선사》(조선사편수회 편) 제2편(신라통일시대)의 편찬 방식과 성격-《삼국사기》 〈신라본기〉와의 비교를 중심으로〉, 《선사와 고대》 45, 2015.

박찬흥, 《《조선사》(조선사편수회 편)의 편찬 체제와 성격-제1편 제1권(조선사료)을 중심으로〉, 《사학연구》 99, 2010.

박현채, 〈민중의 생활과 경제성장-경제발전 과정에서 소외된 민중〉, 《세대》 130, 1974.

박현채, 《민족경제론》, 한길사, 1978.

박현채, 《민중과 경제》, 정우사, 1978.

박현채, 《한국자본주의와 민족운동》, 한길사, 1985.

박희범, 〈제도 변혁과 구조 변혁-경제적 측면에서 본 후진국의 근대화 개념〉, 《동아문화》 3, 1965.

배경식, 〈민중과 민중사학〉, 《논쟁으로 본 한국사회 100년》, 역사비평사, 2000.

배성룡, 〈자료: 동양사회 근대화 과정의 추이와 제 문제점〉, 《아세아문제연구》 7-1, 1964.

배성준, 〈민중사학의 역사를 재구성하기-역사학 비판의 관점에서〉, 역사문제연구소 민중사 반, 《민중사를 다시 말한다》, 역사비평사, 2013.

백낙청, 〈80년대 민족문학론의 전망-1970년대를 보내면서〉, 《민족문학과 세계문학》 II, 창작 과비평사, 1985.

백낙청, 〈민족문학 개념의 정립을 위해〉, 《민족문학과 세계문학》 I, 창작과비평사, 1978.

백낙청, 〈민족문학의 현 단계〉, 《창작과비평》 35, 1975.

백낙청, 〈분단시대 문학의 사상〉, 《씨올의 소리》, 1976. 6.

변영로, 〈한국의 민족주의자 신채호론〉, 《사조》 1-5, 1958.

손인수, 《한국 교육운동사 III - 1970년대 교육의 역사인식》, 문음사, 1994.

송건호, 〈한국 근대화론〉, 《세대》 33, 1966.

송은영, 《《문학과지성》의 초기 행보와 민족주의 비판〉, 《상허학보》 43, 2015. 봄.

송찬식, 《이조 후기 수공업에 관한 연구》, 서울대학교출판부, 1973.

신가영, 〈'임나일본부' 연구와 식민주의 역사관〉, 《역사비평》 115, 서울: 역사문제연구소, 2016.

신복룡, 〈한국 사학사의 위기〉, 《한국정치학회보》 29-2, 한국정치학회, 1995.

신용하, 〈민중운동사(2)-독립협회의 창립과 조직〉, 《창작과비평》 31, 1974.

신일철, 〈한국사의 사상 빈곤-국사교육의 관학화를 우려한다〉, 《씨올의 소리》 25, 1973.

신주백 편저, 《1930년대 민족해방운동론 연구-국내 공산주의운동 자료편》 1, 새길, 1989. 12.

신주백 편저, 《1930년대 민족해방운동론 연구-만주 항일무장투쟁 자료편》 2, 새길, 1990. 1.

신주백, 〈1980년대 중후반~90년대 초 북조선산 역사 지식의 유포와 한국사회·한국사-북괴에서 북한으로, 반쪽에서 전체로 시선의 전환〉, 《구보학보》 20, 2018.

신주백, 〈대학에서 교양 역사 강좌로서 '문화사' 교재의 현황과 역사인식(1945-1960)〉,《한국근현대사연구》53, 2010.

신주백, 〈만주 인식과 파시즘 국가론〉, 방기중 편,《일제하 지식인의 파시즘 체제 인식과 대응》, 2005.

신주백, 〈북한의 근현대 반침략투쟁사 연구〉,《북한의 역사 만들기》, 푸른역사, 2003.

신주백, 〈역사교과서에서 재현된 8·15, 망각된 8·15〉, 정근식·신주백 편,《8·15 기억과 동아시아적 지평》, 선인, 2006.

신주백, 〈학술사 연구하기〉, 연세대학교 국학연구원 인문한국사업단 편,《사회인문학백서》, 서울: 새물결, 2018.

신주백, 〈한일 중학교 역사교과서에서 식민지 지배에 관한 서술의 변화〉, 한국학중앙연구원 한국문화교류센터 편,《민족주의와 역사교과서》, 에디터, 2005.

신주백,《한국 역사학의 기원》, 휴머니스트, 2016.

신주백, 〈말송보화(末松保和, 1904~1992)의 학술사와 식민주의 역사학-한국사 학계의 엇박자의 원인을 찾아서〉,《동방학지》183, 2018(윤해동 정준영 편,《경성제국대학과 동양학 연구》, 선인, 2018 수정 수록).

신주백, 〈한국사 학계의 만주·만주국에 대한 집단기억-만주 표상의 변화를 중심으로〉,《만주연구》29, 2019.

신주백, 〈한국에서 동아시아사 인식에 대한 비판적 검토〉,《역사 화해와 동아시아형 지역 만들기》, 선인, 2015.

안병무, 〈머리말〉,《한국민중론》, 한국신학연구소, 1984.

안병무, 〈서평: 민중적 민족주의〉,《창작과비평》49, 1978.

안병영, 〈역사의 주체로서의 민중〉,《신동아》191, 1980. 7.

안병직, 〈회고와 전망-근대〉,《역사학보》49, 1971.

안병직, 〈단재 신채호의 민족주의〉,《창작과비평》29, 1973.

안병직, 〈3·1운동 이행의 전제 조건〉,《3·1운동》, 한국일보사, 1975.

안병직, 〈단재 신채호의 민족주의〉, 이우성·강만길 편,《한국의 역사인식》(하), 창작과비평사, 1976.

안병직, 〈서평: 현실 인식과 역사인식〉,《문학과지성》34, 1978.

안병직, 〈조선 후기 자본주의 맹아의 발생〉,《한국학 연구 입문》, 지식산업사, 1981.

안종철, 〈주일대사 에드윈 라이샤워의 '근대화론'과 한국사 인식〉,《역사문제연구》29, 2013.

양병우, 〈'통일 지향 민족주의' 사학의 허실-강만길 교수의 '분단시대 사학' 극복론에 대하여〉,《문학과지성》39, 1980. 2.

역사학회 편,《한국사의 반성》, 신구문화사, 1969.

염무웅, 〈민족문학, 이 어둠 속의 행진〉, 《월간중앙》 28, 1972.

오길보, 〈'한국사'를 평함(4)-19세기 후반기~20세기 초엽을 중심으로〉, 《력사과학》 4, 1966.

오영모, 〈이조의 봉건적 토지소유 형태-전제(田制) 전세(田稅)의 추이 과정〉, 《논문집》 3, 전
　　북대학교, 1960.

옥창준, 〈한국학의 위상학-한국에서 열린 최초의 한국학 국제학술회의('한국의 전통과 변
　　천', 1969)를 중심으로〉, 《한국학》 41, 2021.

우병규, 〈한국 근대화에 있어서의 조화(보고)〉, 《국제정치논총》 8, 1969.

유교성, 〈상공업〉, 《사학연구》 16, 1963.

유원동, 〈이조 공인(貢人) 자본의 연구〉, 《아세아연구》 7-4, 1964.

유원동, 《이조 후기 상공업사 연구》, 한국연구원, 1968.

유재천, 〈70년대의 민중에 대한 시각〉, 《신동아》 191, 1980. 7.

육영수, 〈근대화의 길, 역사가의 선택-민석홍의 학문적 생애에 대한 몇 가지 생각〉, 《한국사
　　학사학보》 14, 2006.

윤종영, 〈설립 국사교육 강화정책〉, 《문명연지》 2-1, 2001.

윤해동 외 7인, 《경성제국대학과 동양학 연구》, 선인, 2018.

이경숙, 《유신과 대학》, 역락, 2019.

이근우, 〈일본 학계의 한국고대사 연구동향〉, 《지역과 역사》 13, 2003.

이기동, 〈민중사학론〉, 《현대 한국사학과 사관》, 일조각, 1991.

이기백, 《《삼국유사》의 사학사적 의의〉, 《창작과비평》, 1976. 가을.

이기백, 〈사회경제사학과 실증사학의 문제〉, 《민족과 역사》, 일조각, 1971.

이기백, 〈서론〉, 《국사 신론》, 태성사, 1961.

이기백, 〈서장 한국사의 새로운 이해〉, 《한국사 신론》, 일조각, 1967.

이기백, 〈원광(圓光)〉, 《창작과비평》 3-2, 1968. 여름.

이기백, 〈유물사관과 현대의 한국사학〉, 《한국사 시민강좌》 20, 일조각, 1997.

이기백, 〈한국사 이해의 현재성 문제〉, 《문학과지성》 32, 1978

이기백, 〈회고와 전망-총설〉, 《역사학보》 104, 1983.

이기백, 《민족과 역사》, 일조각, 1971.

이기백, 《한국사신론 개정판》, 일조각, 1976.

이기백, 《한국사학의 방향》, 일조각, 1978.

이기백·차하순 편, 《역사란 무엇인가》, 문학과지성사, 1978.

이기백, 〈창간사〉, 《한국사 시민강좌》 1, 1987. 9.

이동원, 〈한국 경제의 후진국적 특질과 국제적 위치〉, 《부산상대학보》 2, 1958.

이만열, 〈근대사학의 발달〉, 한국사연구회 편, 《제2판 한국사 연구 입문》, 지식산업사, 1987.

이만열, 〈민중의식 사관화의 시론〉(1981), 한국신한연구소 편, 《한국 민중론》, 한국신학연구소, 1984.

이만열, 《한국 근현대 역사학의 흐름》, 푸른역사, 2007.

이명영, 《김일성 열전-그 전설과 신화의 진상 규명을 위한 연구》, 신문화사, 1974.

이명영, 《북괴 괴수 김일성의 정체-4인의 김일성에 관한 연구》, 민족문화사, 1975.

이명영, 《재만한인 공산주의운동 연구》, 성균관대학교출판부, 1975

이방환, 〈한국 봉건사회의 정체성 연구-고려시대의 생산구조 분석〉, 《논문집》 2, 전북대학교, 1958.

이방환, 〈한국의 고대사회와 봉건제에 대한 소고〉, 《논문집》 3, 전북대학교, 1960.

이병도, 〈삼한 문제의 신 고찰(6)-진국급삼한고(辰國及三韓考)〉, 《진단학보》 7, 진단학회, 1937.

이병도, 《국사와 지도이념》, 삼중당, 1953.

이병도, 《내가 본 어제와 오늘》, 박영사, 1975.

이병도, 《두계잡필(斗溪雜筆)》, 일조각, 1956.

이병천 편, 《북한 학계의 한국근대사 논쟁-사회 성격과 시대구분 문제》, 창작과비평사, 1989.

이부영, 〈천관우 선생의 '복합국가론'을 다시 생각한다-한반도 평화통일론에서의 자리매김을 위하여〉, 천관우 선생 추모문집간행위원회, 《巨人 천관우》, ㈜일조각, 2011.

이부오, 〈일제강점기 《삼국사기》 신라본기 초기 기사 비판론에 대한 극복 과정과 과제〉, 《한국고대사연구》 61, 2011.

이상구, 〈경제발전 단계설로 이름난 W. W. 로스토우-케네디 행정부를 이끄는 브레인 트러스트〉, 《사상계》 9-2, 1961.

이상록, 〈1960~70년대 비판적 지식인들의 근대화 인식〉, 《역사문제연구》 18, 2007.

이상록, 〈이선근의 국난극복사관과 제3차 교육과정기 국사교육의 냉전사적 재해석〉, 《청람사학》 28, 2018.

이선근, 〈3·1독립정신과 동학사상〉, 《자유공론》 3-3, 1968.

이선근, 〈결론〉, 《한국 근대화의 제 문제》, 경희대학교 후진사회문제연구소, 1965.

이선근, 〈국난극복과 교육자의 사명〉, 《새교육》 24-5, 1972.

이선근, 〈국난극복의 지도자상-역사적 측면에서 본 오늘과 내일〉, 《세대》 108, 1972.

이선근, 〈긍정이냐 부정이냐〉, 《정경연구》 3-10, 1967.

이선근, 〈동학혁명과 우리 민족의 자아발견〉, 《신인간》 312, 1973.

이선근, 〈새 역사의 전환점에서-역사의 교훈과 대동단결〉, 《세대》 111, 1972.

이선근, 〈역사적으로 본 10월 유신〉, 《국민회의보》 2, 1973.

이선근, 〈우리 민족사관은 누가 확립하였나-《단재 신채호 전집》을 간행하면서〉, 단재 신채
　　호 전집 편찬위원회 편, 《단재 신채호 전집》(상·하), 을유문화사, 1972.

이선근, 〈우리 민족의 이념과 진로〉, 《공군》 13-6, 1973.

이세영, 〈현대 한국사회의 동향과 과제〉, 《80년대 한국 인문사회과학의 현 단계와 전망》, 역
　　사비평사, 1988.

이연심, 〈한일 양국의 '임나일본부'를 바라보는 시각 변화 추이〉, 《한국민족문화》 57, 2015.

이영호, 〈'내재적 발전론' 역사인식의 궤적과 전망〉, 《한국사연구》 152, 2011.

이영훈, 〈한국자본주의의 맹아문제에 대하여〉, 김태영 외 5인, 《한국학 연구 입문》, 한길사,
　　1987.

이용기, 〈민중사학을 넘어선 민중사를 향하여〉, 《민중사를 다시 말한다》, 역사비평사, 2013.

이우성, 〈18세기 서울의 도시적 양상-연암학파~리용후생학파의 성립 배경〉, 《향토서울》 17,
　　1963.

이우성, 〈1969~70년도 한국 사학계의 회고와 전망, 국사-총설〉, 《역사학보》 44, 1971.

이우성, 〈남북국시대와 최치원〉, 《창작과비평》 38, 1975.

이우성, 〈동아시아 지역과 자본주의 맹아론〉(1992), 《이우성 저작집》, 창비, 2010.

이우성, 〈실학파의 문학〉, 《국어국문학》 16, 1957.

이우성, 〈한국 유교에 관한 단장-신유학과 사대부와의 관계를 중심으로〉, 《문학과지성》 5,
　　1971. 가을.

이우성, 〈회고와 전망 총설〉, 《역사학보》 39, 1968.

이이화, 〈북벌론의 사상적 검토〉, 《창작과 비평》 37, 1975.

이이화, 〈척사위정론의 비판적 검토-화서 이항로의 소론을 중심으로〉, 《한국사연구》 18,
　　1977.

이택휘, 〈이선근〉, 《한국사 시민강좌》 46, 2010.

이하나, 〈1970~1980년대 '민족문화' 개념의 분화와 쟁투」, 《개념과 소통》 18, 2016.

이하나, 〈유신체제기 '민족문화' 담론의 변화와 갈등」, 《역사문제연구》 28, 2012.

이헌창, 〈조선 후기 자본주의 맹아론과 그 대안〉, 《한국사학사학보》 17, 2008.

이홍직, 〈국사 연구의 회고와 전망-특히 고대사를 중심으로〉, 《사상계》 20, 1955. 3.

이효재, 〈민족분단과 가족문제〉, 《분단 현실과 통일운동》, 민중사, 1984.

이효재, 〈분단시대의 사회학〉, 《창작과비평》 51, 1979.

임지현·이성시 편, 《국사의 신화를 넘어서》, 휴머니스트, 2004.

장동익, 〈말송보화(末松保和) 교수의 고려시대사 연구와 그 성과〉, 《한국사연구》 169, 서울:
　　한국사연구회, 2015.

장영민, 〈박정희 정권의 국사교육 강화 정책에 관한 연구〉, 《인문학연구》 34-2, 2007.

정준영, 〈식민사관의 차질(蹉跌)〉, 《한국사학사학보》 34, 2016.

장준하, 〈민족주의자의 길〉, 《씨올의 소리》, 1972. 9.

전석담 외, 《조선에서 자본주의적 관계의 발생》, 사회과학출판사, 1970.

전준, 〈일본 교과서에 나타난 한국관-한국 민족사를 왜곡하는 일본인〉, 《사상계》 13-5, 1965

全海宗, 〈書評: A Short history of Korea: 編著 Center for east asian cultural studies (Tokyo, 1964), 日語版原著 '朝鮮史のしるべ'(朝鮮總督府, 1936年刊, 執筆者 末松保和)〉, 《역사학보》 33, 1967 (海外配付 擔當 east-west center press, Honolulu)

정만조, 〈회고와 전망-조선 후기〉, 《역사학보》 104, 1983.

정상우, 〈'조선사'(조선사편수회 간행) 편찬 사업 전후 연구자들의 갈등 양상과 새로운 연구자의 등장〉, 《사학연구》 116, 2014.

정석종, 〈홍경래난(洪景來亂)〉, 《창작과비평》 25, 1972.

정석종 기념문집편찬위원회 편, 《정석종, 그의 삶과 역사학》, 역사비평사, 2020.

정세문, 〈새 교육 과정과 국적 있는 교육에의 지향〉, 《교육연구》 6-3, 1973.

정용욱·정일준, 〈1960년대 한국 근대화와 통치 양식의 전환: 군사정권의 등장과 권력/지식 관계의 변화를 중심으로〉, 노영기 외, 《1960년대 한국의 근대화와 지식인》, 선인, 2004.

정일준, 〈한국 사회과학 패러다임의 미국화〉, 《미국학논집》 37-3, 2005.

정창렬, 〈백성의식·평민의식·민중의식〉(1982), 한국신한연구소 편, 《한국민중론》, 한국신학연구소, 1984.

정창렬, 〈책머리에〉, 박현채·정창렬 편, 《한국민족주의론-민중적 민족주의》 III, 창작과비평사, 1985.

정창렬, 〈해제〉, 이우성·강만길 편, 《한국의 역사인식》(하), 창작과비평사, 1976.

정창렬 저작집 간행위원회 편, 《정창렬 저작집 III-민족문제와 역사인식》, 선인, 2014.

정창렬 저작집 간행위원회 편, 《정창렬 저작집 II-민중의 성장과 실학》, 선인, 2014.

정필선 역, 《을지문덕》, 단재문화사, 1955.

정현규, 〈14~15세기 봉건조선에서의 민전의 성격(1)〉 《력사과학》 3, 1955.

정호훈, 〈조선 후기 실학 연구의 추이와 성과-해방 후 한국에서의 실학 연구, 방법과 문제의 식〉, 《한국사연구》 184, 2019.

조기준, 〈한국 경제의 근대화 과정〉, 《사상계》 7-2, 1959.

조기준, 〈한국 근대 경제발달사〉, 고려대학교 민족문화연구소 편, 《한국문화사대계 II-정치·경제사》, 고려대학교 민족문화연구소출판부, 1965.

조기준, 《한국 자본주의 발달사론》, 고려대학교출판부, 1973.

조동걸, 《한국 현대 사학사》, 나남출판, 1998.

조동세, 〈이조사회에 있어서 생산력 정체성의 제 요인 분석〉, 《논문집》 2, 청주대학교, 1958.

조명기, 〈한국 근대화의 이념-개회강연〉, 《한국 근대화의 이념과 방향》, 동국대학교, 1967.

조선민주주의인민공화국 과학원 력사연구소 편, 《력사 논문집》 2, 과학원출판사, 1958.

조선민주주의인민공화국 과학원 력사연구소 편, 《조선통사》(하), 과학원출판사, 1956.

조용범, 《후진국 경제론》, 박영사, 1973.

조의설, 〈근대화의 역사적 의미〉, 《사상계》 7-2, 1959.

주진오, 〈독립협회의 경제체제 개혁 구상과 그 성격〉, 박현채·정창렬 편, 《한국민족주의론-
　　민중적 민족주의》 III, 창작과비평사, 1985.

지명관, 〈한국의 근대화와 도산정신〉, 《기러기》 5, 1964.

채오병, 〈냉전과 지역학-미국의 헤게모니 프로젝트와 그 파열, 1945~1996〉, 《사회와 역사》
　　104, 2014.

천관우, 〈'반계 유형원 연구' 의보(疑補)〉, 《역사학보》 10, 1958.

천관우, 〈기전외(旗田巍) 저 《조선사(朝鮮史)》〉, 《역사학보》 1, 1952.

천관우, 〈또 무엇이 문제인가?〉, 《신동아》 24, 1966.

천관우, 〈민족통일을 위한 나의 제언〉, 《창조》, 1972. 9.

천관우, 〈반계 유형원 연구(하)-실학 발생에서 본 이조사회의 일 단면〉, 《역사학보》 3, 1953.

천관우, 〈세계사 참여의 사적 과정-한국 근대화 시발기의 기본 성격〉, 《사상계》 12-1, 1964.

천관우, 〈한국사학의 새 시련〉, 《사상계》 14-5, 1966.

최재석, 〈말송보화(末松保和)의 신라상고사론 비판〉, 《한국학보》 12-2, 1986.

최재석, 〈말송보화(末松保和)의 일본상대사론 비판〉, 《한국학보》 14-4, 1988.

최창규, 〈우리들의 민족사-사관(史觀)과 그 몇 가지 문제점〉, 《수도교육》 35, 1978.

최창규, 《한민족 근대화 정치론-민족사의 정통성과 통일민족사의 새 좌표》, 사문학회, 1975.

최호진, 《근대 한국 경제사 연구-이조 말엽에 있어서의 생산력 연구》, 동국문화사, 1956. 9.

최호진, 《근대 한국 경제사 연구》, 동국문화사, 1958.

칼 A. 비트포겔, 구종서 역, 《동양적 전제주의-총체적 권력의 비교연구》, 법문사, 1991.

편집부, 〈시론: 80년대 한국사 연구의 반성과 90년대의 과제〉, 《역사와 현실》 3, 1990. 5.

한국경제사학회, 《한국사 시대구분론》, 을유문화사, 1970.

한국민중사연구회 편, 〈서설-바람직한 우리 역사 이해를 위해〉, 《한국민중사 I-전근대편》,
　　풀빛, 1986.

한국사연구회 편, 《한국사 연구 입문》, 지식산업사, 1982.

한국신학연구소 편, 《한국 민중론》, 한국신학연구소, 1984.

한신대학 제3세계문화연구소 편, 《한국 민중론의 현 단계-분과학문별 현황과 과제》, 돌베개,
　　1989.

한영우, 〈주체적 민족사관과 역사교육〉, 《새교육》 24-7, 1972.

한완상, 〈민중론의 제 문제〉, 한국신학연구소 편, 《한국 민중론》, 한국신학연구소, 1984.

한완상, 《민중과 지식인》, 정우사, 1978.

한완상, 《민중과 지식인》, 정우사, 1978.

한우근, 〈서(序)〉, 《이조 후기의 사회와 사상》, 을유문화사, 1961.

한우근, 〈이조 '실학'의 개념에 대하여〉, 《진단학보》 19, 1958.

한우근, 《한국 개항기의 상업 연구》, 일조각, 1970.

한홍구, 〈가짜 김일성설과 한국현대사〉, 《민족발전연구》 6, 중앙대학교 민족발전연구원, 2002.

허영란, 〈민중운동사 이후의 민중사〉, 《민중사를 다시 말한다》, 역사비평사, 2013.

허은, 〈1960년대 후반 '조국 근대화' 이데올로기 주조와 담당 지식인의 인식〉 《사학연구》 86, 2007.

허종호, 《조선 봉건 말기의 소작제 연구》, 사회과학원출판사, 1965.

홍기문, 〈신채호〉, 김일성종합대학 력사연구소 편, 《조선의 명인》, 김일성종합대학 력사연구소, 1962.

홍석률, 〈1960년대 한국민족주의의 두 흐름〉, 《사회와 역사》 62, 2002.

홍석률, 《분단의 히스테리》, 창작과비평사, 2012.

홍성찬, 〈최호진의 경제사 연구와 저술의 사회사-1940~1960년대〉, 《동방학지》 154, 2011.

홍이섭, 〈근대화와 혁명의 세기〉, 《세대》 3-29, 1965.

홍이섭, 〈사대사상(事大思想)에서 오는 열등감-한국적인 후진성의 병폐로서〉, 《신사조》 1-3, 1962.

홍이섭, 〈선구자의 회상④ 단재 신채호-일본의 압정하에서 민족정기를 부르짖은 사관(史觀)〉, 《사상계》 10-4, 1962.

홍이섭, 〈위당 정인보-조선의 얼은 우리 민족사의 봉화〉, 《사상계》 10-13, 1962.

홍이섭, 〈이른 봄〉, 《현대문학》 14-3, 1968.

홍이섭, 〈정약용론-다산학의 세계〉, 《사조》 1-2, 1958.

홍이섭, 〈주제 논문: 한국민족주의의 역사적 성격〉, 《국제정치논총》 6, 1967.

홍이섭, 〈한국사관 정립의 가능성-사관의 비판적 극복〉, 《정경연구》 2-3, 1966.

홍이섭, 〈한국식민지시대 정신사의 과제〉, 《사학연구》 18, 1964.

홍이섭, 〈한국식민지시대사의 이해 방법〉, 《동방학지》 7, 1963.

홍정완, 〈4월혁명과 근대화 담론의 변화-근대화의 주체와 방법에 관한 논의를 중심으로〉, 《인문과학》 79, 2020.

홍종욱, 〈가지무라 히데키의 한국자본주의론-내재적 발전론으로서의 종속 발전론〉, 《아세아연구》 55-3, 2012.

홍종욱, 〈일본 지식인의 근대화론 비판과 민중의 발견-다케우치 요시미와 가지무라 히데키를 중심으로〉, 《사학연구》 125, 2017.

황문수, 〈민중의 역설성〉, 《신동아》 191, 1980. 7.

황병주, 〈1960년대 비판적 지식인의 사회의 민중 인식〉, 《기억과 전망》 21, 2009.

황병주, 〈박정희 체제의 지배담론-근대화 담론을 중심으로〉, 한양대학교 박사학위논문, 2008.

황산덕, 〈'사대적' 카리스마와 동양의 재발견-인간 의식의 근대화의 문제와 관련하여〉, 《사상계》 7-2, 1959.

히구치 유이치, 〈일본조선연구소와 한일조약반대운동〉, 김광열 역·공저, 《일본 시민의 역사 반성운동》, 선인, 2013.

ウィットフォゲル 著, 森谷克巳·平野義太郎 譯, 《東洋的社會の理論》, 日本評論社, 1939.

姜德想, 〈甲傲改革における新式貨幣發行章程の研究〉, 《朝鮮史研究會論文集》 3, 1967.

江上征史, 〈鮮滿一如論〉, 《朝鮮》 313, 朝鮮總督府, 1941.

姜在彦, 〈開化思想·開化派·金玉均〉, 《朝鮮史研究會論文集》 4, 1968.

姜在彦, 〈開化思想·開化派·金玉均〉, 《朝鮮史研究會論文集》 4, 1968.

姜在彦, 〈東學=天道教の思想的性格〉, 《思想》 537, 1969.

姜在彦, 〈朝鮮における封建體制の解體と農民戰爭(1)-甲午農民戰爭に関する若干の問題〉, 《歷史學研究》 173, 1954.

姜在彦, 〈朝鮮實學における北學思想-近代開化思想の萌芽〉, 《思想》 546, 1969.

高橋亨, 〈書評 東方學誌 第1輯〉, 《朝鮮學報》 5, 1955.

堀越儀郎, 〈序辭〉, 《朝鮮學會會報》 1, 1952.

宮嶋博史, 〈韓國における'民族史學'について〉, 《歷史學研究》 439, 1976.

宮田節子, 〈朝鮮に向かった歩みはじめたころ〉, 《朝鮮問題への取り組み.研究をふりかえって》, 2004.

權寧旭, 〈資本主義萌芽をめぐる若干の方法論〉, 《朝鮮史研究會會報》 14, 1966.

權寧旭, 〈朝鮮における資本主義萌芽論爭〉, 《思想》 510, 1966.

金鐘鳴, 〈解放後, 朝鮮史學界の動向-主として朝鮮戰爭後〉, 《朝鮮史研究會會報》 17, 1967.

金鐘鳴, 〈解放後, 朝鮮史學界の動向-主として朝鮮戰爭後〉, 《朝鮮史研究會會報》 17, 1967.

旗田巍 編, 《シンポジウム 日本と朝鮮》, 勁草書房, 1969.

旗田巍, 〈李朝初期の公田〉, 《朝鮮史研究會論文集》 3, 1967.

旗田巍, 〈朝鮮民主主義人民共和國における古代日朝關係史の研究〉, 《歷史學研究》 284, 歷史學研究會, 1964.

吉野誠,〈朝鮮史研究にける內在的發展論〉,《東海大學紀要-文學部》47, 1987.

德武敏夫,〈朝鮮に對する子どもの認識-社會科敎科書の記述を中心に〉,《朝鮮硏究月報》創刊號, 1961.

渡部學,〈李朝中期の書堂敎育の形態について〉,《朝鮮學報》21·22合倂, 1961.

藤田亮策,《朝鮮の歷史》, 福村書店, 1953.

末松保和,〈李朝時代の朝鮮〉, 三上次男 外 編,《世界史大系 8-東アジアⅡ-朝鮮半島の推移と日本》, 誠文堂新光社, 1957.

末松保和,〈朝鮮(古朝鮮~王氏高麗朝)〉, 江上波夫 編,《世界各國史 12-北アジア史》, 山川出版社, 1956.

末松保和,〈好太王碑と私〉, 末松保和博士古稀記念會 編,《古代東アジア史論集》上, 吉川弘文館, 1978.

末松保和,《任那興亡史》, 吉川弘文館, 1949; 1977.

末松保和·周藤吉之·山邊健太郎,〈書評 旗田巍著'朝鮮史'〉,《歷史學研究》156, 1952.

武田幸南,〈末松保和と廣開土王碑〉,《廣開土王碑との對話》, 白帝社, 2007.

武田幸南,〈第4回大會の經過と反省〉,《朝鮮史研究會會報》15, 1967.

武田幸南,〈朝鮮史像の新形成-朝鮮史研究會第4回大會によせて〉,《朝鮮史研究會會報》13, 1966.

梶村秀樹,〈李朝末期朝鮮の纖維製品の生産及び流通狀況〉,《東洋文化研究所紀要》46, 1968.

梶村秀樹,〈李朝後半期朝鮮の社會經濟構成に關する-最近の研究をめぐって〉,《梶村秀樹著作集 第2卷-朝鮮史の方法》, 明石書店, 1993.

梶村秀樹,〈日帝時代前半期平壤メリヤス工業の展開過程〉,《朝鮮史研究會論文集》3, 1967.

梶村秀樹,〈朝鮮民族解放鬪爭史と國際主義(1971)〉,《梶村秀樹著作集 第4卷 朝鮮近代の民衆運動》, 明石書店, 1993.

朴慶植 姜在彦,《朝鮮の歷史》, 三一書房, 1957.

朴慶植,〈開國と甲午農民戰爭〉,《歷史學研究》別冊 1953. 6.

朴慶植,〈朝鮮歷史學界の一般的動向について〉,《朝鮮史研究會會報》5, 1963.

朴宗根,〈朝鮮史研究發展のために__研究會.關係組織紹介(2)-朝鮮史研究會〉,《歷史評論》158, 歷史科學協議會, 1963.

四方博,〈舊來の朝鮮社會の歷史的性格について(一)·(二)·(三)〉,《朝鮮學報》1·2·3, 1951. 5, 10, 1952. 5.

山邊健太郎,〈日本帝國主義の朝鮮侵略と朝鮮人民の反抗鬪爭〉,《歷史學研究-朝鮮史の諸問題》別冊, 1953.

三品彰英,《朝鮮史槪說》, 弘文堂, 1953.

児玉幸多,〈末松さんのことども〉,《响沫集》4, 响沫集刊行世話人, 1984.

安藤彦太郎·寺尾五郎·宮田節子·吉岡吉典,《日朝中三國人民連帯の歷史と理論》, 日本朝鮮
　　研究所, 1964.

安秉珆,〈李朝末期の海運業-その實態と日本海運業の侵入〉,《海運經濟史研究》, 海文堂, 1967

歷史學研究會,〈〈世界史の基本法則〉〉, 岩波書店, 1949. 12.

鈴木俊·西嶋定生 編,《中國史の時代區分》, 東京大學出版會, 1957.

永原慶二,〈戰後日本史學の展開と諸潮流〉,《岩波講座 日本歷史-別卷1 戰後日本史學の展開》
　　24, 岩波書店, 1977.

永原慶二,〈戰後日本史學の展開と諸潮流〉,《岩波講座 日本歷史-別卷1 戰後日本史學の展開》
　　24, 岩波書店, 1977.

有井智德,〈李朝初期の私的土地所有關係-民田の所有·経営·収租關係を中心として〉,《朝鮮
　　史研究會論文集》3, 1967.

李在茂,〈李朝末期における農民の社會的存在形態〉,《社會科學研究》14-1, 1962.

井上直水,〈前後日本の朝鮮古代史研究と末松保和 旗田巍〉,《朝鮮史研究會論文集》48, 朝鮮
　　史研究會, 2010.

朝鮮史研究會,《朝鮮史入門》, 太平出版社, 1966.

中尾美知子,〈末松保和先生を偲んで〉,《東洋文化研究所所報》20, 學習院大學東洋文化研究
　　所, 1992.

中山正善,〈卷頭言〉,《朝鮮學報》1, 1951.

中塚明,〈關西部會草創のころ〉,《朝鮮史研究會會報》100, 1990.

中塚明,〈近代日本史學史における朝鮮問題〉,《思想》561, 岩波書店, 1971.

淺田僑二,《日本帝國主義と舊植民地地主制》, 御茶の水書房, 1968.

靑山公亮,〈日本に於ける朝鮮史學の今昔(私の朝鮮史研究-第一回)〉,《朝鮮史研究會會報》4,
　　1962.

村山正雄,〈'朝鮮史研究會'の創立〉,《朝鮮史研究會會報》100, 1990.

村山正雄,〈朝鮮史研究會の回顧と展望〉,《朝鮮史研究會會報》7, 朝鮮史研究會, 1963.

洪宗郁,〈內在的發展論の臨界-梶村秀樹と安秉珆の歷史學〉,《朝鮮史研究會論文集》48,
　　2010.

和田春樹 高崎宗司,《檢證 日朝關係60年史》, 明石書店, 2005.

和田春樹, 高崎宗司 共編,《分斷時代の民族文化 ： 韓國(創作と批評)論文選》, 社會思想社,
　　1979.

찾아보기

화사, 1964.1969) 162, 163

ㄹ

라이샤워, 에드윈 O.(Edwin O. Reischauer)
23, 39, 51, 52, 146, 156, 157, 158~163,
166, 168, 169, 185, 186, 191, 193, 194,
207, 439, 445

로스토, W. W.(W. W. Rostow) 23, 156,
157, 161, 162, 168, 173, 185, 193, 207,
251, 439, 445

로스토와 라이샤워식 근대화론 156, 185,
186, 194, 207, 251, 439, 445

록펠러 재단 39, 48

ㅁ

망원한국사연구실 408~410, 412, 413, 417,
418, 421, 435, 448, 450

메이지 100년 사관 268, 273, 439

무라야마 마사오(村山正雄) 65, 70

《문학과지성》(1970. 8~) 220, 283, 285,
328, 375, 379, 384~394, 400, 419, 435,
447

미야다 세쓰코(宮田節子) 56, 69, 70, 73,
74, 79, 130, 132, 134, 135, 265, 284

미카미 쓰기오(三上次男) 144

민두기 247

민석홍 48, 164, 166, 168, 195

《민족의 태양 김일성 장군》(평양: 인문과학
사, 1968) 256

민족적 민주주의 장례식 154, 174

민주구국선언 352, 353

민주적 공공성 382, 384, 446, 468

민중사학 21, 22, 368, 369, 395, 397, 403,
404, 407~421, 426~429, 433, 435, 450,
4553

민중적 민족주의 20, 22, 27, 386, 392, 395,
400, 403~405, 407, 435, 447, 449

ㅂ

《바로 보는 우리 역사》1·2(거름, 1990)

박경식(朴慶植) 73, 79~84, 100, 110, 137,
138, 265, 436

박동근(朴銅根) 101

박성수(朴成壽) 207, 398

박승복 299

박시형 97~99, 101, 121, 125, 127

박원순 410

박은식 194, 329

박정희 129, 131, 157, 168, 170~173, 182,
188, 189, 193, 199~201, 203, 250, 251,
281, 285, 289, 290~302, 308~312, 316,
320, 326, 327, 330, 331, 333, 334, 338,
340, 342, 351, 352, 389, 390, 434, 435,
437, 439, 440, 442, 445, 449

박종근 70, 71, 84, 85, 140, 144, 274

박종홍 165, 166, 175, 297~299

박찬승 405, 414

박창희 71

박태순 305, 359

박현채 346, 359

〈반계 유형원 연구〉 102, 104

《반공산당선언-경제성장의 제 단계》(진명
문화사, 1960) 157

반병률 410

배병두(裵秉斗) 70, 71, 79, 84

백낙준 51, 52

백낙청 333, 334, 345, 346, 350, 351, 354,
359, 386, 388, 392, 446

한국 역사학의 전환

주체적·내재적 발전의 시선으로 본 한국사 연구의 역사

1판 1쇄 발행일 2021년 11월 29일

지은이 신주백

발행인 김학원
발행처 (주)휴머니스트출판그룹
출판등록 제313-2007-000007호(2007년 1월 5일)
주소 (03991) 서울시 마포구 동교로23길 76(연남동)
전화 02-335-4422 **팩스** 02-334-3427
저자·독자 서비스 humanist@humanistbooks.com
홈페이지 www.humanistbooks.com
유튜브 youtube.com/user/humanistma **포스트** post.naver.com/hmcv
페이스북 facebook.com/hmcv2001 **인스타그램** @humanist_insta

편집주간 황서현 **편집** 최인영 강창훈 **디자인** 이수빈
조판 이희수com. **용지** 화인페이퍼 **인쇄** 청아디앤피 **제본** 민성사

ⓒ 신주백, 2021

ISBN 979-11-6080-732-5 93910